应用技能型院校"十三五"会计类专业精品规划教材

富媒体·智能教材

财务管理

理论·实务·案例·实训

徐哲　李贺／主编

立信会计出版社

LIXIN ACCOUNTING PUBLISHING HOUSE

图书在版编目(CIP)数据

财务管理 / 徐哲，李贺主编. —上海：立信会计
出版社，2019.5
应用技能型院校"十三五"会计类专业精品规划教材
ISBN 978 - 7 - 5429 - 6128 - 0

Ⅰ.①财… Ⅱ.①徐… ②李… Ⅲ.①财务管理—高
等职业教育—教材 Ⅳ.①F275

中国版本图书馆 CIP 数据核字(2019)第 062989 号

策划编辑　　王斯龙
责任编辑　　王斯龙
封面设计　　南房间

财务管理
Caiwu Guanli

出版发行	立信会计出版社			
地　　址	上海市中山西路 2230 号		邮政编码	200235
电　　话	(021)64411389		传　　真	(021)64411325
网　　址	www.lixinaph.com		电子邮箱	lxaph@sh163.net
网上书店	www.shlx.net		电　　话	(021)64411071
经　　销	各地新华书店			

印　　刷	上海万卷印刷股份有限公司	
开　　本	787 毫米×1092 毫米	1/16
印　　张	20.25	
字　　数	552 千字	
版　　次	2019 年 5 月第 1 版	
印　　次	2019 年 5 月第 1 次	
印　　数	1—3100	
书　　号	ISBN 978 - 7 - 5429 - 6128 - 0/F	
定　　价	44.00 元	

如有印订差错，请与本社联系调换

前　言

对经济管理类各专业来说,财务管理是一门十分重要的课程。通过对本课程的学习,学生可以掌握财务管理的基本理论、基本方法和基本技能,完善经济管理方面的知识结构,增强经济管理能力,这对培养学生分析问题的能力、解决问题的能力、理财的能力及综合职业管理素质来说是十分重要的。根据应用技能型院校课程体系的要求,我们组织了多名"双师型"教师参与编写,他们凭借多年的企业财务管理实践和教学经验编写了这本最新的应用技能型教材。

《财务管理》(理论·实务·案例·实训)教材兼顾"就业导向"和"生涯导向",紧紧围绕中国"经济发展新常态"下高等职业和应用技能型人才培养的目标,依照"原理先行、实务跟进、案例同步、实践到位"的原则,全面展开财务管理的内涵,坚持创新创业和改革的精神,体现新的课程体系、新的教学内容和教学方法,以提高学生整体素质为基础,以能力为本位,兼顾知识教育、技能教育和素质教育,力求做到:从项目引导出发,提出问题,引入含义,设计情境,详尽解读。本书共涵盖10个项目,40个任务;在结构安排上,采用"项目引领、任务驱动、实操技能"的编写方式,力求结构严谨、层次分明;在表述安排上,力求语言平实凝练、通俗易懂;在内容安排上,尽可能考虑到经济管理类各专业不同层次的不同需求,课后的应知应会考核及项目实训结合每个项目内容的技能要求而编写,以使读者在学习每一项目内容时做到有的放矢,增强现实一体化学习效果。

根据培养高等职业和应用技能型院校人才的需要,本书力求体现如下特色。

1. 结构合理,体系规范

作为教科书,本书在内容上特别注意吸收最新的企业财务管理改革与实践,按理论与实务兼顾的原则设置教学内容。本书针对高等职业和应用技能型院校课程的特点,将内容庞杂的基础知识系统地呈现出来,力求做到"必须、够用"原则,体系科学规范,内容简明实用。

2. 与时俱进,紧跟新规

本书根据财务管理课程的体系和思路,立足于我国财会改革的现实基础,本着理论联系实际的原则,系统全面地阐述了财务管理基本理论,广泛吸收和反映了当今国内外的最新研究成果,及时反映了我国《会计法》《企业会计准则》《企业财务通则》改革的进程和内容。本书涉及的最新政策截至2019年4月。

3. 突出应用,培养技能

本书从高等职业和应用技能型院校的教学规律出发,与实际接轨,介绍了最新的财会发展和改革动态、理论知识和教学案例,在注重必要理论的同时,强调实际的应用;主要引导学生"学中做"和"做中学",一边学理论,一边将理论知识加以应用,实现理论和实际应用一体化。

4. 栏目丰富,形式生动

本书栏目形式丰富多样,每个项目设有"知识目标""技能目标""素质目标""项目引例""做中学""关键术语""应知考核""应会考核""项目实训""实训报告"等栏目,并添加了二维码及"用Excel解决本项目问题"等充分体现具有新时代智能化的富媒体特色。本书的"应知考核""应会考核"和"项目实训"，使学生对所学的内容达到学以致用，丰富了教材内容与知识体系，也为教师教学和学生更好地掌握知识内容提供了首尾呼应、层层递进的可操作性教学方法。

5. 课证融合，双证融通

本书能满足读者对财务管理基础知识学习的基本需要，重点放在财务管理环节的筹资、投资、营运、收益分配的基本理论和基本方法上，并添加了 Excel 在财务管理中的应用，使用 Excel 进行大量的数据分析，从而为企业相关政策、决策的制定提供了有效的参考。为了满足较高层次读者的需要，本书适当增加了财务管理知识的应用能力，并与会计师考试的大纲相衔接，做到与考证对接。

6. 资源丰富，方便教学

为了配合课堂教学，编者精心设计和制作了教师课件 PPT、教案、习题参考答案、课程教学大纲、配套实验课程大纲、配套习题、模拟试卷、学习指南与项目检测、教学案例等教学资源，充分发挥网络课程资源的作用，探索课堂教学和网络教育有机结合的新途径，相关资源可通过教师交流 QQ 群 649661707 获取。

本书由徐哲、李贺主编，徐哲教授撰写项目一至项目五，李贺撰写项目六至项目十，李明明、赵昂、李虹、美荣、李林海、王玉春、李洪福 7 人负责全书教学资源包的制作以及写作过程中的资料收集整理。本书适用于高等职业和应用型教育层次的国际经济与贸易、人力资源管理、旅游管理、物流管理、国际商务、劳动与社会保障、工商管理、财务管理、会计学、财税学、金融学、市场营销、电子商务等专业方向的学生使用，同时也可作为自学考试的辅助教材。

本书得到了辽宁泽润信会计师事务所肖静、张世国两位注册会计师、高级会计师和出版单位的大力支持，以及参考文献中作者的贡献，谨此一并表示衷心的感谢！本书在编写过程中参阅了参考文献中的教材、著作、法律、法规、网站。由于编写时间仓促，加之编者水平有限，本书难免存在一些不足之处，恳请专家、学者批评指正，以便我们不断地更新、改进与完善。为了做到与时俱进，本书将不断更新最新的政策调整，也将不断进行改版。

编　者

2019 年 5 月

目　　录

财务管理总论

项目课件

🌱 **知识 目标**

理解：企业及其组织形式；财务管理的含义与特点。

熟知：财务管理原则；财务管理环境；企业财务管理体制的一般模式。

掌握：财务管理内容；财务管理环节；财务管理目标。

🌱 **技能 目标**

能够对企业的财务管理活动进行分析，具备相应的分析问题和解决问题的能力。

🌱 **素质 目标**

能够结合企业实际组织财务活动，进行财务管理。

🌱 **项目 引例**

如何确定财务管理目标、协调利益相关者

德国 VEBA 企业(以下简称 VEBA)始终把股东利益放在首位，同时又不忽视顾客、职员、债权人和社会等方面的利益。VEBA 把股东价值含义作为一个为公司未来成长而设计的含义。这种政策重点强调股东利益，把企业价值最大化作为企业目标。在权益性投资的过程中，投资者完全意识到自己的角色被限制在资本供给上。

VEBA 认为，根据股东价值目标制定的政策有效地维护了股东利益，也很好地保证了企业决策的实现。企业价值目标的采用能保证所有企业决策都产生足以补偿预期商业风险的回报。股东价值导向政策并不是简单地为了制造一匹"快马"，而是为了维持企业价值的长期持续增长。

思考与讨论：现代企业在具体经营过程中应如何确定好财务管理目标并协调利益相关者的利益？

🌱 **知识 精讲**

任务一 财务管理概述

一、企业及其组织形式

(一)企业的含义及功能

企业是一个契约型组织，它是从事生产、流通、服务等经济活动，以生产或服务满足社会需要，实行自主经营、独立核算、依法设立的一种营利性的经济组织。企业的目标是创造财富(或价值)。当今社会，企业作为国民经济的细胞，发挥着越来越重要的功能：①企业是市场经济活动的主要参加者；②企业是社会生产和服务的主要承担者；③企业可以推动社会经济技术进步。

(二)企业的组织形式

典型的企业组织形式有三种：个人独资企业、合伙企业以及公司制企业。

1. 个人独资企业

个人独资企业是指由一个自然人投资，全部资产为投资者个人所有，全部债务由投资者个人承担的经营实体。

个人独资企业具有创立容易、经营管理灵活自由、不需要缴纳企业所得税等优点。但对个人独资企业业主而言：①需要业主对企业债务承担无限责任，当企业的损失超过业主最初对企业的

投资时，需要用业主个人的其他财产偿债；②难以从外部获得大量资金用于经营；③个人独资企业所有权的转移比较困难；④企业的生命有限，将随着业主的死亡而自动消亡。

2. 合伙企业

合伙企业是指由两个或两个以上的自然人(有时也包括法人或其他组织)合伙经营的企业。合伙企业，分为普通合伙企业和有限合伙企业。

(1) 普通合伙企业由普通合伙人组成，合伙人对合伙企业债务承担无限连带责任。依照合伙企业法的规定，国有独资公司、国有企业、上市公司以及公益性的事业单位、社会团体不得成为普通合伙人。以专业知识和专门技能为客户提供有偿服务的专业服务机构，可以设立为特殊的普通合伙企业。

一个合伙人或者数个合伙人在执业活动中因故意或者重大过失造成合伙企业债务的，应当承担无限责任或者无限连带责任，其他合伙人以其在合伙企业中的财产份额为限承担责任。合伙人在执业活动中非因故意或者重大过失造成的合伙企业债务以及合伙企业的其他债务，由全体合伙人承担无限连带责任。

(2) 有限合伙企业由普通合伙人和有限合伙人组成，普通合伙人对合伙企业债务承担无限连带责任，有限合伙人以其认缴的出资额为限对合伙企业债务承担责任。有限合伙企业至少应当有一个普通合伙人，由普通合伙人执行合伙事务。有限合伙人不执行合伙事务，不得对外代表有限合伙企业。

3. 公司制企业

公司制企业也称公司，是指由投资人(自然人或法人)依法出资组建，有独立法人财产，自主经营，自负盈亏的法人企业。出资者按出资额对公司承担有限责任。公司是经政府注册的营利性法人组织，并且独立于所有者和经营者。根据中国《中华人民共和国公司法》(以下简称《公司法》)的规定，公司的主要形式分为有限责任公司和股份有限公司两种。

(1) 有限责任公司简称有限公司，是指股东以其认缴的出资额为限对公司承担责任，公司以其全部资产为限对公司的债务承担责任的企业法人。根据中国《公司法》的规定，公司名称中必须标明"有限责任公司"或者"有限公司"的字样。

国有独资公司是有限责任公司的一种特殊形式。它是指国家单独出资、由国务院或者地方人民政府授权本级人民政府国有资产监督管理机构履行出资人职责的有限责任公司。国有独资公司的公司章程由国有资产监督管理机构制定，或者由董事会制定报国有资产监督管理机构批准。我国国有独资公司不设股东会，由国有资产监督管理机构行使股东会职权。国有资产监督管理机构可以授权公司董事会行使股东会的部分职权，决定公司的重大事项，但公司的合并、分立、解散、增加或者减少注册资本和发行公司债券，必须由国有资产监督管理机构决定。

(2) 股份有限公司简称股份公司，是指其全部资本分为等额股份，股东以其所持股份为限对公司承担责任，公司以其全部资产对公司的债务承担责任的企业法人。股份有限公司股东人数众多、资本来源广泛、经营规模大、竞争力强，是一种具有活力的现代企业组织形式，也是各国最主要、最基本的公司组织形式。

公司制企业的优点：①容易转让所有权。公司的所有者权益被划分为若干股权份额，每个份额可以单独转让。②有限债务责任。公司债务是法人的债务，不是所有者的债务。所有者对公司承担的责任以其出资额为限。当公司资产不足以偿还其所欠债务时，股东无须承担连带清偿责任。③公司制企业可以无限存续，一个公司在最初的所有者和经营者退出后仍然可以继续存在。④公司制企业融资渠道较多，更容易筹集所需资金。

公司制企业的缺点：①组建公司的成本高。《公司法》对设立公司的要求比设立独资或合伙企业复杂，并且需要提交一系列法律文件，花费的时间较长。公司成立后，政府对其监管比较严格,需要定期提交各种报告。②存在代理问题。所有者和经营者分开以后,所有者成为委托人,经营者成为代理人,代理人可能为了自身利益而伤害委托人利益。③双重课税。公司作为独立的法人,其利润需缴纳企业所得税,企业利润分配给股东后,股东还需缴纳个人所得税。

以上三种形式的企业组织中,个人独资企业占企业总数的比重很大,但是绝大部分的商业资金是由公司制企业控制的。因此,财务管理通常把公司理财作为讨论的重点。除非特别指明,本教材讨论的财务管理均指公司财务管理。

二、财务管理的含义和特点

(一) 财务管理的含义

财务管理是指基于企业再生产过程中客观存在的财务活动和财务关系而产生的,是组织企业财务活动、处理企业财务关系的一项经济管理工作,是企业管理的重要组成部分。企业为了实现良好的经济效益,在组织企业的财务活动、处理财务关系的过程中,要进行科学的预测、决策、预算、控制、协调、核算、分析和考核等一系列活动。财务管理的主要特点是对企业生产和再生产过程中的价值运动进行管理,是一项综合性很强的管理工作。

对财务管理这个含义的理解应包括以下三个方面:

(1) 财务管理要组织财务活动。为了正确理解财务管理的含义,应了解企业包括哪些财务活动,并且要区别一般的财务活动和特殊的财务活动。①一般的财务活动包括筹资、投资、资产的运营和分配等,②特殊的财务活动包括兼并、收购、跨国经营等财务活动。财务管理主要解决的是一般的财务活动问题。

(2) 财务管理要处理财务关系。在资金运营过程的不同阶段中会表现出不同的财务关系,一名财务管理人员或经济管理人员能不能真正理解和运用好财务管理,关键在于他能不能处理好各种各样的财务关系。

(3) 财务管理是一项经济管理工作,不同于单纯的人事管理、物资管理等,具有综合性。

综上所述,财务管理的含义可以归纳为:财务管理是基于企业再生产过程中客观存在的财务活动和财务关系而产生的,是利用价值形式对企业再生产过程进行的管理,是组织资金流动、处理财务关系的一项综合性管理工作。

(二) 财务管理的特点

财务管理是组织企业财务活动、处理财务关系的一项经济管理活动。与生产管理、人事管理、营销管理、物流管理等管理活动不同,财务管理具有自身的特点,主要表现在以下三个方面:

(1) 财务管理涉及面广。因为财务管理的对象是企业资金,所以财务管理工作涉及企业的每一项活动、每一个部门。财务部门通过资金管理对企业其他部门进行约束。

(2) 财务管理是一项价值管理工作。财务管理的基本属性是价值管理,它主要利用收入、成本、利润、资金等价值指标,运用财务预测、财务决策、财务预算、财务控制、财务分析等手段来实现企业价值增值,并处理价值运动中的经济利益关系。

(3) 财务管理是一项综合性的管理工作。企业生产经营活动成果,大多可以通过反映资金运动过程和效率的各项价值指标综合反映出来。企业财务部门可以通过计算分析各项指标,及时发现存在的问题,为决策提供有效依据。

财务管理的核心是价值管理,目的就是以最少的资金占用和消耗,获得最大的经济利益,并使企业保持良好的财务状况。

三、财务管理的内容

财务管理是组织企业财务活动、处理财务关系的一项经济管理活动。因此,财务管理的内容就包括财务活动和财务关系两方面。

（一）财务活动

企业的财务活动是以现金收支为主的资金收支活动，其内容具体包括筹资活动、投资活动、营运资金活动和收益分配活动四方面。

1. 筹资活动

筹资活动也称融资活动，是指企业为了满足用于内外部资金需要而筹集所需资金的过程。在筹资过程中，企业亟待解决的问题主要有：①筹资规模是多少；②向谁筹资；③何时筹资；④如何筹资；⑤筹资结构如何确定。

以上问题促使企业应解决筹资活动涉及的规模、渠道、方式（或手段）、结构，以达到既获得所需资金又能降低筹资成本和风险，从而提高企业价值。

在企业面临的众多筹资问题中，筹资渠道是其面临的最重要问题，渠道的解决能够对其他问题的解决产生决定性影响。所以选择好的筹资渠道可以让企业在筹资中达到预期的效果。目前，可供企业选择的筹资渠道常见的分类标准主要有两个。

（1）根据资金性质，分为权益筹资和债务筹资。①权益筹资是指企业通过发行股票、吸收直接投资和留存收益转增资本等方式取得所需资金的筹资方式。此种方式筹集的资金无需归还、风险小，但期望报酬率高，相应资本成本大。②债务筹资是指企业可以通过向银行借款、发行债券、利用商业信用等方式取得资金的筹资方式。此种方式筹集的资金需按期还本付息，财务风险高，但其要求的报酬率比权益资金低，相应资本成本小。

（2）按照资金使用时间长短，分为长期筹资和短期筹资。①长期筹资是指企业可以筹集的使用期限为 1 年以上的资金的筹资方式。此种方式筹集的资金主要包括权益资金和长期负债。权益资金无需归还，企业可以长期使用，属于长期资金。此外，长期借款也属于长期资金。②短期筹资是指企业获得的能够使用的期限短于 1 年的资金的筹资方式。短期筹资一般是负债筹资。短期筹资主要解决临时资金周转困难，如在生产经营旺季需要资金比较多时可借入短期借，以解决暂时性资金短缺。

2. 投资活动

投资活动主要是以实现投资收益回收现金流而发生的现金流出。在财务管理中，企业投资通常分为广义投资和狭义投资。广义投资是指企业将筹集资金投入使用的过程，包括对内部经营所需的投入和对外部投放。狭义投资仅指对外投资。企业在投资过程中，必须考虑投资规模、投资方向和方式的选择。合理的投资结构可以提高投资效益、降低投资风险。这些投资具体表现为建造厂房，购置设备，增加新产品，购买政府公债、股票、债券等。

3. 营运资金活动

企业在日常生产经营的过程中，要发生一系列资金收付。企业营运资金，主要是为了满足企业日常营运需要而垫支的资金。其中，营运资金的周转与生产经营周期具有一致性。在一定时期内，资金周转速度越快，资金利用效率越高，就可能生产出更多的产品，取得更多的收入，获得更多的报酬。因此，如何加速资金周转、提高资金使用效率，是财务管理的主要内容之一。

4. 收益分配活动

企业通过投资或营运资金活动可取得相应的资金流入，并实现资金保值增值，达到企业财富的增加。这些增值产生后，再对相关成本进行补偿以及缴纳相关税费，剩余的收益还要进行分配。客观地说，广义的分配是对企业各种收入进行分割和分派的过程；狭义的分配仅指对企业净利润的分配。

具体来说，企业收益分配是在赚得利润后决定有多少作为股利发放给投资者（股东），有多少留在企业作为再投资。过高的收益分配率既可能影响企业的再投资能力，也会使未来收益减少，造成上市企业股价下跌;过低的收益分配率可能引起投资者不满,致使股价下跌。

收益分配决策受多种因素影响,包括税法对收益和出售股票收益的不同处理、未来企业投资机会、各种资金来源及其成本、投资者(股东)对当期和未来收入相对偏好等。企业应根据具体情况确定最佳收益分配政策,这也是财务决策的一项重要内容。收益分配政策从某种角度看也是保留盈余决策,是企业内部筹资问题。因此,收益分配在一定程度上也属于筹资的范畴,而并非一项独立的财务管理内容。

上述财务管理内容涉及财务活动的四个方面,它们之间是相互联系、相互依存的关系。正是上述相互联系又有区别的四个方面,构成了企业完整的财务管理活动,从而也构成了企业财务管理内容。

(二) 财务关系

企业从资金的筹集、投资、营运到分配,必将与有关各方发生经济联系。企业在组织财务活动过程中与利益相关方发生的经济利益关系即财务关系。

1. 企业与政府之间的财务关系

企业与政府之间的财务关系体现在:政府作为社会管理者,行使国家行政管理职能,维持社会秩序、保障国家安全以及组织、管理和监督社会活动。因此,政府通过征收各种税金,无偿参与企业的收益分配,企业必须依照国家税法的规定缴纳各种税款。这种经济利益关系体现的是企业与政府间强制的、无偿的分配关系。

此外,政府作为国有企业的投资者,通过有关授权部门或机构对企业进行投资,形成国家资本金,从而以投资者的身份参与企业的收益分配。这种经济利益关系体现的是企业与政府间所有权性质的被投资与投资的关系。

2. 企业与投资者之间的财务关系

企业与投资者之间的财务关系是指企业的投资者向企业投入资金,获得企业所有权,企业向其投资者支付投资报酬所形成的经济利益关系。企业与投资者的这种财务关系实际上体现了经营权与所有权的关系。企业的投资者必须按照投资合同、协议和章程的约定履行出资义务,以形成企业的资本金;企业在利用资本金进行经营,获得利润后,应按照合同、协议或章程的规定向其投资者分配利润。企业与投资者之间的财务关系体现为所有权性质的被投资与投资的关系。

3. 企业与被投资企业之间的财务关系

企业与被投资企业之间的财务关系是指企业以直接投资或间接投资的形式向其他企业投资所形成的经济利益关系。随着市场经济的不断发展,企业经营规模和经营范围的不断扩大,企业收购或兼并其他企业和对其他企业进行参股、控股的现象越来越普遍。企业向其他企业投资,应按投资合同、协议和章程的约定履行出资义务,并根据其出资额参与被投资企业的经营管理和利润分配。企业与被投资企业之间的财务关系在性质上属于所有权性质的投资与被投资关系。

4. 企业与债权人之间的财务关系

企业与债权人之间的财务关系是指企业向债权人借入资金,并按借款合同的规定按时支付利息、归还本金所形成的经济利益关系。企业在经营过程中,投资者投入的资本不能满足企业需要时,就需要向债权人借入一定数量的债务资金,债务资金可以降低企业筹资成本。企业的债权人主要有本企业债券持有人、银行等金融机构、供应商及其他出借资金给企业的单位和个人。企业利用债权人的资金,必须按合同的约定及时向债权人支付利息和归还本金,否则会对企业的信用造成不良影响。由此可见,企业与债权人之间的财务关系在性质上属于债务与债权关系。

5. 企业与债务人之间的财务关系

企业与债务人之间的财务关系是指企业以购买债券、提供借款或商业信用等形式,将资金出借给其他企业所形成的经济利益关系。企业将资金出借后,有权要求债务人按借款合同的约定按时支付利息、归还本金。企业与债务人之间的财务关系体现的是债权与债务关系。

6. 企业内部各单位之间的财务关系

企业内部各单位之间的财务关系是指企业内部各部门、各单位之间在生产经营中相互提供产品或劳务所形成的经济利益关系。企业内部各部门、各单位之间既有分工又有合作，为了确认各部门、各单位创造的利益，在实行企业内部经营责任制的情况下，企业各职能部门以及各个生产单位之间相互提供产品和劳务时要求按内部转移价格进行结算，以便客观地考核和评价各部门、各单位的经营业绩。因此，企业内部各部门、各单位之间的财务关系是一种资金结算关系，体现了企业内部各部门、各单位之间的责任与经济利益。

7. 企业与职工之间的财务关系

企业与职工之间的财务关系是指企业在向职工支付劳动报酬的过程中所形成的经济利益关系。企业职工向企业提供了劳务，企业应向职工及时足额支付工资、津贴、奖金等劳动报酬，从而实现按照职工提供劳动数量和质量对企业收入的分配。企业与职工之间的财务关系，体现了职工个人与企业在劳动成果上的分配关系。

8. 企业与供应商、企业与客户之间的财务关系

企业与供应商、企业与客户之间的财务关系，主要是指企业购买供应商的商品或接受其服务，以及企业向客户销售商品或提供服务过程中形成的经济关系。

企业在生产经营活动中，正确地认识和处理好与各有关方面的财务关系，就可以更好地把握和完善企业与各有关方面的经济利益关系，从而为企业的形象、信誉和发展奠定良好的基础；反之，企业对财务关系的重要性认识不足，将会使企业的生产经营活动陷于被动境地。

上述财务关系广泛存在于企业财务管理中，体现了企业财务管理的实质，是企业财务管理的重要内容之一。企业在实现其财务目标时需要正确处理和协调各利益相关者之间的财务关系，努力实现各种经济利益的协调和均衡。

任务二 财务管理目标

企业是以营利为目的的，其出发点和归宿都是营利；企业应先在竞争中求生存，然后才能求发展和获利。因此，企业目标可概括为生存、发展和获利。企业财务管理目标主要服务于创造价值，也是在特定财务管理环境中通过组织财务活动，处理财务关系所要达到的目标。

一、财务管理目标理论观点

企业财务管理目标理论发展至今，具有代表性的观点主要有五种：利润最大化、每股收益最大化、股东财富最大化、企业价值最大化、相关者利益最大化。

（一）利润最大化观点

利润最大化观点认为：企业进行财务管理的最终目标就是实现利润最大化。衡量指标：利润。

1. 企业以利润最大化作为其财务管理目标的原因

（1）在市场经济条件下，企业进行日常生产经营活动创造了更多有价值的产品或服务，这些产品或服务通过市场交易销售出去实现了利润，因而实现利润最大化便是衡量企业经营成果的最重要指标之一。

（2）在金融资本市场上，能够获得更多资本使用权的微观主体通常为实现利润最多的企业。

（3）整个宏观财富的增加需要每个微观主体企业在持续经营过程中不断产生利润从而实现整个社会财富积累。

2. 以利润最大化作为财务管理目标的优点

企业追求利润最大化,就必须讲求经济核算,加强管理,改进技术,优化产品或服务,提高劳动生产率,降低产品成本。这些措施都有利于企业资源的合理、有效配置,有利于企业整体经济效益的提高。

3. 以利润最大化作为财务管理目标的缺陷

(1) 没有考虑利润实现时间和货币时间价值。例如,甲企业2018年、2019年均获利80万元,从数量上看,两年实现利润相等,但是实现的时间不同,这期间货币具有时间价值,而且在具体折算过程中随着所选择折现率的不同会使计算结果产生差异。

(2) 没有考虑投入资本和利润之间的关系。例如,甲、乙两家企业在2019年实现利润均为80万元,甲企业投入资本200万元,乙企业投入资本120万元,哪一个更符合企业的目标?若不与投入资本联系起来,就难以作出正确判断。

(3) 没有考虑风险问题。例如,甲、乙两家企业2019年均投入500万元资本,该年实现利润均为300万元,其中,甲企业利润已全部收现,乙企业获利则大部分为应收账款,并可能发生坏账损失。此时,哪一个企业更符合企业的财务管理目标?若不考虑风险大小,同样难以作出正确判断。

(4) 可能导致企业短期财务决策倾向,影响企业长远发展。经营者为了满足投资者对每年利润的需求偏好,通常追求短期利润最大化,因此,企业决策也往往会服务于年度指标的完成或实现短期财务管理目标。

(二) 每股收益最大化观点

每股收益最大化观点认为:应当把企业的利润和股东投入的资本联系起来,用每股收益(或权益资本净利率)来概括企业的财务目标。企业财务管理应以实现每股收益最大化为目标。衡量指标:每股收益。

(1) 每股收益最大化的优点:①反映了利润与投入资本之间的关系,有利于与其他不同资本规模企业或不同企业不同时期比较;②容易计量。

(2) 每股收益最大化的缺陷:①没有考虑每股收益取得的时间;②没有考虑每股收益的风险。如果假设风险相同、每股收益时间相同,每股收益最大化也是一个可以接受的观念。事实上,许多投资者把每股收益作为评价公司业绩的最重要指标。企业的某些财务方案正是在每股收益最大化的财务目标下进行决策的。

(三) 股东财富最大化观点

股东财富最大化观点认为:企业财务管理以实现股东财富最大化为目标。对上市企业而言,影响股东财富的主要因素为股票数量和市场价格。当股东拥有固定的股票数量时,股票市场上股价的高低直接决定了股东财富的大小。衡量指标:股东权益的市场价值(或企业股票的市场价值)。

1. 以股东财富最大化作为财务管理目标的优点

与利润最大化和每股盈余最大化目标相比,股东财富最大化目标的主要优点是:

(1) 考虑了风险因素。在股票市场上,上市企业股票价格随着风险变化而作出相应的反应。

(2) 短期行为得到一定程度的规避。上市企业股票价格不仅受当前利润影响,同时也会反作用于企业未来利润。

(3) 股东财富最大化目标容易量化,能够反映经营管理层受托责任,便于投资者对经营管理层的考核和奖惩。

2. 以股东财富最大化作为财务管理目标的缺陷

(1) 此观点仅适用于上市企业。只有上市企业的股票能够在金融市场上获得市场价格,而非上市企业不能像上市企业一样及时准确地获得股票价格。

(2) 影响股价因素众多。上市企业股票价格不仅受企业自身经营管理的影响，而且也受来自外在宏观层面等因素的影响。

(3) 利益仅仅涉及股东，其他与企业相关的利益者未得到考虑。

(四) 企业价值最大化观点

企业价值最大化观点认为：企业所有财务管理行为实施的目标是实现企业价值最大化。企业价值体现为投资者权益市场价值，或者是以货币时间价值为基础对未来现金流量进行折现计算的现值。

此观点要求企业为了实现财务管理目标，须采用最佳财务决策，在充分考虑风险和货币时间价值的基础上，结合长短期战略发展，实现企业市场总价值达到最大化。衡量指标：所有者权益市场价值（或企业预计未来现金流量的现值）和债权人权益价值。企业价值的计算公式如下：

$$企业价值 V = 权益市场价值 + 债务市场价值$$
$$= 股票市场价格 + 债务市场价值（上市企业）$$

对上市企业而言，企业价值可通过资产未来报酬的贴现值来计量，用公式表示如下：

$$V = \sum_{t=1}^{n} NCF_t(P/F, i, t)$$

公式中：V 表示企业价值；NCF_t 表示企业第 t 年的现金净流量；n 表示预计企业持续年限；i 表示折现率；t 表示取得现金净流量的具体年数。

1. 以企业价值最大化作为财务管理目标的优点

(1) 考虑了货币时间价值和风险。企业价值是通过选择考虑风险在内的折现率对企业未来现金流量进行折现得出的量化结果，同时也体现了风险和报酬的对应关系。

(2) 避免了短期行为。一方面，为了实现长期稳定发展，企业以持续经营长期发展作为基础，考虑对企业价值影响的长期因素；另一方面，用价值代替价格，克服了过多受外界市场因素的干扰，有效地规避了企业的短期行为。

2. 以企业价值最大化作为财务管理目标的缺陷

(1) 可操作性较弱。企业价值是通过对未来产生现金流量进行折现得到的结果。其中，未来现金流量是一个不确定性因素，同时选择折现率时对未来风险出现的不确定性难以把握，由此计算出来的企业价值很难反映企业实际的价值。

(2) 同股东财富最大化目标类似，适用范围更多局限于上市企业，对于非上市企业进行企业价值评估时涉及的标准和方式难以达到客观和精确。

(五) 相关者利益最大化观点

企业是一个利益关系纽带，涉及投资者（股东或所有者）、经营者、债权人、债务人、客户、供应商、员工、政府等主要利益相关者。企业在经营过程中也表现为各种利益相关者相互之间的博弈，这就需要企业在处理这些财务关系时应当科学合理地确立财务管理目标，以寻求这种多方契约关系的平衡点。因此，在确定企业财务管理目标时，不能忽视这些相关利益群体的利益。

1. 以相关者利益最大化作为财务管理目标的具体内容

(1) 强调风险与报酬的均衡，将风险限制在企业可以承受的范围内。

(2) 强调股东的首要地位，并强调企业与股东之间的协调关系。

(3) 强调对代理人即企业经营者的监督和控制，建立有效的激励机制以便企业战略目标的顺利实施。

(4) 关心本企业员工的利益，创造优美和谐的工作环境和提供合理恰当的福利待遇，培养员工长期为企业努力工作。

（5）不断加强与债权人的关系，培养可靠的资金供应者。

（6）关心客户的长期利益，以便保持销售收入的长期稳定增长。

（7）加强与供应商的协作，共同面对市场竞争，并注重企业形象的宣传，遵守承诺，讲究信誉。

（8）保持与政府部门的良好关系。

2. 以相关者利益最大化作为财务管理目标的优点

（1）有利于企业长期稳定发展。这一目标注重企业在发展过程中考虑并满足各种利益相关者的利益关系。企业在追求长期稳定发展的过程中，站在企业的角度上进行投资研究，避免站在股东等单个角度进行投资研究可能导致的一系列问题。

（2）体现了合作共赢的价值理念，有利于实现企业经济效益和社会效益的统一。由于兼顾了企业、股东、政府、客户等相关者的利益，企业就不仅仅是一个单纯谋利的组织，还承担了一定的社会责任。企业在寻求其自身的发展和利益最大化过程中，由于客户及其他利益相关者利益的存在，就会依法经营与管理，正确处理各种财务关系，自觉维护和确实保障国家、集体和社会公众的合法权益。

（3）这一目标本身是一个多元化、多层次的目标体系，较好地兼顾了各利益相关者的利益。这一目标可使企业各利益相关者之间相互作用、相互协调，并在使企业利益、股东利益达到最大化的同时，也使其他利益相关者利益达到最大化。也就是在将企业财富这块"蛋糕"做到最大化的同时，保证每个利益相关者所得的"蛋糕"更多。

（4）体现了前瞻性和现实性的统一。比如，企业作为利益相关者之一，有其评价指标体系；又如，未来企业报酬现值，股东评价指标可以使用股票市价，债权人可以寻求风险最小、利息最大，员工可以确保工资福利，政府可以考虑社会效益等。不同利益相关者有各自的指标，只要合理合法、互利互惠、相互协调，就可以实现所有利益相关者的利益最大化。

因此，利益相关者的利益最大化是企业财务管理最理想的目标，但是鉴于该目标过于理想化，且难以实现操作，本教材仍采用企业价值最大化作为财务管理的目标。

二、财务管理目标的协调

（一）所有者与经营者的矛盾与协调

1. 矛盾

企业经营者一般不拥有占支配地位的股权，他们只是所有者的代理人，所有者期望经营者代表他们的利益工作，实现所有者财富最大化；而经营者则从其自身的利益考虑。对经营者来讲，他们所得到的利益来自所有者。因而，经营者和所有者的主要矛盾就是，经营者希望在提高企业价值和股东财富的同时，能更多地增加享受成本；而所有者和股东则希望以较小的享受成本支出带来更高的企业价值或股东财富。

2. 协调

（1）解聘。所有者对经营者予以监督。如果经营者未能使企业价值达到最大，往往会被解聘。经营者会因为害怕被解聘而被迫实现财务管理目标。

（2）接收。如果经营者经营决策失误、经营不力，未能采取一切有效措施使企业价值提高，该企业就可能被其他企业强行接收或吞并，相应经营者也会被解聘。因此，经营者为了避免这种接收，必须采取一切措施提高股东财富和企业价值。

（3）激励。即将经营者的报酬与其绩效挂钩，以使经营者自觉地采取能提高股东财富和企业价值的措施。激励通常有两种基本方式：①"股票期权"方式，即允许经营者以约定的价格购买一定数量的本企业股票，股票的市场价格高于约定价格的部分就是经营者所得的报酬；②"绩效股"方式，即企业运用每股收益、资产收益率等指标来评价经营者的业绩，视其业绩大小给予经营者数量不等的股票作为报酬。

（二）所有者与债权人的矛盾与协调

1. 矛盾

所有者有可能要求经营者改变举债资金的原定用途，将其用于风险更高的项目，这会增大偿债的风险。若成功，额外的利润就会被所有者独享；若失败，债权人与所有者共同负担由此造成的损失。所有者也可能未征得现有债权人同意，而要求经营者发行新债券或举借新债，致使旧债券或老债券的价值降低。

2. 协调

（1）限制性借债。在借款合同中加入某些限制性条款，如规定借款的用途、借款的担保条款、借款的信用条件等。

（2）收回借款或停止借款。当债权人发现企业有侵蚀其债权价值的意图时，可以收回债权或不给予企业增加放款。

三、企业的社会责任

企业的社会责任是指企业在谋求所有者或股东权益最大化之外所负有的维护和增进社会利益的义务。

（一）对员工的责任

企业除了向员工支付报酬的法律责任外，还负有为员工提供安全工作环境、职业教育等保障员工利益的责任。按我国《公司法》的规定，企业对员工承担的社会责任有：①按时足额发放劳动报酬，并根据社会发展逐步提高工资水平；②提供安全健康的工作环境，加强劳动保护，实现安全生产，积极预防职业病；③建立公司职工的职业教育和岗位培训制度，不断提高职工的素质和能力；④完善工会、职工董事和职工监事制度，培育良好的企业文化。

（二）对债权人的责任

债权人是企业的重要利益相关者，企业应依据合同的约定以及法律的规定对债权人承担相应的义务，保障债权人合法权益。这种义务既是公司的民事义务，也可视为公司应承担的社会责任。公司对债权人承担的社会责任主要有：①按照法律、法规和公司章程的规定，真实、准确、完整、及时地披露公司信息；②诚实守信，不滥用公司人格；③主动偿债，不无故拖欠；④确保交易安全，切实履行合法订立的合同。

（三）对消费者的责任

企业的价值实现，很大程度上取决于消费者的选择，企业理应重视对消费者承担的社会责任。企业对消费者承担的社会责任主要有：①确保产品质量，保障消费安全；②诚实守信，确保消费者的知情权；③提供完善的售后服务，及时为消费者排忧解难。

（四）对社会公益的责任

企业对社会公益的责任主要涉及慈善、社区等。企业对慈善事业的社会责任是指承担扶贫济困和发展慈善事业的责任，表现为企业对不确定的社会群体（尤指弱势群体）进行帮助。捐赠是其最主要的表现形式之一，受捐赠的对象主要有社会福利院、医疗服务机构、教育事业、贫困地区、特殊困难人群等。此外，企业承担社会公益的表现形式还包括招聘残疾人、生活困难的人、缺乏就业竞争力的人到企业工作，以及举办与企业营业范围有关的各种公益性的社会教育宣传活动等。

（五）对环境和资源的责任

企业对环境和资源的社会责任可以概括为两大方面：①承担可持续发展与节约资源的责任；

②承担保护环境和维护自然和谐的责任。

此外,企业还有义务和责任遵从政府的管理、接受政府的监督。企业要在政府的指引下合法经营、自觉履行法律规定的义务,同时尽可能地为政府献计献策、分担社会压力、支持政府的各项事业。

一般而言,对一个利润或投资报酬率处于较低水平的企业,在激烈竞争的环境下,是难以承担额外增加其成本的社会责任的。而对那些利润超常的企业,它们可以适当地承担而且有的也确已承担一定的社会责任。因为对利润超常的企业来说,适当地从事一些社会公益活动,有助于提高企业的知名度,促进其业务活动的开展,进而使股价升高。但不管怎样,任何企业都无法长期单独地负担因承担社会责任而增加的成本。过分地强调社会责任而使企业价值减少,就可能导致整个社会资金运用的次优化,从而使社会经济发展步伐减缓。事实上,大多数社会责任都必须通过立法以强制的方式让每一个企业平均负担。然而,企业是社会的经济细胞,理应关注并自觉改善自身的生态环境,重视履行对员工、消费者、环境、社区等利益相关方的责任,重视其生产行为可能对未来环境的影响,特别是对员工健康与安全、废弃物处理、污染防治等方面应尽早采取相应的措施,减少企业在这些方面可能会遭遇的各种困扰,从而有助于企业可持续发展。

任务三　财务管理原则

财务管理原则也称理财原则,是进行企业财务管理所应遵循的指导性的理念或标准,是人们对财务活动的共同的、理性的认识,它是联系理论与实务的纽带,是被实践所证明了的并且被多数理财人员所接受的理财行为准则,它是财务理论和财务决策的基础。企业财务管理的原则一般包括如下几项。

一、系统原则

"系统"这个词最早出现在古希腊语中,是部分组成整体的意思。《牛津英语词典》把"系统"解释为一组或一堆彼此有关的相互依存的事物所形成的复杂统一体。简言之,系统是由若干个相互作用、相互依存的部分有机结合而成的整体。财务管理从资金筹集开始,到资金收回为止,经历了资金筹集、资金投放、资金收回与资金分配等几个部分,它们相互联系、相互作用,组成一个整体,具有系统的性质。为此,做好财务管理工作,必须从财务管理系统的内部和外部联系出发,从各组成部分的协调和统一出发,这就是财务管理的系统原则。在财务管理中应用系统原则,其核心是在管理中体现系统的基本特征。一般而言,系统具有以下特征。

(一)系统具有目的性

任何管理都是有目的的行为,财务管理也不例外。要体现财务管理系统的目的性,就必须确定正确的财务管理目标,因为目标决定着财务管理的内容和方法,影响着企业的财务行为。如果确定了错误的目标,必然导致财务管理系统的紊乱。我们在建立财务管理理论结构时,把目标当作财务管理的导向,充分强调了目标的作用,也正是贯彻系统的目的性原则。

(二)系统具有整体性

财务管理系统可以从不同角度分解成不同的子系统,各个子系统从整体上来说目标是一致的,但有时也会产生矛盾。根据系统原则,必须把财务管理系统作为一个整体进行分析,只有整体的目标才是系统的最高目标,只有整体功能最佳才是最佳的管理系统,这便是系统的整体性。例如,财务管理在实行分权管理时,就不能只强调各责任单位的利益,而必须对各责任单位的利益进行协调,使整体效益达到最优。

（三）系统具有层次性

财务管理系统是由若干个子系统组成的，每个子系统又由若干个分系统组成。例如，按管理的内容可以把财务管理系统分解成企业筹集子系统、企业投资子系统、企业营运资金子系统、企业收益分配子系统等；企业投资子系统又可以分为流动资产投资、固定资产投资、证券投资、无形资产投资、人力资产等若干个分系统。管理系统的不同层次有不同的职能，同时也有不同的权、责、利关系，打乱了合理的层次界限就会导致系统的无序状态。我国财务管理中的归口分级管理就是根据系统的层次和整体性进行的。

（四）系统具有环境适应性

环境是指存在于系统以外的事物，是一种更高级、更复杂的系统。系统处于环境之中必须不断地与环境进行物质、能量、信息的交换，以适应环境的变化。能够经常与环境保持最佳适应状态的系统，是理想的系统。为此，企业在进行财务管理时，必须认真研究财务管理的环境、适应环境、利用环境。能否适应环境的变化，是企业财务管理能否正常运行的关键。

在财务管理中贯彻系统原则，要明确财务管理的目标，并把企业财务管理的主要权力集中在企业总部，同时根据系统的层次性适当地把权力下放到相关单位。这样，财权既有集中、又有分散，是集中领导下的分散和分散管理基础上的集中，只有如此，才能保证财务管理整体目标的实现。

系统原则是财务管理的一项基本原则，在财务管理实践中，归口分级管理、目标利润管理、投资计划的可行性分析等都是根据这一原则进行的。

二、平衡原则

在财务管理中，要力求使资金的收支在数量上和时间上达到动态的协调平衡，这就是财务管理的平衡原则。从会计学角度来看，资金占用等于资金来源，或资产等于负债加所有者权益，这就是一个必须相等的关系，这便是资金的静态平衡关系。财务管理不仅是为了追求这种静态上的平衡，更是为了追求资金的收支在数量上和时间上保持动态的协调平衡。

企业发生财务收入，意味着一次资金循环的终结；企业发生财务支出，则意味着另一次资金循环的开始。所以，资金的收支是资金周转的纽带，要保证资金周转的顺利进行，就要求资金收支不仅在数量上而且在时间上保持协调平衡。收不抵支，固然会导致资金周转的中断或停滞，但如果收支总额可以平衡，而支出大部分发生在先、收入大部分形成在后，也必然会妨碍资金的顺利周转。资金收支在每一时点上的平衡，是资金循环过程得以周而复始的条件。

资金收支动态的平衡公式如下：

$$目前现金余额 + 预计现金收入 - 预计现金支出 = 预计现金余额$$

如果预计的现金余额远远低于理想的现金余额，则应积极筹措资金，以弥补现金的不足；如果预计的现金余额远远高于理想的现金余额，则应积极组织还款或进行投资，以保持资金收支上的动态平衡，实现收支相抵、略有结余。

平衡原则也是财务管理的一项基本原则，财务管理的过程就是追求平衡的过程。如果不需要平衡，也就不需要财务管理。只有实现了财务收支的动态平衡，才能更好地实现财务管理的目标。在财务管理实践中，现金收支计划、企业证券投资决策、企业筹资数量决策，都必须在这一原则指导下进行。

三、弹性原则

在前面论述平衡原则时曾提到，财务管理应努力实现收支平衡、略有结余。这里的略有结余就是留有弹性。在财务管理中,必须在追求准确和节约的同时,留有合理的伸缩余地,这就是财务管理的弹性原则。

在财务管理中,之所以要保持合理的弹性,主要是出于以下几个方面的原因:①财务管理的环境是复杂多变的,企业缺乏完全的控制能力;②企业财务管理人员的素质和能力不可能达到理想的高度,因而在管理中可能会出现失误;③企业财务预测、财务决策和财务计划都是对未来的一种大致的规划,不可能完全准确。为此,就要求在管理的各个方面和各个环节留有可调节的余地。

贯彻财务管理弹性原则的关键是防止弹性过大或过小,因为弹性过大会造成浪费,而弹性过小则会带来较大的风险。确定合理弹性必须考虑如下几个问题:

(1)企业适应财务管理环境的能力。企业适应财务管理环境的能力越强,弹性就越小;企业适应财务管理环境的能力越差,弹性就越大。

(2)不利事件出现的可能性的大小。不利事件出现的可能性越小,弹性就越小;不利事件出现的可能性越大,弹性就越大。

(3)企业愿意承担的风险的大小。企业如果愿意承担比较大的风险,则可留有较小的弹性;企业如果不愿意承担风险,则必须留有较大的弹性。

弹性原则是财务管理中必须遵循的一项原则。在财务管理中,只有允许各子系统都保持一定的弹性,才能保证财务管理系统的整体具有确定性。在财务管理实践中,对现金、存货留有一定的保险储备,在编制财务计划时留有余地,都是弹性原则的具体应用。

四、比例原则

财务管理除了对绝对量进行规划和控制,还必须通过分析各因素之间的比例关系来发现管理中存在的问题,采取相应的措施,使有关比例趋于合理,这便是财务管理的比例原则。

财务管理中的大量指标都表现为一定的比例关系,如流动利率说明的是流动资产与流动负债之间的比例关系,负债比率说明的是负债总额与资产总额的比例关系等。通过这些比例关系,可以获得更多的资料,揭示更多的问题。各种比例关系一般都是有一个公认的比较合理的标准,但由于财务活动十分复杂,影响比例关系的因素比较多,有时企业财务管理中的一些比例关系可能会不合理。正确地贯彻比例原则,就是要使不合理的比例关系逐渐减少,使合理的比例关系得到保持,以顺利实现财务管理的目标。

比例原则是财务管理的一项重要原则。只有各种比例关系都比较合理,企业的资金周转才能比较顺利地进行。若不重视比例问题的研究,就可能会使财务管理陷入恶性循环。在财务管理实践中,财务分析中的比率分析、企业筹资中的资本结构决策、企业投资中的投资组合决策都必须贯彻这一原则。

五、优化原则

财务管理过程是一个不断进行分析、比较和选择以实现最优的过程,这就是财务管理的优化原则。

在财务管理中贯彻优化原则,主要包括如下几方面内容:

第一,多方案的最优选择问题。在财务管理中,经常会遇到从多个方案中选择一个或几个方案的情况,这时要根据优化原则排除次优方案,选择最优方案。

第二,最优总量的确定问题。它主要研究在各种因素基本确定的情况下,如何确定最优总量。例如,理想的现金余额、存货的经济采购批量、企业筹资总额等的确定都要遵循优化原则。

第三,最优比例关系的确定问题。在总量确定后,还要确定各因素之间的比例关系,资本结构的确定、利润分配比例的确定等都属于此类问题。

优化原则是财务管理的重要原则,财务管理的过程就是优化的过程。如果不需要优化,管理就失去了意义。

任务四　财务管理环节

财务管理环节是企业财务管理的工作步骤与一般工作程序。一般而言,企业财务管理包括以下几个环节。

一、计划与预算

(一)财务预测

财务预测是根据企业财务活动的历史资料,考虑现实的要求和条件,对企业未来的财务活动作出较为具体的预计和测算的过程。财务预测可以测算各项生产经营方案的经济效益,为决策提供可靠的依据;可以预计财务收支的发展变化情况,以确定经营目标;可以测算各项定额和标准,为编制计划、分解计划指标服务。

财务预测的方法主要有定性预测法和定量预测法两类。定性预测法是指利用直观材料,依靠个人的主观判断和综合分析能力,对事物未来的状况和趋势作出预测的一种方法。定量预测法是指根据变量之间存在的数量关系建立数学模型来进行预测的一种方法。

(二)财务计划

财务计划是根据企业整体战略目标和规划,结合财务预测的结果,对财务活动进行规划,并以指标形式落实到每一计划期间的过程。财务计划主要通过指标和表格,以货币形式反映在一定的计划期内企业生产经营活动所需要的资金及其来源、财务收入和支出、财务成果及其分配的情况。

确定财务计划指标的方法一般有平衡法、因素法、比例法、定额法等。

(三)财务预算

财务预算是根据财务战略、财务计划和各种预测信息,确定预算期内各种预算指标的过程。它是财务战略的具体化,是财务计划的分解和落实。

财务预算的方法通常包括固定预算与弹性预算、增量预算与零基预算、定期预算与滚动预算等。

二、决策与控制

(一)财务决策

财务决策是指按照财务战略目标的总体要求,利用专门的方法对各种备选方案进行比较和分析,从中选出最佳方案的过程。财务决策是财务管理的核心,决策的成功与否直接关系到企业的兴衰成败。

财务决策的方法主要有两类:①经验判断法是指根据决策者的经验来判断选择的方法,包括淘汰法、排队法、归类法等;②定量分析法,包括优选对比法、数学微分法、线性规划法、概率决策法等。

(二)财务控制

财务控制是指利用有关信息和特定手段,对企业的财务活动施加影响或调节,以便实现计划所规定的财务目标的过程。

财务控制的方法通常有前馈控制、过程控制、反馈控制。

三、分析与考核

(一)财务分析

财务分析是指根据企业财务报表等信息资料,采用专门方法,系统分析和评价企业财务状况、经营成果以及未来趋势的过程。

财务分析的方法通常有比较分析、比率分析、综合分析等。

（二）财务考核

财务考核是指将报告期实际完成数与规定的考核指标进行对比，确定有关责任单位和个人完成任务的过程。财务考核与奖惩紧密联系，是贯彻责任制原则的要求，也是构建激励与约束机制的关键环节。

财务考核的形式多种多样，可以用绝对指标、相对指标、完成百分比考核，也可采用多种财务指标进行综合评价考核。

任务五　财务管理体制

一、企业财务管理体制的一般模式

财务管理体制是明确企业各财务层级财务权限、责任和利益的制度，其核心问题是如何配置财务管理权限，企业财务管理体制决定着企业财务管理的运行机制和实施模式。

财务管理体制可以分为以下三种类型，如表 1-1 所示。

表 1-1　　　　　　　　　　　　　　财务管理的体制的类型

类型	含义	特点
集权型	集权型财务管理体制是指企业对各所属单位的所有财务管理决策都进行集中统一，各所属单位没有财务决策权，企业总部财务部门不但参与决策和执行决策，在特定情况下还直接参与各所属单位的执行过程	（1）优点：企业内部的各项决策均由企业总部制定和部署，企业内部可充分展现其一体化管理的优势，利用企业的人才、智力、信息资源，努力降低资本成本和风险损失，使决策的统一化、制度化得到有力的保障。有利于在整个企业内部优化配置资源，有利于实行内部调拨价格，有利于内部采取避税措施及防范汇率风险等。（2）缺点：过度集权会使各所属单位缺乏主动性、积极性，丧失活力，也可能因为决策程序相对复杂而失去适应市场的弹性，丧失市场机会
分权型	分权型财务管理体制是指企业将财务决策权与管理权完全下放到各所属单位，各所属单位只需对一些决策结果报请企业总部备案即可	（1）优点：由于各所属单位负责人有权对影响经营成果的因素进行控制，加之身在基层，了解情况，有利于针对本单位存在的问题及时作出有效决策，因地制宜地搞好各项业务，也有利于分散经营风险，促进所属单位管理人员及财务人员的成长。（2）缺点：各所属单位大多从本单位利益出发安排财务活动，缺乏全局观念和整体意识，从而可能导致资金管理分散、资本成本增大、费用失控、利润分配无序
集权与分权相结合型	集权与分权相结合型财务管理体制，其实质就是集权下的分权，企业对各所属单位在所有重大问题的决策与处理上实行高度集权，各所属单位则对日常经营活动具有较大的自主权	特点：（1）在制度上，企业内应制定统一的内部管理制度，明确财务权限及收益分配方法，各所属单位应遵照执行，并根据自身的特点加以补充。（2）在管理上，利用企业的各项优势，对部分权限集中管理。（3）在经营上，充分调动各所属单位的生产经营积极性。集权与分权相结合型财务管理体制，吸收了集权型和分权型财务管理体制各自的优点，避免了两者各自的缺点，从而具有较大的优越性

二、影响财务管理体制集权和分权的因素

（一）企业生命周期

一般而言，企业发展会经历初创阶段、快速发展阶段、稳定增长阶段、成熟阶段和衰退阶段。企业各个阶段特点不同，所对应的财务管理体制也会有所区别。如在初创阶段，企业经营风险高，财务管理宜偏重集权。

（二）企业战略

企业战略的发展大致经历四个阶段，即数量扩大、地区开拓、纵向或横向联合发展和产品多样化，不同战略目标应匹配不同的财务管理体制。比如，那些实施纵向一体化战略的企业，要求各所属单位保持密切的业务联系，各所属单位之间业务联系越密切，就越有必要采用相对集中的财务管理体制。

（三）企业所处市场环境

如果企业所处的市场环境复杂多变，有较大的不确定性，就要求给中下层财务管理人员较多的随机处理权，以增强企业对市场环境变动的适应能力。如果企业面临的环境是稳定的且对生产经营的影响不太显著，则可以把财务管理权较多地集中。

（四）企业规模

一般而言，企业规模小，财务管理工作量小，为财务管理服务的财务组织制度也相应简单、集中，偏向于集权型。企业规模大，财务管理工作量大，复杂性增加，财务管理的各种权限就有必要根据需要重新设置规划。

（五）企业管理层素质

包括财务管理人员在内的管理层如果素质高，能力强，可以采用集权型财务管理体制；反之，通过分权可以调动所属单位的生产积极性、创造性和应变能力。

（六）信息网络系统

采用集权型财务管理体制，需要在企业内部建立一个能及时、准确地传递信息的网络系统并通过对信息传递过程的严格控制保障信息的质量。

任务六　财务管理环境

财务管理是在一定的环境中进行的，必然受到环境的影响。财务管理环境是指企业在财务管理过程中所面对的各种客观条件或因素。环境对财务管理的影响是多方面的，归纳起来主要包括以下几个方面。

一、经济环境

财务活动是经济活动的组成部分，经济环境是财务管理的重要环境。经济环境一般包括经济体制、经济周期、经济政策、通货膨胀和市场竞争。

（一）经济体制

在计划经济体制下，国家统筹企业资本，统一投资，统负盈亏，企业利润统一上缴，亏损全部由国家补贴，企业无独立的理财权，因此，企业财务管理活动的内容比较单一，财务管理方法也比较简单。在市场经济体制下，企业成为"自主经营、自负盈亏"的经济实体，拥有独立的理财权。企业可以先从自身需要出发，合理确定资本需要量，然后到市场上筹集资本，再把筹集到的资本投放到高效益的项目上获取更大的收益，最后将收益根据需要和可能进行分配。因此，企业财务管理活动的内容比较丰富，方法也复杂多样。

（二）经济周期

企业根据不同经济周期应采用不同的财务管理战略。西方财务学者对经济周期中企业的财务管理战略进行了较多探讨，现择其要点归纳如表1-2所示。

表1-2 经济周期中企业的财务管理战略

复苏阶段	繁荣阶段	衰退阶段	萧条阶段
（1）增加厂房设备	（1）扩充厂房设备	（1）停止扩张	（1）建立投资标准
（2）实行长期租赁	（2）继续建立存货	（2）出售多余设备	（2）保持市场份额
（3）建立存货	（3）提供产品价格	（3）停产不利产品	（3）压缩管理费用
（4）开发新产品	（4）开展营销规划	（4）停止长期采购	（4）放弃次要利益
（5）增加劳动力	（5）增加劳动力	（5）削减存货	（5）削减存货
		（6）停止扩招雇员	（6）裁减雇员

（三）经济政策

经济政策是国家进行宏观经济调控的重要手段。国家的产业政策、金融政策、财税政策，对企业的筹资活动、投资活动和分配活动都会产生重要影响。例如，金融政策中的货币发行量、信贷规模会影响企业的资本结构和对投资项目的选择，价格政策会影响资本的投向、投资回收期及预期收益等。财务管理人员应当深刻领会国家的经济政策，研究经济政策的调整对财务管理活动可能造成的影响。

（四）通货膨胀

通货膨胀不仅对消费者不利，也会对企业财务活动产生严重影响。大规模的通货膨胀会引起资本占用的迅速增加；通货膨胀会引起利率的上升，增加企业筹资成本；通货膨胀时期有价证券价格的不断下降，会给投资带来较大的困难；通货膨胀会引起利润的虚增，造成企业的资本流失。

为减轻通货膨胀对企业造成的不利影响，财务人员应采取措施来应对。在通货膨胀初期，货币面临着贬值的风险，这时企业进行投资可以避免风险，实现资本保值；应与客户签订长期购货合同，以减少物价上涨造成的损失；取得长期负债，保持资本成本的稳定。在通货膨胀持续期，企业可以采用比较严格的信用条件，减少企业的债权；调整财务政策，防止和减少企业资本流失等。

（五）市场竞争

企业的一切生产经营活动都发生在一定的市场环境中，财务管理行为的选择在很大程度上取决于企业的市场环境。不了解企业所处的市场环境，就不可能深入地了解企业的运行状态，也就很难作出科学的财务决策。

企业所处的市场环境通常包括：完全垄断市场、完全竞争市场、不完全竞争市场和寡头垄断市场。不同的市场环境对财务管理有不同的影响。处于完全垄断市场的企业，销售一般不成问题，产品及原料的价格波动不大，利润稳中有升，经营风险较小，因此，企业可运用较多的债务资本。处于完全竞争市场的企业，销售价格完全由市场来决定，企业利润随产品及原料的价格波动而波动，因此，企业不宜过多地采用负债方式去筹集资本。处于不完全竞争市场和寡头垄断市场的企业，关键是要使企业的产品具有优势、特色、品牌效应，这就要求在研究与开发上投入大量资本，研制出新的优势产品，做好售后服务，并给予优惠的信用条件。

二、法律环境

市场经济是以法律规范和市场规则为特征的经济制度。企业是市场经济的载体，企业的财务活动应遵守各种法律、法规。企业财务管理中涉及的法律、法规主要包括以下几个方面。

（一）企业组织法

企业组织法主要包括《中华人民共和国公司法》《中华人民共和国外资企业法》《中华人民共和国中外合资经营企业法》《中华人民共和国合伙企业法》《中华人民共和国个人独资企业法》《中华人民共和国企业破产法》等。企业的组织运行和理财活动必须依法进行。

（二）税收法规

税种设置、税率高低、征收范围、减免规定、优惠政策等必然影响企业的财务管理活动。影响企业财务管理活动的税收法规主要包括《中华人民共和国税收征收管理法》《中华人民共和国个人所得税法》《中华人民共和国企业所得税法》《中华人民共和国增值税暂行条例》《中华人民共和国消费税暂行条例》等。企业的财务决策会直接或间接受到税收的影响。财务管理人员应当精通税收法规，自觉按照税收法规的规定开展经营活动和财务管理活动。

（三）证券法规

《中华人民共和国证券法》规定了证券上市规则和交易规则，其中涉及许多财务方面的要求。该法对企业财务管理的影响主要表现在，企业内部财务制度如何体现这些要求，以及企业如何根据这些要求来规范自身的财务行为。一般来讲，这些要求可以作为企业财务制度的内容，以促进企业按上市公司的标准来强化企业的财务管理。

（四）财务法规

财务法规主要包括《中华人民共和国会计法》《企业会计准则》《企业财务通则》《企业会计制度》等。财务法规是规范企业财务活动、协调企业财务关系的行为准则。财务管理人员应认真领会并贯彻财务法规，确保企业财务管理活动规范、合法。

三、金融环境

企业筹资、投资活动是在一定的环境约束下进行的，该环境称为金融环境。金融环境主要包括金融市场和金融工具，是企业财务管理的重要环境。它不仅为企业筹资和投资提供了场所和方式，而且促进了资本的合理流动和优化配置。

（一）金融市场

金融市场是实现货币借贷和资本融通、办理各种票据和有价证券交易活动的场所。一般来说，金融市场可分为资金市场、外汇市场和黄金市场。金融市场可以按照不同的标准进行不同分类。与企业财务最为密切的是资金市场，一般可分为短期资金市场和长期资金市场。

1. 短期资金市场

短期资金市场又称货币市场，是指进行融资期限在 1 年以内的资金交易活动的场所。短期资金市场可分为以下三种：

（1）短期债券市场。即发行和转让 1 年期以内的企业债券和国库券的市场。

（2）票据贴现市场。即商业汇票的贴现市场，商业汇票的持有者在汇票到期前需用资金时，可凭商业汇票到金融机构申请贴现，取得短期资金的融通。

（3）可转让大额定期存单市场。即银行向单位和个人发行的大额定期存单。持有人可依法转让交易，以取得短期资金融通。

2. 长期资金市场

长期资金市场是指进行融资期限在 1 年以上的资金交易活动的场所。长期资金市场可分为

以下两种:

(1) 长期借贷市场。即取得 1 年期以上贷款的市场。

(2) 长期证券市场。即取得 1 年期以上长期债券和股票的市场。长期债券是企业为筹集长期资金而发行的债券,有一定期限,到期还本付息。发行股票是股份公司筹集长期资金的手段,可供企业长期使用,不需归还。长期证券市场可分为一级市场和二级市场。一级市场又称发行市场,其活动围绕有价证券的发行而展开。参加者主要是发行人和认购人,中介人作为包销者或受托人参与活动。二级市场又称流通市场,其活动围绕有价证券的转让流通而展开。流通市场上各种证券的转让流通,仅仅是为投资人和筹资人提供融资便利,并不能直接为筹资人筹集新的资本。

(二) 金融工具

金融工具是能够证明债权债务关系或所有权关系,并据以进行货币资金交易的合法凭证,它对交易双方所应承担的义务与享有的权利均具有法律效力。金融工具一般具有期限性、流动性、风险性和收益性四个基本特征。金融工具若按期限不同可分为货币市场工具和资本市场工具,前者主要有商业票据、国库券(国债)、可转让大额定期存单、回购协议等;后者主要有股票和债券。

金融工具是金融市场的交易对象。资本供求者对借贷资本数量、期限和利率的多样化的要求,决定了金融市场上金融工具的多样化,而多样化的金融工具不仅满足了资本供求者的不同需要,而且也由此形成了金融市场的各类子市场。

四、技术环境

财务管理的技术环境是指财务管理得以实现的技术手段和技术条件,它决定着财务管理的效率和效果。目前,我国进行财务管理依据的会计信息是通过会计系统提供的,占企业经济信息总量的 60%～70%。在企业内部,会计信息主要是提供给管理层决策使用的;而在企业外部,会计信息则主要是为企业的投资者、债权人等提供服务的。

目前,我国正全面推进会计信息化工作,力争建立并健全会计信息化法规体系和会计信息化标准体系[包括可扩展商业报告语言分类标准],全力打造会计信息化人才队伍,基本实现大型企事业单位会计信息化与经营管理信息化的融合,进一步提升企事业单位的管理水平和风险防范能力,做到数出一门、资源共享,便于不同信息使用者获取、分析和利用,进行投资和相关决策;基本实现大型会计师事务所采用信息化手段对客户的财务报告和内部控制进行审计,进一步提升社会审计质量和效率;基本实现政府会计管理和会计监督的信息化,进一步提升会计管理水平和监管效能。通过全面推进会计信息化工作,使我国的会计信息化达到或接近世界先进水平。我国企业会计信息化的全面推进,必将促使企业财务管理的技术环境得到进一步完善和优化。

■ 关 键 术 语 ■

财务管理　财务预测　财务决策　财务预算　财务控制　财务分析

■ 应 知 考 核 ■

一、单项选择题

1. 财务关系是企业在组织财务活动过程中与有关各方面所发生的(　　)。

A. 经济往来关系　　　　　　　　　　B. 经济协作关系

C. 经济责任关系　　　　　　　　　　D. 经济利益关系

2. 企业与债权人之间的财务关系主要体现为(　　)。

    A. 投资收益关系   B. 债务债权关系

    C. 分工协作关系   D. 债权债务关系

3. 与股份有限公司相比,下列各项中,属于普通合伙企业的缺点是(　　)。

    A. 组建公司的成本高   B. 双重课税

    C. 存在代理问题   D. 无限连带责任

4. 由企业日常经营引起的财务活动,也称为(　　)活动。

    A. 筹资   B. 投资

    C. 收益分配   D. 营运资金

5. 企业价值最大化目标强调的是企业的(　　)。

    A. 实际利润额   B. 实际投资利润率

    C. 未来现金流量   D. 实际投入资金

二、多项选择题

1. 财务管理的经济环境一般包括(　　)。

    A. 经济体制   B. 经济周期

    C. 经济政策   D. 通货膨胀和市场竞争

2. 财务管理的基本环节主要包含(　　)。

    A. 财务预测   B. 财务决策、财务预算

    C. 财务控制   D. 财务分析

3. 企业财务管理环境包括(　　)。

    A. 经济环境   B. 法律环境

    C. 技术环境   D. 金融环境

4. 下列各项中,可用来协调企业债权人与所有者矛盾的方法有(　　)。

    A. 规定借款用途   B. 规定借款的信用条件

    C. 要求提供借款担保   D. 收回借款或不再借款

5. 能够用来协调所有者与经营者之间矛盾的措施有(　　)。

    A. 激励   B. 批评

    C. 解聘   D. 接收

三、判断题

1. 将相关者利益最大化作为财务管理目标,体现了合作共赢的价值理念。 (　　)

2. 就上市公司而言,将股东财富最大化作为财务管理目标的缺点之一是目标不容易被量化。 (　　)

3. 企业价值最大化目标强调的是企业预计创造的未来现金流量现值最大。 (　　)

4. 采用股票期权方式是协调所有者与债权人利益冲突的方法之一。 (　　)

5. 甲、乙两企业均投入 1 000 万元的资本,本年获利均为 300 万元,则两企业本年的收益水平相同。

                                                                 (　　)

四、简述题

1. 简述财务管理的含义。

2. 简述财务管理的内容。

3. 简述财务管理的环节。

4. 简述财务管理的目标类型。

5. 简述相关者利益最大化的主张及其优点。

■ 应会考核 ■

■ 观念应用

【背景资料】

不同角度讨论企业目标

有一天,财务管理人员与市场营销人员在讨论企业的目标。财务管理人员认为企业的目标是企业价值最大化,而市场营销人员则认为企业的目标是最大限度地满足顾客要求。

【考核要求】

1. 财务管理人员与市场营销人员对企业目标的认识有何异同点?

2. 企业目标与财务管理目标是否一致?

■ 技能应用

大众汽车的投资计划

9月17日,大众汽车公司表示,该公司计划在2012—2016年为其全球扩张计划投资620亿欧元,此举旨在超越丰田汽车公司一跃成为全球最大的汽车制造商。大众汽车公司还表示,将投资于工厂、设备和物业的资金为498亿欧元。

大众汽车公司首席执行官马丁·温特科恩在监事会会议后发表声明称:"大众汽车公司正在进行一项规模创纪录的前瞻性投资,此举旨在完成使我们成为全球最好的汽车制造商的目标。"他表示,上述498亿欧元的固定资产投资中将有超过一半投资于德国。温特科恩表示,这是德国作为一个领先的制造业大国的国际竞争力的最好证明。

根据计划,在2012—2016年,大众汽车公司的资本开支占营收的比重将维持在平均6%的水平。大众汽车公司表示,建设新生产设施,引进新车型和开发替代驱动器,以及设计模块化的工具包,将能够提升公司的盈利水平和促进可持续增长。

【技能要求】

你是如何看待大众汽车公司的投资计划的?

■ 案例分析

【分析情境】

财务管理内容的应用

湖北武昌鱼股份有限公司(以下简称公司)对外投资公告如下。

一、对外投资概述

8月,公司为调整资产结构,合计投入现金1 250万元设立了鄂州市武昌鱼洋澜湖渔业开发有限公司等7家渔业开发公司,经营范围为水产品养殖、销售。公司现拟以所属的洋澜湖渔场等7家渔场的养殖湖面使用权(无形资产)作为出资分别对7家渔业公司进行增资,投资标的涉及金额合计83 114 130.09元,其中,现金12 500 000元,无形资产70 614 130.09元(其中28 857 400元用于增资注册资本,41 756 730.09元用于增资资本公积)。本次交易不构成关联交易。

二、投资主体的基本情况

作为本次投资主体的7个养殖湖面均没有法人资格,属于公司100%拥有,目前除武昌鱼良种场,其他都处于对外租赁状态,每年合计租金约220万元。

三、投资标的的基本情况

本次公司增资的资产不存在抵押、质押或者其他第三人权利;不存在涉及重大争议、诉讼或仲裁事项、查封或者冻结等司法措施。本次被增资的7家渔业公司经营范围均为水产品养殖、销售。公司100%出资,均占注册资本的100%,其中现金出资部分均为公司自有资金。

四、对外投资主要内容

公司本次对外投资累计金额83 114 130.09元,其中,现金12 500 000元,无形资产70 614 130.09元,占上市公司最近一期经审计净资产的37%。本次交易经公司董事会批准后,报工商部门进行工商变更手续。

五、对外投资对上市公司的影响

（一）本次对外投资的资金系公司自有资金。

（二）本次对外投资对上市公司未来财务状况和经营成果无重大影响。

六、对外投资的风险分析

（一）投资标的无财务、市场、技术、环保、项目管理、组织实施等因素可能引致的风险。

（二）投资行为可能未获得工商部门批准的风险。

湖北武昌鱼股份有限公司

20××年9月21日

【分析要求】

请仔细阅读湖北武昌鱼股份有限公司对外投资公告并回答以下问题：

1. 湖北武昌鱼股份有限公司与被投资的7个养殖湖面形成何种财务关系？

2. 公司投资所需资金从哪里获得？简要谈谈你对筹资与投资之间关系的认识。

3. 公司投资可能会存在哪些风险？

◆◆ 项目实训 ◆◆

【实训项目】

理解和熟知财务管理。

【实训情境】

财务管理目标的应用

2016年6月，A公司发布公告称，公司的高级管理人员已于近日陆续从二级市场上购入该公司的社会公众股，平均每股购入价格为10.40元。公告还显示，购入股份最多的是该公司总经理王学超，持股数量达28 600股，而购入股份最少的高级管理人员也有19 000股。按照有关规定，上述人员只有在离职6个月后，才可将所购入的股份抛出。资料显示，A公司自2014年3月上市以来已经两度易主，股权几经变更。2018年11月，A公司第二大股东宁波嘉源实业发展有限公司（以下简称嘉源公司）通过受让原第一大股东的股权，从而成为该公司的现任第一大股东，嘉源公司承诺所持股份在3年之内不转让。嘉源公司入主A公司之后，经过半年多的清产核资，A公司的不良资产基本上得到剥离，留下的都是比较扎实的优质资产。在此基础上，2019年6月3日，A公司董事会提出，A公司的总经理、副总经理、财务负责人和董事会秘书等在6个月之内，必须持有一定数量的本公司发行在外的社会公众股，并且如果在规定的期限内，高级管理人员没有完成上述持股要求，董事会将解除对其的聘任。据A公司总经理王学超介绍，此次高级管理人员持股，可以说是董事会的一种强制行为，目的是为了增强高级管理人员对公司发展的使命感和责任感。让高级管理人员来投资自己所管理的公司，如果公司取得好的发展，他们的资产就会增值；如果公司发展得不好，也会直接影响到他们的切身利益，这样把公司高级管理人员的个人利益与公司利益紧密结合起来，有利于公司的快速健康发展。

【实训任务】

要求：完成一篇字数不少于1 000字的分析报告，报告中请说明：

1. 公司的财务管理目标是什么？

2. 公司高级管理人员持股对公司的财务管理目标会产生什么影响？

3. 分析说明该公司面临着什么样的财务管理环境？

4. 如何评价该公司的高级管理人员持股？

财务管理实训报告		
项目实训班级：	项目小组：	项目组成员：
实训时间： 年 月 日	实训地点：	实训成绩：
实训目的：		
实训步骤：		
实训结果：		
实训感言：		

财务管理观念

**知识 目标**

理解：资金时间价值的含义、资金时间价值产生的条件、资金时间价值的表示。

熟知：通货膨胀的含义和影响、风险的含义及种类。

掌握：资金时间价值的计算、利息率的计量；风险的衡量和风险报酬率的计算。

项目课件

技能 目标

能够正确计算资金时间价值，尤其是复利和年金，正确计算风险报酬率。

素质 目标

能够运用资金的时间价值观念和投资风险价值观念分析和解决实际问题。

项目 引例

风险与报酬的重与轻

假设你工作努力，已经赚得了 100 万元的资金，正打算进行投资。你可以购买年利率为 3% 的国库券，这样 1 年以后能确保自己拥有 103 万元，即 100 万元本金与 3 万元利息之和。同样，你也可以购买 A 公司的股票。如果 A 公司的新产品研制成功的话，你的资金 1 年后可以涨到 206 万元。然而，如果其新产品研制失败，则该股票将使的资金跌到 50 万元。你认为 A 公司成败的机会各占一半，因此，该股票的预期报酬为 0.5×50＋0.5×206＝128（万元）。

那么，比较两种投资方案，你愿意选择哪一种呢？这将完全取决于你自身的情况以及你对风险的态度。如果你很年轻，还有很多的赚钱机会，而且喜欢冒险，那么很可能你会选择后者。

现在我们把条件略微改变一下，假设 A 公司的新产品研制失败后，其股票将变得一文不值，也就是说，你会变得身无分文。这时其股票的期望报酬变为 0.5×0＋0.5×206＝103（万元），与购买国库券的期望报酬完全一样。

思考与讨论：你会购买 A 公司的股票吗？

知识 精讲

任务一 资金时间价值

一、资金时间价值概述

（一）资金时间价值的含义

资金时间价值是指一定量的资金在不同时点上价值量的差额，也称为货币时间价值。资金在周转过程中会随着时间的推移而发生增值，使资金在投入、收回的不同时点上价值不同，形成价值差额。

在日常生活中，经常会遇到这样一种现象：一定量的资金在不同时点上具有不同价值，现在的 1 元钱比将来的 1 元钱更值钱。例如，我们现在有 1 000 元存入银行，银行的年利率为 5%，1 年后可得到 1 050 元，于是现在的 1 000 元与 1 年后的 1 050 元相等。因为这 1 000 元经过 1 年的时间增值了 50 元，而这增值的 50 元就是资金在 1 年时间里增加的价值。同样，企业的资金投到生产经营中，经过生产过程的不断运行，资金的不断运动，随着时间的推移，会创造新的价值，使资金得以增值。因此,一定量的资金投入生产经营或存入银行,会取得一定的利润和利息,从而产生资金的时间价值。

(二)资金时间价值产生的条件

资金时间价值产生的前提条件是:由于商品经济的高度发展和借贷关系的普遍存在,出现了资金使用权与所有权的分离,资金的所有者把资金使用权转让给使用者,使用者必须把资金增值的一部分支付给资金的所有者作为报酬,资金占用的金额越大,使用的时间越长,所有者所要求的报酬就越高。资金在周转过程中的价值增值是货币时间价值产生的根本源泉。

(三)资金时间价值的表示

资金时间价值可用绝对数(利息)和相对数(利息率)两种形式表示,通常用相对数表示。资金时间价值的实际内容是:在没有风险和没有通货膨胀条件下的社会平均资金利润率,是企业资金利润率的最低限度,也是使用资金的最低成本率。

由于资金在不同时点上具有不同的价值,不同时点上的资金就不能直接比较,必须换算到相同的时点上才能比较。因此,掌握资金时间价值的计算就很重要。有关的计算符号所代表的含义如下:

(1)终值。它是指将现在的货币折合成未来某一时点的本金和利息的合计数,反映一定数量的货币在将来某个时点的价值。通常用 F 表示。

(2)现值。是指将未来某一时点的一定数额的货币折合为相当于现在的本金数。现值与终值是货币在不同时点上的价值。现值与终值的含义是对货币的时间价值最好的衡量方式,它反映了保持相等价值和购买力的货币在不同时点上数量的差异。通常用 P 表示。

(3)利息。它是指在一定时期内,资金拥有人将其资金的使用权转让给借款人后得到的报酬。通常用 I 表示。

(4)利率(或通货膨胀率)。利率是影响货币时间价值程度的波动要素,某一度量期的实际利率是指该度量期内得到的利息金额与此度量期开始时投资的本金金额之比,实际利率其实可以看作单位本金在给定的时期上产生的利息金额。通常用字母 i 或 k 表示。

(5)时间。货币时间价值的参照系,通常用 t 表示,或用 n 表示期数。

(6)必要报酬率。它是指进行投资所必须赚得的最低报酬率,它反映的是整个社会的平均回报水平。

(7)期望报酬率。它是指一项投资方案估计所能够达到的报酬率,它反映的是投资者心中所期望的报酬率水平。

(8)实际报酬率。它是指项目投资后实际赚得的报酬率。只有在一项投资结束之后,结合已经取得的投资效益才能够评估得出实际的报酬率水平。

二、单利

单利是指在规定期限内只计算与本金对应的利息,而对利息部分不再计算利息,形成各期利息固定不变的一种计算方法。

(一)单利终值

所谓单利终值,是指现在的一笔资金按单利计算的本金与利息未来的价值,又称本利和。其计算公式如下:

$$F = P + P \times i \times n = p \times (1 + i \times n)$$

公式中:F 表示终值,即本利和;P 表示现值,即本金;i 表示利率;n 表示计息期;$(1 + i \times n)$ 称为单利终值系数。

某人有一笔 20 000 元的借款，借期 3 年，年利率为 8%，按单利计息，则到期应归还的本利和为多少元？

分析：根据题意，已知 $P=20\,000$ 元，$i=8\%$，$n=3$ 年，则：

$$F = 20\,000 \times (1+8\% \times 3) = 24\,800(元)$$

（二）单利现值

所谓单利现值，是指未来的一笔资金按单利折算的现在价值。如公司商业汇票贴现时，银行按一定利率从票据的到期值中扣除从借款至票据到期日应付利息，将余款支付给持票人。贴现时使用的利率称为贴现率，计算出的利息称为贴现息，扣除贴现息后的余额称为贴现值，即现值。其计算公式如下：

$$P = \frac{F}{1+i \times n}$$

公式中的 $\frac{1}{1+i \times n}$ 表示单利现值系数。

某公司计划在 6 年后支付一笔 100 000 元的债务，如果银行的存款利率为 10%，该公司现在应该一次性存入银行多少元？

分析：根据题意，已知 $F=100\,000$ 元，$i=10\%$，$n=6$ 年，则：

$$P = 100\,000 \div (1+10\% \times 6) = 62\,500(元)$$

通过以上对一次性支付款项单利计息的终值和现值分析，可以得出结论如下：

(1) 单利终值和单利现值互为逆运算。

(2) 单利终值系数 $(1+i \times n)$ 和单利现值系数 $\frac{1}{1+i \times n}$ 互为倒数。

三、复利

复利是指不仅对本金计算利息，而且将本金产生的利息计入下期本金再计算利息，即通常所说的"利滚利"。在公司财务管理理论中，资金的时间价值一般都按复利计算。

（一）复利终值

所谓复利终值，是指现在的一笔资金按复利计算的本金和利息未来的价值，即未来的本利和。

假如，现在有 1 000 元，年复利率为 10%，存 5 年，则从第 1 年到第 5 年各年年末的终值如下：

第 1 年的终值：

$$F = 1\,000 \times (1+10\%) = 1\,100(元)$$

第 2 年的终值：

$$F = 1\,000 \times (1+10\%) \times (1+10\%) = 1\,210(元)$$
$$F = 1\,000 \times (1+10\%)^2 = 1\,210(元)$$

以此类推……

第 5 年的终值：

$$F = 1\ 000 \times (1 + 10\%)^5 = 1\ 610.5(元)$$

所以，复利终值计算公式如下：

$$F = P \times (1 + i)^n$$

公式中，$(1+i)^n$ 表示复利终值系数，用符号表示为 $(F/P, i, n)$。如 $(F/P, 10\%, 5)$ 表示利率为 10%，5 期的复利终值系数。复利终值系数可以通过查阅复利终值系数表直接获得或运用 Excel 财务函数计算求得。

所以，复利终值计算公式可以简化如下：

$$F = P \times (F/P, i, n)$$

做中学 2-3

某企业现有资金 500 万元，假设利率为 10%，3 年后按复利计算的终值是多少万元？

分析： 根据题意，已知 $P=500$ 万元，$i=10\%$，$n=3$ 年，则：

$$F = P \times (1 + i)^n = 500 \times (1 + 10\%)^3 = 665.5(万元)$$

或可直接查复利终值系数表，$(F/P, 10\%, 3) = 1.331\ 0$。

$$F = P \times (1 + i)^n = 500 \times 1.331\ 0 = 665.5(万元)$$

即现有 500 万元，按 10% 复利计息，3 年后将获得的本利和为 665.5 万元。

（二）复利现值

所谓复利现值，是指未来一定时期的资金按复利计算的现在价值，也可以理解为为了取得将来一定数额的本利和现在所需要的本金。复利现值的计算公式如下：

$$P = F \times \frac{1}{(1+i)^n} = F \times (1+i)^{-n}$$

公式中，$\dfrac{1}{(1+i)^n}$ 表示复利现值系数，又称贴现系数，用符号表示为 $(P/F, i, n)$。如 $(P/F, 5\%, 4)$ 表示利率为 5%，4 期的复利现值系数。复利现值系数可以通过查阅复利现值系数表直接获得或运用 Excel 财务函数计算求得。

所以，复利现值计算公式可以简化如下：

$$P = F \times (P/F, i, n)$$

做中学 2-4

某企业计划 5 年后进行设备更新，需要资金 500 万元，如果银行的年利息率为 8%，现在应存入银行多少元？

分析： 根据题意，已知 $F=500$ 万元，$n=5$ 年，$i=8\%$，则：

$$P = F \times (1+i)^{-n} = 500 \times (1 + 8\%)^{-5} = 340.3(万元)$$

或可直接查复利现值系数表，$(P/F, 8\%, 5) = 0.680\ 6$。

$$P = F \times (P/F, i, n) = 500 \times 0.680\ 6 = 340.3(万元)$$

即现在存入银行 340.3 万元，按 8% 计算利息，5 年后的本利和恰好是 500 万元，企业更新设备的资金有了保障。

通过以上对一次性支付款项复利计息的终值和现值分析，可以得出结论如下：

(1) 复利终值和复利现值互为逆运算。

(2) 复利终值系数 $(1+i)^n$ 和复利现值系数 $\dfrac{1}{(1+i)^n}$ 互为倒数。

四、普通年金

以上讨论的单利和复利都是属于一次性收付款项。在实际工作中，还存在一定时期内多次收付的款项，如直线法提取折旧、支付保险费、分期付款、发放养老金、偿还贷款等业务。在财务管理中，这些业务的计算需要采用年金的方法。

年金是指一定时期内连续发生相等金额的收付款项。年金具有连续性、等额性和间隔期相等的特点。这里的间隔期只要满足相等的条件即可。按照收付的时点和收付的次数，年金可以分为普通年金、即付年金、递延年金和永续年金几类。普通年金是计算其他几种年金的基础。

普通年金是指每期期末有等额收付款项的年金，又称为后付年金，如图 2-1 所示。

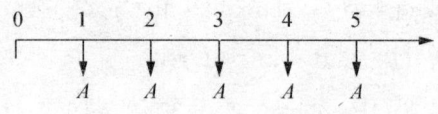

图 2-1　普通年金示意

图 2-1 中，横轴代表时间，用数字代表发生支付款项的时点，箭头下方标出的字母"A"则代表年金。图中的年金都发生在每期期末，这是普通年金的特点。

(一) 普通年金终值

普通年金终值是指一定时期内每期期末等额收付款项的复利终值之和。普通年金终值的计算方式如图 2-2 所示。

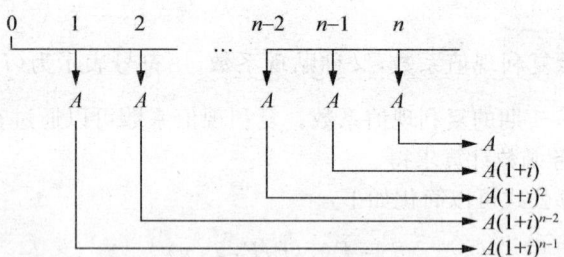

图 2-2　普通年金终值的计算方式

从图 2-2 可以看出，第 1 期期末年金有 $n-1$ 期计息期，其复利终值为 $A(1+i)^{n-1}$；第 2 期期末年金有 $n-2$ 期计息期，其复利终值为 $A(1+i)^{n-2}$；以此类推，第 n 期期末的复利终值为 $A(1+i)^0$。将以上各期的复利终值相加就是整个计算期的年金终值，整理后得出普通年金终值计算公式如下：

$$F = A \times \frac{(1+i)^n - 1}{i}$$

公式中，$\dfrac{(1+i)^n - 1}{i}$——表示年金终值系数，用符号 $(F/A, i, n)$ 表示，可通过直接查年金终值系数表求得。因此，普通年金终值的计算公式也可写成：

$$F = A \times (F/A, i, n)$$

做中学 2-5

某公司从现在起每年年末存进银行 100 万元，用于将来偿还债务；假设银行存款利率为 10%，该公司在第 5 年年末可用于偿还债务的总额是多少万元？

分析：根据题意，已知 $A = 100$ 万元，$i = 10\%$，$n = 5$ 年，则：

$$F = A \times \frac{(1+i)^{n-1}}{i} = 100 \times \frac{(1+10\%)^{5-1}}{10\%} = 610.51（万元）$$

或：
$$F = A \times (F/A, i, n) = 100 \times 6.105\ 1 = 610.51（万元）$$

（二）偿债基金

偿债基金是指为使年金终值达到特定金额每年年末应收付的年金数额。如企业为了在将来某一时点偿还一笔债务或积累一定数额的资本，必须分次等额提取的存款准备金。在这里，每年提取的存款准备金就是年金，而债务就是年金的终值。因此，偿债基金的计算实际上是年金终值的逆运算。其计算公式如下：

$$A = F \times \frac{i}{(1+i)^n - 1}$$

公式中，$\frac{i}{(1+i)^n - 1}$ 表示偿债基金系数，用符号表示为 $(A/F, i, n)$，可通过查年金终值系数表求倒数得出。因此，偿债基金公式也可写成：

$$A = F \times (A/F, i, n) = F \times \frac{1}{(F/A, i, n)}$$

做中学 2-6

某企业借款 1 000 万元，5 年后还本付息。如果银行利率为 10%，那么企业每年年末应存入银行多少元才能保证到期还清借款？

分析：根据题意，已知 $F = 1\ 000$ 万元，$i = 10\%$，$n = 5$ 年，则：

$$A = F \times \frac{i}{(1+i)^n - 1} = 1\ 000 \times \frac{10\%}{(1+10\%)^5 - 1} = 163.8（万元）$$

或：
$$A = F \times (A/F, i, n) = 1\ 000 \times \frac{1}{6.105\ 1} = 1\ 000 \times 0.163\ 8 = 163.8（万元）$$

通过以上对普通年金终值与偿债基金的分析，可以得出结论如下：

（1）普通年金终值和偿债基金互为逆运算。

（2）普通年金终值系数 $\frac{(1+i)^n - 1}{i}$ 和偿债基金系数 $\frac{i}{(1+i)^n - 1}$ 互为倒数。

（三）普通年金现值

普通年金现值是指一定时期内每期期末等额收付款项的复利现值之和。普通年金现值的计算方式如图 2-3 所示。

从图 2-3 可以看出，第 1 期期末到第 1 期期初，经历了 1 个计息期，其复利现值为 $A(1+i)^{-1}$；第 2 期期末到第 1 期期初，经历了 2 个计息期，其复利现值为 $A(1+i)^{-2}$；以此类推，第 n——

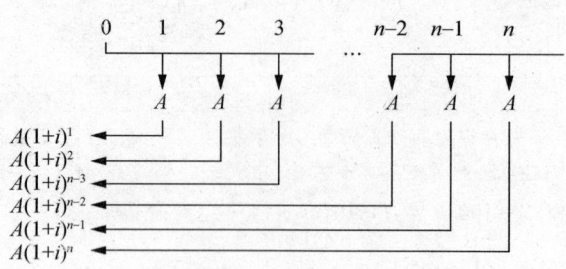

图2-3 普通年金现值的计算方式

1期期末到第1期期初，经历了 $n-1$ 个计息期，其复利现值为 $A(1+i)^{-(n-1)}$；第 n 期期末到第1期期初经历了 n 个计息期，其复利现值为 $A(1+i)-n$。

将以上各期的复利现值相加之和就是整个计算期的年金现值，整理后得出普通年金现值计算公式如下：

$$P = A \times \frac{1-(1+i)^{-n}}{i}$$

公式中，$\dfrac{1-(1+i)^{-n}}{i}$ 表示年金现值系数，用符号 $(P/A, i, n)$ 表示，可通过直接查年金现值系数表求得。因此，普通年金现值公式也可写成：

$$P = A \times (P/A, i, n)$$

做中学 2-7

某房地产公司预计在10年中，每年年末从一顾客处收取10 000元的按揭贷款还款，贷款利率为5%，则该顾客的全部房款现值是多少元？

分析： 根据题意，已知 $A=10\,000$ 元，$i=5\%$，$n=10$ 年，则：

$$P = A \times \frac{1-(1+i)^{-n}}{i} = 10\,000 \times \frac{1-(1+5\%)^{-10}}{5\%} = 10\,000 \times 7.721\,7 = 77\,217（元）$$

（四）资本回收额

资本回收额是指在约定年限内，收回初始投资的每年相等的金额。资本回收额的计算公式如下：

$$A = P \times \frac{i}{1-(1+i)^{-n}}$$

公式中，$\dfrac{i}{1-(1+i)^{-n}}$ 表示资本回收系数，用符号表示为 $(A/P, i, n)$，可通过查年金现值系数表求倒数得出。因此，资本回收额公式也可写成：

$$A = P \times (A/P, i, n) = P \times \frac{1}{(P/A, i, n)}$$

做中学 2-8

某公司现在以8%的利率借款1 000万元，投资于一个使用寿命为5年的项目，每年至少收回多少现金该项目才可行？

分析： 根据题意，已知 $P=1\,000$ 万元，$i=8\%$，$n=5$ 年，则：

$$A = P \times \frac{i}{1-(1+i)^{-n}} = 1\,000 \times \frac{8\%}{1-(1+8\%)^{-5}}$$
$$= 1\,000 \times 0.250\,5 = 250.5(万元)$$

或：
$$A = P \times (A/P, i, n) = 1\,000 \times \frac{1}{3.992\,7}$$
$$= 1\,000 \times 0.250\,5 = 250.5(万元)$$

通过以上对普通年金现值与资本回收额的分析,可以得出结论如下:

(1) 普通年金现值和资本回收额互为逆运算。

(2) 普通年金现值系数 $\frac{1-(1+i)^{-n}}{i}$ 和资本回收额系数 $\frac{i}{1-(1+i)^{-n}}$ 互为倒数。

五、即付年金

即付年金是指每期期初等额收付款项的年金,又称预付年金。它与普通年金的区别仅在于收付款项的时点不同。n 期即付年金如图 2-4 所示。

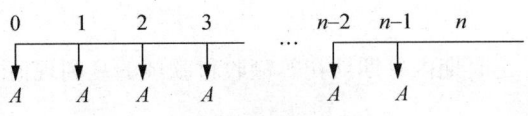

图 2-4 即付年金示意

(一) 即付年金终值

即付年金终值是指一定时期内每期期初等额收付款项的复利终值之和。即付年金终值的计算方法如图 2-5 所示。

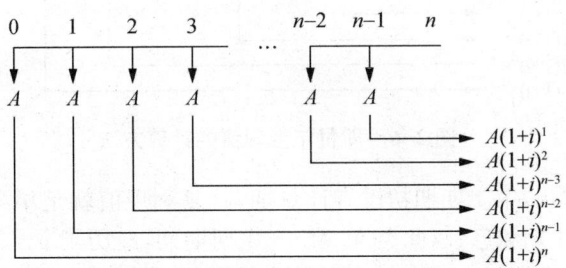

图 2-5 即付年金终值的计算方法

从图 2-5 可以看出,第 1 期期初有 n 个计息期;第 2 期期初有 $n-1$ 个计息期;以此类推,第 $n-1$ 期期初有 2 个计息期;第 n 期期初有 1 个计息期。通过以上分析可以看出,即付年金与普通年金相比,收付款项的次数相同,但即付年金的收付款时间比普通年金提前一期,即 n 期即付年金比 n 期普通年金的终值多计算一期利息。因此,在 n 期普通年金终值基础上乘以 $(1+i)$ 就是 n 期即付年金终值。其计算公式可表示如下:

$$F = A \times \frac{(1+i)^n - 1}{i}(1+i)$$
$$= A \times \left[\frac{(1+i)^{n+1} - 1}{i} - 1\right]$$

公式中，$\left[\dfrac{(1+i)^{n+1}-1}{i}-1\right]$ 表示即付年金终值系数，用符号表示为 $[(F/A，i，n+1)-1]$。或者，可通过查普通年金终值系数表，找到 $(n+1)$ 期的系数，然后减去1，就可得到相同时期的即付年金终值系数。因此，即付年金终值公式也可表示如下：

$$F = A \times (F/A，i，n) \times (1+i)$$
$$F = A \times [(F/A，i，n+1)-1]$$

做中学 2-9

某企业从现在起每年年初存进银行100万元，作为企业发展基金；假设银行存款利率为10%，则该企业第5年年末的发展基金总额将达到多少万元？

分析：根据题意，已知 $A=100$ 万元，$i=10\%$，$n=5$ 年，则：

$$F = A \times \left[\frac{(1+i)^{n+1}-1}{i}-1\right] = 100 \times \left[\frac{(1+10\%)^{5+1}-1}{10\%}-1\right] = 671.56(万元)$$

或：$\quad F = A \times [(F/A，i，n+1)-1] = 100 \times [7.715\,6-1] = 671.56(万元)$

（二）即付年金现值

即付年金现值是指一定时期内每期期初等额收付款项的复利现值之和。即付年金现值的计算方法如图2-6所示。

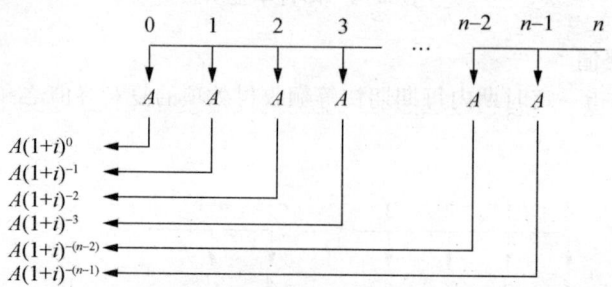

图 2-6　即付年金现值的计算方法

从图2-6中可以看出，第1期期初没有计息期，其复利现值就是年金；第2期期初有1个计息期，其复利现值要扣1期利息；以此类推，第 $n-1$ 期期初，经历了 $n-2$ 个计息期，其复利现值要扣 $n-2$ 期利息；第 n 期期初，经历了 $n-1$ 个计息期，其复利现值要扣 $n-1$ 期利息。将 n 期的复利现值求和即是即付年金现值。

从以上分析可以看出，即付年金与普通年金的收付款期数相同，但由于其付款时点的不同，即付年金现值比普通年金现值少折算1期利息。因此，可在普通年金现值的基础上乘以 $(1+i)$ 就是即付年金现值。其计算公式可表示如下：

$$P = A \times \frac{1-(1+i)^{-n}}{i} \times (1+i)$$

$$P = A \times \left[\frac{1-(1+i)^{-(n-1)}}{i}+1\right]$$

公式中，$\left[\dfrac{1-(1+i)^{-(n-1)}}{i}+1\right]$ 表示即付年金现值系数，用符号表示为 $[(P/A，i，n-1)+$

1]。或者,可通过查普通年金现值系数表,找到$(n-1)$期的系数,然后加1,就可得到相同时期的即付年金现值系数。因此,即付年金现值公式也可表示如下:

$$P = A \times (P/A, i, n) \times (1 + i)$$
$$P = A \times [(P/A, i, n-1) + 1]$$

做中学 2-10

李女士采用分期付款方式购买房产一套,每年年初支付 30 000 元,分 10 年付清。如果银行利率为5%,该项分期付款相当于一次现金支付的购买价是多少元?

分析:根据题意,已知 $A = 30\,000$ 元,$i = 5\%$,$n = 10$ 年,则:

$$P = A \times \left[\frac{1 - (1+i)^{-(n-1)}}{i} + 1 \right] = 30\,000 \times \frac{1 - (1 + 5\%)^{-(10-1)}}{5\%} + 1 = 243\,234(元)$$

或: $\quad P = A \times [(P/A, i, n-1) + 1] = 30\,000 \times [7.107\,8 + 1] = 243\,234(元)$

六、递延年金

递延年金是指第一次收付款在第 2 期或者第 2 期以后的年金。即凡不是第 1 期就发生的年金都是递延年金,其计算方法如图 2-7 所示。

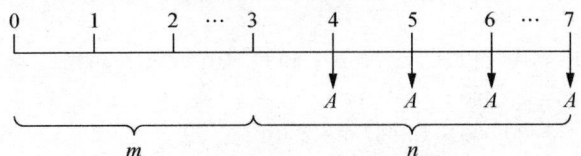

图 2-7 递延年金的计算方法

从图 2-7 中可以看出,第 1 期、第 2 期和第 3 期都没有发生收付款项,即没有年金发生;没有年金发生的时期称为递延期,用 m 表示,即 $m = 3$。从第 4 期开始连续 4 期发生等额收付款项,这个时期用 n 表示,即 $n = 4$。

(一)递延年金终值

在实际工作中,常常将递延年金作为普通年金的特殊形式处理,递延年金终值的计算与普通年金计算方法相同,只是期数不同;n 说明年金个数,年金终值的大小与递延期无关。因此,递延年金终值的计算公式如下:

$$F = A \times (F/A, i, n)$$

(二)递延年金现值

递延年金现值是自第 m 期后开始每期等额款项的现值之和。因为存在递延期,所以在计算递延年金现值时不能等同普通年金现值,必须考虑递延期,即递延年金现值的大小与递延期存在直接关系,但它是以普通年金现值计算为基础。递延年金现值计算方法有以下三种。

方法一:先将递延年金看成是 n 期的普通年金,求出在 n 期的普通年金现值,然后将 n 期的普通年金现值折算到第 1 期期初。计算公式如下:

$$P = A \times (P/A, i, n) \times (P/F, i, m)$$

注意:将 m 期折算到第 1 期期初,没有年金发生,一定用复利方法折现。

方法二：先假设递延期也有年金发生，求出($m+n$)期的年金现值；然后将实际没有发生年金的递延期(m)的年金扣除，即可得到所要求的递延年金现值。计算公式如下：

$$P = A \times [(P/A, i, m+n) - (P/A, i, m)]$$

方法三：先将递延年金看成普通年金，按普通年金的计算方法求出年金终值(n期)，然后将该年金终值折算到第1期期初的现值。计算公式如下：

$$P = A \times (F/A, i, n) \times (P/F, i, m+n)$$

<u>注意</u>：将年金终值折算到第1期期初是按复利现值计算的。

做中学 2-11

某公司向银行借入一笔资金，银行规定前3年不用还款，从第4年起每年年末向银行偿还本息20 000元，直到第8年年末止。如果银行的贷款利率为12%，那么该笔贷款的现值为多少元？

分析：根据题意，已知$A=20\ 000$元，$i=12\%$，$n=5$年，$m=3$年，则：

按方法一计算：

$$
\begin{aligned}
P &= A \times (P/A, i, n) \times (P/F, i, m) \\
&= 20\ 000 \times (P/A, 12\%, 5) \times (P/F, 12\%, 3) \\
&= 20\ 000 \times 3.604\ 8 \times 0.711\ 8 \\
&= 51\ 317.93（元）
\end{aligned}
$$

按方法二计算：

$$
\begin{aligned}
P &= A \times [(P/A, i, m+n) - (P/A, i, m)] \\
&= 20\ 000 \times [(P/A, 12\%, 3+5) - (P/A, 12\%, 3)] \\
&= 20\ 000 \times (4.967\ 6 - 2.401\ 8) \\
&= 51\ 316（元）
\end{aligned}
$$

按方法三计算：

$$
\begin{aligned}
P &= A \times (F/A, i, n) \times (P/F, i, m+n) \\
&= 20\ 000 \times (F/A, 12\%, 5) \times (P/F, 12\%, 3+5) \\
&= 20\ 000 \times 6.352\ 8 \times 0.403\ 9 \\
&= 51\ 317.92（元）
\end{aligned}
$$

因运用年金系数表中的数值进行运算，不同计算方法的计算结果有点偏差属正常。

七、永续年金

永续年金是指无限期等额收付款项的年金，可以看成是普通年金的特殊形式。即期限趋于无穷大的普通年金。具体计算方法如图2-8所示。

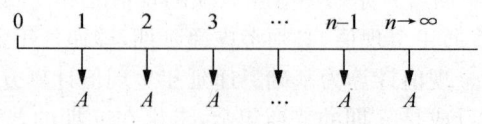

图2-8　永续年金的计算方法

从图2-8中可以看出，$n \to \infty$，即年金没有期限，没有终止的时间，因此没有办法计算这种年金的终值，也就是说，永续年金没有终值，但可以计算出现值。

在普通年金现值公式的基础上,因为永续年金 $n \to \infty$,所以 $(1+i)^{-n} \to 0$,可得计算公式如下:

$$P = A \times \frac{1}{i}$$

做中学 2-12

某高校拟建立一项永久性奖学金,计划每年颁发 10 万元奖学金,鼓励学习成绩优异者,若银行利率为 10%,则现在应存入银行多少万元?

分析: 根据题意,已知 $A = 10$ 万元,$i = 10\%$,则:

$$P = 10 \times \frac{1}{10\%} = 100(万元)$$

即学校必须现在存入银行 100 万元,才能保证每年提取 10 万元发放奖学金。

八、贴现率(利息率)和期数的推算

上述资金时间价值的计算是假定期数和贴现率已给定,即给定期数 n、利率 i,求终值 F 或现值 P。但在实际工作中,有时会出现已知计算期数 n、终值 F、现值 P,求贴现率 i;或已知贴现率 i、终值 F、现值 P,求期数 n。面对这类问题该如何解决? 下面分别进行介绍。

(一)求期数

在已知终值 F、现值 P 和利率 i 的情况下,推算期数 n。推算的基本步骤如下:

(1)根据已知的终值、现值和利率,计算出复利或年金系数,设为 α。

(2)用第一步的结果查复利或年金系数表。按照已知的利率 i 所在的列纵向查找,如能在系数表中找到恰好等于 α 的系数,则该系数所在的行对应的 n 值就是所求的期数值。

(3)如果查找不到恰好等于 α 系数时,则先根据利率 i 列在系数表中找到邻近的两个数值,界定期数所在的区间,然后用内插法求出期数 n。

内插法计算公式如下:

$$n = n_1 + \frac{\beta_1 - \alpha}{\beta_1 - \beta_2}(n_2 - n_1)$$

公式中:n 表示期数;n_1 表示小于 n 的期数;n_2 表示大于 n 的期数;β_1 表示较小的系数临界值;β_2 表示较大的系数临界值;α 表示所求 n 期的年金系数。

内插法应用的前提条件是:将时间价值系数与利率之间的变动看成是线性变动。

做中学 2-13

泰恒公司拟购买一台新设备,更换目前的旧设备。新设备的价格比旧设备高出 28 000 元,但运行后每年可节约成本 7 000 元。如果利率为 10%,求更换新设备至少运行多少年对企业是有利的?

分析: 已知 $P = 28\,000$ 元,$A = 7\,000$ 元,$i = 10\%$,则:

(1)求年金现值系数:

$$(P/A, i, n) = \frac{P}{A} = \frac{28\,000}{7\,000} = 4$$

(2)查普通年金现值系数表,在 $i = 10\%$ 的列上纵向查找,没有恰好等于 4 的系数值,于是查找大于 4 和小于 4 的两个临界值,即 $(P/A, 10\%, 5) = 3.790\,8$;$(P/A, 10\%, 6) = 4.355\,3$,即所求的期数 n 在 5 年和 6 年之间。

(3) 运用插值法求 n。

$$n = 5 + \frac{3.790\ 8 - 4}{3.790\ 8 - 4.355\ 3} \times (6 - 5) \approx 5.4(年)$$

(二) 求贴现率(利率)

贴现率 i 的推算原理和步骤同期数 n 的方法类似。现以普通年金为例说明贴现率的推算方法。如果已知年金终值 F 或 P、年金 A、期数 n，求贴现率(利率) i，可按以下步骤进行。

(1) 根据普通年金终值 F 或普通年金现值 P 推算出普通年金终值系数 $(F/A, i, n)$ 或普通年金现值系数 $(P/A, i, n)$，设为 α。

(2) 查年金系数表，按照已知 n 期所在的行横向查找，如果恰好找到某一系数值正好等于 α，则该系数所在列对应的利率 i 就是所求的值。

(3) 如果无法找到恰好等于 α 的系数值，就在表中 n 行上寻找邻近的两个数值，先界定贴现率(利率)所在的区间，然后用插值法计算出贴现率(利率) i。

内插法计算公式如下：

$$i = i_1 + \frac{\beta_1 - \alpha}{\beta_1 - \beta_2}(i_2 - i_1)$$

公式中：i 表示贴现率；i_1 表示小于 i 的贴现率；i_2 表示大于 i 的贴现率；β_1 表示 i_1 系数临界值；β_2 表示 i_2 系数临界值；α 表示年金系数。

做中学 2-14

某人参加保险，他预计如果 20 年后有 300 000 元存款，自己的养老问题就可以解决。他现有 60 000 元，问银行存款利率为多少时，这位先生的愿望才能实现？

分析： 已知 $F = 300\ 000$ 元，$P = 60\ 000$ 元，$n = 20$ 年，则：

(1) 求复利终值系数：

$$(F/P, i, n) = \frac{F}{P} = \frac{300\ 000}{60\ 000} = 5$$

(2) 查复利终值系数表，在 $n = 20$ 行上查找，没有恰好等于 5 的系数值；找到两个临界值，$(F/P, 8\%, 20) = 4.661\ 0$；$(F/P, 9\%, 20) = 5.604\ 4$；即所求的利率在 8% 和 9% 之间。

(3) 用插值法求 i：

$$i = 8\% + \frac{4.661\ 0 - 5}{4.661\ 0 - 5.604\ 4} \times (9\% - 8\%) = 8\% + 0.359\ 3 \times 1\% = 8.359\ 3\%$$

计算结果表明，如果银行的存款利率能够达到或高于 8.359 3%，则这位先生的愿望可以实现。

做中学 2-15

小李大学刚毕业，想租一店面经营。出租方提出一次性支付租金 30 000 元，租期 3 年。但小李一时拿不出这笔资金，因此请求出租方允许延后支付租金。出租方经过认真思考后，同意 3 年后一次性支付，但租金为 50 000 元。假设银行贷款利率为 10%，那么小李是选择现在付款还是 3 年后付款？

分析： 根据题意，已知 $F = 50\ 000$ 元，$P = 30\ 000$ 元，$n = 3$ 年，则：

(1) 求复利终值系数：

$$(F/P, i, n) = \frac{F}{P} = \frac{50\,000}{30\,000} = 1.666\,7$$

（2）查复利终值系数表，在 $n=3$ 行上查找，没有恰好等于 1.666 7 的系数值；找到两个临界值，$(F/P, 18\%, 3) = 1.643$；$(F/P, 20\%, 3) = 1.728$，即所求的利率在 18% 和 20% 之间。

（3）用插值法求 i：

$$i = 18\% + \frac{1.643 - 1.666\,7}{1.643 - 1.728} \times (20\% - 18\%) = 18\% + 0.278\,83 \times 2\% = 18.56\%$$

计算结果表明，如果小李选择 3 年后付款，利率高达 18.56%，高于银行的贷款利率，所以小李应选择向银行贷款支付租金。

九、名义利率和实际利率的换算

在上述复利计算中，一般每年计息一次，即计息周期为 1 年，但实际工作中有时会按半年一次、每季一次甚至每月一次计算。复利计息的频率不同，其计算结果也不同。

做中学 2-16

本金为 1 元，年利率为 12%，每年计算一次利息，1 年后本利和为多少元？

分析：

$$F = 1 \times (1 + 12\%) = 1.12(元)$$

若每月计算一次利息，1 年后本利和又为多少元？

分析：

$$F = 1 \times \left(1 + \frac{12\%}{12}\right)^{12} = 1.126\,8(元)$$

上述计算表明每月计息一次的本利和大于 1 年计息一次的本利和，而且相当于按年利率 12.68% 计息一次。因此，在这种情况下就出现了名义利率和实际利率。

一般来说，金融机构习惯以年为期限表示利率，即公布的利率都是年利率。通常年利率都是指名义利率。当计息期以年为单位时，年利率指的就是实际利率；当计息期以小于年的半年、季或月为单位时，年利率指的就是名义利率，实际利率需要通过计算求出。在进行技术经济分析时，每年计算利息次数不同的名义利率，相互之间没有可比性，应预先将它转化为年的实际利率后才能进行比较。具体转换如下：

$$i = \left(1 + \frac{r}{m}\right)^m - 1$$

公式中：i 表示实际利率；r 表示名义利率；m 表示每年复利次数。

十、资金时间价值的其他应用计算

以上介绍的是计算时间价值的基本原理。但在实际应用中，单利、复利终值和现值的计算要复杂得多，往往不是就一次收付款而言的。

（一）不等额现金流量的现值

上述现值的计算均指每期收入或付出的款项都是相等的。但在公司金融活动中，更多的情况是每期发生的收付款项并不一定相等。例如，普通股票的每年红利支付额，每年不一定相同。

因此，需要分析不等额现金流量的现值的计算过程。

不等额现金流量的现值的基本计算公式如下：

$$P = \frac{A_1}{(1+i)^1} + \frac{A_2}{(1+i)^2} + \cdots + \frac{A_{n-1}}{(1+i)^{n-1}} + \frac{A_n}{(1+i)^n} = \sum_{i=1}^{n} \frac{A_i}{(1+i)^t}$$

不等额现金流量序列中每项的现值之和就是该序列未来收入的现值。

做中学 2-17

某项目的现金流量如表2-1所示，年利率为10%，计算该项目现金流量的现值。

表2-1　　　　　　　　　　　　现 金 流 量 表

年份	1	2	3	4
现金流量	1 500	2 000	2 500	3 000

分析：

$$P = \frac{1\,500}{(1+10\%)^1} + \frac{2\,000}{(1+10\%)^2} + \frac{2\,500}{(1+10\%)^3} + \frac{3\,000}{(1+10\%)^4}$$
$$= 1\,500 \times 0.909 + 2\,000 \times 0.826 + 2\,500 \times 0.751 + 3\,000 \times 0.683$$
$$= 6\,940(\text{万元})$$

（二）计息期短于1年的时间价值的计算

计息期是指每次计算利息的期限。按照国际惯例，如没有特别说明，通常计算利息的期限是指1年。但在有时也会遇到计息期短于1年的情况，如债券利息一般是半年支付一次。因此，当计息期短于1年时，利率必须与计息期相适应，计息期 n 为月数，i 就应当是月利率；当计息期 n 是季数，就应当是季利率。为此，要根据不同的计息期对年利率进行换算，复利终值和现值的计算公式也要作适当的调整。

计息期短于1年时，期利率和计息期数的换算公式如下：

$$r = \frac{i}{m}, \quad t = nm$$

公式中：r 表示期利率；i 表示年利率；m 表示每年的计息期数；n 表示年数；t 表示换算后的计息期数。计息期数换算后，复利终值和现值的计算公式如下：

$$F = P \times (1+r) \times t = P \times \left(1 + \frac{i}{m}\right)^{mn}$$

$$P = F \times [1 \div (1+r) \times t] = F \times \frac{1}{\left(1 + \dfrac{i}{m}\right)^{mn}}$$

做中学 2-18

存入银行存款1 000元，年利率16%，按季复利计算，2年的本金和利息共为多少元？

分析：

$$F = P \times (1+r) \times t = 1\,000 \times \left(1 + \frac{16\%}{4}\right)^{4 \times 2}$$

查复利终值系数表，$(1+4\%)^8 = 1.368$，$F = 1\,000 \times 1.368 = 1\,368(\text{元})$。

十一、股票估价

股票估价是指通过一个特定技术指标与数学模型,估算股票在未来一段时期的相对价格,也叫股票预期价格。

(一)股票估价的基本模型

计算公式如下:

$$股票价值 = \sum_{t=1}^{n} \frac{D_t}{(1+R)^t}$$

公式中:R 表示投资者要求的必要收益率;D_t 表示第 t 期的预计股利;n 表示预计股票的持有期数。

(二)零增长股票的估价模型

零增长股票是指发行公司每年支付的每股股利额相等,也就是假设每年每股股利增长率为零。每股股利额表现为永续年金形式。零成长股估价的计算公式如下:

$$股票价值 = \frac{D}{R_s}$$

做中学 2-19

某公司股票预计每年每股股利为 1.8 元,市场利率为 10%,则该公司股票的内在价值为多少元?

分析:

$$股票价值 = 1.8 \div 10\% = 18(元)$$

(三)固定增长股票的估价模型

设最近 1 期支付的股利为 D_0,预计第 1 期支付的股利为 D_1,股利增长率为 g,则:

$$
\begin{aligned}
股票价值 &= \sum_{t=1}^{\infty} \frac{D_t}{(1+R_n)^t} \\
&= \frac{D_1}{(1+R_n)^1} + \frac{D_2}{(1+R_n)^2} + \cdots + \frac{D_n}{(1+R_s)^n} + \cdots \\
&= \frac{D_0(1+g)^1}{(1+R_n)^1} + \frac{D_0(1+g)^2}{(1+R_n)^2} + \cdots + \frac{D_0(1+g)^n}{(1+R_s)^n} + \cdots \\
&= \frac{D_0(1+g)}{R_s - g} \\
&= \frac{D_1}{R_s - g}
\end{aligned}
$$

做中学 2-20

某公司发行的股票,经分析属于固定成长型,预计获得的报酬率为 10%,最近 1 年的每股股利为 2 元,预计股利增长率为 6%,则该种股票的价值为多少元?

分析:

$$股票价值 = \frac{2 \times (1+6\%)}{10\% - 6\%} = 53(元)$$

(四)多元增长模型

多元增长模型是最普遍应用的确定普通股票内在价值的贴现现金流模型。这一模型假设股利的变动在一段时间内并没有特定的模式可以预测,在此段时间以后,股利按固定增长模型进行变动。因此,股利流可以分为两个部分:第一部分包括在股利无规则变化时期的所有预期股利的现值。第二部分包括从时点 T 来看的股利固定增长率变动时期的所有预期股利的现值。因此,该种股票在时间点的价值可通过固定增长模型的方程求出。

十二、债券估价

债券的价值或者债券的内在价值是指债券未来现金流入量的现值,即债券各期利息收入的现值与债券到期偿还本金的现值之和。只有债券的内在价值大于购买价格时,才值得购买。

(一)一般情况下的债券估价模型

典型的债券是固定利率、每年计算并支付利息、到期归还本金。在此情况下,是按复利方式计算利息的。因此,债券价值的计算公式如下:

$$V = \sum_{t=1}^{n} I(F \times i)^{(1+k)t} + \frac{F}{(1+i)^{-n}}$$

或:

$$V = F \times i \times \frac{p}{a}, k, n + F\left(\frac{P}{S}, K, n\right)$$

公式中:V 表示债券价值;i 表示债券的票面利率;F 表示到期的本金;k 表示贴现率,一般采用当时的市场利率或投资人要求的最低报酬率;n 表示债券到期前的年数。

做中学 2-21

某公司拟于某年 2 月 1 日购买一张面额为 1 000 元的债券。其票面利率为 8%,每年 2 月 1 日计算并支付一次利息,并于 5 年后的 1 月 31 日到期。市场利率为 10%,债券的市价是 920 元,请问能否购买该债券?

分析：

$$V = \frac{80}{(1+10\%)^1} + \frac{80}{(1+10\%)^2} + \frac{80}{(1+10\%)^3} + \frac{80}{(1+10\%)^4} + \frac{80}{(1+10\%)^5} + \frac{1\ 000}{(1+10\%)^5}$$

$$= 80 \times (P/A, 10\%, 5) + 1\ 000 \times (P/F, 10\%, 5)$$

$$= 80 \times 3.791 + 1\ 000 \times 0.621$$

$$= 303.28 + 621$$

$$= 924.28 \ \text{元} > 920 \ \text{元}$$

所以,应该购买该债券。

做中学 2-22

某公司发行票面金额为 1 000 元,票面利率为 5%,期限为 5 年的债券。该债券每年付息一次,到期按面额偿还本金。分别按市场利率为 4%、5%、6% 三种情况计算其发行价格。

分析： 市场利率为 4% 时,债券溢价发行,债券发行价格 $P = F \times \frac{1}{1+i \times n}$。

市场利率为 5% 时,债券平价发行:

$$债券发行价格 = P = F \times \frac{1}{1+i \times n} = 3\ 000 \times \frac{1}{1+10\% \times 5} = 2\ 000(元)$$

市场利率为 6% 时,债券折价发行,债券发行价格 $= \sum_{t=1}^{5} \frac{5\% \times 1\ 000}{(1+6\%)^t} + \frac{1\ 000}{(1+6\%)^5} = 958(元)$。

（二）一次还本付息且不计算复利的债券估价模型

我国很多债券属于一次还本付息且不计算复利的债券,其估价计算公式如下:

$$V = \frac{F + F \times i \times n}{(1+k)^n} = (F + F \times i \times n) \times (P/F, k, n)$$

做中学 2-23

　　某企业拟购买另一家企业发行的利随本清的企业债券。该债券面值为 1 000 元,期限为 5 年,票面利率为 10%,不计复利,当前市场利率为 8%。该债券的价格为多少元时,企业才能购买?

　　分析:

$$V = \frac{1\,000 + 1\,000 \times 10\% \times 5}{(1+8\%)^5} = 1\,020(元)$$

　　即债券价格必须低于 1 020 元时,企业才能购买。

（三）折价发行时债券的估价模型

有些债券以折价方式发行,没有票面利率,到期按面值偿还。其计算公式如下:

$$V = \frac{F}{(1+k)^n} = F \times (P/F, k, n)$$

债券价值的计算公式。

做中学 2-24

　　某债券面值为 1 000 元,期限为 5 年,以折价方式发行,期内不计利息,到期按面值偿还,当时市场利率为 8%。其价格为多少时,企业才能购买?

　　分析:

$$V = 1\,000 \times (P/F, 8\%, 5) = 1\,000 \times 0.681 = 681(元)$$

　　即债券价格必须低于 681 元时,企业才能购买。

任务二　风险收益分析

　　前面所阐述的资金时间价值的计算方法,都是在没有风险和通货膨胀条件下的方法。但是在市场经济条件下,公司的财务活动,几乎都是在风险和不确定情况下进行的。风险对公司实现财务管理目标有着重要的影响。忽视了风险因素,就无法正确评价公司收益的高低。风险价值原理正确揭示了风险与收益之间的关系,是公司进行投资、融资决策的依据。

一、风险及其衡量

（一）风险的含义及种类

1. 风险的含义

　　从理财的角度看,风险是指公司在各项理财活动中,由于各种难以预料或无法控制因素而遭受伤害、损失、毁灭或者失败等不利后果的可能性。财务活动中的风险,则是指在一定时期内和一定条件下实际财务结果偏离预期财务目标的可能性。多数投资者是担心风险,并力求规避风险的。那么，在现实经济生活中，为什么还有人进行风险性投资呢？

因为风险性投资不仅可以获得资金的时间价值，而且还会得到一部分额外收益——风险价值。投资者所冒的风险越大，其所要求的风险价值就越高。

2. 风险的种类

1) 从个别投资主体的角度看，风险可分为系统风险和公司特有风险

(1) 系统风险是指由那些影响所有公司的因素引起的风险，如战争、经济衰退、通货膨胀、高利率等非预期的变动。这类风险涉及所有的投资对象，不能通过多角化投资来分散，因此又称为不可分散风险。由于系统风险是影响整个资本市场的风险，因此也称为市场风险。例如，一个人投资股票，无论买哪一种股票，他都要承担市场风险，因为在经济衰退时，各种股票的价格都会不同程度地下跌。

(2) 非系统风险是指由发生于个别公司的特有事件造成的风险，如罢工、新产品开发失败、没有争取到重要合同、诉讼失败等。这类事件是非预期的、随机发生的，它只影响一个或少数公司，不会对整个市场产生较大影响。因而可以通过多角化投资来分散，即发生于一家公司的不利事件可以被其他公司的有利事件所抵销。

由于非系统风险是个别公司或个别资产所特有的，因此又称"特殊风险"或"特有风险"。由于这类风险可以通过多角化投资来分散，即发生于一家公司的不利事件可以被另一家公司的有利事件所抵销，因此也称为"可分散风险"。例如，一个人投资股票时，买几种不同的股票，就比只买一种股票风险小。

2) 从公司本身来看，风险分为经营风险(商业风险)和财务风险(筹资风险)

(1) 经营风险是指生产经营的不确定性带来的风险，它是任何商业活动都有的，也叫商业风险。经营风险主要来自以下几个方面：①市场销售：市场需求、市场价格、企业可能生产的数量等的不确定，尤其是竞争导致的供产销的不稳定，加大了风险；②生产成本：原料的供应和价格、工人和机器的生产率、工人的奖金和工资等，都有一定的不确定性，因而产生了风险；③生产技术：设备事故、产品发生质量问题、新技术的出现等，很难被准确预见，从而产生风险；④其他：外部的环境变化，如天灾、经济不景气、通货膨胀、有协作关系的企业没有履行合同等，这些情况企业自己很难控制，从而产生风险。经营风险使企业的报酬变得不确定。

(2) 财务风险是指因借款而增加的风险，是筹资决策带来的风险，也叫筹资风险。由于企业向银行等金融机构举债，从而产生了定期的还本付息压力，如果到期企业不能还本付息，就将面临诉讼、破产等威胁，遭受严重损失。财务风险使企业投资者的收益变得不确定。

(二) 风险的衡量

风险主要是由于各种影响因素造成经济活动结果的不确定性所引起的。在日常理财活动中应正确估计和计算风险的大小，将风险产生的损失降到最低。

1. 概率

概率是指某一随机事件发生的可能性大小。随机事件是指在一定条件下可能发生也可能不发生的现象。如果将所有可能的随机事件及其对应概率依次编排，便形成了随机事件的概率分布。如某公司经济前景的概率分布可用表 2-2 来表示。

不难发现，概率分布有以下特点：

(1) 所有概率都在 0 和 1 之间，即 $0 < P_i < 1$。

(2) 某一方案的所有结果(随机事件)的概率之和等于 1(或 100%)，即 $\sum_{i=1}^{n} P_i = 1$。

表 2-2	某公司经济前景概率分布
经济前景	概率(P_i)
差	20%
一般	55%
好	25%

2. 期望值

期望值是指某一概率分布中的各种可能结果以各自对应概率为权数计算出来的加权平均值,它反映了各种结果的平均值。其计算公式如下:

$$E(x) = \sum_{i=1}^{n} x_i P_i$$

公式中:$E(x)$表示期望值;x_i表示第i种可能结果;P_i表示第i种可能结果的概率;n表示可能结果的个数。

做中学 2-25

国际公司目前暂时有一笔 100 000 元闲置资金欲对外投资,有甲、乙两个项目可供选择。有关资料如表 2-3 所示。试计算甲、乙两个项目投资报酬率的期望值。

表 2-3		国际公司的有关资料	
经济前景	概率(P_i)	甲项目的投资报酬率(x_i)	乙项目的投资报酬率(x_i)
差	20%	16%	11%
一般	55%	18%	18%
好	25%	21%	25%

分析:

甲项目:$E(x) = \sum_{i=1}^{n} x_i P_i = 16\% \times 20\% + 18\% \times 55\% + 21\% \times 25\% = 18.35\%$

乙项目:$E(x) = \sum_{i=1}^{n} x_i P_i = 11\% \times 20\% + 18\% \times 55\% + 25\% \times 25\% = 18.35\%$

甲、乙两个项目投资报酬率的期望值均为 18.35%,难以判断两个项目孰优孰劣。在项目的投资报酬率的期望值相等的情况下,必须采用标准离差或方差来判断项目优劣。

3. 标准离差与方差

标准离差又称标准差,是反映某一概率分布中的各种可能结果偏离其期望值的平均程度。在期望值相同的情况下,标准离差越大,偏离程度越大,风险越大;反之,则风险越小。其计算公式如下:

$$\sigma = \sqrt{\sum_{i=1}^{n} (x_i - E(x))^2 \times P_i}$$

$$\sigma^2 = \sum_{i=1}^{n} (x_i - E(x))^2 \times P_i$$

公式中:σ表示标准离差;σ^2表示方差;其他符号同期望值的计算公式。

做中学 2-26

承[做中学 2-25]，试计算甲、乙两项目预期报酬率(x_i)的标准离差。

分析：

甲项目：

$$\sigma = \sqrt{(16\% - 18.35\%)^2 \times 20\% + (18\% - 18.35)^2 \times 55\% + (21\% - 18.35\%)^2 \times 25\%} = 1.71\%$$

乙项目：

$$\sigma = \sqrt{(11\% - 18.35\%)^2 \times 20\% + (18\% - 18.35)^2 \times 55\% + (25\% - 18.35\%)^2 \times 25\%} = 4.68\%$$

在甲、乙两项目预期报酬率期望值相等的条件下，标准离差越小，说明投资项目可能的报酬率与期望值的离散程度越小，投资风险也就越小。按照这个标准进行判断，甲项目的风险要小于乙项目。

4. 标准离差率

标准离差或方差只有在期望值相等的前提条件下，才能比较各投资方案的风险大小，一旦各投资方案的期望值不同，就不能用来比较它们的风险程度。要比较期望值不同的各投资方案的风险程度，可以用反映投资报酬率变动程度的一个相对数——标准离差率。标准离差率是标准离差与期望值之比，其计算公式如下：

$$\upsilon = \frac{\sigma}{E(x)} \times 100\%$$

公式中：υ 表示标准离差率；其他符号同标准离差的计算公式。

做中学 2-27

国际公司欲对外投资，有甲、乙两个项目可供选择。经测算，甲项目的预期报酬率的期望值为20%，标准离差为2%；乙项目的预期报酬率的期望值为30%，标准离差为4.5%。试计算甲、乙两项目的标准离差率并比较它们的风险大小。

分析：

$$甲项目：\upsilon = \frac{\sigma}{E(x)} \times 100\% = \frac{2\%}{20\%} \times 100\% = 10\%$$

$$乙项目：\upsilon = \frac{\sigma}{E(x)} \times 100\% = \frac{4.5\%}{30\%} \times 100\% = 15\%$$

甲项目的标准离差率为10%，乙项目的标准离差率为15%，由标准离差率可以判断出甲项目风险较小。甲项目收益低，风险小；乙项目收益高，风险大。对甲、乙两项目的选择取决于投资人的风险好恶。如果偏好风险，选乙；厌恶风险，选甲。

二、风险报酬的计算

风险报酬是指投资者因冒风险进行投资而要求的，超过无风险报酬的额外报酬。风险和报酬的基本关系是风险越大，要求的报酬率越高。在正确地计算出某种方案的风险后，必须进行报酬的计算。

（一）风险报酬率

风险报酬率也称风险价值，是指投资者因冒风险进行投资而获得的超过资金时间价值率

（资金时间价值除以原投资额）的额外报酬率。风险报酬的表现形式有两种：风险报酬额和风险报酬率。风险报酬额是总量指标，而风险报酬率是相对指标。风险报酬率是风险报酬额与原始投资额的比率，也叫风险收益率。在实际工作中，通常用风险报酬率表示。

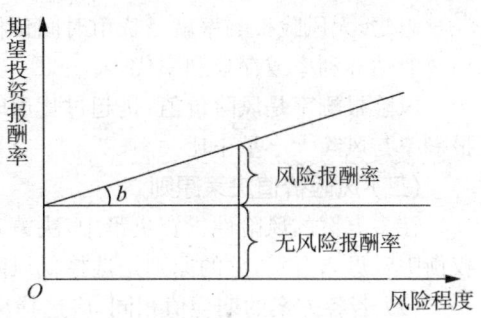

图 2-9 风险与风险报酬率的关系

风险与风险报酬率的关系可用图 2-9 表示。

从图 2-9 可以看出，无风险报酬率是投资者要求的最低报酬率，如购买国债，到期连本带息肯定能收回。风险报酬率取决于投资的风险程度，即投资风险程度越大，要求的风险报酬率越高；相反，投资风险程度越小，要求的风险报酬率越低。风险报酬率的大小与风险的大小呈正比。

风险程度是用标准离差率衡量的，而标准离差率仅反映一个投资项目的风险程度，并没有反映真正的风险报酬；要想计算风险报酬率必须借助一个转换系数，这个系数恰好是风险报酬的斜率，称为风险报酬系数，用 b 表示。

风险报酬率、风险报酬系数和标准离差率之间的关系可用公式表示如下：

$$风险报酬率 = 风险报酬系数 \times 标准离差率$$

在实际工作中，风险报酬系数是由投资者根据经验并结合其他因素加以确定。例如，可根据以往同类项目的有关数据确定，也可由主管投资人员会同有关专家确定等。

如果不考虑通货膨胀，投资者冒着风险进行投资所期望得到的投资总报酬率就是无风险报酬率（即资金时间价值率）与风险报酬率之和，即：

$$投资报酬率 = 无风险报酬率 + 风险报酬率$$

用符号表示：

$$K = R_f + R_m = R_f + bv$$

公式中：K 表示含风险的总报酬率；R_f 表示无风险报酬率；R_m 表示风险报酬率；b 表示风险价值系数；v 表示标准离差率。

无风险报酬率是没有投资风险和通货膨胀条件下的资金时间价值率。一般可以将国库券的利率视为无风险报酬率。

做中学 2-28

承[做中学 2-25]，假设甲项目的风险价值系数为 15%，乙项目的风险价值系数为 20%，则两个投资项目的风险报酬率分别为多少？

分析：

$$甲项目：R_m = bv = 15\% \times \frac{1.71\%}{18.35\%} = 1.4\%$$

$$乙项目：R_m = bv = 20\% \times \frac{4.68\%}{18.35\%} = 5.1\%$$

如果无风险报酬率为 10%，则两个项目的投资报酬率分别为：

$$甲项目：K = R_f + R_m = 10\% + 1.4\% = 11.4\%$$

$$乙项目：K = R_f + R_m = 10\% + 5.1\% = 15.1\%$$

总之,无风险报酬率就是货币时间价值,是能够肯定得到的报酬,具有预期报酬的确定性,常用政府债券利率或存款利率代表。

风险报酬率是风险价值,是超过货币时间价值的额外报酬,具有预期报酬的不确定性,风险报酬率与风险大小呈正比关系。

(二)风险价值决策原则

在多方案的风险性投资决策中,决策者到底需要按照什么样的准则在风险与报酬之间作出权衡呢?毋庸置疑,总的原则是选择低风险高收益的方案。具体有以下几种情况:

(1)若各方案的期望值相同,应选择标准离差小的方案。

(2)若各方案的期望值不同,应选择标准离差率小的方案。

(3)若各方案的期望值不同,而它们的标准离差率又相同,应选择期望值高的方案。

三、投资组合的风险

投资者在作出投资决策时,为了降低风险,提高收益,不仅可以将一定量资金全部投资于若干备选资产中风险最小、收益最高的资产,还可以将资金分开来投资多项资产,并使总的风险最小、总的收益最高。比如说,既投资于实物资产,也投资于有价证券;或者同时投资于多种实物资产或有价证券。这种将全部资本投放于多项资产上的投资方式称为投资组合。一般来说,相对于单项投资,组合投资的风险要低一些。

在投资组合中,投资者并不十分注重某一项资产的风险与收益,而是注重投资组合的总风险和总收益。投资组合的期望值,与其中每一项资产的期望值有关,是每一项资产期望值的加权平均值。其计算公式如下:

$$EP = \sum_{i=1}^{n} Wi\overline{E_i}$$

公式中:EP 表示投资组合的期望值;Wi 表示第 i 种资产在投资组合中所占的价值权重,$\sum_{i=1}^{n} Wi = 1$;$\overline{E_i}$ 表示第 i 种资产的期望值;n 表示投资组合中的资产总项数。

做中学 2-29

投资者的某项投资组合由 3 项资产构成,它们的期望值分别为 15%、20%、25%,价值权重分别为 20%、30% 和 50%,则该投资组合的期望值是多少?

分析:

$$EP = \sum_{i=1}^{n} Wi\overline{E_i} = 20\% \times 15\% + 30\% \times 20\% + 50\% \times 25\% = 21.5\%$$

四、风险对策

风险既可能使企业获得收益,也可能使企业遭受损失。为了保证企业经营活动按预计的目标进行,降低导致利润减少的可能性,应针对风险的性质、种类,选择相应的风险策略,以避免可能出现的各种损失。

(一)规避风险

这种对策较为稳健,简便易行。当风险所造成的损失不能由该项目可能获得的利润予以抵销时,最先考虑到的是避免风险。规避风险的手段包括:拒绝与不守信用的厂商业务往来;放弃可能明显导致亏损的投资项目;新产品在试制阶段发现诸多问题而果断停止试制等。

（二）减少风险

减少风险主要有两方面意思：①控制风险因素，减少风险的发生；②控制风险发生的频率和降低风险损害程度。减少风险的常用方法有：进行准确的预测，如汇率预测、利率预测、债务人信用评估等；对决策进行多方案优选；及时与政府部门沟通获取政策信息；在发展新产品前，充分进行市场调研；实行设备预防检修制度以减少设备事故；选择有弹性和抗风险能力强的技术方案，进行预先的技术模拟试验，采用可靠的保护和安全措施；采用多领域、多地域、多项目、多品种的投资以分散风险。

（三）接受风险

对损失较小的风险，如果企业有足够的财力和能力承受风险的损失，可以采取风险自担和风险自保自行消化风险损失。风险自担，就是风险损失发生时，直接将损失摊入成本或费用，或冲减利润；风险自保，就是企业预留一笔风险金或随着生产经营的进行，有计划地计提风险基金，如坏账准备金、存货跌价准备等。

（四）转移风险

转移风险是指企业以一定代价（如保险费、盈利机会、担保费、利息等），采取某种方式（如参加保险、信用担保、租赁经营、套期交易、票据贴现等），将风险损失转嫁给他人，以避免可能给企业带来灾难性损失。例如，向专业性保险公司投保；采取合资、联营、增发新股、发行债券、联合开发等实现风险共担；通过技术转让、特许经营、战略联盟、租赁经营、业务外包等实现风险转移。

关键术语

单利　复利　年金　普通年金　年金现值　偿债基金　预付年金　递延年金　风险报酬

应知考核

一、单项选择题

1. 某人目前向银行存入 1 000 元，银行存款年利率为 4%，在复利计息的方式下，5 年后此人可以从银行取出（　　）元。
   A. 1 200.00　　　B. 1 216.70　　　C. 1 204.00　　　D. 1 170.00
2. 一定时间内每期期初等额收付款项是（　　）。
   A. 永续年金　　　B. 普通年金　　　C. 预付年金　　　D. 递延年金
3. 普通年金终值系数的倒数称为（　　）。
   A. 偿债基金　　　B. 偿债基金系数　　　C. 年回收额　　　D. 年投资回收系数
4. 距今若干期以后发生的系列等额收付款项称为（　　）。
   A. 后付年金　　　B. 预付年金　　　C. 永续年金　　　D. 递延年金
5. 下列各项年金中，只有现值没有终值的年金是（　　）。
   A. 普通年金　　　B. 即付年金　　　C. 先付年金　　　D. 永续年金

二、多项选择题

1. 下列可使用普通年金终值系数表示的有（　　）。
   A. 已知现值求终值　　　B. 已知终值求年金
   C. 已知现值求年金　　　D. 已知年金求终值
2. 下列说法中，正确的有（　　）。
   A. 标准差越大，风险越大　　　B. 标准差越小，风险越大
   C. 标准差系数越小，风险越小　　　D. 标准差系数越大，风险越大
3. 用于衡量风险大小的指标有（　　）。
   A. 期望值　　　B. 概率分布　　　C. 标准差　　　D. 标准差系数

4. 下列年金中,可计算终值与现值的有( )。

    A. 普通年金   B. 预付年金   C. 永续年金   D. 递延年金

5. 下列关于递延年金的说法中,正确的有( )。

    A. 第一期没有收付额

    B. 其终值大小与递延期长短有关

    C. 计算终值的方法与普通年金相同

    D. 计算现值的方法与普通年金不同

三、判断题

1. 今天的 1 元钱和 1 年后的 1 元钱的经济价值是相等的。   ( )

2. 现值是指将未来某一时点的一定数额的货币折合成相当于现在的本金。 ( )

3. 普通年金又称先付年金,是指在各期期初支付的年金。   ( )

4. 年金是指一定时期内每次等额收付的系列款项,记作 A。   ( )

5. 无限等额支付的年金,称为永续年金。   ( )

四、简述题

1. 简述单利和复利的区别。

2. 简述年金的含义和种类。

3. 简述风险的含义和种类。

4. 简述风险衡量的步骤。

5. 简述风险对策。

五、计算题

1. 某家长准备为孩子存入一笔银行款项,以便以后 10 年每年年末得到 20 000 元学杂费,假设银行存款利率为 9%,要求:计算该家长目前应存入的银行款项额。提示:$(P/A, 9\%, 10) = 6.418$。

2. 某企业有一笔 4 年后到期的借款,到期值为 1 000 万元。若存款年复利率为 10%,则为偿还这笔借款应于每年年末存入银行多少元? 提示:$(F/A, 10\%, 4) = 4.641$;$(P/A, 10\%, 4) = 3.170$;$(F/P, 10\%, 4) = 1.464$;$(P/F, 10\%, 4) = 0.683$。

3. 某企业拟建立一项基金,每年年末存入 100 000 元,若利率为 10%,计算 5 年后该项基金的本利和。提示:$(F/A, 10\%, 5) = 6.105\,1$;$(F/A, 10\%, 6) = 7.715\,6$。

4. 某人拟在 5 年后偿还所欠的 60 万元债务,故建立偿债基金,假设银行存款年利率 10%,则此人从第 1 年起,每年年末存入银行多少元? 提示:$(F/A, 10\%, 5) = 6.105\,1$。

5. 深圳公司年初存入银行 20 万元,年利率为 12%,按复利计算,到第 10 年年末该公司可获得本利和为多少万元? 提示:$(F/P, 12\%, 10) = 3.105\,8$;$(P/F, 12\%, 10) = 0.322\,0$。

■ 应会考核 ■

■ 观念应用

【背景资料】

企业经营风险与会计对策选择

    企业经营风险又称营业风险,是指在企业的生产经营过程中,由于供、产、销各个环节不确定性因素的影响所导致企业资金运动的迟滞,产生企业价值的变动。经营风险时刻影响着企业的经营活动和财务活动,企业必须防患于未然。对企业经营风险进行较为准确地计算和衡量,是公司理财的一项重要工作。

【考核要求】

请讨论:在企业生产经营活动中,如何分散风险,使损失最小化,实现企业财富最大化?

■ 技能应用

风险的衡量

    某企业有甲、乙两个投资项目,计划投资额均为 2 000 万元,其收益率的概率分布如表 2-4 所示。

表 2-4　　　　　　　　甲、乙两个投资项目收益率的概率分布百分比

市场状况	概率	甲项目	乙项目
好	0.3	20%	25%
一般	0.5	15%	15%
差	0.2	10%	5%

【技能要求】

1. 分别计算甲、乙两个项目收益率的期望值。
2. 分别计算甲、乙两个项目收益率的标准差。
3. 分别计算甲、乙两个项目收益率的标准离差率。
4. 比较甲、乙两个投资项目风险的大小。

■ 案例分析

【分析情境】

资金时间价值原理的应用

山东创智投资管理有限公司(以下简称创智投资)致力于高新技术企业股权投资和房地产、银企的优质债权投资。创智投资的一款债权转让型理财产品募集资金投向为优质信贷资产。首先,创智投资利用自有资金,对企业、银行、信托债权和封闭基金进行严格有序的投资,形成广泛的投资债权。然后,创智投资将债权进行拆分细分、重组分配,形成不同收益规格的债权产品,通过转让债权所有权益的形式,销售给会员,并可以实时看到债权收益利息和投资收益不断产生。

"六福生金"是创智投资利用高倍理财的投资原理,为中长期理财客户设计的低风险、保本保收益的 6 个月期理财产品。收益按月计算,客户每月登陆创智理财通都可以看到利息进账的情况,还可以按 30 天为一个理财周期随时进行收益提取。理财门槛低,3 万元起即可享受专业高息理财服务,如表 2-5 所示。如果客户违约赎回本金,将扣除本金 1% 的违约金。

表 2-5　　　　　　　　　"六福生金"理财服务收益计算表　　　　　　　单位:元

理财本金	月收益	年收益
100 000	1 100	13 200
500 000	5 500	66 000
1 000 000	11 000	132 000

以年收益率 13.2% 计算,本金 7 年半即可翻倍,其利息是普通银行短期、月定期存款利息的 15 倍以上。以投资回报率计算,这种"钱生钱"的赚钱方式相比投资房产盈利更高、更安全。

【分析要求】

根据资料分析回答以下问题。

1. 什么是"'钱生钱'的赚钱方式"?
2. 根据资金时间价值原理,分析创智投资的"六福生金"产品年收益率为 13.2% 是否正确。
3. 投资"六福生金"产品"以年收益率 13.2% 计算,本金 7 年半即可翻倍"需要哪些条件?

▣ 项目实训 ▣

【实训项目】

资金时间价值观念。

【实训情境】

王月的资金时间价值观念

王月是国际某领域的知名专家。近日,他接到一家上市公司的邀请函,邀请他做公司的技术顾问,指导

新产品的开发。邀请函的主要内容如下：①担任公司顾问工作期限为5年；②每个月到公司指导工作2天；③每年顾问费为15万元；④提供公司所在地城市住房1套,价值100万元。

王月对以上工作待遇很满意,对该公司开发的新产品也很有研究,因此他决定接受邀请。但他不想接受住房,因为每月工作两天,只需要住公司宾馆就可以了。于是他向公司提出,能否将住房改为住房补贴。公司研究了王月的请求,决定可以在今后5年里,每年年初给王月支付22万元的住房补贴。

收到公司的通知后,王月又犹豫起来。因为如果接受公司住房,可以将住房出售,扣除售价5%的税金和手续费,他可以获得95万元；而接受住房补贴,则每年年初他可获得22万元。假设每年存款利率为4%。

【实训任务】

请运用资金时间价值观念,帮助王月作出正确的选择。

资金时间价值观念实训报告		
项目实训班级：	项目小组：	项目组成员：
实训时间：　　年　　月　　日	实训地点：	实训成绩：
实训目的：		
实训步骤：		
实训结果：		
实训感言：		

用 Excel 解决本项目问题

第一部分　资金时间价值

一、主要参数

RATE：各期利率，是一个固定值。

NPER：总投资（或贷款）期，即付该项投资（或贷款）的款期总数。

PMT：各期所应付给（或得到）的金额，其数值在整个年金期间（或投资期内）保持不变，即年金；如果忽略 PMT，则必须包括 PV。

PV：初始值（或现值），即从该项投资（或贷款）开始计算时已经入账的款项或一系列未来付款当前值的累积和，也称为本金。如果省略 PV，则假设其值为零，并且必须包括 PMT。

FV：终值，该参数可以省略，省略则默认其为零。

TYPE：数字 0 或 1，用于指定各期的付款时间是在期初还是期末，TYPE 为 0 表示期末，TYPE 为 1 表示期初。如果省略 TYPE，则默认其值为零。

与资金收付表示相同，在参数的使用上，如果为付出的金额，则需以负数表示；如果为收入的金额，则以正数表示。

二、利用 FV 函数计算复利终值

1. FV 函数

PV 函数的主要功能是基于固定利率及等额分期付款方式，计算出某项投资的未来值，在 Excel 中输入的公式如下：

　　＝FV(RATE, NPER, PMT, PV, TYPE)

2. 例题与 Excel 解决方案 1

【**例 2-1**】　某旅游公司向银行借款 10 000 元，年复利利率为 10%，试问第 5 年年末连本带利需一次性偿还多少元才能还清？

本题在 Excel 中的具体操作步骤如下：

(1) 新建一张工作表并输入已知条件，设置好计算结果区域的格式，如图 2-10 所示。

(2) 在 E3 单元格输入公式"＝FV(B3,B4,,−B2)"，结果如图 2-10 所示。

	E3	▼		fx	=FV(B3, B4, −B2)	
	A	B	C	D	E	F	G
1	已知条件			计算结果			
2	本金(元)	10000					
3	年利率	10%		复利终值(元)	16 105.10	利用FV函数计算	
4	期限(年)	5					
5							

图 2-10　Excel 操作图 1

三、利用 PV 函数计算复利现值

1. PV 函数

PV 函数的主要功能是基于固定利率及等额分期付款方式，计算出某项投资的现值，在 Excel 中输入的公式如下：

　　PV(RATE, NPER, PMT, FV, TYPE)

2. 例题与 Excel 解决方案 2

【**例 2-2**】　目前银行存款的年复利利率为 5%，某人希望在第 10 年年末从银行取出 200 000 元，请问现在应存入银行多少元？

本题在 Excel 中的具体操作步骤如下：

(1) 新建一张工作表并输入已知条件,设置好计算结果区域的格式,如图 2-11 所示。

(2) 在 E3 单元格输入公式"＝PV(B3,B4,,－B2)",结果如图 2-11 所示。

	E3	▼		fx	=PV(B3, B4, −B2)		

	A	B	C	D	E	F	G
1	已知条件			计算结果			
2	终值(元)	200000					
3	复利年利率	5%		复利现值(元)	122,782.65	利用PV函数计算	
4	期限(年)	10					

图 2-11　Excel 操作图 2

四、年金终值和现值的计算

【例 2-3】　已知有 4 个年金系列：①普通年金 5 000 元,期限 10 年；②先付年金 5 000 元,期限 10 年；③递延年金 6 000 元,年金期限 10 年,递延期 5 年；④永续年金 10 000 元。假设年利率 8%,请设计一个可用来计算普通年金、先付年金、递延年金的终值和现值及永续年金现值的模型。

本题在 Excel 中的具体操作步骤如下：

(1) 新建一张工作表并输入已知条件,设置好计算结果区域的格式。

(2) 在单元格 B10 中输入公式：＝FV(B5,B4,－B3),计算普通年金的终值。

(3) 在单元格 B11 中输入公式：＝PV(B5,B4,－B3),计算普通年金的现值。

(4) 在单元格 D10 中输入公式：＝FV(D5,D4,－D3,,1),计算先付年金的终值。

(5) 在单元格 D11 中输入公式：＝PV(D5,D4,－D3,,1),计算先付年金的现值。

(6) 在单元格 F10 中输入公式：＝FV(F6,F4,－F3),计算递延年金的终值。

(7) 在单元格 F11 中输入公式：＝PV(F6,(F4＋F5),－F3)－PV(F6,F5,－F3),计算递延年金的现值。

(8) 在单元格 H11 中输入公式：＝H3/H5,计算永续年金的现值。

具体数值如图 2-12 所示。

	A	B	C	D	E	F	G	H
1	已知数据区域							
2	普通年金		先付年金		递延年金		永续年金	
3	年金(元)	5000	年金(元)	5000	年金(元)	6000	年金(元)	10000
4	期限(年)	10	期限(年)	10	年金期限(年)	10	期限(年)	
5	年利率	8%	年利率	8%	速延期(年)	5	年利率	8%
6					年利率	8%		
7								
8	计算结果区域							
9	普通年金		先付年金		递延年金		永续年金	
10	终值(元)	￥72,432.81	终值(元)	78,227.44	终值(元)	86919.37	终值(元)	
11	现值(元)	￥33,550.41	现值(元)	36,234.44	现值(元)	27400.61	现值(元)	125000

图 2-12　Excel 操作图 3

第二部分　风险与收益

下面主要介绍用 Excel 解决个别投资项目的风险衡量问题。

一、相关函数

1. SQRT 函数

SQRT 函数的主要功能是计算一个正数的正平方根,在 Excel 中输入的公式如下：

$$=SQRT(number)$$

其中,number 为需要计算其正平方根的正数。

2. sumproduct 函数

sumproduct 函数的主要功能是在给定的几组数组中,将数组间对应的元素相乘,并返回乘积之和,在 Excel 中输入的公式如下:

$$=sumproduct(array1,array2,array3,\cdots)$$

其中,array1,array2,array3,…为 2～…30 个数组,其相应元素需要进行相乘并求和。

二、例题与 Excel 解决方案

【例 2-4】 已知 A、B 两个投资项目,在未来 5 种可能的经济情况下的预计投资收益率及其概率分布如图 2-13 所示,请建立一个模型计算两个项目投资收益率分布的期望值、标准离差和变异系数。

	A	B	C	D
1		已知条件		
2			年投资收益率	
3	经济情况	发生概率	项目A	项目B
4	严重萧条	0.05	15%	5%
5	衰退	0.2	18%	25%
6	正常	0.5	20%	40%
7	正常繁荣	0.2	23%	55%
8	过热	0.05	25%	70%

图 2-13 A、B 两项目预计投资收益率及概率分布图

用 Excel 解决该问题的具体操作步骤如下:

(1) 设计模型结构,如图 2-14 所示。

(2) 计算 A 项目,在单元格 C11 中输入公式:=sumproduct(C4:C8,$B$4:$B$8);在单元格 C12 中输入公式:=SQRT(SUMPRODUCT((C4:C8−C11)^2,$B$4:$B$8));在单元格 C13 中输入公式:=C12/C11。

(3) 同理计算 B 项目,计算结果如图 2-14 所示。

	A	B	C	D
1		已知条件		
2	经济情况	发生概率	年投资收益率	
3			项目A	项目B
4	严重萧条	0.05	15%	5%
5	衰退	0.2	18%	25%
6	正常	0.5	20%	40%
7	正常繁荣	0.2	23%	55%
8	过热	0.05	25%	70%
9		计算结果		
10	要求		项目A	项目B
11	期望值		20.20%	39.75%
12	标准差		2.25%	14.01%
13	异系数(标准离差率)		11.14%	35.24%

图 2-14 计算结果

筹 资 管 理

知识 目标

理解：筹资的含义、目的与类型；筹资基本原则；筹资渠道与方式。

熟知：债务筹资方式和股权筹资方式的具体内容。

掌握：资金需求量测算的基本方法及其具体运用；每种筹资方式的优点和缺点。

技能 目标

能够根据企业相关资料，预测资金需求量；能够根据企业资金需求状况正确选择筹资渠道与筹资方式。

素质 目标

能够根据相关信息，具备分析债务筹资方式和股权筹资方式的基本业务素质。

项目 引例

汤姆·F·赫林的梦想能实现么

汤姆·F·赫林是全美旅馆协会的主席，是全美旅馆业乃至旅游界的泰斗。1954 年，赫林被选为拉雷多市"猛狮俱乐部"主席。该俱乐部选派他和他的妻子去纽约参加国际"猛狮俱乐部"会议。夫妇俩到纽约赴会后，决定到纽约州的尼亚加拉大瀑布作一次旅游，结果他们惊奇地发现，在这大好美景两岸的美国和加拿大，都没有为这些流连忘返的游人提供歇宿的住所和其他设施。

从此在赫林的心里就孕育了一个在风景区开设旅馆的想法。要建造旅馆就得找地基，他在格兰德市找到了一所高中，因为校方想出售一幢房子。可是当时赫林还只是一家木材公司的小职员，周薪仅有 125 美元，想买这幢房子，却苦于无资金。于是，他向所工作的公司股东游说从事旅馆经营，但未成功。他只得独自筹集了 500 美元，请一位建筑师设计了一张旅馆示意草图。他既未攻读过建筑，又没有钻研过工程，因此，他对示意草图的可行性研究慎之又慎。当他带着示意草图向保险公司贷款 60 万美元时，保险公司非要他找一个有 100 万美元资产的人作担保。于是，他向另一家木材公司的总经理求援。总经理看了旅馆示意图后，以本公司独家承包家具制造为条件，同意做他的担保人。

赫林又以发行股票的方式筹集资金，他提出两种优先股：一种股份供出卖，取得现金；另一种是以提供物资来代替股金。就这样他筹集到了创业所需的资金，建成了理想中的拉波萨多旅馆。

思考与讨论：如果没有通过多种方式筹集所需的资金和物资，汤姆·F·赫林能实现自己的梦想吗？为什么？

知识 精讲

任务一 筹资管理概述

一、筹资的含义

筹资是指企业为了满足其经营活动、投资活动、资本结构调整等需要，运用一定的筹资方式，筹措和获取所需资金的一种行为。资金是企业的血液，是企业设立、生存和发展的物质基础，是企业开展生产经营业务活动的基本前提。任何一个企业，为了形成生产经营能力、保证生产经营正常运行，必须拥有一定数量的资金。

二、筹资目的与类型

筹资是企业财务活动的起点,是决定企业经营规模和发展速度的主要环节。企业如何组织好筹资活动,以最小的资本成本获取所需资本是企业财务管理的首要任务,对实现财务管理目标具有十分重要的意义。

(一) 筹资目的

在市场经济条件下,依据财务管理总体目标的要求,企业筹资的目标应当是在满足生产经营需要的情况下,以合理的筹资方式、较低的资本成本和财务风险、较优的资本结构,实现企业价值最大化。具体到筹资,其目的表现在以下三个方面:

(1) 设立企业。我国财务制度规定,企业设立时必须有法定的资本金,并且在企业存续期间不得以任何方式抽走。因此,要想设立一个企业,必须采取吸收直接投资、发行股票等方式筹集一定数量的资金,以便形成企业的资本金。

(2) 扩大生产经营规模。企业设立后,必须通过发展才能实现最终的获利目标。而随着企业的发展,其生产经营规模不断地扩大,诸如扩大产销量、开发新产品、开拓新市场等都需要源源不断的资本投入,对资金的需求也不断地增加,因此需要筹集更多的资本。

(3) 调整资本结构。资本结构是指企业各种资本的构成及其比例关系。资本结构是否合理会影响到企业的资本成本和财务风险,企业通过筹资调整资本结构,使其处于合理化状态,以实现财务管理的目标。

(二) 筹资类型

1. 长期筹资与短期筹资

企业的资本,按使用期限的长短不同可以区分为长期资本和短期资本,这是由企业的发展需要所决定的。合理安排企业资本的期限结构,有利于实现资本的最佳配置和筹资组合。

长期筹资是指企业融通使用期限在 1 年以上的资本。企业为维持持续、稳定的生产经营活动需要长期资本。由于长期资本的使用期限较长,因而使用成本一般较高。

短期筹资是指企业融通使用期限在 1 年以内的资金。企业在生产经营中资金周转暂时短缺时需要短期资金。由于短期资金的使用期限较短,因而使用成本一般较低。

2. 股权筹资与债务筹资

企业的资本按其体现的权益性质不同可以区分为股权资本和债务资本,这是由企业资本的所有权性质决定的。合理安排股权资本和债务资本的比例结构,有利于企业利用财务杠杆作用,在承担一定风险的前提下增加股权收益。

股权筹资也称所有权筹资,是指企业依法融通长期拥有、自主支配的股权资本。股权筹资的财务风险较小,但资本成本较高。

债务筹资是指企业融通依法使用、按期偿还的债务资本。债务资本的所有权属于企业的债权人,企业依法使用资金并承担按期还本付息的义务。债务筹资的财务风险较大,但资本成本较低。

3. 直接筹资与间接筹资

企业的资本按是否以银行等金融机构为媒介可以区分为直接筹资和间接筹资,这是由宏观筹资机制和政策所决定的。

直接筹资是指企业不经过银行等金融机构,直接与资本供应者协商借贷或发行股票、债券等筹集资本。资本供求双方直接借助于筹资手段实现资本的转移,无须银行等金融机构为媒介。直接筹资依赖于资本市场机制如证券交易所,以各种证券如股票和债券为载体,筹资范围较广,可利用的筹资渠道和方式较多,能使企业最大限度地利用社会资金,提高企业的信誉和知名度,改善企业的资本结构。但直接筹资手续繁琐,准备时间较长,筹资效率较低,筹资费用较高。在我国,企业直接筹资主要采用吸收直接投资、发行股票、发行债券、商业信用等筹资形式。

间接筹资是指企业借助于银行等金融机构筹集资本。银行等金融机构聚集资金,并发挥中介作用,将资金提供给筹资企业。间接筹资可运用市场机制,也可运用计划或行政手段,手续比较简便,筹资效率较高,筹资费用较低,主要满足企业资本周转的需要。但间接筹资范围较窄,可利用的筹资渠道和方式比较单一,仅仅包括银行借款、非银行金融机构借款、融资租赁等筹资形式。

三、筹资基本原则

(一)规模适当原则

企业筹资的目的既可以是满足生产经营和发展需要,也可以是调整自身资本结构的需要,不论出于哪种目的,企业都需要确定筹资数量。一般而言,企业对资金需求量是不断变动的。如果资金筹集不足会影响企业生产经营,而资金筹集过多也会对企业生产经营产生不利影响,因为企业筹资都是有成本的。因此,企业财务人员要认真分析生产、经营和市场状况,采用合理方法,预测企业资金的需求数量。

(二)筹措及时原则

企业财务人员在筹资时必须熟知资金时间价值的基本原理和计算方法,以便根据资金需求的具体情况,合理安排资金筹集的时间,适时获取所需资金。为此,企业既要避免资金闲置,又要防止获取资金时间滞后,错过最佳投资时机。

(三)来源合理原则

企业筹资活动,特别是外部筹资活动会影响到许多相关投资者的经济利益。投资者和企业之间信息不对称以及企业经营的固有风险,都可能导致投资者与企业之间经济利益关系面临许多不确定性。为了维护投资者利益和规范市场,国家制定了相关法律、法规。企业在筹资时必须遵守有关法律、法规的规定,维护利益相关者的合法利益,避免非法筹资行为对社会、相关利益主体及企业自身造成损害。

(四)方式经济原则

企业在确定了合理筹资数量、恰当时间及合法来源的基础上,还必须认真研究各种不同筹资方式的经济性。因为不同的筹资渠道、方式有着不同的筹资成本。为此,企业需要对各种筹资方式进行分析、对比,选择最适合企业且经济可行的筹资方式。这也有利于企业确定合理的资本结构,以降低成本、减少风险。

四、筹资渠道与方式

企业筹资活动需要通过一定渠道并采用一定方式来完成。

(一)筹资渠道

筹资渠道是指客观存在的筹资来源方向与通道。对企业而言,认识和了解各筹资渠道及特点,有助于企业充分拓宽和正确利用筹资渠道。目前,企业筹资渠道主要有国家财政资金、银行信贷资金、非银行金融机构资金、其他法人资金、居民个人资金、企业内部资金及外商资金等。

(1)国家财政资金是指代表国家投资的政府部门或机构投入企业的国有资本。国家财政资金是国有企业资金的最主要来源渠道,特别是国有独资企业(基本由国家投资形成)。随着国有资本布局的战略性调整,能够通过这一渠道融资的国有企业范围日益缩小。但对许多国有企业而言,国家财政资金仍然是一个非常重要的资金筹措渠道。

(2) 银行信贷资金是指企业从银行处贷款取得的借入资金。银行信贷资金是各类企业非常重要的筹资渠道。尽管随着资本市场不断发展,直接筹资在企业中发展很快,但银行信贷资金因其资金雄厚、筹资便捷仍然在企业筹资方式中占据主要地位。另外,随着相应金融体制改革的不断深入,各类银行经营方式日益丰富,经营范围、服务对象也在不断扩大,这也给企业筹资提供了更为广泛的渠道。

(3) 非银行金融机构资金是指企业从证券公司、保险公司、租赁公司、信托投资公司、财务公司等非银行金融机构吸收的资金,包括吸收投资和借款。非银行金融机构是金融市场中非常重要的金融中介,既是企业的筹资渠道,又是企业众多投资方式的中介。非银行金融机构的发展水平在某种程度上反映了金融市场的发展程度。与银行相比,非银行金融机构尽管财力有限且目前只是起辅助作用,但由于其提供资金方式灵活多样并可提供其他方面的服务,使其逐渐成为众多企业筹资的重要渠道。

(4) 其他法人资金是指企业从其他企业吸收的资金。随着经济发展和企业经营机制转变,企业间横向经济联合日益增多。一方面,企业之间可以通过资金融通,互相调剂资金余缺,以充分利用资金;另一方面,随着金融市场发展,越来越多的企业开始重视资本运营,也导致企业间融资增加。这种方式的具体形式包括吸收直接投资、商业信用、发行股票或债券等。

(5) 居民个人资金是指企业从居民个人处吸收的资金。目前,居民个人手中持有的大量的货币资金为企业筹资提供了广阔的资金来源。

(6) 企业内部资金是指企业通过留存收益等形成的资金,主要是指提取公积金、未分配利润等。内部资金无需企业通过一定方式去筹集,而是作为一种内源性筹资渠道由企业内部自动生成并转移。企业内部资金是企业筹资的首要选择,但由于受到企业经营成果的影响,其筹资数量一般是有限的。

(7) 外商资金是指外国投资者以及中国香港、澳门和台湾地区投资者投入的资金。吸引外资不仅能够满足企业资金的需求,而且能够引进先进技术和管理经验,为企业发展提供必要的支持。

不同的筹资渠道在提供资金数量、筹资方便程度上不尽相同,有些筹资渠道仅适用于特定企业。因此,企业需结合自身情况,在适用的渠道中合理组合,为企业生产经营和发展需要筹集所需资金。

(二)筹资方式

筹资方式是指企业筹措资金的具体形式和工具,即企业如何取得资金。因此,筹资方式也称为筹资(金融)工具。随着金融市场发展和金融工具创新,企业可以选择的筹资工具日益增加,为其筹资提供了良好条件。但不同筹资方式各有其特点和适用范围,企业需要结合自身情况作出合理选择。按照资金性质分,筹资主要有权益性筹资与债务性筹资两种方式。

1. 权益性筹资方式

权益性筹资也称股权筹资,该筹资能形成股权资本,是企业依法长期拥有、能够自主调配运用的资本。股权资本在企业持续经营期间内,投资者不得抽回,因而也称为企业自有资本、主权资本或股东权益资本。股权资本是企业从事生产经营活动和偿还债务的本钱,是代表企业基本资信状况的一个主要指标。企业股权资本通过吸收直接投资、发行股票、内部积累等方式取得。股权资本由于一般不用还本,形成了企业永久性资本,因而财务风险低,但付出资本成本相对较高。权益性筹资具体包括吸收直接投资、发行股票、利用留存收益等主要方式。

(1) 吸收直接投资。吸收直接投资是指企业通过协议等形式吸收投资者直接投入资金的一

种筹资方式。<u>它是非股份制企业筹集自有资金的基本方式。</u>

（2）发行股票。发行股票是指股份公司通过发行股票筹措资金的一种筹资方式，同吸收直接投资方式一样，发行股票方式所筹集的也是企业自有资金。只不过<u>发行股票适用于股份公司，而吸收直接投资适用于非股份制企业。</u>

（3）利用留存收益。利用留存收益是指企业利用自身的留存收益所形成资金的一种筹资方式。<u>利用留存收益方式是企业取得内部自有资金的重要方式。</u>

2. 债务性筹资方式

债务性筹资是<u>企业通过借款、发行债券、融资租赁以及赊销商品或服务等方式取得的资金形成在规定期限内需要清偿的债务。</u>由于债务筹资到期要归还本金和支付利息，对企业的经营状况不承担责任，因而具有较大的财务风险，但付出的资本成本相对较低。从经济意义上来说，债务筹资也是债权人对企业的一种投资，也要依法享有企业使用债务所取得的经济利益，因而也可以称为债权人权益。<u>债务性筹资具体包括诸如向银行借款、利用商业信用、发行债券及租赁等主要筹资方式。</u>

（1）银行借款。银行借款是指企业通过向银行等金融机构贷款而获得借入资金的一种筹资方式。<u>它是适用范围相当广泛的筹资方式。</u>

（2）商业信用。商业信用是企业通过赊购商品、预收货款等商品交易行为而获得资金的一种筹资方式。<u>它形成于企业的生产经营过程中，是企业的一种"自然性"融资。</u>

（3）发行债券。发行债券是企业通过债券发行筹措资金的一种筹资方式。<u>股份有限公司和国有独资公司可以采用这种筹资方式。</u>

（4）租赁筹资。租赁筹资是指企业通过租入资产来筹集资金的特殊筹资方式。<u>租赁因其限制较少而成为各类企业尤其是中小型企业筹资的重要方式。</u>

任务二　资金需求预测

资金需求量是筹资的数量依据，企业必须科学合理地进行预测。筹资数量预测的基本目的是保证企业筹资既能满足生产经营需要，又不会产生多余资金从而闲置。<u>企业常用的资金需要量的预测方法主要有：定性预测法和定量预测法。</u>

一、定性预测法

定性预测法是指依靠预测者个人的经验、主观分析和判断能力，对未来时期资金的需求进行估计和推算的方法。这种方法通常采用召开专业人员座谈会、专家论证会等形式进行。首先，由熟悉财务情况和生产经营情况的专家，根据以往所积累的经验，进行分析判断，提出预测的初步意见；然后，通过召开座谈会或发出各种表格等形式，对预测的初步意见进行修正补充。这样进行一次或几次以后，得出预测的最终结果。

定性预测法是十分有用的，但它不能揭示资金需要量与有关因素之间的数量关系。预测资金需要量应与企业生产经营规模相联系。生产规模扩大，销售数量增加，会引起资金需求量增加；反之，则会使资金需求量减少。因此，<u>这种方法一般只作为预测的辅助方法。</u>

二、定量预测法

定量预测法是指以历史资料为依据，采用数学模型对未来时期资金需要量进行预测的方法。这种方法预测的结果科学准确，有较高的可行性，但计算较为复杂，要求具有完备的历史资料。<u>定量预测法常用的方法有因素分析法、销售百分比法和线性回归分析法。</u>

(一)因素分析法

因素分析法又称分析调整法,是以有关项目基期平均资金需求量为基础,根据预测年度生产经营任务和资金周转加速要求进行分析调整来预测资金需求量的一种方法。这种方法计算简便,容易掌握,但预测结果不太精确。它通常用于品种繁多、规格复杂、资金用量小的项目。

因素分析法的计算公式如下:

$$资金需求量 = (基期资金平均占用额 - 不合理资金占用额)$$
$$\times (1 \pm 预测期销售增减额) \times (1 \pm 预测期资金周转速度变动率)$$

做中学 3-1

企业上年度资金平均占用额为 4 400 万元,经分析,其中不合理部分 400 万元,预计本年度销售增长 5%,资金周转加速 2%。

预测年度资金需求量 = (4 400 - 400) × (1 + 5%) × (1 - 2%) = 4 116(万元)

(二)销售百分比法

销售百分比法是根据销售增长与资产增长之间的关系,预测未来资金需要量的方法。企业的销售规模扩大时,要相应增加流动资产;如果销售规模增加很多,还必须增加长期资产。为取得扩大销售所需增加的资产,企业需要筹措资金。这些资金一部分来自留存收益,另一部分通过外部筹资取得。通常,销售增长率较高时,仅靠留存收益不能满足资金需要,即使获利良好的企业也需外部筹资。因此,企业需要预先知道自己的筹资需求,提前安排筹资计划,否则就可能发生资金短缺问题。

销售百分比法将反映生产经营规模的销售因素与反映资金占用情况的资产因素联系起来,根据销售与资产之间的数量比例关系,预计企业的外部筹资需要量。销售百分比法先假设某些资产与销售额存在稳定的百分比关系,再根据销售与资产的比例关系预计资产额,以及根据资产额预计相应的负债和所有者权益,进而确定筹资需要量。

使用销售百分比法的前提是必须假设某报表项目与销售指标的比率已知且固定不变,其计算步骤如下:

(1)分析基期资产负债表各项目与销售收入总额之间的依存关系,计算各敏感项目的销售百分比。在资产负债表中,有一些项目会因销售额的增长而相应地增加,通常将这些项目称为敏感项目,包括货币资金、应收账款、存货、应付账款、预收账款、其他应收款等。而其他如固定资产净值、长期股权投资、实收资本等项目,一般不会随销售额的增长而增加,因此将其称为非敏感项目。

(2)计算预测期各项目预计数并填入预计资产负债表,确定需要增加的资金额。计算公式如下:

$$敏感项目预计数 = 预计销售额 \times 某项目销售百分比$$

(3)确定需要增加的筹资数量。预计由于销售额增长而需要的资金需求增长额,扣除利润留存后,即为所需要的外部筹资额。即有:

$$外部融资需求量 = \frac{A}{S_1} \times \Delta S - \frac{B}{S_1} \times \Delta S - S_2 \times P \times E$$

公式中:A 表示随销售额而变化的敏感性资产;B 表示随销售额而变化的敏感性负债;S_1 表示基期销售额;S_2 表示预测期销售额;ΔS 表示销售变动额;P 表示销售净利率;E 表示利润留存率;$\frac{A}{S_1}$ 表示敏感性资产与销售额关系百分比;$\frac{B}{S_1}$ 表示敏感性负债与销售额的关系百分比。

做中学 3-2

某企业 20×8 年 12 月 31 日的资产负债表如表 3-1 所示。

表 3-1　　　　　　　　　　　20×8 年 12 月 31 日的资产负债表

资　产	金额（元）	负债和所有者权益	金额（元）
货币资金	10 000	应付票据	8 000
应收账款	24 000	应付账款	20 000
存货	50 000	其他应付款	4 000
预付款项	4 000	短期借款	50 000
固定资产净值	212 000	长期负债	80 000
		实收资本	128 000
		未分配利润	10 000
资产总额	300 000	负债和所有者权益总额	300 000

该企业 20×8 年的销售收入为 200 000 元，税后净利润为 20 000 元，销售净利率为 10%，已按 50% 的比例发放普通股股利 10 000 元。目前，企业尚有剩余生产能力，即增加收入不需要进行固定资产方面的投资。假定销售净利率仍保持上年水平，预计 20×9 年销售收入将提高到 240 000 元，年末普通股股利发放比例将增加至 70%，要求预测 20×9 年需要增加资金的数量。

分析：

（1）根据 20×8 年资产负债表编制 20×9 年预计资产负债表（见表 3-2）。

表 3-2　　　　　　　　　　　20×9 年预计资产负债表　　　　　　　　　单位：元

资　产			负债和所有者权益		
项　目	销售百分比	预计数	项　目	销售百分比	预计数
货币资金	5%	12 000	应付票据	4%	9 600
应收账款	12%	28 800	应付账款	10%	24 000
存货	25%	60 000	其他应付款	2%	4 800
预付款项	2%	4 800	短期借款	—	50 000
固定资产净值		212 000	长期负债	—	80 000
			实收资本	—	128 000
			未分配利润	—	10 000
			追加资金	—	11 200
合计	44%	317 600	合计	16%	317 600

（2）确定需要增加的资金。首先，可根据预计资产负债表直接确认需追加的资金额。表 3-2 中，预计资产总额为 317 600 元，而负债和所有者权益为 306 400 元，资金占用大于资金来源，则需追加资金 11 200 元。其次，也可分析测算需追加的资金额。

表 3-2 中销售收入每增加 100 元，需增加 44 元的资金占用，但同时自动产生 16 元的资金来源。因此，每增加 100 元的销售收入，必须取得 28 元的资金来源。在本例中，销售收入从 200 000 元增加到

240 000元,增加了40 000元,按照28%的比例可测算出将增加11 200元的资金需求。

(3)确定对外界资金需求的数量。上述11 200元资金需求可通过企业内部筹集和外部筹集两种方式解决,2019年预计净利润为24 000元(240 000×10%),如果公司的利润分配率为70%,则将有30%的利润即7 200元被留存下来,从11 200元中减7 200元的留存收益,则还有4 000元的资金必须从外界融资。

此外,也可根据上述资料采用公式求得对外界资金的需求量:

对外筹集资金额 = 44% × 40 000 − 16% × 40 000 − 10% × 30% × 240 000 = 4 000(元)

(三)线性回归分析法

线性回归分析法是应用最小平方法的原理对过去若干期间的销售额与资金总量的历史资料进行分析,按 $y=a+bx$ 的公式来确定反映销售收入总额(x)和资金总量(y)之间关系的回归直线,并据以预测计划期间资金需要量的一种方法。该方法是在资金变动与产销量变动关系的基础上,先将企业资金划分为不变资金和可变资金,再结合预计的产销量来预测资金需要量,其基本模型如下:

$$资金占用量(y) = 不变资金(a) + 变动资金(bx)$$
$$= 不变资金(a) + 单位产销量所需的变动资金(b) × 产销量(x)$$

即:

$$y = a + bx$$

在实际运用中,需要先利用历史资料来确定 a、b 的值,再在已知业务量(x)的基础上,确定资金需要量(y)。a、b 的计算公式如下:

$$b = \frac{n\sum xy - \sum x \sum y}{n\sum x^2 - (\sum x)^2}$$

$$a = \frac{\sum Y - b\sum x}{n}$$

做中学 3-3

星海公司20×4—20×8年产销量与资金需要量资料如表3-3所示,预计20×9年产销量为90万件,试计算20×9年的资金需要量。

表3-3	产销量与资金变化情况	
年 份	产销量(x)(万件)	资金占用量(y)(万元)
20×4	15	200
20×5	25	220
20×6	40	250
20×7	35	240
20×8	55	280

分析：

（1）根据表3-3资料计算出有关数据，如表3-4所示。

表3-4   资金需要量回归分析计算表

年 份	产销量 x（万件）	资金占用量（y）（万元）	xy	x^2
20×4	15	200	3 000	225
20×5	25	220	5 500	625
20×6	40	250	10 000	1 600
20×7	35	240	8 400	1 225
20×8	55	280	15 400	3 025
$n=5$	$\sum x=170$	$\sum y=1\ 190$	$\sum xy=42\ 300$	$\sum x^2=6\ 700$

（2）将表3-4的数据代入公式得：

$$b = \frac{5 \times 42\ 300 - 170 \times 1\ 190}{5 \times 6\ 700 - 170^2} = 2$$

$$a = \frac{1\ 190 - 2 \times 170}{5} = 170$$

（3）将 $a=170$，$b=2$ 代入回归直线方程 $y=a+bx$，求得：

$$y = 170 + 2x$$

（4）在 20×9 年度预计销售量 90 万件的情况下，则资金需要量为：

$$y = 170 + 2 \times 90 = 350（万元）$$

需要注意的是，定性预测法与定量预测法并不是互相排斥的，而是相辅相成、相互补充的。在社会经济活动中，许多因素极为复杂多变，很难甚至无法进行量化，因而纯粹的定量预测法无法使用。即使很多因素可以进行定量描述，为了保证定量分析法的使用效果，需要依靠使用者的综合分析判断。因此，预测人员要根据企业的具体情况和预测对象的不同，将定量分析预测法和定性分析预测法结合起来应用。如果数据资料比较完备，可以先用某种定量预测法进行加工处理，找出有关变量之间的关系，再应用定性预测法对预测结论综合分析后作出正确的使用。

任务三 债务筹资方式

企业债务筹资方式主要有银行借款、商业信用、发行债券和融资租赁。

一、银行借款

银行借款是指企业向银行或其他非银行金融机构借入的需要还本付息的款项，包括偿还期限超过1年的长期借款和不足1年的短期借款，主要用于企业购建固定资产和满足流动资金周转的需要。

（一）银行借款的种类

1. 按提供贷款的机构，分为政策性银行贷款、商业银行贷款和其他金融机构贷款

政策性银行贷款是指执行国家政策性贷款业务的银行向企业发放的贷款，通常为长期贷款。如国家开发银行贷款，主要满足企业承建国家重点建设项目的资金需要；中国进出口信贷银行贷款,主要为大型设备的进出口提供买方信贷或卖方信贷;中国农业发展银行贷款,主要用于确保国家对粮、棉、油等政策性收购资金的供应。

商业银行贷款是指由各商业银行,如中国工商银行、中国建设银行、中国农业银行、中国银行等,向工商企业提供的贷款,用于满足企业生产经营的资金需要,包括短期贷款和长期贷款。

其他金融机构贷款,如从信托投资公司取得的实物或货币形式的信托投资贷款、从财务公司取得的各种中长期贷款、从保险公司取得的贷款等。其他金融机构的贷款一般较商业银行贷款的期限要长,要求的利率较高,对借款企业的信用要求和担保的选择比较严格。

2. 按机构对贷款有无担保要求,分为信用贷款和担保贷款

信用贷款是指以借款人的信誉或保证人的信用为依据而获得的贷款。企业取得这种贷款,无需以财产作抵押。对于这种贷款,由于风险较高,银行通常要收取较高的利息,往往还附加一定的限制条件。

担保贷款是指由借款人或第三方依法提供担保而获得的贷款。担保包括保证责任、财产抵押、财产质押。由此,担保贷款包括保证贷款、抵押贷款和质押贷款。

(1) 保证贷款是指按《中华人民共和国担保法》(以下简称《担保法》)规定的保证方式,以第三人作为保证人,承诺在借款人不能偿还借款时,按约定承担一定保证责任或连带责任而取得的贷款。

(2) 抵押贷款是指按《担保法》规定的抵押方式,以借款人或第三人的财产作为抵押物而取得的贷款。抵押是指债务人或第三人不转移财产的占有权,将该财产作为债权的担保,债务人不履行债务时,债权人有权将该财产折价出售或者以拍卖、变卖的价款优先受偿。作为贷款担保的抵押品,可以是不动产、机器设备、交通运输工具等实物资产,也可以是依法有权处分的土地使用权,还可以是股票、债券等有价证券等,它们必须是能够变现的资产。如果贷款到期,借款企业不能或不愿偿还贷款,银行可取消企业对抵押品的赎回权。抵押贷款有利于降低银行贷款的风险,提高贷款的安全性。

(3) 质押贷款是指按《担保法》规定的质押方式,以借款人或第三人的动产或财产权利作为质押物而取得的贷款。质押是指债务人或第三人将其动产或财产权利移交给债权人占有,将该动产或财务权利作为债权的担保,债务人不履行债务时,债权人有权以该动产或财产权利折价出售者或者以拍卖、变卖的价款优先受偿。作为贷款担保的质押品,可以是汇票、支票、债券、存款单、提单等信用凭证,也可以是依法可以转让的股份、股票等有价证券,还可以是依法可以转让的商标专用权、专利权、著作权中的财产权等。

3. 按企业取得贷款的用途,分为基本建设贷款、专项贷款和流动资金贷款

基本建设贷款是指企业因从事新建、改建、扩建等基本建设项目需要资金而向银行申请借入的款项。

专项贷款是指企业因为专门用途而向银行申请借入的款项,包括更新改造贷款、大修理贷款、研发和新产品研制贷款、小型技术措施贷款、出口专项贷款、引进技术转让费周转金贷款、进口设备外汇贷款、进口设备人民币贷款及国内配套设备贷款等。

流动资金贷款是指企业为满足流动资金的需求而向银行申请借入的款项,包括流动基金借款、生产周转借款、临时借款、结算借款和卖方信贷。

(二)银行借款的程序

(1) 提出申请。企业根据筹资需求向银行提交书面申请,按银行要求的条件和内容填报借款申请书。

(2) 银行审批。银行按照有关政策和贷款条件,对借款企业进行信用审查,依据审批权限,核准公司申请的借款金额和用款计划。银行审查的主要内容包括：公司的财务状况；信用情况；盈利的稳定性；发展前景；借款投资项目的可行性；抵押品和担保情况。

（3）签订合同。借款申请获批准后，银行与企业进一步协商贷款的具体条件，签订正式的借款合同，规定贷款的数额、利率、期限和一些约束性条款。

（4）取得借款。借款合同签订后，企业在核定的贷款指标范围内，根据用款计划和实际需要，一次或分次将贷款转入公司的存款结算账户，以便使用。

（三）长期借款的保护性条款

长期借款的金额高、期限长、风险大，因此，除借款合同的基本条款外，债权人通常还在借款合同中附加各种保护性条款，以确保企业按要求使用借款和按时足额偿还借款。保护性条款一般有以下三类。

1. 例行性保护条款

这类条款作为例行常规，在大多数借款合同中会出现。它主要包括：①要求定期向提供贷款的金融机构提交财务报表，以使债权人随时掌握公司的财务状况和经营成果；②不准在正常情况下出售较多的非产成品存货，以保持企业正常生产经营的能力；③如期清偿应缴纳税金和其他到期债务，以防被罚款而造成不必要的现金流失；④不准以资产作其他承诺的担保或抵押；⑤不准贴现应收票据或出售应收账款，以避免或有负债等。

2. 一般性保护条款

一般性保护条款是对企业资产的流动性及偿债能力等方面的要求条款，这类条款应用于大多数借款合同。它主要包括：①保持企业的资产流动性。这要求企业需持有一定最低限度的货币资金及其他流动资产，以保持企业资产的流动性和偿债能力，一般规定了企业必须保持的最低营运资金数额和最低流动比率数值。②限制企业非经营性支出。如限制支付现金股利、购入股票和职工加薪的数额规模，以减少企业资金的过度外流。③限制企业资本支出的规模。即通过控制企业资产结构中的长期性资产的比例，以减少公司日后不得不变卖固定资产以偿还贷款的可能性。④限制公司再举债规模。其目的是防止其他债权人取得对公司资产的优先索偿权。⑤限制公司的长期投资。如规定公司不准投资于短期内不能收回资金的项目，不能未经银行等债权人同意而与其他公司合并等。

3. 特殊性保护条款

这类条款是针对某些特殊情况而出现在部分借款合同中的条款，只有在特殊情况下才能生效。它主要包括：要求公司的主要领导人购买人身保险；借款的用途不得改变；违约惩罚条款等。

上述各项条款结合使用，将有利于全面保护银行等债权人的权益。但借款合同是经双方充分协商后决定的，其最终结果取决于双方谈判能力的大小，而不是完全取决于银行等债权人的主观愿望。

（四）向银行借款的信用条件

按照国际惯例，银行在发放贷款时往往要附加一些信用条件。这些信用条件主要包括以下几个方面：

（1）信贷额度（贷款限额）。它是指借款人与银行签订协议，规定借入款项的最高限额。如借款人超过限额继续借款，银行将停止办理。此外，如果企业信誉恶化，银行也有权停止借款。对信贷额度，银行不承担法律责任，没有强制义务。

（2）周转信贷协定。它是指银行具有法律义务的、承诺提供不超过某一最高限额的贷款协定。在协定的有效期内，银行必须满足企业在任何时候提出的借款要求。企业享用周转信贷协定，必须对贷款限额的未使用部分向银行付一笔承诺费。银行对周转信贷协议负有法律义务。

　　某企业与银行协定的信贷限额是 2 000 万元,承诺费率为 0.5%,借款企业年度内使用了 1 400 万元,余额为 600 万元,那么,企业应向银行支付的承诺费是多少万元?

　　分析:

$$企业应向银行支付的承诺费 = 600 \times 0.5\% = 3(万元)$$

　　(3) 补偿性余额。它指银行要求借款人在银行中保留借款限额或实际借用额的一定百分比而计算得出的最低存款余额。企业在使用资金的过程中,通过资金在存款账户的进出,始终保持一定的补偿性余额在银行存款账户上。这实际上增加了借款企业的利息,提高了借款的实际利率,加重了企业的财务负担。存在补偿性余额条件下的实际利率计算公式如下:

$$实际利率 = \frac{名义借款金额 \times 名义利率}{名义借款金额 \times (1 - 补偿性余额比例)} \times 100\%$$
$$= \frac{名义利率}{1 - 补偿性余额比例} \times 100\%$$

　　某企业按利率 8% 向银行借款 100 万元,银行要求保留 20% 的补偿性余额。那么企业可以动用的借款只有 80 万元,问该项借款的实际利率为多少?

　　分析:　$实际利率 = \dfrac{名义利率}{1 - 补偿性余额比例} \times 100\% = \dfrac{8\%}{1 - 20\%} \times 100\% = 10\%$

　　或:　$实际利率 = \dfrac{利息}{实际可使用借款额} = \dfrac{100 \times 8\%}{80} = 10\%$

　　(4) 借款抵押。它是指除信用借款以外,银行向财务风险大、信誉不好的企业发放贷款,往往需要抵押贷款,即企业以抵押品作为贷款的担保,以减少自己蒙受损失的风险。借款的抵押品通常是借款企业的应收账款、存货、股票、债券及房屋等。银行接受抵押品后,将根据抵押品的账面价值决定贷款金额,一般为抵押品的账面价值的 30%～50%。企业接受抵押贷款后,其抵押财产的使用及将来的借款能力会受到限制。

　　(5) 偿还条件。无论何种贷款,一般都会规定还款的期限。根据我国金融制度的规定,贷款到期后仍无力偿还的,视为逾期贷款,银行要照章加收逾期罚息。贷款的偿还有到期一次还清和在贷款期内定期等额偿还两种方式,企业一般不希望采取后一种方式,因为这样会提高贷款的实际利率。

　　(6) 临时资金需求。以实际交易为贷款条件,当企业发生经营性临时资金需求时,企业可以向银行贷款以求解决,银行根据企业的实际交易为贷款基础、单独立项、单独审批,确定贷款的相应条件和信用保证。对这种一次性借款,银行要对借款人的信用状况、经营情况进行个别评价后,才能确定贷款的利率、期限和数量。

　　除上述所说的信用条件外,银行有时还要求企业为取得借款而作出其他承诺,如及时提供财务报表、保持适当资产流动性等。如企业违背作出的承诺,银行可要求企业立即偿还全部贷款。

　　(五) 借款利息的支付方式

　　(1) 利随本清法又称收款法,是指借款企业在借款到期时一次性向银行支付利息的方法。这种方法下,企业负担的实际利率等于银行要求的名义利率。

(2) 贴现法又称折价法，是指银行向企业发放贷款时，先从本金中扣除利息部分，在贷款到期时，贷款企业再偿还全部本金的一种计息方法。采用这种方法，企业实际得到的贷款低于贷款面值，即贷款本金减贷款利息的差额。因此，其实际利率高于名义利率。

$$\text{贴现贷款的实际利率} = \frac{\text{利息}}{\text{贷款金额} - \text{利息}} \times 100\%$$

$$= \frac{\text{名义利率}}{1 - \text{名义利率}} \times 100\%$$

做中学 3-6

　　某企业从银行取得借款200万元，期限1年，名义利率10%，利息20万元。按照贴现法支付利息，企业实际可动用的贷款为180万元（200－20），该项贷款的实际利率为多少？

分析： $\text{贴现贷款的实际利率} = \dfrac{\text{利息}}{\text{贷款金额} - \text{利息}} = \dfrac{20}{200 - 20} = 11.11\%$

或： $\text{贴现贷款的实际利率} = \dfrac{\text{名义利率}}{1 - \text{名义利率}} = \dfrac{10\%}{1 - 10\%} = 11.11\%$

（3）加息法是指银行发放分期等额偿还贷款时采用的利息收取方法。在分期等额偿还贷款的情况下，银行要将根据名义利率计算的利息加到贷款本金上，计算出贷款的本息和，要求企业在贷款期内分期偿还本息之和的金额。由于贷款分期均衡偿还，借款企业实际上只平均使用了贷款本金的半数，却支付全额利息。这样，实际利率便高于名义利率大约1倍。

$$\text{实际利率} = \text{名义利率} \times 2$$

做中学 3-7

　　某企业借入（名义）年利率为12%的贷款20 000元，分12个月等额偿还本息。该项借款的实际利率为多少？

分析： $\text{实际利率} = \dfrac{20\ 000 \times 12\%}{\dfrac{20\ 000}{2}} \times 100\% = 12\% \times 2 = 24\%$

（六）银行借款筹资的优缺点

1. 银行借款筹资的优点

（1）筹资速度快。企业发行各种证券筹集长期资金所需的时间一般较长，如从印刷证券、申请批准到发行都需要一定时间，而银行借款与发行证券相比，所需时间短、程序简单、无需中介，所以筹资速度较快。

（2）筹资成本低。企业利用银行借款所支付的利息要比发行债券所支付的利息低，也无须支付大量发行费用。

（3）筹资弹性大。企业向银行借款可通过直接商谈来确定借款的时间、数量和利息。在借款期内，如企业情况发生变化，只要经双方同意就可修改借款合同内容。

2. 银行借款筹资的缺点

（1）财务风险高。企业向银行举债，必须定期还本付息。当经营不利时，可能产生不能偿付的风险，使企业陷入财务困境。

（2）限制条件多。长期借款具有较强的政策性和计划性，容易受国家经济政策变动的影响。

另外，银行借款通常有许多附加限制条件，从而影响企业的投资和筹资活动。

（3）筹资数量有限。银行借款不可能像发行股票、债券那样一次性筹集大量资金，利用银行借款筹资都有一定的上限。

二、商业信用

商业信用是指在商品交易中由于延期付款或预收货款所形成的企业间的借贷关系。商业信用产生于商品交换之中，是所谓的"自发性筹资"。它运用广泛，在短期负债筹资中占有相当大的比重。商业信用的具体形式有应付账款、应付票据、预收账款等。

（一）商业信用的形式

1. 应付账款

应付账款是企业购买货物暂未付款而欠对方的账项，即卖方允许买方在购货后一定时期内支付货款的一种形式。卖方利用这种方式促销，而对买方来说延期付款则等于向卖方借用资金购进商品，可以满足短期的资金需要。

与应收账款相对应，应付账款也有付款期、折扣等信用条件。应付账款可以分为：免费信用，即买方企业在规定的折扣期内享受折扣而获得的信用；有代价信用，即买方企业放弃折扣、付出代价而获得的信用；展期信用，即买方企业超过规定的信用期推迟付款而强制获得的信用。

1）应付账款的成本

倘若买方企业购买货物后在卖方规定的折扣期内付款，便可以享受免费信用，这种情况下企业没有因为享受信用而付出代价。

做中学 3-8

某企业按"2/10，n/30"的条件购入货物 100 万元。如果该企业在 10 天内付款，便享受 10 天的免费信用期，并获得折扣 2 万元，免费信用额 98 万元。

分析：倘若买方企业放弃折扣，在 10 天后（不超过 30 天）付款，该企业便要承受因放弃折扣而造成的隐含利息成本。一般而言，放弃现金折扣的成本可由下式求得：

$$放弃现金折扣的成本 = \frac{折扣百分比}{1-折扣百分比} \times \frac{360}{信用期-折扣期}$$

注意：一般情况下，企业放弃现金折扣会选择在信用期最后一天付款，此时，付款期等于信用期。

运用上式，则该企业放弃现金折扣所负担的成本为：

$$\frac{2\%}{1-2\%} \times \frac{360}{30-10} = 36.7\%$$

公式表明，放弃现金折扣的成本与折扣百分比的大小、折扣期的长短同方向变化，与信用期的长短反方向变化。可见，如果买方企业放弃折扣而获得信用，其代价是较高的。然而，企业在放弃折扣的情况下，推迟付款的时间越长，其成本便会越低。如果企业延至 50 天付款，其成本则为：

$$\frac{2\%}{1-2\%} \times \frac{360}{50-10} = 18.4\%$$

2）利用现金折扣的决策

在附有信用条件的情况下，因为获得不同信用要负担不同的代价，买方企业便要在利用哪种信用之间作出决策。

（1）如果能以低于放弃折扣的隐含利息成本（实质是一种机会成本）的利率借入资金，便应在现金折扣期内用借入的资金支付货款，享受现金折扣。比如，与［做中学 3-8］同期的银行短期借款年利率为 12％，则买方企业应利用更便宜的银行借款在折扣期内偿还应付账款；反之，企业应放弃折扣。

（2）如果在折扣期内将应付账款用于短期投资，所得的投资收益高于放弃折扣的隐含利息成本，则应放弃折扣而去追求更高的收益。当然，假使企业放弃折扣优惠，也应将付款日推迟至信用期内的最后 1 天（如［做中学 3-6］的第 30 天），以降低放弃折扣的成本。

（3）如果企业因缺乏资金而欲展延付款期（如［做中学 3-8］中将付款日推迟到第 50 天），则需在降低了的放弃折扣成本与展延付款带来的损失之间作出选择。展延付款带来的损失主要是指因企业信誉恶化而丧失供应商乃至其他贷款人的信用，或日后招致苛刻的信用条件。

（4）如果面对两家以上提供不同信用条件的卖方，应通过衡量放弃折扣成本的大小，选择信用成本最小（或所获利益最大）的一家。比如，［做中学 3-8］中另有一家供应商提出"1/20，n/30"的信用条件，其放弃折扣的成本如下：

$$\frac{1\%}{1-1\%} \times \frac{360}{30-20} = 36.4\%$$

与［做中学 3-8］中的"2/10，n/30"信用条件的情况相比，后者的成本较低。

2. 应付票据

应付票据是企业进行延期付款商品交易时开具的反映债权债务关系的票据。根据承兑人的不同，应付票据分为商业承兑汇票和银行承兑汇票两种，支付期最长不超过 6 个月。应付票据可以带息，也可以不带息。应付票据的利率一般比银行的借款利率低，且不用保持相应的补偿余额和支付协议费，所以应付票据的筹资成本低于银行借款成本。但是应付票据到期必须归还，如若延期便要交付罚金，因而风险较大。

3. 预收账款

预收账款是卖方企业在交付货物之前向买方预先收取部分或全部货款的信用形式。对卖方来讲，预收账款相当于向买方借用资金后用货物抵偿。预收账款一般用于生产周期长、资金需要量大的货物销售。

此外，企业往往还存在一些在非商品交易中产生，但亦为自发性筹资的应付费用，如应付职工薪酬、应交税费、其他应付款等。应付费用使企业受益在前、费用支付在后，相当于享用了收款方的借款，在一定程度上缓解了企业的资金需求。应付费用的期限具有强制性，不能由企业自由斟酌使用，但通常不需要花费代价。

（二）商业信用筹资的优缺点

1. 商业信用筹资的优点

（1）筹资简单。利用商业信用筹措资金非常简单。因为商业信用与商品买卖同时进行，属于一种自然性融资，可以随着购销行为的产生而获得这项资金，不需作非常正规的安排。

（2）筹资成本低。如果没有现金折扣或企业不放弃现金折扣，则利用商业信用筹资没有实际成本。

（3）限制条件少。商业信用比其他筹资方式的条件宽松，无需担保和抵押。

（4）灵活性强。商业信用融资具有较大的伸缩性，能够随着购买和销售规模变化而自动扩张或缩小。

2. 商业信用筹资的缺点

（1）商业信用期限一般较短，如果企业使用现金折扣，则时间更短；如果放弃现金折扣，则会产生较高的机会成本。

（2）有一定的风险。付款方如果到期不支付货款、长时间拖欠货款,势必影响公司的信誉;收款方如果较长时间不能收回货款,必然影响公司的资金周转,造成公司生产经营的困难。

三、发行债券

债券是债务人依照法律程序发行,承诺按约定的利率和日期支付利息,并在特定日期偿还本金的书面债务凭证。债券的发行人是债务人,投资于债券的人是债权人。债券的特点:一是通过券面载明的财产内容表明财产权;二是权利和义务的变更和债券的转让同时发生。

（一）债券与股票的区别

债券是由企业或公司发行的有价证券,是企业或公司为筹措资金而公开负担的一种债务契约,表示公司借款后,有义务偿还其所借金额的一种期票,即发行债券的企业以债券为书面承诺,答应在未来的特定日期,偿还本金并按照事先规定的利率付给利息。发行债券是企业的主要筹资方式之一。

债券与股票都属于有价证券,对发行公司来说,都是一种筹资手段;而对购买者来说,都是投资手段。但两者有很大区别,主要有以下几点:

（1）债券是债务凭证,是对债权的证明;股票是所有权凭证,是对所有权的证明。

（2）债券的收入为利息,利息的多少一般与发行公司的经营状况无关,是固定的;股票的收入是股息,股息的多少是由公司的盈利水平决定的,一般是不固定的。如果公司经营不善发生亏损或者破产,投资者就得不到任何股息,甚至连本金也保不住。

（3）债券的风险较小。债券的利息收入基本是稳定的;而股票的收益是不确定的。

（4）债券是有期限的,到期必须还本付息;股票一般不退还股本,除非公司停业。

（5）债券属于公司的债务,它在公司剩余财产分配中的顺序优先于股票。

（二）债券的基本要素

（1）债券的面值。债券面值包括两个基本内容:①币种;②票面金额。面值的币种可用本国货币,也可用外币,这取决于发行者的需要和债券的种类。债券的票面金额是债券到期时偿还债务的金额。票面金额印在债券上,固定不变,到期必须足额偿还。

（2）债券的期限。债券都有明确的到期日,债券从发行之日起,至到期日之间的时间称为债券的期限。在债券的期限内,公司必须定期支付利息,债券到期时,必须偿还本金,也可按规定分批偿还或提前一次偿还。

（3）债券的利率。债券上通常都载明年利率,在不计复利的情况下,面值与利率相乘可得出年利息。

（4）债券的价格。理论上,债券的面值就应是它的价格,事实上并非如此。由于发行者的种种考虑或资金市场上供求关系、利息率的变化,债券的市场价格常常脱离它的面值,有时高于面值,有时低于面值,但其差额并不会很大,不像普通股那样会相差甚远。也就是说,债券的面值是固定的,它的价格却是经常变化的。

（三）债券种类

1. 债券按是否记名,可分为记名债券和无记名债券

（1）记名债券。它是指在票面上注明债权人姓名或名称,并在发行企业债权人名册上登记的债券。这种债券在转让时,由债券持有人以背书等方式进行,并在企业的名册上更改债权人姓名或名称。该债券的优点是比较安全,缺点是手续复杂。

（2）无记名债券。它是指无需在债券票面上注明债权人姓名或名称,也不用在发行企业债权人名册上进行登记,还本付息以债券为凭。无记名债券在转让时,其权利随即生效,无需背书。

2. 债券按有无抵押担保,可分为信用债券、抵押债券和担保债券

(1) 信用债券。信用债券又可分为无担保债券和附属信用债券。无担保债券是指仅凭发行者信用发行的、没有抵押品作抵押或担保人作担保的债券;附属信用债券是对债券发行者的普通资产和收益有要求权的信用债券。发行信用债券限制条件多,只有信誉良好的企业才可发行这种债券。

(2) 抵押债券。它是指发行企业以特定资产作为抵押品而发行的债券。当企业无足够资金偿还债券时,债权人可将抵押品拍卖以获取资金。

(3) 担保债券。它是指由一定担保人作担保而发行的债券。当企业无足够资金偿还债券时,债权人可要求担保人偿还。担保人应符合《担保法》的规定。

3. 债券按票面利率是否变动,可分为固定利率债券和浮动利率债券

(1) 固定利率债券。它是指在发行债券时,债券利率已确定并载于债券券面的债券。

(2) 浮动利率债券。它是指利率随基本利率变动而变动的债券,发行浮动利率债券的主要目的是应对通货膨胀。

4. 其他分类

除上述三种分类外,还有一些其他形式的债券,这些债券主要有:可转换债券、零票面利率债券、收益债券等。

(四) 债券发行

1. 债券发行的条件和方式

在我国,根据《公司法》的规定,股份有限公司、国有独资公司和两个以上的国有企业或者两个以上的国有投资主体投资设立的有限责任公司,具有发行债券的资格。债券的发行方式通常分为公募发行和私募发行两种。

2. 债券发行的程序

(1) 作出决议。公司在实际发行债券之前,必须由股东会(或董事会)作出发行债券的决议。

(2) 提出申请。我国规定,公司申请发行债券应由国务院证券管理部门批准。

(3) 公告募集办法。发行公司债券的申请经批准后,公开向社会发行债券,应当向社会公告债券募集办法。

(4) 委托证券机构发售。我国有关法规规定,公司发行债券须与证券经营机构签订承销合同,由其承销。

(5) 交付债券,收缴款项,登记债券存根簿。

3. 债券的发行价格

债券的发行价格由面值、期限、票面利率和折现率决定。

债券发行价格有三种:溢价发行、折价发行和平价发行。当票面利率高于市场利率时,以溢价发行债券;当票面利率低于市场利率时,以折价发行债券;当票面利率与市场利率一致时,则以平价发行债券。

债券之所以会存在折价发行和溢价发行,是因为资金市场上利率是经常变动的,而债券票面利率一般是不动的。因此,要根据市场利率的变动,调整债券发行价格。

(1) 在按期计付利息,到期一次还本,且不考虑发行费用的前提下,债券发行价格的计算公式如下:

$$债券发行价格 = \sum_{t=1}^{n} \frac{债券面值 \times 票面利率}{(1+市场利率)^t} + \frac{债券面值}{(1+市场利率)^n}$$

或:

$$债券发行价格 = R \times r(P/A, i, n) + R \times (P/F, i, n)$$

债券发行价格 = 利息年金现值 + 面值复利现值

　　　　　 = 年债券利息 × 年金现值系数 + 债券面值 × 复利现值系数

年债券利息 = 债券面值 × 票面利率

公式中：R 表示债券面值；n 表示债券期限；t 表示付息期限；i 表示市场利率；r 表示票面利率。

做中学 3-9

企业发行面值为 2 000 元、票面利率为 5%、期限为 3 年的企业债券。在企业决定发行债券时，认为 5% 的利率是合理的，如果到债券正式发行时，市场利率发生变化，那么就要调整债券发行价格。现分三种情况进行说明。

分析：

（1）当市场利率为 5% 时：

$$债券发行价格 = 100 \times (P/A, 5\%, 3) + 2\,000 \times (P/F, 5\%, 3)$$
$$= 100 \times 2.723\,2 + 2\,000 \times 0.863\,8 = 1\,999.92（元）$$

（2）当市场利率为 6% 时：

$$债券发行价格 = 100 \times (P/A, 6\%, 3) + 2\,000 \times (P/F, 6\%, 3)$$
$$= 100 \times 2.673\,0 + 2\,000 \times 0.839\,6 = 1\,946.50（元）$$

（3）当市场利率为 4% 时：

$$债券发行价格 = 100 \times (P/A, 4\%, 3) + 2\,000 \times (P/F, 4\%, 3)$$
$$= 100 \times 2.775\,1 + 2\,000 \times 0.889\,0 = 2\,055.51（元）$$

从上述计算可知：当市场利率等于票面利率，发行价等于面值，为等价发行；当市场利率大于票面利率，发行价小于面值，为折价发行；当市场利率小于票面利率，发行价大于面值，为溢价发行。

由此可见，债券发行价格归根到底是由市场利率决定的。

（2）如果企业发行不计复利、到期一次还本付息的债券，则其发行价格的计算公式如下：

$$债券发行价格 = M \times (1 + i \times n) \times (P/F, i, n)$$

做中学 3-10

华西公司发行面值为 1 000 元，票面年利率为 6%（不计复利），期限为 10 年，到期一次还本付息的债券。已知目前市场利率为 5%，则其发行价格为多少元？

分析：

$$债券发行价格 = 1\,000 \times (1 + 6\% \times 10) \times (P/F, 5\%, 10)$$
$$= 1\,000 \times (1 + 6\% \times 10) \times 0.613\,9 = 982.24（元）$$

（五）债券的偿还

公司债券偿还时间按其实际发生与规定的到期日之间的关系，分为提前偿还与到期偿还两类，其中后者又包括分批偿还和一次偿还两种。

1. 提前偿还

提前偿还又称提前赎回或收回，是指在债券尚未到期之前就予以偿还。只有在公司发行债券的契约中明确规定了有关允许提前偿还的条款，公司才可以进行此项操作。提前偿还所支付的价格通常要高于债券的面值，并随到期日的临近而逐渐下降。具有提前偿还条款的债券可使公司筹资有较大的弹性。<u>当公司资金有结余时，可提前赎回债券；当预测利率下降时，也可提前赎回债券</u>，而后以较低的利率来发行新债券。

2. 分批偿还

如果一个公司在发行同一种债券时就为不同编号或不同发行对象的债券规定了不同的到期日，这种债券就是分批偿还债券。因为各批债券的到期日不同，所以它们各自的发行价格和票面利率也可能不相同，从而导致发行费较高；但由于这种债券便于投资人挑选最合适的到期日，因而便于发行。

3. 一次偿还

一次偿还的债券是最为常见的，是指在债券到期日将应付债券的全部本金一次性地归还给债权人。

(六) 债券筹资的优缺点

1. 债券筹资的优点

(1) 资本成本低。由于债券发行费用较低，且债券利息通常低于优先股和普通股的股利，债券利息又在税前支付，因此，其成本较低。

(2) 具有财务杠杆作用。由于债券利息是固定的，如果企业能将债务资金运用得当，使企业投资报酬率高于债券资本成本，则多发行债券就能为股东带来更大的利益。

(3) 保证股东控制权。债券持有人只有到期收回本金和利息的权利，而无权参与企业经营管理，因而发行债券有利于维护股东对企业的控制权。

2. 债券筹资的缺点

(1) 筹资风险高。企业需按期还本付息，这是企业利用债券筹资必须承担的义务。一旦企业在需要还本付息时经营状况不好，固定还本付息义务会使企业陷入财务危机，若资不抵债，企业将面临破产。

(2) 限制条件多。发行债券契约书中往往有一些限制性条款，这种限制比优先股及短期债务严格得多，可能会影响企业正常发展和以后的筹资能力。

(3) 筹资数量有限。当企业负债比率超过了一定程度后，债券筹资成本会迅速上升，甚至导致债券难以发行，因此，对债券筹资数量会有一定限制。

(4) 可能产生财务杠杆反作用。当债券资本成本高于企业投资报酬率时，就会产生财务杠杆反作用；此时，债券发行得越多，股东的收益也就越少。

四、融资租赁

租赁是指通过签订资产出让合同的方式，使用资产的一方（承租方）通过支付租金，向出让资产的一方（出租方）取得资产使用权的一种交易行为。在这项交易中，承租方通过得到所需资产的使用权，完成了筹集资金的行为。

(一) 租赁的特征与分类

1. 租赁的特征

(1) 所有权与使用权相分离。租赁资产的所有权与使用权分离是租赁的主要特点之一。银行信用虽然也是所有权与使用权相分离，但其载体是货币资金，租赁则是在资金与实物相结合的载体上的分离。

(2) 融资与融物相结合。租赁是以商品形态与货币形态相结合提供的信用活动，出租方在向企业出租资产的同时，解决了企业资金需求，具有信用和贸易的双重性质。它不同于一般的借钱还钱、借物还物的信用形式，而是借物还钱，并以分期支付租金方式来体现。租赁这一特点将银行信贷和财产信贷融合在一起，成为企业融资的一种新形式。

（3）租金的分期回流。在租金偿还方式上，租金与银行信用到期还本付息不一样，采取了分期回流的方式。出租方资金一次投入，分期收回。对承租方而言，通过租赁可以提前获得资产使用价值，分期支付租金便于分期规划未来现金流出量。

2. 租赁的分类

租赁分为融资租赁和经营租赁。

1）融资租赁

融资租赁是指由出租方按照承租方要求出资购买设备，在较长的合同期内提供给承租方使用的融资信用业务，它是以融通资金为主要目的的租赁。融资租赁的主要特点有：

（1）租赁设备由承租方提出要求购买，或者由承租方直接从制造商或销售商处选定。

（2）租赁期较长，接近于资产有效使用期，在租赁期间双方无权取消合同。

（3）由承租方负责设备的维修和保养。

（4）租赁期满，按事先约定方法处理设备，包括退还出租方，或继续租赁，或承租方留购。通常采用承租方留购办法，即以很少的"名义价格"（相当于设备残值）买下该设备。

2）经营租赁

经营租赁是指由出租方向承租方在短期内提供设备，并提供维修、保养、人员培训等的一种服务性业务，又称服务性租赁。经营租赁的主要特点有：

（1）出租设备一般由租赁企业先根据市场需要选定，再寻找承租方。

（2）租赁期较短，短于资产有效使用期，在合理的限制条件内承租方可以中途解约。

（3）租赁设备的维修和保养由出租方负责。

（4）租赁期满或合同中止以后，出租资产由出租方收回。

经营租赁比较适用于租用技术更新较快的生产设备。融资租赁与经营租赁的区别如表3-5所示。

表 3-5　　　　　　　　　　　　　融资租赁与经营租赁的区别

对比项目	融资租赁	经营租赁
业务原理	融资融物于一体	无融资租赁特征，只是一种融物方式
租赁目的	融通资金，添置设备	暂时性使用，预防无形损耗的风险
租期	较长，接近资产有效使用期	较短
租金	包括设备价款	仅仅是设备使用费
契约法律效力	不可撤销合同	经双方同意可中途撤销合同
租赁标的	一般为专用设备，也可为通用设备	通用设备居多
维修和保养	专用设备多为承租方负责，通用设备多为出租方负责	全部为出租方负责
承租人	一般为一个	设备经济寿命期内轮流租给多个承租方
灵活方便	不明显	明显

（二）融资租赁的基本程序与形式

1. 融资租赁的基本程序

（1）选择租赁企业，提出委托申请。①当企业决定采用融资租赁方式以获取某项固定资产时，需要了解各个租赁企业的资信情况、融资条件、租赁费率等，分析比较选定一家作为出租单位;②向租赁企业申请办理融资租赁。

(2) 签订购货协议。由承租企业和租赁企业中一方或双方,与选定固定资产供应商进行购买相关技术和商务谈判,在此基础上与供应商签订购货协议。

(3) 签订租赁合同。承租企业与租赁企业签订租赁合同,如需要进口设备,还应办理设备进口手续。租赁合同是租赁业务的重要文件,具有法律效力。融资租赁合同内容可分为一般条款和特殊条款两部分。

(4) 交货验收。设备供应厂商将设备发运到指定地点,承租企业要办理验收手续。验收合格后签发交货及验收证书交给租赁企业,作为其支付货款的依据。

(5) 定期交付租金。承租企业按租赁合同规定,分期交付租金,其实质是承租企业对所筹资金分期还款。

(6) 合同期满处理设备。承租企业依据合同约定,对设备续租、退租或留购。

2. 融资租赁的基本形式

(1) 直接租赁。直接租赁是融资租赁的主要形式,承租方提出租赁申请时,出租方先按照承租方的要求选购,再出租给承租方。

(2) 售后回租。售后回租是指承租方由于急需资金等各种原因,先将其资产出售给出租方,再以租赁形式从出租方原封不动地租回资产使用权。在这种租赁合同中,除资产所有者名义改变外,其余情况均无变化。

(3) 杠杆租赁。杠杆租赁是指涉及承租方、出租方和资金出借方三方的融资租赁业务。一般来说,当所涉及资产价值昂贵时,出租方只投入部分资金,通常为资产价值的 20%～40%,其余资金则通过将该资产进行抵押担保的方式,向第三方(通常为银行)申请贷款解决。出租方再将购进设备出租给承租方,用收取的租金偿还贷款,该资产所有权属于出租方。出租方既是债权人也是债务人,如果出租方到期不能按期偿还借款,资产所有权则转移给资金出借方。

(三) 融资租赁租金的计算

1. 融资租赁租金的构成

融资租赁每期租金多少,取决于以下三个因素:

(1) 设备原价及预计残值,包括设备买价、运输费、安装调试费、保险费等,以及该设备租赁期满后,出售可得的市价。

(2) 利息是指出租方为承租方购置设备垫付资金所应支付的利息。

(3) 租赁手续费是指租赁方承办租赁设备所发生的业务费用和必要利润。

2. 租金支付方式

租金支付方式有以下三种分类方式:

(1) 按支付间隔期长短,分为年付、半年付、季付和月付等方式。

(2) 按支付时间是在期初还是在期末,分为先付和后付等方式。

(3) 按每次支付金额,分为等额支付和不等额支付等方式。

实务中,承租方与出租方商定租金支付方式,大多为后付等额年金支付方式。

3. 融资租赁租金的计算方法

我国融资租赁实务中,融资租赁租金的计算方法较多,常用的有平均分摊法和等额年金法。租金的计算大多采用等额年金法。

1) 平均分摊法

平均分摊法也称直线法,是按照事先确定的利率和手续费率计算出租赁期间的利息和手续费总额,然后连同设备成本按支付次数进行平均。这种方法不考虑资金的时间价值因素,计算较为简单。

做中学 3-11

某企业于 2019 年 1 月 1 日向租赁公司租入一套设备,价值 100 万元,租期为 6 年,预计残值 10 万元(归出租方所有),租期年利率为 10%,租赁手续费率为设备价值的 3%。租金每年年末支付一次。采用平均分摊法计算该企业每年应支付的租金。

分析:

租赁期内利息 = $100 \times (1 + 10\%) \times 6 - 100 = 100 \times (F/P, 10\%, 6) - 100 = 77.2$(万元)

租赁期内手续费 = $100 \times 3\% = 3$(万元)

每期租金 = $(100 - 10 + 77.2 + 3) \div 6 = 28.4$(万元)

2) 等额年金法

等额年金法是将利率和手续费率综合成贴现率,运用年金现值计算确定每年应付租金的方法。用这种方法计算出来的每期租金包含租赁手续费在内。等额年金法又分为两种情况:一种是每期期初支付租金,即采用先付年金(即付年金)方式;另一种是每期期末支付租金,即采用后付年金(普通年金)方式。一般情况下,承租公司与租赁公司商定的租金支付方式为后付年金方式。

等额年金法是运用年金现值的计算原理计算每次应付租金的方法,通常要根据利率和租赁手续费率确定一个租费率,作为折现率。

(1) 按照资本回收额的计算公式,得出后付租金方式下每年年末支付租金数额的计算公式如下:

$$A = \frac{P}{(P/A, i, n)}$$

(2) 根据即付年金现值的公式,得出后付等额租金的计算公式如下:

$$A = \frac{P}{[(P/A, i, n-1) + 1]}$$

做中学 3-12

某企业于 2019 年 1 月 1 日向租赁公司租入一套设备,价值 100 万元,租期为 6 年,租赁的综合费率为 13%,且不考虑残值,采用等额年金法计算该企业每年应支付的租金。

分析:

若每年年末支付租金,则:

$$(P/A, 13\%, 6) = 3.9975$$

$$每年年末支付租金 = \frac{100}{(P/A, 13\%, 6)} \approx 25(万元)$$

若每年年初支付租金,则:

$$(P/A, 13\%, 5) = 3.5172$$

$$每年年初支付租金 = \frac{100}{[(P/A, 13\%, 5) + 1]} \approx 22.1(万元)$$

从上述两种计算方法来看,平均分摊法没有考虑资金的时间价值因素,因此,它每年支付的租金要比等额年金法多。企业在选择租金计算方法时,应采用等额年金法,这样对承租人有利。从等额年金法的先付和后付两种方式看,名义支付的租金额有出入(先付租金小于后付租金),但实质上并没有差别。

(四) 融资租赁筹资的优缺点

(1) 融资租赁筹资的优点:①筹资速度快;②筹资限制条件少;③设备淘汰风险小;④财务风险小;⑤税收负担轻;⑥租赁可提供一种新的资金来源。

（2）融资租赁筹资的缺点。融资租赁筹资最主要的缺点：①资本成本较高。一般来说，在融资租赁方式下，其租金比向银行借款或发行债券负担的利息要高。在财务困难时，承租企业支付固定租金也会成为一项沉重负担。②承租企业如果不能享有设备残值，也会成为一种损失。③在相当长的租赁期内不能对设备进行改良也会给承租企业经营带来不利影响。

五、债务筹资的优缺点

（一）债务筹资的优点

（1）筹资速度较快。与股权筹资相比，债务筹资不需要经过复杂的审批手续和证券发行程序，如银行借款、融资租赁等，可以迅速地获得资金。

（2）筹资弹性大。发行股票等股权筹资，一方面，需要经过严格的政府审批；另一方面，从企业的角度出发，由于股权不能退还，股权资本在未来永久性地给企业带来了资本成本的负担。利用债务筹资，可以根据企业的经营情况和财务状况，灵活商定债务条件，控制筹资数量，安排取得资金的时间。

（3）资本成本负担较轻。一般来说，债务筹资的资本成本要低于股权筹资。其一是取得资金的手续费用等筹资费用较低；其二是利息、租金等用资费用比股权资本要低；其三是利息等资本成本可以在税前支付。

（4）可以利用财务杠杆。债务筹资不改变公司的控制权，因而股东不会出于控制权稀释的原因反对负债。债权人从企业那里只能获得固定的利息或租金，不能参加公司剩余收益的分配。当企业的资本报酬率高于债务利率时，会增加普通股股东的每股收益，提高净资产报酬率，提升企业价值。

（5）稳定公司的控制权。债权人无权参加企业的经营管理，利用债务筹资不会改变和分散股东对公司的控制权。

（二）债务筹资的缺点

（1）不能形成企业稳定的资本基础。债务资本有固定的到期日，到期需要偿还，只能作为企业的补充性资本来源。同时，债务往往需要进行信用评级，没有信用基础的企业和新创企业，往往难以取得足够的债务资本。现有债务资本在企业的资本结构中达到一定比例后，往往由于财务风险升高而不容易再取得新的债务资金。

（2）财务风险较大。债务资本有固定的到期日，有固定的利息负担，通过抵押、质押等担保方式取得的债务，资本使用上可能会有特别的限制。这些都要求企业必须有一定的偿债能力，要保持资产流动性及其资产报酬水平，作为债务清偿的保障，对企业的财务状况提出了更高的要求，否则会给企业带来财务危机，甚至导致企业破产。

（3）筹资数额有限。债务筹资的数额往往受到贷款机构资本实力的制约，不可能像发行股票那样一次筹集到大笔资本，无法满足公司大规模筹资的需要。

任务四　股权筹资方式

股权筹资方式主要有吸收直接投资、发行股票和利用留存收益。这些都是企业筹集自有资金的主要方式。

一、吸收直接投资

吸收直接投资（简称吸收投资）是指企业按照"共同投资、共同经营、共担风险、共享利润"的原则直接吸收国家、法人、个人投入资金的一种筹资方式。

（一）吸收直接投资的种类

企业采用吸收直接投资方式筹资一般可分为：吸收国家投资、吸收法人投资和吸收个人投资三类。

(1) 吸收国家投资。它是指有权代表国家投资的政府部门或者机构以国有资产投入企业的筹资方式,这种情况下投入的资本称为国有资本。吸收国家投资一般具有以下特点:①产权归属国家;②资金的运用和处置受国家约束较大;③在国有企业中采用比较广泛。

(2) 吸收法人投资。它是指法人单位将依法可以支配的资产投入企业的筹资方式,这种情况下形成的资本称为法人资本。吸收法人投资一般具有以下特点:①发生在法人单位之间;②以参与企业利润分配为目的;③出资方式灵活多样。

(3) 吸收个人投资。它是指社会个人或本企业内部职工以个人合法财产投入企业的筹资方式,这种情况下投入的资本称为个人资本。吸收个人投资一般具有以下特点:①参与投资的人员较多;②每人投资的数额相对较少;③以参与企业利润分配为目的。

(二) 吸收直接投资的出资方式

企业在采用吸收直接投资方式筹资时,投资者可以现金、实物、无形资产等作价出资。同时,吸收直接投资无论以何种方式出资,都必须满足两个条件:①能够用货币计量;②能够为企业带来经济利益。

(1) 现金投资。它是一种最重要的投资方式。该投资方式受到筹资企业的青睐。企业有了现金便可获取其他物质资源。因此,企业应尽量动员投资者采用现金方式出资。

(2) 实物投资。它是指以厂房、建筑物、设备等固定资产和原材料、商品等流动资产所进行的投资。实物出资具体作价可在遵循国家有关规定的情况下由双方协商确定或由专业评估机构进行评定。

(3) 无形资产投资。它是指以商标权、专利权、专有技术、土地使用权等无形资产所进行的投资。

(三) 吸收直接投资的程序

企业吸收其他单位投资,一般要遵循如下程序:

(1) 确定筹资数量。企业在新建和扩大经营时,应确定资金的需要量。资金的需要量应根据企业的生产经营规模和供销条件等来核定,确保筹资数量与资金需要量相适应。

(2) 寻找投资单位。企业既要广泛了解有关投资者的资信、财力和投资意向,又要通过信息交流和宣传,使出资方了解企业的经营能力、财务状况以及未来预期,以便于公司从中寻找出最合适的合作伙伴。

(3) 协商和签署投资协议。找到合适的投资伙伴后,双方进行具体协商,确定出资数额、出资方式和出资时间。企业应尽可能吸收货币投资,如果投资方确有先进且符合需要的固定资产和无形资产,也可采取非货币投资方式。对实物投资、工业产权投资、土地使用权投资等非货币资产,双方应按公平合理的原则协商定价。当出资数额、资产作价确定后,双方须签署投资协议或合同,以明确双方的权利和责任。

(4) 取得所筹集的资金。签署投资协议后,企业应按规定或计划取得资金。如果采取现金投资方式,通常还要编制拨款计划,确定拨款期限、每期数额及划拨方式,有时投资者还要规定拨款的用途,如把拨款区分为固定资产投资拨款、流动资金拨款、专项拨款等。如为实物、工业产权、非专利技术、土地使用权投资,一个重要的问题就是核实财产。财产数量是否准确,特别是价格有无高估或低估的情况,关系到投资各方的经济利益,必须认真处理,必要时可聘请专业资产评估机构来评定,然后办理产权的转移手续取得资产。

(四) 吸收直接投资的优缺点

1. 吸收直接投资的优点

(1) 吸收直接投资所筹集的资本属于企业的自有资金,与债权资本相比较,它能增强企业的信誉和借款能力,财务风险较小。

（2）吸收直接投资不仅可以筹集现金,而且能够直接获得所需的先进设备和技术,它能够尽快地形成生产经营能力。

（3）从客观上看,吸收直接投资有利于资产组合和资产结构调整,从而为企业规模调整与产业结构调整提供了客观物质基础,也为产权交易市场的形成与完善提供了条件。

2. 吸收直接投资的缺点

一般而言,采用吸收直接投资方式融资的资本成本较高,特别是企业经营状况较好和盈利较强时更是如此。采用吸收直接投资方式筹集资本,投资者一般都会要求获得与投资数量相对应的经营管理权,这是接受外来投资的代价之一。投资者会有相当大的管理权,甚至会对企业实行完全控制,这是吸收直接投资的不利因素。

二、发行股票

股票是股份公司为筹措股权资本而发行的有价证券,是持股人拥有公司股份的凭证。它代表持股人在公司中拥有的所有权,股票持有人即公司的股东。公司股东作为出资人按投入公司的资本额享有所有者的资产收益、公司重大决策和选择管理者的权利,并以其所持公司股份为限对公司承担责任。

（一）股票的种类

1. 按股东权利和义务的不同,股票可分为普通股和优先股

普通股是一种最常见、最重要、最基本的标准型股票。普通股股票是指股份制企业发行的代表着股东享有平等的权利和义务,不加特别限制,股利不固定的股票。通常情况下,股份制企业只发行普通股。

优先股股票也称特别股,是指股份制企业发行的优先于普通股股东分取经营收益和破产时剩余财产的股票。对优先股股东来说,其收益相对稳定而风险较小。

2. 按股票是否记名,可分为记名股票和无记名股票

记名股票是指在股票票面上记载股东的姓名或名称的股票。股东的姓名或名称要记入公司的股东名册。在我国,公司的国家股东、法人股东、发起人股东应采用记名股票方式,社会公众股东可以采取记名股票方式,也可采用无记名股票方式。

无记名股票是指在股票票面上不记载股东的姓名或名称的股票。股东的姓名或名称不记入公司的股东名册,公司只记载股票数量、编号及发行日期。记名股票的转让、继承需要办理过户手续,而无记名股票的转让、继承则无须办理过户手续。

3. 按股票是否标明票面金额,可分为有面额股票和无面额股票

有面额股票是指股东享有权利和义务的大小以其所拥有的全部股票的票面金额之和占公司发行在外股票总票面额的比例大小来定。我国《公司法》规定,股票应当标明票面金额。

（二）股票的特点

（1）永久性。发行股票所筹集的资本属于企业长期自有资本,没有期限,不需要归还。换言之,股东在购买股票之后,一般情况下,不能要求发行企业退还股金。

（2）流通性。股票作为一种有价证券,在资本市场上可以自由转让、买卖和流通,特别是上市公司发行的股票具有很强的变现能力,流动性很强。

（3）风险性。股东购买股票存在着一定的风险。由于股票的永久性特点,股东将成为企业风险的主要承担者。风险的表现形式有:股票价格的波动性、红利的不确定性、破产清算时股东剩余财产分配的最后顺位等。

（4）参与性。股东作为股份公司的所有者,拥有经营者选择权、重大决策权、财务监控权、获取收益权等权利,也有承担有限责任、遵守公司章程等义务。

(三)发行普通股

1. 发行普通股的动机

(1)筹集资本。股份公司成立之初通过发行股票来筹集资本金,称为始发股。股份公司成立后,会因不断扩大经营范围和规模,提高公司的竞争力而新建项目或引进先进设备,需要再次筹集资本,这种在运行中再次发行股票的行为称为增资扩股。

(2)扩大影响。发行股票尤其是股票上市,必须经过严格的筛选。因此,能够向社会公众公开发售股票的往往是有实力、有潜力的公司,这实际上是替公司作了一次免费广告,提高了企业信誉。

(3)分散风险。股份公司的发展,对资本需求量越来越大,原股权投资者往往财力有限,而且继续出资意味着风险过于集中。为了解决这些问题,股份公司可以通过发行股票的方式,既满足扩大资本规模的需求,又能吸引更多的投资者,从而把经营风险分散化。

(4)资本公积转化为资本金。公司可将资本公积的一部分通过发行股票的方式转化为股本。在证券市场上,为此目的发行的股票被称为转增股。

(5)兼并与反兼并。公司的扩展有两条途径:①依靠自己的力量不断积累壮大;②兼并其他公司,而后者对公司的扩展更为便捷。公司兼并其他企业可采用发行本公司的股票交换被兼并公司股票的方式,也可采用发行新股募集的资本购买被兼并公司的方式。

此外,发行股票还有其他目的,如向股东派发股票股利(送红股)、将公司发行的可转换证券转换为股票、为了发行更多的债券而发行股票以使公司净资产扩大等。

2. 股票发行的条件

按照国际惯例,股份公司发行股票必须具备一定的发行条件,取得发行资格,并在办理必要手续后才能发行。现对我国股票发行的条件作适当说明。

新设立的股份公司申请公开发行股票,应当符合下列条件:①生产经营符合国家产业政策;②发行普通股限于一种,同股同权;③发起人认购的股本数额不少于公司拟发行股本总额的35%;④在公司拟发行的股本总额中,发起人认购的部分不少于3 000万元人民币,但国家另有规定的除外;⑤向社会公众发行的部分不少于公司拟发行股本总额的25%,其中公司职工认购的股本数不得超过拟向社会公众发行股本总额的10%;⑥发起人在近3年内没有重大违法行为;⑦证券监管部门规定的其他条件。

股份公司增资申请发行股票,除应符合上述有关规定外,还应当符合下列条件:①前一次公开发行股票所得资金的使用与其招股说明书所述的用途相符,并且资金使用效益良好;②距前一次公开发行股票的时间不少于12个月;③前一次公开发行股票到本次申请期间没有重大违法行为;④证券监管部门规定的其他条件。

3. 股票发行的程序

1)设立发行股票的基本程序

(1)发起人认购全部股份,交付股资。在发起设立方式下,发起人交付全部股资后,应选举董事会、监事会,由董事会办理设立登记事项。在募集设立方式下,发起人购足其应认购的股份并交付股资后,其余部分向社会募集。

(2)提出募集股份申请。发起人向社会公开募集股份时,必须向国务院证券管理部门递交募股申请,并报送批准设立公司的文件、公司章程、经营估算书、发起人的姓名或名称、发起人认购的股份数、出资种类及验资证明、招股说明书、代收股款银行的名称及地址、承销机构的名称及有关协议等文件。

(3)公告招股说明书,制作认股书,签订承销协议。招股说明书应附有发起人制作的公司章程,并载有发起人认购的股份数、每股的票面价值和发行价格、记名股票的发行总数、认股人的权利和义务、本次募股的起止期限、逾期未募足时认股人可撤回所认股份的说明等事项。认股书应当载明招股说明书所列事项,由认股人填写所认股数、金额、认股人住所,并签名盖章。发起人向社会公开发行股票,应当由依法成立的证券承销机构承销,并签订承销协议,还应当同银行签订代收股款协议。

(4) 招认股份,缴纳股款。发行股票的公司或其承销机构一般用广告或书面通知的办法招募股份。认股者一旦填写了认股书,就要履行认股书中约定缴纳股款的义务。认股者应在规定的期限内向代收股款的银行缴纳股款,同时交付认股书。股款收足后,发起人应委托法定的机构验资,出具验资证明。

(5) 召开创立大会,选举董事会、监事会。发行股份的股款募足以后,发起人应在规定期限内(法定30天)主持召开创立大会。

(6) 办理公司设立登记,交割股票。经创立大会选举的董事会应在创立大会结束后30天内,办理申请公司设立的登记事项。登记成立后,即向股东交付股票。

2) 增资发行股票的基本程序

(1) 作出发行新股的决议。公司应根据生产经营情况,提出发行新股的计划。

(2) 提出发行新股的申请。公司作出发行新股的决议后,董事会必须向国务院授权的部门或省级人民政府申请批准。

(3) 公开招股说明书,制作认股书,签订承销协议。

(4) 招认股份,缴纳股款,交割股票。

(5) 召开股东大会改选董事、监事,办理变更登记并公告。

4. 股票的发行方式和推销方式

股票的发行方式按是否需要股东出资,可以分为有偿增资发行、无偿增资发行和有偿无偿并行增资发行三种。

股票推销方式按是否委托给证券承销机构代理销售,可分为自销和承销两种方式。承销方式又包括包销和代销两种形式。

自销亦称直接销售,是指发行公司直接将股票推销给认购者,而不借助银行、证券公司等专业的证券发行中介机构的一种方式。

承销是指发行公司借助专门的证券发行中介机构销售股票,而不是直接向投资者销售股票,这是发行股票所普遍采用的一种方式。其中:包销是指根据协议规定的价格,由承销者将发行公司公开发行的全部或部分股票认购下来,然后以较高的价格向社会公众推销;代销是指由股票发行者委托承销者按协议规定的条件,在约定的期限内代其向社会发售股票,发售结束时,将收入的股金与未销完的股票全部交还给发行者。在这种承销方式中,股票发行风险由发行者承担,承销者不承担任何风险,而只尽一些代理销售的责任,并收取少量的手续费。

5. 股票发行价格

股票的发行价格是股票发行时所使用的价格,也就是投资者认购股票时所支付的价格。股票发行价格通常由发行公司根据股票面额、股市行情和其他有关因素决定。以募集设立方式设立公司首次发行的股票价格,由发起人决定;公司增资发行新股的股票价格,由股东大会作出决议。

股票的发行价格可以和股票的面额一致,但多数情况下不一致。股票的发行价格一般有以下三种:平价、时价和中间价。我国《公司法》规定,股票发行价格可以等于票面金额(等价),也可以超过票面金额(溢价),但不得低于票面金额(折价)。

（四）普通股上市

股票上市是指股份公司公开发行的股票，经过申请批准后在证券交易所作为交易的对象。经批准在证券交易所上市交易的股票，称为上市股票，其股份公司称为上市公司。

1. 股票上市的意义

股份公司申请股票上市，基本目的是增强本公司股票的吸引力，形成稳定的资本来源，在更大范围内筹集大量资本。股票上市对上市公司而言，有其积极的意义：①提高公司所发行股票的流动性和变现能力，便于投资者认购、交易；②促进公司股权的社会化，防止股权过于集中；③提高公司知名度；④便于确定公司的价值，以促进公司实现企业价值最大化的目标；⑤有助于确定公司增发新股的发行价格。

股票上市对股份公司也有不利的一面，表现在：①公司将负担较高的信息披露费用；②各种信息公开的要求可能会暴露公司的商业秘密；③股价有时会扭曲公司的实际状况，损害公司声誉；④可能会分散公司的控制权，造成管理上的困难。

2. 股票上市的程序

股份公司申请股票上市交易，必须报经国务院证券管理部门核准。获得国务院证券管理部门核准后，证券交易所应当自接到该股票发行人提交的规定文件之日起 6 个月内，安排该股票上市交易。上市公司应当在上市交易的 5 日前公告经核准股票上市的有关文件，并将该文件置备于指定场所供公众查阅。

3. 股票上市的暂停与终止

上市公司有下列情形之一的，经国务院证券管理部门决定暂停其股票上市资格：①公司股本总额、股权公布等发生变化不再具备上市条件（限期内未能消除的，终止其股票上市）；②公司不按规定公开其财务状况，或者对财务报告作虚假记载（后果严重的，终止其股票上市）；③公司有重大违法行为（后果严重的，终止其股票上市）；④公司最近连续 3 年亏损（限期内未能消除的，终止其股票上市）；⑤公司决定解散、被依法破产时，由国务院证券管理部门决定终止其股票上市。

（五）普通股筹资的优缺点

1. 普通股筹资的优点

（1）发行普通股筹集自有资本，没有固定的到期日，无须偿还，形成公司的永久性资本，能增强公司的信誉。普通股股本以及由此产生的资本公积，是公司筹措债务的基础。这对于保证公司对资本的最低需求，促进公司长期持续稳定经营具有重要意义。有了较多的普通股股本，有利于提高公司的信用价值，同时也为利用更多的债务筹资提供了强有力的支持。

（2）普通股融资没有固定的股利负担，相对于负债而言，财务风险小。公司有盈利，并认为适于分配股利才分派股利；公司盈利较少，或者虽有盈利但现金短缺或有更好的投资机会，也可以少支付或不支付股利。而对债务的利息无论企业是否盈利都必须按时支付。

2. 普通股筹资的缺点

（1）资本成本较高。一般而言，普通股融资的成本要高于债务融资。

（2）利用普通股融资受到很大的制约。利用普通股融资，可能会因分散公司的控制权而遭到现有股东的反对。

（3）公司过度依赖普通股融资，会被投资者视为消极的信号，从而导致股票价格下跌，进而影响公司其他融资手段的使用。

（4）股票上市交易增加了对社会公众股东的责任，其财务状况和经营成果都要公开，接受公众股东的监督。一旦公司经营出现问题或遇到财务困难，公司有被他人收购的风险。

（六）优先股融资

1. 优先股的特征

优先股股票是指由股份公司发行的，在分配公司收益和剩余财产方面比普通股股票具有优先权的股票，是公司获得所有权资本的方式之一。优先股常被视为一种混合证券，是介于股票与债券之间的一种有价证券。发行优先股对公司资本结构、股本结构的优化，提高公司的效益水平，增强公司财务弹性无疑具有十分重要的意义。

从公司的普通股股东的立场看，优先股是一种可以利用的财务杠杆，可视为一种永久性负债。从债权人的立场看，优先股又是构成公司主权资本的一部分，可以用作偿债的保障。

2. 发行优先股的动机

股份公司发行优先股，筹集自有资本只是其目的之一。由于优先股的特性，公司发行优先股往往还有其他动机：

（1）防止公司股权分散化。由于优先股股东一般没有表决权，发行优先股就可以避免公司股权分散，保障公司老股东的原有控制权。

（2）调剂现金余缺。公司在需要现金资本时发行优先股，在现金充裕时将赎回部分或全部优先股，从而调剂现金余缺。

（3）改善公司的资本结构。公司在安排借入资本与自有资本的比例关系时，可较为便利地利用优先股的发行、转换、赎回等手段进行资本结构和自有资本内部结构的调整。

（4）维持举债能力。优先股属于权益融资，可维持并增强公司的举债能力。

3. 优先股融资的优缺点

（1）优先股融资的优点：①优先股的股息率一般为固定比率，使优先股融资具有财务杠杆作用；②优先股一般没有到期日，实际上可将优先股看成一种永久性负债，但不需要偿还本金，只需支付固定股息；③优先股股东也是公司的所有者，不能强迫公司破产，因而发行优先股能增强公司的信誉，提高公司举债能力；④由于优先股股东一般没有投票权，所以发行优先股不会因稀释控制权而引起普通股股东的反对，其筹资能够顺利进行。当使用债务融资风险很大，利率很高，而发行普通股又会产生控制权问题时，优先股是一种较好的筹资选择。

（2）优先股融资的缺点：①优先股的资本成本虽低于普通股，但高于债券；②优先股在股息分配、资产清算等方面拥有优先权，使普通股股东在公司经营不稳定时收益受到影响；③优先股筹资后对公司的限制较多。

四、留存收益

（一）留存收益的性质

从性质上看，企业通过合法有效的经营所实现的税后净利润，都归属于企业的所有者。企业将本年度的利润部分甚至全部留存下来的原因有很多，主要包括：①收益的确认和计量是建立在权责发生制基础上的，企业有利润，但企业不一定有相应的现金净流量增加，因而企业不一定有足够的现金将利润部分或全部派发给所有者；②法律、法规从保护债权人利益以及要求企业可持续发展等角度出发，限制企业将利润全部分配出去，根据《公司法》规定，企业每年的税后利润，必须提取10%的法定盈余公积；③企业基于自身扩大再生产和筹资的需求，也会将一部分利润留存下来。

（二）留存收益筹资途径

1. 提取盈余公积

盈余公积是指有指定用途的留存净利润。盈余公积是从当期企业净利润中提取的积累资金，其提取基数是本年度的净利润。盈余公积主要用于：①企业未来的经营发展；②转增股本（实收资本);③弥补以前年度经营亏损,但不得用于以后年度的对外利润分配。

2. 未分配利润

未分配利润是指未限定用途的留存净利润。未分配利润有两层含义:第一,这部分净利润本年没有分配给公司的股东;第二,这部分净利润未指定用途:①企业未来的经营发展;②转增资本(实收资本);③弥补以前年度的经营亏损;④以后年度的利润分配。

(三)留存收益的筹资特点

(1) 不用发生筹资费用。与普通股筹资相比较,留存收益筹资不需要发生筹资费用,资本成本较低。

(2) 维持公司的控制权分布。利用留存收益筹资,不用对外发行新股或吸收新投资者,由此增加的权益资本不会改变公司的股权结构,不会稀释原有股东的控制权。

(3) 筹资数额有限。留存收益的最大数额是企业到期的净利润和以前年度未分配利润之和,不像外部筹资一次性可以筹集大量资金。如果企业发生亏损,那么当年就没有利润留存。另外,股东和投资者从自身期望出发,往往希望企业每年发放一定的利润,保持一定的利润分配比例。

五、股权筹资的优缺点

(一)股权筹资的优点

(1) 股权筹资是企业稳定的资本基础。股权资本没有固定的到期日,无需偿还,是企业的永久性资本,除非企业清算时才有可能予以偿还。这对于保障企业对资本的最低需求、促进企业长期持续稳定经营具有重要意义。

(2) 股权筹资是企业良好的信誉基础。股权资本作为企业最基本的资本,代表了公司的资本实力,是企业与其他单位组织开展经营业务、进行业务活动的信誉基础。同时,股权资本也是其他方式筹资的基础,尤其可为债务筹资,包括银行借款、发行公司债券等,提供信用保障。

(3) 企业财务风险较小。股权资本不用在企业正常运营期内偿还,不存在还本付息的财务风险。相对于债务资本而言,股权资本筹资限制少,资本使用上也无特别限制。另外,企业可以根据其经营状况和业绩的好坏,决定向投资者支付报酬的多少,资本成本负担比较灵活。

(二)股权筹资的缺点

(1) 资本成本负担较重。尽管股权资本的资本成本负担比较灵活,但一般而言,股权筹资的资本成本要高于债务筹资。这主要是由于投资者投资于股权特别是投资于股票的风险较高,投资者或股东相应要求得到较高的报酬率。企业长期不派发利润和股利,将会影响企业的市场价值。从企业成本开支的角度来看,股利、红利从税后利润中支付,而使用债务资本的资本成本允许税前扣除。此外,普通股的发行、上市等方面的费用也十分庞大。

(2) 容易分散企业的控制权。利用股权筹资,会由于引进了新的投资者或出售了新的股票,导致企业控制权结构的改变,分散了企业的控制权。控制权的频繁迭变,势必影响企业管理层的人事变动和决策效率,影响企业的正常经营。

(3) 信息沟通与披露的成本较大。投资者或股东作为企业的所有者,有了解企业经营业务、财务状况、经营成果等的权利。企业需要通过各种渠道和方式加强与投资者的关系管理,保障投资者的权益。特别是上市公司,其股东众多且分散,只能通过公司的公开信息披露了解公司状况,这就需要公司花更多的精力,有些还需要设置专门的部门,用于公司的信息披露和投资者关系管理。

◆ 关键术语 ◆

吸收直接投资 股票 债券 商业信用

■ 应知考核 ■

一、单项选择题

1. 企业的筹资渠道是( )。
   A. 国家财政资金   B. 发行股票   C. 发行债券   D. 银行贷款

2. 企业的筹资方式是( )。
   A. 民间资金   B. 其他企业资金   C. 国家财政资金   D. 融资租赁

3. 企业自留资本的筹资渠道可以采取的筹资方式是( )。
   A. 发行股票   B. 商业信用   C. 发行债券   D. 融资租赁

4. 下列各项中，属于销售百分比法敏感项目的是( )。
   A. 应付账款   B. 固定资产净值   C. 应付票据   D. 长期负债

5. 债券筹资的特点之一是( )。
   A. 资金成本高   B. 财务风险小   C. 筹资数额无限   D. 可利用财务杠杆

二、多项选择题

1. 企业的筹资渠道包括( )。
   A. 国家财政资金   B. 发行股票   C. 银行借款   D. 其他单位资金

2. 企业的筹资方式有( )。
   A. 吸收直接投资   B. 银行资金   C. 发行股票   D. 发行债券

3. 与股票筹资方式相比，银行借款筹资的优点包括( )。
   A. 筹资速度快   B. 借款弹性大   C. 使用限制少   D. 筹资费用低

4. 影响债券发行价格的因素包括( )。
   A. 债券面额   B. 票面利率   C. 市场利率   D. 债券期限

5. 银行借款的信用条件主要有( )。
   A. 信贷额度   B. 周转信贷协定   C. 借款抵押   D. 补偿性余额

三、判断题

1. 优先股是一种具有双重性质的证券，它虽属自有资金，但却兼有债券性质。   ( )
2. 筹资是企业财务活动的起点。   ( )
3. 资本的筹集量越大，越有利于企业的发展。   ( )
4. 一般来说，债券的市场利率越高，债券的发行价格越低；反之，发行价格就可能越高。   ( )
5. 债券的发行价格与股票的发行价格一样，只允许平价或溢价发行，不允许折价发行。   ( )

四、简述题

1. 简述银行借款筹资的优缺点。
2. 简述债券与股票的区别。
3. 简述商业信用筹资的优缺点。
4. 简述债务筹资的优缺点。
5. 简述股权筹资的优缺点。

五、计算题

1. 腾飞公司发行 5 年期债券，面值 1 000 元，票面利率 10%，每年付息一次。
   要求：(1) 计算当市场利率为 8% 时的债券发行价格。
   (2) 计算当市场利率为 12% 时的债券发行价格。

2. 某企业按年利率 10% 从银行借入 200 万元，银行要求企业按贷款的 15% 保持补偿性余额，
   试计算该项贷款的实际利率。

3. 某企业发行面值为 1 000 元、期限为 5 年、利率为 12% 的长期债券，因市场利率变化，企业决定以 1 116.8 元的价格售出该长期债券。
   试确定当时的市场利率为多少？

4. 某企业从银行取得借款 500 万元,期限 1 年,名义利率 8%,利息为 40 万元,按贴息法付息,计算该项贷款的实际利率。

■ 应会考核 ■

■ 观念应用
【背景资料】

放弃现金折扣的成本的理解

某公司拟采购一批零部件,购货款为 500 万元。供应商规定的付款条件为"2/10,1/20,n/30",每年按 360 天计算。

【考核要求】

(1) 假设银行短期贷款利率为 15%,计算放弃现金折扣的成本(资本成本率),并确定对该公司最有利的付款日期和价格。

(2) 假设公司目前有一短期投资报酬率为 40% 的短期投资项目,确定对该公司最有利的付款日期和价格。

■ 技能应用

对外筹资的资金需求量应用

中华公司 20×8 年销售额为 30 000 万元,销售净利率为 5%,股利发放率为净利润的 60%,固定资产的利用程度已达到饱和状态,长期股权投资和无形资产与销售收入无关,长期负债与销售收入无关。该公司 20×8 年 12 月 31 日资产负债表(简),如表 3-6 所示。

表 3-6 中华公司资产负债表(简) 单位:万元

资产	金额	负债和股东权益	金额
货币资金	600		
应收账款(净额)	4 500	应付票据	1 500
存货	5100	应付账款	3 000
固定资产(净额)	6 900	长期负债	2 500
长期投资	3 000	股本	15 000
无形资产	2 500	未分配利润	600
资产总计	22 600	负债和股东权益总计	22 600

假定该公司预测 20×9 年销售额为 35 000 万元,并仍按基期年股利发放率支付股利,留存收益可以抵减筹资额。

【技能要求】

预测 20×9 年对外筹资的资金需求量。

■ 案例分析
【分析情境】

融资租赁的实例分析

山东华泰纸业股份有限公司售后回租融资租赁公告如下。

一、交易概述

为保证公司正常流动资金需求、优化资产负债结构、降低财务费用,山东华泰纸业股份有限公司(以下简称公司)以年产 40 万吨新闻纸生产线部分设备与交银金融租赁有限责任公司(以下简称交银租赁公司)开展售后回租融资租赁业务。

公司已于 20×8 年 12 月 29 日与交银租赁公司签订了本次融资租赁合同,将公司年产 40 万吨新闻纸生产线部分设备以售后回租方式，向交银租赁公司融资 2 亿元人民币。上述融资租赁事项已经公司第六届董事会第十七次会议审核，以 9 票同意、0 票反对、0 票弃权通过。

交易对方为交银租赁公司。

二、交易标的基本情况

1. 名称：年产 40 万吨新闻纸生产线部分设备。

2. 类别：固定资产。

3. 权属：山东华泰纸业股份有限公司。

4. 所在地：山东省东营市广饶县大王镇。

5. 资产价值：租赁物原值 34 251.60 万元，账面净值 20 693.67 万元。

三、交易合同的主要内容

1. 租赁物：年产 40 万吨新闻纸生产线部分设备。

2. 融资金额：2 亿元人民币。

3. 租赁方式：售后回租。公司以回租使用、筹措资金为目的，以售后回租方式向交银租赁公司转让租赁设备。租赁期届满，交银租赁公司在确认公司已付清租金等全部款项后，本合同项下的租赁物由公司按 1 元的名义货价留购。

4. 租赁期限：自起租日起算约 60 个月。起租日是指交银租赁公司向公司支付转让款之日。

5. 租赁利率：承租人支付租金采用年租息率，计算公式如下：

$$年租息率 = 同期银行的贷款基准利率$$

6. 租金支付方式：等额租金后付法，按半年收取。租金 6 个月支付 1 期，共计 10 期。根据合同规定计算，每期租金约为 2 398.77 万元人民币（概算）。

7. 保证金及服务费：根据合同约定，公司需向交银租赁公司支付保证金 1 480 万元人民币，同时鉴于交银租赁公司为公司提供相关咨询服务，公司在起租日一次性向交银租赁公司支付咨询服务费 500 万元人民币。

【分析要求】

请仔细阅读山东华泰纸业股份有限公司售后回租融资租赁公告并回答以下问题：

1. 该公司为什么要出售自己需要使用的固定资产？

2. 该公司使用融资租赁有哪些好处？潜在的不足是什么？

3. 该公司支付的租金及服务费总额大约是多少？

项目实训

【实训项目】

筹资管理。

【实训情境】

合理选择筹资方式

新蓉新公司位于成都市近郊的新津县，拥有 2 亿多元人民币的资产，占有全国泡菜市场 60% 的份额，但近年来，却被流动资金的"失血"折磨得困苦不堪。企业创始人、总经理田玉文（人称"田大妈"）在由成都市委宣传部、统战部和市工商联联合召开的一次座谈会上大倒苦水。这位宣称"除了'田玉文'认不了多少字"的企业家当场发问："我始终弄不懂，像我们这样的企业，1 年上税三四百万元，解决了附近十几个县的蔬菜出路，安排了六七千农民就业，从来没有烂账，为啥就贷不到款？！"

新蓉新公司的流动资金状况的确很成问题。4 月、5 月正是蔬菜收购和泡菜出厂的旺季，该公司在这段时间，每天从农民手中购进价值 70 余万元的大蒜、萝卜等蔬菜，田大妈坦言，她已经向农民打了 400 多万元的"白条"，这种状况让田大妈非常苦恼。她能有今天——据她自己说——全靠她一诺千金。在她看来，"白条"所带来的信誉损失是难以接受的。新蓉新公司从零开始做到如今的 2 亿多元人民币，历史上只有工商银行的少量贷款，大部分资金是"向朋友借的"。也正是为了维护这种民间信用关系，田大妈近日一口气偿还了"朋友"的借款共2 000多万元。据说,现在新蓉新公司的民间借款已经偿清。这也正是新蓉新公司流动资金紧缺的主要原因之一。此外,为了引进设备建一个无菌车间,田大妈又花了100多万元,购进土地110亩。近日,田大妈同她的长子——新蓉新公司董事长陈卫东,正为此发愁:如果筹不到800万元贷款,下一步收购四季豆就没法做了。

田大妈说,一周前,公司已向工商银行提出了800万元的贷款申请,但目前还没有动静。据田大妈说,新蓉新公司现有资产2.63亿元,资产负债率10%左右。另据新津县委办公室负责人介绍,该公司目前已签了3亿多元供货合同,在国内增加了几百个网点,预计年内市场份额能达到80%。像这样的企业,银行为何惜贷呢?

银行信贷员胡大光分析认为,民营企业由于规模小、实力弱,产品市场竞争力有限,贷款难以完全收回,风险较大,因此,大多数银行不愿意给田大妈贷款。

【实训任务】

(1) 你认为胡大光的分析正确吗?

(2) 企业有哪些常见的筹资方式?

(3) 案例中,田大妈的筹资目的有哪些?

(4) 田大妈实际采取了哪些筹资方式?

筹资管理实训报告		
项目实训班级:	项目小组:	项目组成员:
实训时间:　　年　　月　　日	实训地点:	实训成绩:
实训目的:		
实训步骤:		
实训结果:		
实训感言:		

用 Excel 解决本项目问题

下面主要介绍怎样用 Excel 分析债券的发行价格。

【例 3-1】 某公司拟发行两种期限不同的债券，甲债券的期限为 4 年，乙债券的期限为 20 年。两种债券面值均为 1 000 元，票面利率均为 8%，每年年末付息一次，到期一次还本。当市场利率分别为 3%、6%、8%、11%、14% 的情况下，两种债券的价值是多少？

用 Excel 解决该问题的具体操作步骤如下：

(1) 设计模型结构，如图 3-1 所示。

	A	B	C	D	E	F
1		债券资料				
2		甲债券	乙债券			
3	债券面值(元)	1000	1000			
4	票面利率	8%	8%			
5	期限(年)	4	20			
6						

图 3-1 设计模型结构

(2) 计算甲债券的价值，在 B9 单元格中输入公式：＝PV(B8，$B$5，－$B$3 * $B$4，－$B$3)，然后向右复制至单元格 F9。

(3) 同理，计算乙债券价值，在 B10 单元格中输入公式：＝PV(B8，$C$5，－$C$3 * $C$4，－$C$3)，然后向右复制至单元格 F10，结果如图 3-2 所示。

	A	B	C	D	E	F
1		债券资料				
2		甲债券	乙债券			
3	债券面值(元)	1000	1000			
4	票面利率	8%	8%			
5	期限(年)	4	20			
6						
7		债券价值计算				
8	市场利率(%)	3%	6%	8%	11%	14%
9	甲债券的价值(元)	1,185.85	1,069.30	1,000.00	906.93	825.18
10	乙债券的价值(元)	1,743.87	1,229.40	1,000.00	761.10	602.61

图 3-2 计算结果

资本成本结构

项目课件

知识 目标

理解：资本成本含义及其计算、种类；资本成本的作用、影响资本成本的因素。

熟知：经营杠杆、财务杠杆和综合杠杆的含义及其运用。

掌握：资本成本构成内容；资本结构含义以及最佳资本结构决策方法。

技能 目标

能够结合资本成本含义及其计算、杠杆原理分析问题、解决问题。

素质 目标

能够结合企业的具体实际，结合资本结构含义以及最佳资本结构决策方法，对企业的资本结构作出评价。

项目 引例

巴斯夫集团的资本成本

巴斯夫集团在欧洲、亚洲、南北美洲的 41 个国家拥有超过 160 家全资子公司或者合资公司。巴斯夫集团总部位于莱茵河畔的路德维希港，它是世界上工厂面积最大的化学产品基地。该集团涉及多个行业，包括农业、石油和天然气、化工业以及塑料工业。为了提升公司价值，巴斯夫集团发起了"2020 计划"，该计划非常全面地涵盖集团内所有的职能，并且鼓励所有的员工挑战企业家风格的工作方式。该计划的主要财务部分是集团期望赚取的收益是在加权平均资本成本加上一个溢价。那么，究竟什么是加权平均资本成本呢？

加权平均资本成本是企业为了满足其所有投资者(包括股东、债权持有人和优先股股东)所需要获得的最低报酬率。例如，2010 年巴斯夫集团的加权平均资本成本固定在 9%，在扣除资本成本后，获得了 39 亿欧元的创纪录性的收益。2011 年，这一指标是 11%。

思考与分析：如何计算企业的资本成本？简述资本成本对企业及投资者的意义。

知识 精讲

任务一 资本成本概述

一、资本成本的含义和性质

资本成本有广义和狭义之分。广义而言，企业筹集和使用任何资本，包括短期资本和长期资本，都要付出代价。狭义的资本成本仅指企业筹集和使用长期资本(包括长期债务资本和股权资本)而付出的代价。由于短期资本规模较小、时间较短、游离程度较高，其成本的高低对企业财务决策影响不大。因此，通常意义上的资本成本主要指长期资本成本。

(一) 资本成本的含义

资本成本是指企业为筹集和使用资本而付出的代价，通常包括资本筹集费和资本使用费两部分。

资本筹集费是指在资本筹集过程中需支付的各项费用，如向银行借款的手续费，发行股票、债券等证券的印刷费、评估费、公证费、宣传费及承销费等。

资本使用费是指在使用所筹资本的过程中向资本提供者支付的有关报酬，如银行借款和债券的利息、股票的股利等。一般情况下，资本筹集费在企业筹集资本时一次性发生，而资本使用费往往在企业使用资本的各个期间重复发生。

（二）资本成本的性质

资本成本是商品经济条件下资本所有权和资本使用权相分离的必然结果，具有特定的经济性质。

（1）资本成本是资本使用者向资本所有者和中介机构支付的费用，是资本所有权和使用权相分离的结果。当资本所有者有充裕的资本而被闲置时，可以直接或者通过中介机构将其闲置资本的使用权转让给急需资本的筹资者。这时，对资本所有者而言，由于让渡了资本使用权，必然要求获得一定的回报，资本成本表现为让渡资本使用权所带来的报酬；对筹资者来说，由于得到了资本的使用权，也必须支付一定的代价，资本成本便表现为取得资本使用权所付出的代价。可见，资本成本是资本所有权和使用权分离的必然结果。

（2）资本成本作为一种耗费，最终要通过收益来补偿，体现了一种利益分配关系。资本成本和产品成本都属于劳动耗费，但是产品成本的补偿是对耗费自身的补偿，并且这种补偿金还会回到企业再生产过程中；而资本成本的补偿是对资本所有者让渡资本使用权的补偿，一旦从企业收益中扣除以后，就退出了企业生产过程，体现了一种利益分配关系。

（3）资本成本是资金时间价值与风险价值的统一。资本成本与资金时间价值既有联系，又有区别。资金时间价值是资本成本的基础，资金时间价值越大，资本成本也就越高；反之，资金时间价值越小，资本成本也就越低。但是，资金时间价值和资本成本在数量上并不一致。资本成本不仅包括时间价值，而且还包括风险价值、筹资费用等因素，同时还受到资金供求、通货膨胀等因素的影响。

二、资本成本的种类

资本成本按用途可分为个别资本成本、加权平均资本成本和边际资本成本。

（1）个别资本成本是指单种筹资方式的资本成本，包括长期借款成本、长期债券成本、优先股成本、普通股成本和留存收益成本。其中，前两种称为债务资本成本，后三种称为权益资本成本。个别资本成本一般用于比较和评价各种筹资方式。

（2）加权平均资本成本是指对各种个别资本成本进行加权平均而得到的结果，也称为综合资本成本，其权数可以在账面价值、市场价值和目标价值之中选择。加权平均资本成本一般用于资本结构决策。

（3）边际资本成本是指资金每增加一个单位而增加的成本。边际资本成本一般用于追加筹资决策。

上述三种资本成本之间存在着密切的关系。个别资本成本是加权平均资本成本和边际资本成本的基础，加权平均资本成本和边际资本成本都是对个别资本成本的加权平均。三者都与资本结构紧密相关，但具体关系有所不同。个别资本成本的高低与资本性质关系很大，债务资本成本一般低于自有资本成本；加权平均资本成本主要用于评价和选择资本结构；而边际资本成本主要用于在已经确定目标资本结构的情况下，考察资本成本随筹资规模变动而变动的情况。当然，三种资本成本在实务中往往同时运用，缺一不可。

三、资本成本的作用

资本成本是现代财务学中的一个重要含义，国际上将其视为一项"财务标准"。资本成本对企业筹资管理、投资管理乃至整个财务管理和经营管理都具有十分重要的作用。

（一）资本成本是选择筹资方式、进行资本结构决策和选择追加筹资方案的依据

首先，个别资本成本是比较各种筹资方式的依据。随着我国金融市场的逐步完善，企业的筹资方式日益多元化。评价各种筹资方式的标准多种多样，资本成本是其中一个极为重要的因素。

在其他条件基本相同或对企业影响不大时,应选择资本成本最低的筹资方式。

其次,加权平均资本成本是衡量资本结构合理性的依据。衡量资本结构是否最佳的标准主要是资本成本最小化和企业价值最大化。西方财务理论认为,加权平均资本成本最低时的资本结构才是最佳资本结构,这时企业价值达到最大。

最后,边际资本成本是选择追加筹资方案的依据。企业有时为了扩大生产规模,需要增大资本投入量。这时,企业不论维持原有资本结构还是希望达到新的目标资本结构,都可以通过计算边际资本成本的大小来选择最佳的追加筹资方案。

(二)资本成本是评价投资方案、进行投资决策的重要标准

在对投资项目的财务可行性进行评价时,资本成本是综合评价的一个重要方面。只要预期投资报酬率大于资本成本,投资项目就具有财务上的可行性。

(三)资本成本是评价企业经营业绩的重要依据

资本成本是企业使用资本应获得收益的最低界限。一定时期资本成本的高低不仅能反映财务经理的管理水平,还可用于衡量企业整体的经营业绩。

四、影响资本成本的因素

(一)总体经济环境

总体经济环境决定企业所处的国民经济发展状况和水平,以及预期的通货膨胀。总体经济环境变化的影响,反映在无风险报酬率上,如果国民经济保持健康、稳定、持续增长,整个社会经济的资金供给和需求相对均衡且通货膨胀水平低,资金所有者投资的风险小,预期报酬率低,筹资的资本成本相应就比较低。相反,如果国民经济不景气或者经济过热,通货膨胀持续居高不下,投资者投资风险大,预期报酬率高,筹资的资本成本就高。

(二)资本市场条件

资本市场效率表现为资本市场上的资本商品的市场流动性。资本商品的流动性高,表现为容易变现且变现时价格波动较小。如果资本市场缺乏效率,证券的市场流动性低,投资者投资风险大,要求的预期报酬率高,那么通过资本市场筹集资本的成本就比较高。

(三)企业经营状况和融资状况

企业经营风险是企业投资决策的结果,表现为资产报酬率的不确定性;企业融资状况导致的财务风险是企业筹资决策的结果,表现为股东权益资本报酬率的不确定性。两者共同构成企业总体风险,如果企业经营风险高、财务风险大,则企业总体风险水平高,投资者要求的预期报酬率高,企业筹资的资本成本相应就大。

(四)企业对筹资规模和时限的需求

在一定时期内,国民经济体系中资金供给总量是一定的,资本是一种稀缺资源。因此,企业一次性需要筹集的资金规模越大、占用资金时限越长,资本成本就越高。当然,融资规模、时限与资本成本的正向相关性并非线性关系,一般来说,融资规模在一定限度内,并不会引起资本成本的明显变化,当融资规模突破一定限度时,才会引起资本成本的明显变化。

五、资本成本的构成内容

资本成本主要包括筹资费用和占用费用。

筹资费用是指企业在资本筹措过程中为获取资本而付出的代价,如向银行支付的借款手续费,因发行股票、公司债券而支付的发行费等。筹资费用通常在资本筹集时一次性发生,在资本使用过程中不再发生。因此,筹资费用被视为筹资数额的一项扣除。

占用费用是指企业在资本使用过程中因占用资本而付出的代价,如向银行等债权人支付的

利息，向股东支付的股利等。<u>占用费用是因为占用了他人资本而必须支付的费用，是资本成本的主要内容。</u>

六、资本成本的计算模式

资本成本既可以用绝对数表示，也可以用相对数表示。用绝对数表示的，如借入长期资金的资金占用费用和筹集费用；用相对数表示的，如借入长期资金的使用费用与实际取得资金有效额之间的比率，但是资本成本不简单等同于利息率，两者之间在含义和数值上是有区别的。在财务管理中，资本成本一般用相对数表示，即表示资金使用费用与有效筹资额（即筹资数额扣除筹资费额后的差额）的比率，其计算公式如下：

$$K = \frac{D}{P - F} = \frac{D}{P(1 - f)}$$

公式中：K 表示资本成本，以百分比表示；D 表示资本占用费用；P 表示筹资额；F 表示筹资费用；f 表示筹资费用率。

（一）个别资本成本

1. 资本成本计算的基本模式

（1）一般模式。为了便于分析比较，资本成本通常采用不考虑货币时间价值的一般通用模型计算，用相对数表达。计算时，将初期筹资费用作为筹资额的扣除项。扣除筹资费用后的筹资额称为筹资净额。

需要注意的是：若资金来源为负债，还存在税前资本成本和税后资本成本的区别。计算税后资本成本需要从年资金占用费用中减去资金占用费用税前扣除导致的所得税节约额。

（2）折现模式。对金额大、时间超过 1 年的长期资本，更准确一些的资本成本计算方式是采用折现模式，即将债务未来还本付息或股权未来股利分红的折现值与目前筹资净额相等时的折现率作为资本成本，即：

筹资净额现值 − 未来资本清偿额现金流量现值 ＝ 0

得：

资本成本 ＝ 所采用的折现率

2. 银行借款资本成本

银行借款资本成本包括借款利息和筹资费用。<u>由于银行借款利息一般作为财务费用计入税前成本费用内，可以起到抵税作用，因此，企业实际负担的借款费用应从利息支出中减少所得税税额。</u>银行借款资本成本的计算公式如下：

$$K_L = \frac{I(1 - T)}{L(1 - f)} = \frac{i(1 - T)}{1 - f}$$

公式中：K_L 表示银行借款资本成本；I 表示银行借款年利息；L 表示银行借款筹资总额；T 表示所得税税率；i 表示银行借款利息率；f 表示筹资费用率。

做中学 4-1

企业向银行借入 1 000 万元，期限为 10 年，年利率为 6%，每年付息一次，到期一次还本付息。假定筹资费用率为 0.5%，企业所得税税率为 25%。则银行借款资本成本为多少？

分析：

$$K_L = \frac{1\,000 \times 6\% \times (1 - 25\%)}{1\,000 \times (1 - 0.5\%)} = 4.52\%$$

3. 债券资本成本

债券资本成本与银行借款资本成本的主要区别在于：①债券筹资费用较高,不能忽略不计；②债券发行价格与债券面值可能不一致。债券资本成本的计算公式如下：

$$K_b = \frac{I(1-T)}{B_0(1-f)} = \frac{Bi(1-T)}{B_0(1-f)}$$

公式中：K_b 表示债券资本成本；I 表示债券每年支付的利息；T 表示所得税税率；B 表示债券面值；i 表示债券票面利率；B_0 表示债券筹资额，即发行价；f 表示债券筹资费用率。

做中学 4-2

企业拟发行一笔期限为 5 年的债券,债券面值为 1 000 万元,票面利率为 5%,每年支付一次利息,发行费率为发行价格的 3%,企业所得税税率为 25%,则该笔债券的资本成本为多少？

分析：

$$K_b = \frac{I(1-T)}{B_0(1-f)} = \frac{1\,000 \times 5\% \times (1-25\%)}{1\,000 \times (1-3\%)} = 3.87\%$$

如果该笔债券以 1 100 万元价格发行,则其资本成本如下：

$$K_b = \frac{1\,000 \times 5\% \times (1-25\%)}{1\,100 \times (1-3\%)} = 3.51\%$$

如果以折价 980 万元价格发行,则其资本成本如下：

$$K_b = \frac{1\,000 \times 5\% \times (1-25\%)}{980 \times (1-3\%)} = 3.94\%$$

---

4. 融资租赁资本成本

融资租赁各期的租金包括每期本金偿还和各期手续费用(即出租方各期利润),其资本成本只能按贴现模式计算。

做中学 4-3

企业于 20×9 年 1 月 1 日从租赁公司租入一套设备,价值 60 万元,租期 6 年,租赁期满时预计残值 5 万元,租金每年年末支付一次,租赁期满时设备归租赁公司,每年租金 131 283 元。则其资本成本为多少？

分析：

$$600\,000 - 50\,000 \times (P/F, K_b, 6) = 131\,283 \times (P/A, K_b, 6)$$
$$K_b = 10\%$$

---

5. 优先股资本成本

企业发行优先股,既要支付筹资费用,又要定期支付股利。它与债券不同的是股利在税后支付,且没有固定到期日。优先股资本成本的计算公式如下：

$$K_p = \frac{D}{P_0(1-f)}$$

公式中：K_p 表示优先股资本成本；D 表示优先股每年股利；P_0 表示发行优先股总额；f 表示优先股筹资费用率。

做中学 4-4

企业按面值发行 100 万元优先股，股息为 10%，发行费率为 4%，则该优先股的资本成本为多少？

分析：

$$K_p = \frac{100 \times 10\%}{100 \times (1 - 4\%)} = 10.42\%$$

企业破产时，优先股股东的求偿权位于债权人之后，优先股股东风险大于债权人风险，因此，优先股股利率一般要大于负债利息率。另外，优先股股息支付不能抵扣企业所得税，因而与税后负债成本相比，优先股成本略高。

6. 普通股资本成本

普通股的特点是无到期日，股利是从企业税后利润中支付的，没有抵税利益，且每年支付股利不是固定的。普通股资本成本的计算方法主要有两种。

1）股利增长模型

假定股利以固定年增长率（g）递增，则普通股资本成本的计算公式如下：

$$K_s = \frac{D_1}{P_0(1 - f)} + g$$

公式中：K_s 表示普通股资本成本；D_1 表示预期第 1 年年末的股利；P_0 表示普通股市价；f 表示普通股筹资费用率；g 表示不变的股利年增长率。

在财务管理实务中，股利既不可能保持不变，也不可能永远按照恒定比率增长，甚至有些企业根本不发放股利。股利增长模型适用于那些定期发放股利，股利增长十分稳定的企业。

做中学 4-5

企业普通股每股发行价为 100 元，筹资费用率为 5%，预计下期每股股利为 12 元，以后每年股利增长率为 2%，该企业普通股成本为多少？

分析：

$$K_s = \frac{12}{100 \times (1 - 5\%)} + 2\% = 14.63\%$$

2）资本资产定价模型

假设普通股股东的相关风险是市场风险，那么股东所期望的风险收益就取决于股票的 β 系数和市场风险报酬，则普通股资本成本的计算公式如下：

$$K_s = R_f + \beta(R_m - R_f)$$

公式中：K_s 表示普通股资本成本；R_f 表示无风险利率（一般以国债利率代替）；β 表示某企业股票收益相对于市场上所有股票收益的变动幅度；R_m 表示市场平均收益率。

做中学 4-6

企业普通股的 β 系数为 1.5，无风险利率为 5%，市场股票平均收益率为 10%，则普通股资本成本为多少？

分析：

$$K_s = 5\% + 1.5 \times (10\% - 5\%) = 12.5\%$$

7. 留存收益资本成本

留存收益是企业税后净利形成的,是一种所有者权益,其实质是所有者向企业追加的投资。企业利用留存收益筹资无需发生筹资费用。如果企业将留存收益用于再投资,所获得收益率低于股东进行一项风险相似投资项目的收益率,那么企业就应该将其分配给股东。留存收益资本成本表现为股东追加投资要求的报酬率,其计算与普通股资本成本相同,也分为股利增长模型法和资本资产定价模型法,不同点在于留存收益资本成本不考虑筹资费用。留存收益资本成本的计算公式如下:

$$K_e = \frac{D_1}{P_0} + g$$

公式中:K_e 表示留存收益资本成本;D_1 表示预期第 1 年年末的股利;P_0 表示普通股市价;g 表示不变的股利年增长率。

做中学 4-7

企业普通股每股市价为 150 元,第 1 年年末的股利为 15 元,以后每年增长 5%,则留存收益的资本成本为多少?

分析:

$$K_e = \frac{15}{150} + 5\% = 15\%$$

(二) 综合资本成本

由于受多种因素制约,企业不可能只使用某种单一的筹资方式,往往需要通过多种方式筹集所需资本。为进行筹资决策,就要计算确定企业全部长期资本的总成本——综合资本成本。

综合资本成本一般是以各种资本成本占全部资本成本比重为权数,对个别资本成本进行加权平均确定的。其计算公式如下:

$$K_w = \sum_{j=1}^{n} K_j W_j$$

公式中:K_w 表示综合资本成本;K_j 表示第 j 种个别资本成本;W_j 表示第 j 种个别资本成本占全部资本的比重(权数)。

综合资本成本计算存在着权数价值选择问题,即各项个别资本按什么权数来确定资本比重。通常,可供选择的价值形式有账面价值、市场价值、目标价值等。

账面价值权重是指以各项个别资本会计报表账面价值为基础来计算资本权数,确定各类资本占总资本的比重。其优点是资料容易取得,可以直接从资产负债表中得到,而且计算结果比较稳定。其缺点是当债券和股票的市价与账面价值差距较大时,导致按账面价值计算出来的资本成本不能反映目前从资本市场上筹集资本的现时机会成本,不适合评价现时的资本结构。

市场价值权重是指以各项个别资本的现行市价为基础来计算资本权数,确定各类资本占总资本的比重。其优点是能够反映现时的资本成本水平,有利于进行资本结构决策。其缺点是现行市价处于经常变动之中,不容易取得,而且现行市价反映的只是现时的资本结构,不适用未来的筹资决策。

目标价值权重是指以各项个别资本预计的未来价值为基础来确定资本权数,确定各类资本占总资本的比重。目标价值是目标资本结构要求下的产物,是企业筹措和使用资金对资本结构的一种要求。对于企业筹措新资金,需要反映期望的资本结构来说,目标价值是有益的,适用于未来的筹资决策,但目标价值的确定难免具有主观性。

以目标价值为基础计算资本权重,能体现决策的相关性。目标价值权重的确定,可以选择未来的市场价值,也可以选择未来的账面价值。选择未来的市场价值,与资本市场现状联系比较紧密,能够与现时的资本市场环境状况结合起来,目标价值权重的确定一般以现时市场价值为依据。但市场价值波动频繁,可行方案是选用市场价值的历史平均值,如 30 日、60 日、120 日均价等。总之,目标价值权重是主观愿望和预期的表现,依赖于财务管理人员的价值判断和职业经验。

做中学 4-8

企业账面反映的资本共 500 万元,其中借款 100 万元,应付长期债券 50 万元,普通股 250 万元,保留盈余 100 万元;其成本分别为 6.7%、9.17%、11.26%、11%。该企业的综合资本成本为多少?

分析:

$$K_w = 6.7\% \times \frac{100}{500} + 9.17\% \times \frac{50}{500} + 11.26\% \times \frac{250}{500} + 11\% \times \frac{100}{500} = 10.09\%$$

(三)边际资本成本

在实务中,边际资本成本通常在某一筹资区间内保持稳定,当企业以某种筹资方式筹资超过一定限度时,边际资本成本会提高,此时,即使企业保持原有的资本结构,也仍有可能导致综合资本成本上升。因此,企业在新的筹资过程中,必须计算边际资本成本,以便正确进行追加筹资决策。

边际资本成本计算的具体步骤如下:

(1)确定目标资本结构。

(2)测算个别资本成本。

(3)计算筹资总额分界点。筹资总额分界点是指在保持某资本成本不变的条件下,可以筹集到的资金总限度。一旦筹资额超过筹资总限度分界点,即使维持现有资本结构,其资本成本也会增加。

(4)计算边际资本成本。根据计算出的分界点,可得出若干组新的筹资范围,对各筹资范围分别计算综合资本成本,即可得到各种筹资范围的边际资本成本。

做中学 4-9

企业目前有长期资本 500 万元,其中银行借款 100 万元,公司债券 120 万元,优先股 80 万元,普通股 200 万元。企业为满足投资需求,准备追加资本。经研究分析,企业目前的资本结构为最优资本结构,因此决定追加筹资后仍维持原资本结构,即银行借款占 20%,公司债券占 24%,优先股占 16%,普通股占 40%。公司财务人员分析了资本市场状况和企业筹资能力,认为随资本额的增长,各种资本的资本成本也会发生变动,企业目标资本结构构成及筹资能力分析如表 4-1 所示。

表 4-1　　　　　　　　　　企业目标资本结构构成及筹资能力分析

资本种类	目标资本结构	追加筹资额	个别资本成本
银行借款	20%	50 000 元以内	4%
		50 000~200 000 元	5%
		200 000 元以上	6%
公司债券	24%	150 000 元以内	8%
		150 000~300 000 元	9%
		300 000 元以上	10%

（续表）

资本种类	目标资本结构	追加筹资额	个别资本成本
优先股	16%	200 000 元以内	11%
		200 000 元以上	13%
普通股	40%	250 000 元以内	14%
		250 000~500 000 元	15%
		500 000 元以上	16%

首先,根据目标资本结构和各种筹资方式资本成本的分界点,计算筹资总额分界点,其计算公式如下:

$$BP_i = \frac{TF_i}{W_i}$$

公式中:BP_i 表示筹资总额分界点;TF_i 表示第 i 种筹资方式的成本分界点;W_i 表示第 i 种筹资方式在目标资本结构中所占的比重。

该企业的筹资总额分析如表 4-2 所示。

表 4-2　　　　　　　　　　　　　企业筹资总额分析　　　　　　　　　　单位:元

资本种类	目标资本结构	个别资本成本	追加筹资额	筹资总额分界点
银行借款	20%	4%	50 000 元以内	50 000÷0.2=250 000
		5%	50 000~200 000 元	200 000÷0.2=1 000 000
		6%	200 000 元以上	—
公司债券	24%	8%	150 000 元以内	150 000÷0.24=625 000
		9%	150 000~300 000 元	300 000÷0.24=1 250 000
		10%	300 000 元以上	—
优先股	16%	11%	200 000 元以内	200 000÷0.16=1 250 000
		13%	200 000 元以上	—
普通股	40%	14%	250 000 元以内	250 000÷0.4=625 000
		15%	250 000~500 000 元	500 000÷0.4=1 250 000
		16%	500 000 元以上	—

根据表 4-2 计算出的筹资总额分界点,可以得到五组筹资总额范围,分别是:①0~250 000 元;②250 000~625 000 元;③625 000~1 000 000 元;④1 000 000~1 250 000 元;⑤1 250 000 元以上。对以上五组筹资范围分别计算其综合资本成本,即可得到各种筹资范围内边际资本成本,计算结果如表 4-3 所示。

表 4-3		企业筹资范围内边际资本成本分析			
筹资总额范围	资本种类	目标资本结构	资本成本	边际资本成本	
0～250 000 元	长期借款	20%	4%	4%×20%=0.8%	
	公司债券	24%	8%	8%×24%=1.92%	
	优先股	16%	11%	11%×16%=1.76%	
	普通股	40%	14%	14%×40%=5.6%	
	合计			10.08%	
250 000～625 000 元	长期借款	20%	5%	5%×20%=1%	
	公司债券	24%	8%	8%×24%=1.92%	
	优先股	16%	11%	11%×16%=1.76%	
	普通股	40%	14%	14%×40%=5.6%	
	合计			10.28%	
625 000～1 000 000 元	长期借款	20%	5%	5%×20%=1%	
	公司债券	24%	9%	9%×24%=2.16%	
	优先股	16%	11%	11%×16%=1.76%	
	普通股	40%	15%	15%×40%=6%	
	合计			10.92%	
1 000 000～1 250 000 元	长期借款	20%	6%	6%×20%=1.2%	
	公司债券	24%	9%	9%×24%=2.16%	
	优先股	16%	11%	11%×16%=1.76%	
	普通股	40%	15%	15%×40%=6%	
	合计			11.12%	
1 250 000 元以上	长期借款	20%	6%	6%×20%=1.2%	
	公司债券	24%	10%	10%×24%=2.4%	
	优先股	16%	13%	13%×16%=2.08%	
	普通股	40%	16%	16%×40%=6.4%	
	合计			12.08%	

从表 4-3 可以看出,在不同的筹资范围内,综合资本成本是不同的,并且随着筹资额的增加而不断上升。所以,企业在增加投资时,应该将投资报酬率和需要新增筹资边际资本成本进行比较,如果投资项目投资报酬率大于新增筹资边际资本成本,则该投资方案可取;否则,是不可取的。

任务二　杠杆原理概述

财务管理中的杠杆原理是指由于固定费用(包括生产经营方面固定性经营成本和财务方面固定性资本成本)的存在,当业务量发生比较小的变化时,利润会产生比较大的变化。这种由于杠杆原理而产生的收益称为杠杆利益,但同时又存在相关风险。资本结构决策需要在杠杆利益与其相关风险之间进行合理选择。

一、经营杠杆

(一)经营杠杆的含义

经营杠杆是指由于固定性经营成本的存在,而使企业的资产报酬(息税前利润)变动率大于业务量变动率的现象。经营杠杆反映了资产报酬的波动性,用于评价企业的经营风险。用息税前利润(earnings before interest and tax, $EBIT$)表示资产总报酬,则:

$$EBIT = S - V - F = (p-b)Q - F = M - F$$

公式中:$EBIT$ 表示息税前利润;S 表示销售额;V 表示变动性经营成本;F 表示固定性经营成本;Q 表示产销业务量;p 表示销售单价;b 表示单位变动成本;M 表示边际贡献。

该公式中,影响 $EBIT$ 的因素有:①产品售价;②产品需求;③产品成本等因素。

(1)当产品成本中存在固定成本时,如果其他条件不变,产销业务量增加虽然不会改变固定成本总额,但会降低单位产品分摊的固定成本,从而提高单位产品利润,使息税前利润增长率大于产销业务量增长率,进而产生经营杠杆效应。

(2)当不存在固定性经营成本时,所有成本都是变动性经营成本,边际贡献等于息税前利润,此时息税前利润变动率与产销业务量的变动率完全一致。

(二)经营杠杆系数

只要企业存在固定性经营成本,就存在经营杠杆效应。但不同的产销业务量,其经营杠杆效应的大小程度是不一致的。测算经营杠杆效应程度的常用指标为经营杠杆系数。经营杠杆系数(degree of operating leverage, DOL)是息税前利润变动率与产销业务量变动率的比,计算公式如下:

$$经营杠杆系数 = \frac{息税前利润变动率}{产销业务量变动率}$$

或:

$$DOL = \frac{\Delta EBIT/EBIT}{\Delta Q/Q}$$

公式中:DOL 表示经营杠杆系数;$\Delta EBIT$ 表示息税前利润变动额;ΔQ 表示产销业务量变动值。

上式经整理如下:

$$DOL = \frac{基期边际贡献}{基期息税前利润} = \frac{M}{M-F} = \frac{EBIT+F}{EBIT}$$

上式具体推导过程如下:

$$EBIT = (p-b)Q - F, \quad \Delta EBIT = (p-b)\Delta Q$$

$$\frac{\Delta EBIT}{EBIT} = \frac{(p-b)\Delta Q}{(p-b)Q - F}$$

则:

$$DOL = \frac{(p-b)\Delta Q/[(p-b)Q-F]}{\Delta Q/Q} = \frac{(p-b)Q}{(p-b)Q-F} = \frac{M}{EBIT} = \frac{M}{M-F}$$

做中学 4-10

企业生产 A 产品,其中固定性经营成本为 60 万元,变动成本率为 40%。当企业销售额分别为 400 万元、200 万元、100 万元时,其经营杠杆系数分别为多少?

分析：

当销售额 $S=400$（万元）时：

$$DOL = \frac{400 - 400 \times 40\%}{400 - 400 \times 40\% - 60} = 1.33$$

当销售额 $S=200$（万元）时：

$$DOL = \frac{200 - 200 \times 40\%}{200 - 200 \times 40\% - 60} = 2$$

当销售额 $S=100$（万元）时：

$$DOL = \frac{100 - 100 \times 40\%}{100 - 100 \times 40\% - 60} \to \infty$$

以上计算结果表明：

(1) 在固定性经营成本不变时，经营杠杆系数说明了销售额变动所引起息税前利润变动的幅度。当销售额为 400 万元时，销售额增减会引起息税前利润 1.33 倍的增减；而当销售额为 200 万元时，销售额增减则引起息税前利润 2 倍增减变动。

(2) 在固定性经营成本不变时，销售额越大，经营杠杆系数越小，经营风险就越小；反之，销售额越小，经营杠杆系数越大，经营风险也就越大。当销售额在 200 万元时，其经营风险明显大于销售额在 400 万元时的经营风险。

(3) 当销售额处于盈亏临界点（即保本点）时，经营杠杆系数趋于无穷大。当销售额为 100 万元时，企业经营只能保本；如果销售额稍有增加便可出现盈利；而如果销售额稍有减少，便会发生亏损。

企业一般可以通过增加销售额、降低产品单位变动成本、降低固定成本比重等措施使经营杠杆系数下降，降低经营风险，当然，这往往要受到各种条件的制约。

（三）经营杠杆与经营风险

经营风险是指企业由于生产经营上的原因而导致资产报酬波动的风险。引起企业经营风险的主要原因是市场需求、生产成本等因素的不确定性，经营杠杆本身并不是资产报酬不确定的根源，只是资产报酬波动的表现。但是，经营杠杆放大了市场和生产等因素变化对利润波动的影响。经营杠杆系数越高，表明资产报酬等利润波动程度越大，经营风险也就越大。根据经营杠杆系数的计算公式，有：

$$DOL = \frac{EBIT + F}{EBIT} = 1 + \frac{F}{EBIT}$$

该公式表明，在企业不发生经营性亏损、息税前利润为正的前提下，经营杠杆系数最低为 1，不会是负数；只要有固定性经营成本存在，经营杠杆系数总是大于 1 的。

从该公式可知，影响经营杠杆的因素包括：①企业成本结构中的固定成本比重；②息税前利润水平。其中，息税前利润水平又受产品销售数量、销售价格、成本水平（单位变动成本和固定成本总额）高低的影响。固定成本比重越高、成本水平越高、产品销售数量和销售价格水平越低，经营杠杆效应越大；反之亦然。

二、财务杠杆

（一）财务杠杆的含义

财务杠杆是指由于固定性资本成本的存在而使企业每股收益变动率大于息税前利润变动率的现象。财务杠杆反映了股权资本报酬波动性，用于评价企业的财务风险，用每股收益表示普通

股权益资本报酬,则:

$$TE = (EBIT - I)(1 - T)$$
$$EPS = (EBIT - I)(1 - T) \div N$$

公式中:TE 表示全部普通股净收益;EPS 表示每股收益;I 表示债务资本利息;T 表示所得税税率;N 表示普通股股数。

该公式中,影响每股收益的因素包括:①资产报酬;②资本成本;③所得税税率等因素。

(1)当有固定利息费用等资本成本存在时,如果其他条件不变,息税前利润增加虽然不改变固定利息费用总额,但会降低每1元息税前利润分摊的利息费用,从而提高每股收益,使每股收益增长率大于息税前利润增长率,进而产生财务杠杆效应。

(2)当不存在固定利息、股息等资本成本时,息税前利润就是利润总额,此时利润总额变动率与息税前利润变动率完全一致。如果两期所得税税率和普通股股数保持不变,则每股收益变动率与利润总额变动率也完全一致,进而与息税前利润变动率一致。

(二)财务杠杆系数

只要企业融资方式中存在固定性资本成本,就存在财务杠杆效应。如固定利息、固定融资租赁费等的存在,都会产生财务杠杆效应。在同一固定资本成本支付水平上,不同息税前利润水平,对固定资本成本所承受负担是不一样的,其财务杠杆效应大小程度是不一致的。测算财务杠杆效应程度,常用的指标为财务杠杆系数。财务杠杆系数(degree of operating leverage,DFL),是每股收益变动率与息税前利润变动率的倍数,其计算公式如下:

$$财务杠杆系数 = \frac{每股收益变动率}{息税前利润变动率}$$

或:

$$DFL = \frac{\Delta EPS / EPS}{\Delta EBIT / EBIT}$$

公式中:DFL 表示财务杠杆系数;ΔEPS 表示每股收益变动额;$\Delta EBIT$ 表示息税前利润变动额;$EBIT$ 表示变动前息税前利润。

为便于计算,根据每股利润的计算公式,上面公式可简化为:

$$EPS = \frac{(EBIT - I)(1 - T)}{N},$$

$$\Delta EPS = \frac{\Delta EBIT(1 - T)}{N}$$

则:

$$DFL = \frac{EBIT}{EBIT - I}$$

公式中:I 表示债务年利息额;T 表示所得税税率;N 表示流通在外普通股股数。

如果企业存在优先股,则普通股利润应为基期息税前利润减去利息费用、所得税和优先股股利后的余额。即:

$$DFL = \frac{EBIT}{EBIT - I - D/(1 - T)}$$

公式中:D 表示优先股股利;其他符号的含义与前述公式中含义相同。

做中学 4-11

甲、乙、丙企业为同类行业企业,财务杠杆系数计算与比较如表4-4所示。

表4-4		财务杠杆系数计算与比较表	单位:元
项目	甲企业	乙企业	丙企业
普通股本	2 000 000	1 500 000	1 000 000
流通股股数	20 000	15 000	10 000
债务(利率8%)	0	500 000	1 000 000
资产总额	2 000 000	2 000 000	2 000 000
息税前利润	200 000	200 000	200 000
债务利息	0	40 000	80 000
税前利润	200 000	160 000	120 000
所得税(税率25%)	50 000	40 000	30 000
税后利润	150 000	120 000	90 000
财务杠杆系数	1	1.25	1.67
每股收益	7.5	8	9
息税前利润增加	200 000	200 000	200 000
债务利息	0	40 000	80 000
税前利润	400 000	360 000	320 000
所得税(税率25%)	100 000	90 000	80 000
税后利润	300 000	270 000	240 000
每股收益	15	18	24

其他相关资料说明如下：

(1)财务杠杆系数表明是息税前利润的增长引起了每股收益的增长。如甲企业息税前利润增长1倍时,其每股收益也增长1倍(15÷7.5-1);乙企业息税前利润增长1倍时,其每股收益增长1.25倍(18÷8-1);丙企业息税前利润增长1倍时,其每股收益增长1.67倍(24÷9-1)。

(2)在资本总额、息税前利润相同的情况下,负债比率越高,财务杠杆系数越大,财务风险越大,但预期每股收益也越高。如乙企业与甲企业相比,负债比率高(乙企业资产负债率为:500 000÷2 000 000×100%＝25%,甲企业资产负债率为0),财务杠杆系数高(乙企业为1.25,甲企业为1),财务风险大,但每股收益也高(乙企业为8元,甲企业为7.5元);丙企业与乙企业相比,负债比率更高(丙企业资产负债率为:1 000 000÷2 000 000×100%＝50%),财务杠杆系数更高(丙企业为1.67,),财务风险更大,但每股收益更高(丙企业为9元)。

负债比率是可以控制的。企业可以通过合理安排资本结构,适度负债,使财务杠杆利益抵销风险增大所带来的不利影响。

(三)财务杠杆与财务风险

财务风险是指企业由于筹资原因产生的资本成本负担而导致的每股收益波动的风险。引起企业财务风险的主要原因是资产报酬的不利变化和资本成本的固定负担。由于财务杠杆的作用,当息税前利润下降时,企业仍然需要支付固定的资本成本,导致普通股剩余收益以更快的速度下降。财务杠杆放大了资产报酬变化对每股收益的影响,财务杠杆系数越高,表明每股收益的波动程度越大,财务风险也就越大。只要有固定性资本成本存在,财务杠杆系数总是大于1。

从上述公式可知,影响财务杠杆的因素包括:①企业资本结构中债务资本的比重;②每股收益水平;③所得税税率水平。其中,每股收益水平又受息税前利润、固定资本成本(利息)高低的影响。债务成本比重越高、固定的资本成本支付额越高、息税前利润水平越低,财务杠杆效应越大;反之亦然。

三、综合杠杆

(一) 综合杠杆的含义

经营杠杆和财务杠杆可以独自发挥作用,也可以综合发挥作用。综合杠杆是用来反映经营杠杆和财务杠杆之间共同作用的结果,即权益资本报酬与产销业务量之间的变动关系。由于固定性经营成本的存在,产生经营杠杆效应,导致产销业务量变动对息税前利润变动有放大作用;同样,由于固定性资本成本的存在,产生财务杠杆效应,导致息税前利润变动对每股收益有放大作用。两种杠杆共同作用,将导致产销业务量的变动引起每股收益更大的变动。

综合杠杆也称复合杠杆或总杠杆,是指由于固定经营成本和固定资本成本的存在,导致每股收益变动率大于产销业务量变动率的现象。

(二) 综合杠杆系数

只要企业同时存在固定性经营成本和固定性资本成本,就存在综合杠杆效应。产销业务量变动通过息税前利润变动,传导至每股收益,使每股收益发生更大的变动。用综合杠杆系数(degree of combined total leverage, DCL)表示综合杠杆效应程度,可见,综合杠杆系数是经营杠杆系数和财务杠杆系数的乘积,是每股收益变动率相当于产销业务量变动率的倍数,其计算公式如下:

$$综合杠杆系数 = \frac{每股收益变动率}{产销业务量变动率}$$

或:

$$DCL = \frac{\Delta EPS/EPS}{\Delta Q/Q} = DOL \times DFL$$

公式中:DCL 表示综合杠杆系数;其他符号的含义与前述公式中的含义相同。

做中学 4-12

企业有 20 万元债务,利率为 8%;产品销售单价为 50 元,变动营业成本为每件 25 元,每年固定营业成本为 10 万元。所得税税率为 40%,确定生产和销售量为 8 000 件时的经营杠杆、财务杠杆和综合杠杆。

分析:

$$M = 8\,000 \times (50 - 25) = 200\,000(万元)$$

$$F = 100\,000(万元)$$

$$EBIT = M - F = 200\,000 - 100\,000 = 100\,000(万元)$$

$$I = 200\,000 \times 8\% = 16\,000(万元)$$

$$DOL = \frac{M}{M-F} = \frac{200\,000}{200\,000 - 100\,000} = 2$$

$$DFL = \frac{EBIT}{EBIT - I} = \frac{100\,000}{100\,000 - 16\,000} = 1.19$$

$$DCL = DOL \times DFL = 2 \times 1.19 = 2.38$$

如果没有财务杠杆,企业综合杠杆系数将等于经营杠杆系数,[做中学 4-12]中 DOL 值为 2

（没有财务杠杆的企业的 $DFL=1$）。但是，该企业的财务杠杆将 DOL 数字放大了 1.19 倍，从而得到综合杠杆系数为 2.38。

（三）综合杠杆与总风险

企业总风险即复合风险，是指企业未来每股收益的不确定性风险，它是由经营风险和财务风险组成的。综合杠杆系数反映了企业每股收益变动率随企业产销业务量变动率的变动而变动程度，这种放大的作用是经营杠杆和财务杠杆共同作用的结果。综合杠杆系数越大，总风险就越大。

经营杠杆和财务杠杆可以按许多种方式联合以得到一个理想的综合杠杆系数和企业总风险水平。高经营风险可以被较低的财务风险抵销。适合的企业总风险水平需要在企业总风险和期望收益之间进行权衡，这一权衡过程必须与股东价值最大化目标一致。

任务三　资本结构原理

企业应重视自身资本结构，这就需要综合考虑与资本结构有关的影响因素，运用适当的方法确定最佳资本结构，提升企业价值。若企业现有资本结构不合理，应通过筹资活动优化调整资本结构，使其趋于科学合理化，实现企业财务管理目标。

一、资本结构含义

资本结构是指企业资本总额中各种资本构成及其比例关系。在筹资活动中，资本结构有广义和狭义之分。广义资本结构包括全部债务与股东权益构成比率；狭义资本结构则指长期负债与股东权益资本构成比率。在狭义资本结构下，短期债务被作为营运资金来管理。

不同资本结构会给企业带来不同后果。企业利用债务资本进行举债经营具有双重作用，既可能发挥财务杠杆效应，也可能带来财务风险。因此，企业必须权衡财务风险和资本成本的关系，确定最佳资本结构。

从理论上讲，最佳资本结构是存在的，但由于企业内部条件和外部环境经常性变化，动态地保持最佳资本结构十分困难。因此，在实务中，目标资本结构通常是企业结合自身实际进行适度负债经营所确立的最佳资本结构。

二、最佳资本结构决策

资本结构优化，要求企业权衡负债低资本成本和高财务风险的关系，确定合理资本结构。为此，资本结构优化目标是降低综合资本成本或提高每股收益。

资本结构决策通常采用的方法有：①每股收益分析法；②综合资本成本比较法；③企业价值法。

（一）每股收益分析法

为了确定最佳资本结构，企业可通过观察每股收益变化来判断资本结构是否合理，即能够提高每股收益的资本结构就是合理的资本结构。在资本结构管理中，利用债务资本的目的之一就是利用负债筹资财务杠杆作用来增加股东财富。

每股收益受到经营利润水平、债务资本成本水平等因素影响，分析每股收益与资本结构的关系，可以找到每股收益无差别点。所谓每股收益无差别点，是指不同筹资方式下每股收益都相等时所对应的息税前利润和产销业务量水平。根据每股收益无差别点，可以分析判断在什么样的息税前利润水平或产销业务量水平前提下，适于采用何种筹资组合方式，进而确定企业资本结构安排。

在每股收益无差别点上，无论是采用债务还是股权筹资方案，每股收益都是相等的。当预期息税前利润或产销业务量水平大于每股收益无差别点时，应当选择财务杠杆效应较大的筹资方案；反之亦然。

如果用 EPS_1 和 EPS_2 分别表示两个不同筹资方案的每股收益，则在每股收益无差别点上存在 $EPS_1=EPS_2$，即：

$$\frac{(\overline{EBIT}-I_1)(1-T)-D_1}{N_1}=\frac{(\overline{EBIT}-I_2)(1-T)-D_2}{N_2}$$

公式中：$\overline{EBIT}$ 表示每股收益无差别点上的息税前利润；I_1、I_2 表示两种筹资方式下的利息；D_1、D_2 表示两种筹资方式下的优先股股利；N_1、N_2 表示两种筹资方式下发行在外的普通股股数。

做中学 4-13

企业现有资本共 1 000 万元，其中，银行借款 400 万元，贷款利率为 10%，发行在外普通股 10 万股，股本总额 600 万元。由于生产经营需要，企业需追加筹资 600 万元，企业追加筹资之后年息税前利润将达到 180 万元，企业适用所得税税率为 25%。现有两个方案可供选择：

方案甲：通过发行普通股股票追加筹资，发行 10 万股，每股 60 元。

方案乙：通过银行借款追加筹资，贷款利率为 10%。

分析：

$$\frac{(\overline{EBIT}-400\times10\%)(1-25\%)}{10+10}=\frac{(\overline{EBIT}-400\times10\%-600\times10\%)(1-25\%)}{10}$$

$$\overline{EBIT}=160（万元）$$

将 $\overline{EBIT}=160$ 代入上式，等式两边任意一边可得：

$$EPS=\frac{(\overline{EBIT}-I)(1-T)}{N}=\frac{(160-400\times10\%)(1-25\%)}{10+10}=4.5（元）$$

或：

$$EPS=\frac{(160-400\times10\%-600\times10\%)(1-25\%)}{10}=4.5（元）$$

上述关系可以用图 4-1 表示。

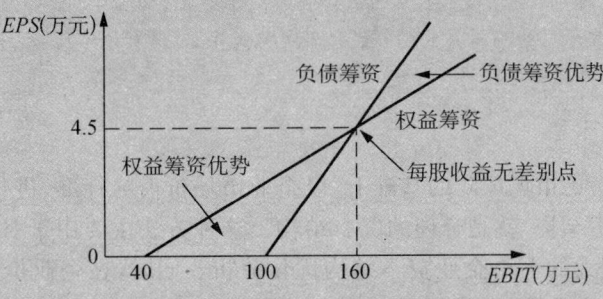

图 4-1 方案甲、乙每股收益无差别点

从图 4-1 可以看出，每股收益无差别点对应息税前利润为 160 万元，每股收益为 4.5 元。

(1) 当企业的息税前利润高于 160 万元时，利用银行借款负债筹资能够获得更高的每股收益。

(2) 当息税前利润低于 160 万元时，利用发行普通股股票权益资金筹资可以获得更高的每股收益。

由于企业筹资后息税前利润可以达到 180 万元，所以该企业采用向银行借款负债筹资能够获得更高的每股收益，即应选择方案乙。

（二）综合资本成本比较法

综合资本成本比较法是通过计算和比较各种可能筹资组合方案的综合资本成本，选择综合资本成本最低的方案，即能够降低综合资本成本的资本结构，就是合理的资本结构。这种方法侧重于从资本投入角度对筹资方案和资本结构进行优化分析。

做中学 4-14

企业欲筹资 300 万元，有三个备选方案，其资本结构分别是：

方案甲：银行借款 50 万元、债券 150 万元、普通股股本 100 万元。

方案乙：银行借款 70 万元、债券 80 万元、普通股股本 150 万元。

方案丙：银行借款 100 万元、债券 120 万元、普通股股本 80 万元。

银行借款、债券、普通股股本相应个别资本成本如表 4-5 所示。

表 4-5　　　　　　　　　　　**个别资本成本**　　　　　　　　金额单位：万元

筹资方式	方案甲		方案乙		方案丙	
	筹资额	资本成本	筹资额	资本成本	筹资额	资本成本
银行借款	50	6%	70	6.5%	100	7%
债券	150	9%	80	7.5%	120	8%
普通股股本	100	15%	150	15%	80	15%
合计	300	—	300	—	300	—

根据上述资料可以计算各方案综合资本成本。

分析：

$$方案甲：K_w = 6\% \times \frac{50}{300} + 9\% \times \frac{150}{300} + 15\% \times \frac{100}{300} = 10.5\%$$

$$方案乙：K_w = 6.5\% \times \frac{70}{300} + 7.5\% \times \frac{80}{300} + 15\% \times \frac{150}{300} = 11.02\%$$

$$方案丙：K_w = 7\% \times \frac{100}{300} + 8\% \times \frac{120}{300} + 15\% \times \frac{80}{300} = 9.53\%$$

通过以上计算与比较可以看出，方案丙的综合资本成本最低。在其他有关因素相同的条件下，方案丙是最好的筹资方案，其形成的资本结构（即长期借款 100 万元、债券 120 万元、普通股股本 80 万元）可确定为该企业的最佳资本结构。

（三）企业价值法

企业价值法是在考虑市场风险的基础上，以企业市场价值为标准，进行资本结构优化，即能够提升企业价值的资本结构，就是合理的资本结构。这种方法主要用于对现有资本结构进行调整，适用于资本规模较大的上市企业资本结构优化分析。同时，在企业价值最大化的资本结构下，企业综合资本成本也是最低的。

设 V 表示企业价值；B 表示债务资本价值；S 表示权益资本价值。企业价值应该等于资本市场价值，即：

$$V = S + B$$

为简化分析，假设企业各期 $EBIT$ 保持不变，债务资本市场价值等于其面值，权益资本市场价值可通过下式计算：

$$S = \frac{(EBIT - I)(1 - T)}{K_s}$$

且:

$$K_s = R_f + \beta(R_m - R_f)$$

此时:

$$K_w = K_b \frac{B}{V}(1 - T) + K_s \frac{S}{V}$$

做中学 4-15

企业息税前利润为 400 万元,资本总额账面价值为 2 000 万元。假设无风险报酬率为 6%,证券市场平均报酬率为 10%,所得税税率为 40%。经测算,不同债务水平下的税前债务资本成本和普通股资本成本如表 4-6 所示。

表 4-6　　　　　　　**不同债务水平下的税前债务资本成本和普通股资本成本**

债务市场价值 B(万元)	税前债务利率	β 系数	普通股资本成本
0	——	1.5	12.00%
200	8.00%	1.55	12.20%
400	8.50%	1.65	12.60%
600	9.00%	1.8	13.20%
800	10.00%	2.0	14.00%
1 000	12.00%	2.3	15.20%
1 200	15.00%	2.7	16.80%

根据表 4-6 的资料,可计算出不同资本结构下的企业价值和综合资本成本,如表 4-7 所示。

表 4-7　　　　　　　　　　**企业价值和综合资本成本**　　　　　　　金额单位:万元

债务市场价值	股票市场价值	企业价值	债务税后资本成本	普通股资本成本	综合资本成本
0	2 000	2 000	——	12.00%	12.00%
200	1 889	2 089	4.80%	12.20%	11.49%
400	1 743	2 143	5.10%	12.60%	11.20%
600	1 573	2 173	5.40%	13.20%	11.05%
800	1 371	2 171	6.00%	14.00%	11.05%
1 000	1 105	2 105	7.20%	15.20%	11.40%
1 200	786	1 986	9.00%	16.80%	12.09%

可以看出,在没有债务资本的情况下,企业总价值等于股票的账面价值。当企业增加一部分债务时,财务杠杆开始发挥作用,股票市场价值大于其账面价值,企业总价值上升,综合资本成本下降。在债务达到 600 万元时,企业总价值最高,综合资本成本最低。债务超过 600 万元后,随着利息率的不断上升,财务杠杆作用逐步减弱甚至呈现相反作用,企业总价值下降,综合资本成本上升。因此,债务为 600 万元时的资本结构是该企业的最佳资本结构。

关键术语

　　资本成本　个别资本成本　综合资本成本　边际资本成本　经营杠杆　财务杠杆　财务杠杆系数　综合杠杆　资本结构

应知考核

一、单项选择题

1. 下列说法中,不正确的是( )。
   A. 资本成本是一种机会成本
   B. 通货膨胀影响资本成本
   C. 证券的流动性影响资本成本
   D. 融资规模不影响资本成本

2. 企业经营杠杆系数为 1.5,财务杠杆系数为 1.8,该公司目前每股收益为 2 元,若使销售量增加 20%,则每股收益将增长为( )元。
   A. 3.08
   B. 0.54
   C. 1.08
   D. 5.4

3. 企业当期利息全部费用化,其利息保障倍数为 3,则该企业的财务杠杆系数是( )。
   A. 1.25
   B. 1.5
   C. 1.33
   D. 1.2

4. 企业年营业收入为 500 万元,变动成本率为 40%,经营杠杆系数为 1.5,财务杠杆系数为 2。如果固定成本增加 40 万元,那么,总杠杆系数将变为( )。
   A. 4
   B. 3
   C. 5
   D. 8

5. 企业发行普通股股票 600 万元,筹资费用率 5%,上年股利率为 12%,预计股利每年增长 10%,所得税税率 30%。该公司年末留存 50 万元未分配利润用作发展之需,则该笔留存收益的成本为( )。
   A. 22%
   B. 23.2%
   C. 23.89%
   D. 16.24%

二、多项选择题

1. 下列关于资本成本的说法中,正确的有( )。
   A. 任何投资项目的投资收益率必须高于资本成本
   B. 资本成本是最低可接受的收益率
   C. 资本成本是投资项目的取舍收益率
   D. 等于各项资本来源的成本加权计算的平均数

2. 在市场经济环境中,决定企业资本成本高低的主要因素包括( )。
   A. 总体经济环境
   B. 证券市场条件
   C. 企业内部的经营和融资状况
   D. 项目融资规模

3. 经营风险是指企业未使用债务时经营的内在风险,影响经营风险的主要因素包括( )。
   A. 产品需求
   B. 产品售价
   C. 产品成本
   D. 调整价格的能力

4. 下列关于利用每股收益无差别点进行企业资本结构分析的说法中,正确的有( )。
   A. 考虑了风险因素
   B. 当预计销售额高于每股收益无差别点时,负债筹资方式比普通股筹资方式好
   C. 能提高每股收益的资本结构是合理的
   D. 在每股收益无差别点上,每股收益不受融资方式影响

5. 在个别资本成本中需要考虑所得税因素的有( )。
   A. 债券成本
   B. 银行借款成本
   C. 普通股成本
   D. 留存收益成本

三、判断题

1. 计算加权平均资本成本时,可以有三种权数,即账面价值权数、市场价值权数和目标价值权数,其中账面价值权数既方便又可靠。　　　　　　　　　　　　　　　　　　　( )

2. 当产品成本变动时,若企业具有较强的调整价格的能力,经营风险就小;反之,经营风险就大。　( )

3. 当债务资本比率较高时，经营风险较大。　　　　　　　　　　　　　　　（　　）

4. 当息税前利润处于每股收益无差别点上，不管采用何种筹资方式都是同样的每股收益。（　　）

5. 企业价值大小与资本成本结构没有关系。　　　　　　　　　　　　　　　（　　）

四、简述题

1. 简述资本成本的含义和作用。

2. 简述影响资本成本的因素。

3. 简述边际资本成本计算的具体步骤。

4. 简述财务杠杆的含义及测算财务杠杆效应程度的指标。

5. 简述资本结构的含义及常用的方法。

五、计算题

1. 某企业发行 100 万元期限为 10 年的债券，票面利率为 11%，每年支付利息，发行费用率 4%，所得税税率为 25%。

　　要求：(1) 计算债券按面值发行的资本成本。

　　(2) 计算债券按 1∶1.1 的溢价发行的资本成本。

2. 某普通股发行价为 98 元/股，筹资费用率为 5%，预计第 1 年年末发放股利 12 元/股，以后每年增长 3%。

　　要求：计算该普通股资本成本。

3. 某公司的 β 系数为 1.5，无风险利率为 11%，股票市场平均报酬率为 17%。

　　要求：计算该公司的普通股的资本成本。

4. 某公司拟发行优先股 100 万元，预定年股利率为 12%，预计筹资费用为 4 万元。

　　要求：计算该公司优先股的资本成本。

应会考核

■ 观念应用

【背景资料】

财务杠杆原理的应用

某企业只生产和销售 A 产品，其总成本线性模型为 $y = 30\,000 + 5x$。假定该企业 20×8 年度 A 产品销售量为 50 000 件，每件售价为 8 元；按市场预测，20×9 年 A 产品的销售数量将增长 10%。

【考核要求】

1. 计算 20×8 年该企业的边际贡献总额。

2. 计算 20×8 年该企业的息税前利润。

3. 计算 20×9 年的经营杠杆系数。

4. 计算 20×9 年息税前利润增长率。

■ 技能应用

最佳资金结构的理解

某公司拟筹资 1 000 万元，现有甲、乙两个备选方案。有关资料如表 4-8 所示。

表 4-8　　　　　　　　　　　　甲、乙两个备选方案

筹资方式	甲方案	乙方案
长期借款	200 万元，资金成本 9%	180 万元，资金成本 9%
债券	300 万元，资金成本 10%	200 万元，资金成本 10.5%
普通股	500 万元，资金成本 12%	620 万元，资金成本 12%
合计	1 000 万元	1 000 万元

【技能要求】

试确定该公司的最佳资金结构。

■ 案例分析

【分析情境】

总杠杆的分析

某公司长期资本总额为 200 万元,其中长期债务占 50%,利率为 10%,公司销售额为 50 万元,固定成本总额为 5 万元,变动成本率为 60%。

【分析要求】

求 DOL、DFL、DTL 并对总杠杆进行分析。

项目实训

【实训项目】

资本成本。

【实训情境】

综合资本成本的应用

某公司原资本结构如表 4-9 所示。目前该公司普通股的每股市价为每股 12 元,预期第 1 年的股利为每股 1.5 元,以后每年以固定的增长率 3% 增长,不考虑证券筹资费用,该公司适用的所得税税率为 25%。该公司目前拟增资 2 000 万元,以投资新项目,有以下两个方案可供选择:

表 4-9　　　　　　　　　　　　　某公司原资本结构表

筹资方式	金额(万元)
债券(年利率8%)	3 000
普通股(每股面值1元,发行价12元,共500万股)	6 000
合计	9 000

方案一:按面值发行 2 000 万元债券,债券年利率 10%,同时由于公司风险的增加,所以普通股的市价降为 11 元/股(股利不变)。

方案二:按面值发行 1 340 万元债券,债券年利率 9%,同时按照 11 元/股的价格发行普通股股票筹集 660 万元资金(股利不变)。

【实训任务】

采用综合资本成本法判断企业应采用哪一种方案。

资本成本实训报告		
项目实训班级：	项目小组：	项目组成员：
实训时间： 年 月 日	实训地点：	实训成绩：
实训目的：		
实训步骤：		
实训结果：		
实训感言：		

用 Excel 解决本项目问题

1. 相关函数 IF( )

用途：执行逻辑判断，它可以根据逻辑表达式的真假，返回不同的结果，从而执行数值或公式的条件检测任务。

函数表达式：＝IF(A,B,C)，意思是"如果 A，那么 B，否则 C"。

如＝IF(A1＜60，"不及格"，"及格")，意思是"如果 A1＜60，那么'不及格'，否则'及格'"。

2. 利用每股收益无差别法进行资本结构决策

【例 4-1】 某公司筹集资金 300 万元以扩大生产规模，筹集资金可采用增发普通股或长期借款的方式，现有 A、B 两个筹资方案，具体资料如图 4-2 所示。企业现有资本 1 000 万元，其中债务 400 万元，股东权益 600 万元，所得税税率为 25%。

请采用每股收益无差别点法分析企业选择何种筹资方式最合理。

	A	B	C	D	E	F	G	H	I
1	已知条件								
2	现有资本结构				追加筹资方案				
3	股东权益(万元)	600	普通股份数(万股)	60	方案A				
4	债务(万元)	400	债务利率	8%	股票筹资额(万元)	300	新增股份数(万股)	40	
5	现有资本(万元)	1 000			方案B				
6	所得税税率	25%			债务筹资额(万元)	300	新增债务利率	10%	
7									

图 4-2　A、B 两个筹资方案资料

运用 Excel 解决此问题的具体操作步骤如下：

(1) 计算方案 A 在不同息税前利润下的每股收益。在单元格 B11 中输入公式：＝(B10－\$B\$4 * \$D\$4) * (1－\$B\$6)/(\$D\$3＋\$H\$4)，并将单元格 B11 向右复制到单元格 I11。

(2) 计算方案 B 在不同息税前利润下的每股收益。在单元格 B12 中输入公式：＝(B10－\$B\$4 * \$D\$4－\$F\$6 * \$H\$6) * (1－\$B\$6)/\$D\$3，并将单元格 B12 向右复制到单元格 I12。

(3) 选取不同息税前利润对应的最优筹资方案。在单元格 B13 中输入公式：＝IF(B11＞B12，"方案 A"，"方案 B")，并将单元格 B13 向右复制到单元格 I13。

(4) 计算两个方案的每股收益之差，并将其作为目标函数。在单元格 D15 中输入公式：＝(D16－B4 * D4) * (1－B6)/(D3＋H4)－(D16－B4 * D4－F6 * H6) * (1－B6)/D3。

(5) 计算两方案的每股收益无差别点。在工具菜单中选择单变量求解，系统弹出单变量求解对话框，在目标单元格中输入 D15，在目标值中输入 0，在可变单元格中输入 D16，单击"确定"按钮。

(6) 计算两方案无差别点的每股收益。在单元格 D17 中输入公式：＝(D16－B4 * D4) * (1－B6)/(D3＋H4)。

(7) 画出每股收益与息税前利润的关系图。单击工具栏上的"图表向导"按钮，选取"XY 散点图"，按说明进行操作，即可得出图形。

具体结果如图 4-3 所示①。

	A	B	C	D	E	F	G	H	I
1	已知条件								
2	现有资本结构				追加筹资方案				
3	股东权益（万元）	600	普通股份数（万股）	60	方案A				
4	债务（万元）	400	债务利率	8%	股票筹资额（万元）	300	新增股份数（万股）	40	
5	现有资本（万元）	1 000			方案B				
6	所得税税率	25%			债务筹资额（万元）	300	新增债务利率	10%	
7									
8									
9	计算过程								
10	预计息税前利润（万元）	40	60	80	100	120	140	160	180
11	方案A每股利润（元/股）	0.06	0.21	0.36	0.51	0.66	0.81	0.96	1.11
12	方案B每股利润（元/股）	−0.28	−0.03	0.23	0.48	0.73	0.98	1.23	1.48
13	最优筹资方案	方案A	方案A	方案A	方案A	方案B	方案B	方案B	方案B
14									
15	目标函数：方案A每股利润−方案B每股利润			−0.03					
16	无差别点的息税前利润（万元）			112					
17	无差别点的每股利润（元/股）			0.60					

图 4-3 计算结果图

---

① 图 4-3 中第 1 行的预计息税前利润是人为设定的数值，按照 2 万元递增。

项目投资管理

知识 目标

理解：投资的含义和种类；项目投资的含义、特点与意义；项目投资决策及其影响因素。

熟知：项目投资金额及其投入方式；项目投资的程序；现金流量的含义和基本假设、作用。

掌握：现金流量的内容；现金流量的分析计算；非贴现和贴现投资评价方法；项目投资决策评价指标的运用。

技能 目标

能够确定项目投资的现金流量构成内容；能够进行项目投资的现金流量的估算；具备运用项目投资决策方法进行投资方案的决策能力。

素质 目标

能够根据企业所处的内外部环境状况，估计项目投资的现金流量，并能够用适当的项目投资决策方法对最佳投资方案作出选择，具备项目投资分析与决策的能力。

项目 引例

康元葡萄酒厂的项目投资决策

康元葡萄酒厂是生产葡萄酒的中型企业，该厂生产的葡萄酒酒香纯正，价格合理，长期以来供不应求。为了扩大生产能力，康元葡萄酒厂准备新建一条生产线。

张晶是该厂的助理会计师，主要负责投资工作。总会计师王冰要求张晶搜集建设葡萄酒新生产线的有关资料，并对投资项目进行财务评价，以供厂领导决策考虑。

张晶经过半个月的调查研究，得到以下有关资料：

（1）投资新的生产线需一次性投入 1 000 万元，建设期 1 年，预计可使用 10 年，报废时无残值收入；按税法要求该生产线的折旧年限为 8 年，使用直线法计提折旧，残值率为 10％。

（2）购置设备所需的资金通过银行借款筹措，借款期限为 4 年，每年年末支付利息 100 万元，第 4 年年末用税后利润偿付本金。

（3）该生产线投入使用后，预计可使工厂第 1 至第 5 年的销售收入每年增长 1 000 万元，第 6 至第 10 年的销售收入每年增长 800 万元，耗用的人工和原材料等成本为收入的 60％。

（4）生产线建设期满后，工厂还需垫支流动资金 200 万元。

（5）所得税税率为 25％。

（6）银行借款的资金成本为 10％。

思考与讨论：如何对该项目投资进行可行性评价？

知识 精讲

任务一 项目投资概述

一、投资的含义和种类

（一）投资的含义

投资是指特定经济主体（包括国家、企业和个人）为了在未来可预见的时期内获得收益或使资金增值，在一定时期内向一定领域的标的物投放足够数额的资金或实物等货币等价物的经济行为。从特定企业角度看,投资就是企业为获取收益而向一定对象投放资金的经济行为。

(二) 投资的种类

(1) 按照投资行为的介入程度,分为直接投资和间接投资。直接投资是指不借助金融工具,由投资人直接将资金转移交付给被投资对象使用的投资,包括企业内部直接投资和对外直接投资,前者形成企业内部直接用于生产经营的各项资产,如各种货币资金、实物资产、无形资产等,后者形成企业持有的各种股权性资产,如持有子公司或联营公司股份等。间接投资是指通过购买被投资对象发行的金融工具而将资金间接转移交付给被投资对象使用的投资,如企业购买特定投资对象发行的股票、债券、基金等。

(2) 按照投入的领域不同,分为生产性投资和非生产性投资。生产性投资是指将资金投入生产、建设等物质生产领域中,并能够形成生产能力或可以产出生产资料的一种投资,又称为生产资料投资。这种投资的最终成果将形成各种生产性资产,包括形成固定资产的投资、形成无形资产的投资、形成其他资产的投资和流动资金投资。其中,前三项属于垫支资本投资,后者属于周转资本投资。非生产性投资是指将资金投入非物质生产领域中,不能形成生产能力,但能形成社会消费或服务能力,满足人民的物质文化生活需要的一种投资。这种投资的最终成果是形成各种非生产性资产。

(3) 按照投资的方向不同,分为对内投资和对外投资。对内投资就是项目投资是指企业将资金投放于为取得供本企业生产经营使用的固定资产、无形资产、其他资产和垫支流动资金而形成的一种投资。对外投资是指企业为购买国家及其他企业发行的有价证券或其他金融产品(包括期货与期权、信托、保险),或以货币资金、实物资产、无形资产向其他企业(如联营企业、子公司等)注入资金而发生的投资。

此外,按照投资的内容不同,分为固定资产投资、无形资产投资、流动资金投资、房地产投资、有价证券投资、期货与期权投资、信托投资、保险投资等多种形式。

本项目所讨论的投资是指属于直接投资范畴的企业内部投资,即项目投资。

二、项目投资的含义、特点和意义

(一) 项目投资的含义

项目投资是对特定项目所进行的一种长期投资行为。对工业企业来讲,主要有以新增生产能力为目的的新建项目投资和以恢复或改善原有生产能力为目的的更新改造项目投资两大类。

(二) 项目投资的特点

与其他形式的投资相比,项目投资具有投资数额大、影响时间长、不可逆转性、投资风险高、投资内容独特(每个项目都至少涉及一项形成固定资产的投资)、发生频率低、变现能力差等特点。

(1) 投资数额大。项目投资所形成的生产经营能力主要体现在固定资产上。固定资产的购建本身所需的资金量是巨大的,还需要配置相应的流动资产,投资数额较大。

(2) 影响时间长。项目投资的寿命一般都在几年以上,有的甚至长达几十年,投资一旦完成,就会长时期地对企业的生产经营产生影响。

(3) 不可逆转性。项目投资一旦实施并形成一定生产经营能力后,无论其投资效益如何,均难以改变。

(4) 投资风险高。项目投资所提供的经济效益只能在今后较长时期内逐步实现,未来时期内各种影响投资效益的因素较多,这意味着企业进行项目投资必然冒较高的风险。

(三) 项目投资的意义

从宏观角度看,项目投资有以下两方面积极意义:①项目投资是实现社会资本积累功能的主要途径，也是扩大社会再生产的重要手段，有助于促进社会经济的长期可持续发展。②增加项目投资，能够为社会提供更多的就业机会，提高社会总供给量，不仅可以满足社会需求的不断增长，而且会最终拉动社会消费的增长。

从微观角度看，项目投资有以下三个方面积极意义：①增强投资者经济实力。投资者通过项目投资，扩大其资本积累规模，提高其收益能力，增强其抵御风险的能力。②提高投资者创新能力。投资者通过自主研发和购买知识产权，结合投资项目的实施，实现科技成果的商品化和产业化，不仅可以不断地获得技术创新，而且能够为科技转化为生产力提供更好的业务操作平台。③提升投资者市场竞争能力。市场竞争不仅是人才的竞争、产品的竞争，而且从根本上说是投资项目的竞争。一个不具备核心竞争能力的投资项目，是注定要失败的。无论是投资实践的成功经验还是失败的教训，都有助于促进投资者自觉按市场规律办事，不断提升其市场竞争力。

三、项目投资决策及其影响因素

项目投资决策是指特定投资主体根据其经营战略和方针，由相关管理人员作出的有关投资目标、拟投资方向或投资领域的确定和投资实施方案的选择的过程。

（一）需求因素

需求情况可以通过考察投资项目建成投产后预计产品的各年营业收入（即预计销售单价与预计销量的乘积）的水平来反映。如果项目的产品不适销对路，或质量不符合要求，或产能不足，都会直接影响其未来的市场销路和价格的水平。其中，产品是否符合市场需求、质量应达到什么标准，取决于对未来市场的需求分析，以及对工艺技术所达到水平的分析，而产能情况则直接取决于工厂布局是否合理、原材料供应是否有保证，以及对生产能力和运输能力的分析。

（二）时期和时间价值因素

1. 时期因素

时期因素是由项目计算期的构成情况决定的。项目计算期（记作 n），是指项目从开始投资建设到最终清理结束整个过程的全部时间，即项目的有效持续时间。项目计算期通常以年为计算单位。

一个完整的项目计算期，由建设期（记作 s，$s \geq 0$）和生产经营期（记作 p）两部分构成。其中：

（1）建设期是指从开始投资建设到建成投产这一过程的全部时间。建设期的第 1 年年初（记作第 0 年）称为建设起点，建设期的最后 1 年年末（记作第 s 年）称为投产日。

（2）生产经营期也称运营期，是指从投产日到终结点这一过程的全部时间。生产经营期开始于建设期的最后 1 年年末即投产日，结束于项目最终清理的最后 1 年年末（记作第 n 年），称为终结点。生产经营期包括试产期和达产期（完全达到设计生产能力）。试产期是指项目投入生产，但生产能力尚未完全达到设计能力时的过渡阶段。达产期是指生产运营达到设计预期水平后的时间。运营期一般应根据项目主要设备的经济使用寿命期确定。图5-1为项目计算期的构成示意。

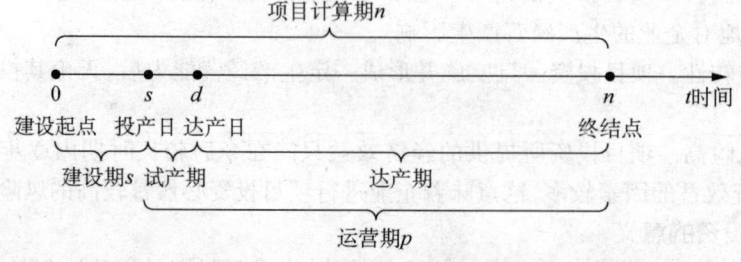

图5-1 项目计算期构成示意

项目计算期、建设期和运营期之间的关系如下:

$$项目计算期(n) = 建设期(s) + 运营期(p)$$

做中学 5-1

A企业拟投资新建一个项目,在建设起点开始投资,历经2年后投产,试产期为1年,主要固定资产的预计使用寿命为10年。根据上述资料,估算该项目各项指标。

分析:

该项目建设期为2年,运营期为10年。

$$达产期 = 10 - 1 = 9(年)$$
$$项目计算期 = 2 + 10 = 12(年)$$

2. 时间价值因素

时间价值因素是指根据项目计算期不同时点上价值数据的特征,按照一定的折现率对其进行折算,从而计算出相关的动态项目评价指标。因此,科学地选择适当的折现率,对正确开展投资决策至关重要。

(三) 成本因素

成本因素包括投入和产出两个阶段的广义成本费用。

(1) 投入阶段的成本。它是由建设期和运营期初期所发生的原始投资所决定的,从项目投资的角度看,原始投资(又称初始投资)等于企业为使该项目完全达到设计生产能力、开展正常经营而投入的全部现实资金,包括建设投资和流动资金投资两项内容。建设投资是指在建设期内按一定生产经营规模和建设内容进行的投资。流动资金投资是指项目投产后分次或一次投放于营运资金项目的投资增加额,又称垫支流动资金或营运资金投资。

在财务可行性评价中,原始投资与建设期资本化利息之和称为项目总投资,这是一个反映项目投资总体规模的指标。

做中学 5-2

B企业拟新建一条生产线项目,建设期为2年,运营期为20年。全部建设投资分别安排在建设起点、建设期第2年年初和建设期期末分三次投入,投资额分别为100万元、300万元和68万元;全部流动资金投资安排在投产后第1年和第2年年末分两次投入,投资额分别为15万元和5万元。根据项目筹资方案的安排,建设期资本化借款利息为22万元。根据上述资料,估算该项目各项指标。

分析:

$$建设投资合计 = 100 + 300 + 68 = 468(万元)$$
$$流动资金投资合计 = 15 + 5 = 20(万元)$$
$$原始投资 = 468 + 20 = 488(万元)$$
$$项目总投资 = 488 + 22 = 510(万元)$$

(2) 产出阶段的成本。它是由运营期发生的经营成本、税金及附加和企业所得税三个因素所决定的。经营成本又称付现的营运成本(或简称付现成本),是指在运营期内为满足正常生产经营而动用货币资金支付的成本费用。从企业投资者的角度看,税金及附加和企业所得税都属于成本费用的范畴,因此,在投资决策中需要考虑这些因素。

严格地讲,各项广义成本因素中除企业所得税因素外,均需综合考虑项目的工艺、技术、生产、财务等条件,并通过开展相关的专业分析才能予以确定。

四、项目投资金额及其投入方式

（一）项目投资金额

反映项目投资金额的指标主要有原始总投资和项目总投资。

1. 原始总投资

原始总投资是反映项目所需现实资金的价值指标。从项目投资的角度看，原始总投资等于企业为使投资项目完全达到设计生产能力而投入的全部现实资金。

从项目投资的角度看，原始投资又称初始投资，是指企业为使该项目完全达到设计生产能力、开展正常经营而投入的全部现实资金，包括建设投资和流动资金投资两项内容。

1）建设投资

建设投资是指在建设期内按一定生产经营规模和建设内容进行的投资，具体包括固定资产投资、无形资产投资和其他投资三项内容。

（1）固定资产投资是指项目用于购置或安装固定资产应当发生的投资。固定资产投资是任何类型项目中都不可缺少的投资内容。固定资产原值与固定资产投资之间的关系如下：

$$固定资产原值 = 固定资产投资 + 建设期资本化借款利息$$

（2）无形资产投资是指项目用于取得无形资产应当发生的投资。

（3）其他投资是指建设投资中除固定资产投资和无形资产投资以外的投资，包括生产准备投资和开办费投资。

2）流动资金投资

流动资金投资是指项目投产前后分次或一次投放于流动资产项目的投资增加额，又称垫支流动资金投资或营运资金投资。

2. 项目总投资

项目总投资是反映项目投资总体规模的价值指标，它等于原始投资与建设期资本化利息之和。其中，建设期资本化利息是指在建设期发生的与购建项目所需的固定资产、无形资产等长期资产有关的借款利息。

$$项目总投资 = 原始投资 + 建设期资本化利息$$

做中学 5-3

A 企业拟新建一条生产线，需要在建设起点一次投入固定资产投资 200 万元，在建设期末投入无形资产投资 25 万元，建设期为 1 年，建设期资本化利息为 10 万元，全部计入固定资产原值。流动资金投资合计为 20 万元。

分析：

$$固定资产原值 = 200 + 10 = 210（万元）$$
$$建设投资 = 200 + 25 = 225（万元）$$
$$原始总投资 = 225 + 20 = 245（万元）$$
$$项目总投资 = 245 + 10 = 255（万元）$$

（二）项目投资方式

项目投资的资金投入方式可分为一次投入和分次投入两种方式。一次投入方式是指投资行为集中一次发生或资金集中在某一个时点上投入。如果投资行为涉及两个或两个以上的时点，则属于分次投入方式。当建设期为零时，则一般为一次投资方式。

五、项目投资的程序

（一）项目投资方案的提出

为了满足公司生存、发展和获利的需要，根据公司的长远发展战略目标进行项目投资，可以为公司提供更多、更好的发展机遇。公司的各级管理人员都可以提出投资项目。一般而言，公司的最高管理层提出的投资项目多是战略性的，基层管理者提出的投资项目多是战术性的。

（二）项目投资方案的评价

项目投资方案的评价主要涉及如下几项工作：①项目对公司的重要意义及项目的可行性；②估算项目预计投资额，预计项目的收入和成本，预测项目投资的现金流量；③计算项目的各种投资评价指标；④写出评价报告，请领导批准。

（三）项目投资方案的决策

项目投资评价后，根据评价的结果，公司相关决策者要作出最后决策。最后决策一般可分为三种情况：①该项目可行，接受这个项目，可以进行投资；②该项目不可行，拒绝这个项目，不能进行投资；③将项目计划发还给项目投资的提出部门，重新调查后，再作处理。

（四）项目投资的执行

公司相关决策者作出投资决策，决定对某项目进行投资后，公司相关部门按照投资计划的要求积极筹措资金，实施投资。在项目投资的执行过程中，还要对工程进度、工程质量、施工成本进行控制，以便使投资按预算的规定保质并如期完成。

（五）项目投资的再评价

在项目投资的执行过程中，应根据项目的实行情况判断原来作出的决策是否合理、正确。

任务二　现金流量估算

一、现金流量的含义和基本假设

（一）现金流量的含义

现金流量是一个投资项目所引起的现金流出和现金流入的增加数量的总称。这里的"现金"是广义的现金，它不仅包括各种货币资金，而且还包括项目所需要投入的企业拥有的非货币资源的变现价值，例如，一个投资项目需要使用原有的厂房、设备和材料的变现价值等。现金流量是在一个较长时期内表现出来的，受资金时间价值的影响，一定数额现金在不同时期的价值是不同的，因此，研究现金流量及其发生的时间价值因素对正确评价投资项目的效益有着重要的意义。

（二）现金流量的基本假设

现金流量是计算项目投资决策评价指标的主要依据和重要信息，其本身也是评价项目投资是否可行的一个基础指标，为方便项目投资现金流量的确定，应作出以下基本假设：

（1）项目投资的类型假设，它是指在项目投资中涉及两种类型，即新建项目投资和更新改造项目投资。

（2）财务可行性分析假设，即假设项目投资决策从企业投资者的立场出发，只考虑该项目是否具有财务可行性，而不考虑该项目是否具有国民经济可行性和技术可行性。

（3）全投资假设，即假设在确定投资项目的现金流量时，只考虑全部投资的运动情况，而不具体考虑和区分哪些是自有资金，哪些是借入资金，即使是借入资金也将其视为自有资金处理。

（4）建设期间投资全部资金假设，即假设项目投资的资金都是在建设期投入的，在生产经营期没有投资。

（5）经营期和折旧年限一致假设，即假设项目的主要固定资产的折旧年限或使用年限和生产经营期相同。

（6）时点指标假设，为了便于利用资金时间价值的形式，将项目投资决策所涉及的价值指标都作为时点指标处理。其中，建设投资在建设期内有关年度的年初或年末发生；流动资金投资则在建设期期末发生；生产经营期内各年的收入、成本、摊销、利润、税费等项目的确认均在年末发生；新建项目最终报废或清理所产生的现金流量均发生在终结点。

（7）产销量平衡假设，即假设生产经营期内同1年的产量等于该年的销售量。这样，即可在会计利润的基础上计算出现金流量。

（8）确定性因素假设，即假设项目所涉及的有关价格、产销量、成本水平、所得税税率等因素均为已知的常数。

二、现金流量的作用

（1）现金流量信息所揭示的未来期间现实货币资金收支运动，可以序时动态地反映项目投资的流出与回收之间的投入产出关系，使决策者在投资主体的立场上，完整、准确、全面地评价具体投资项目的经济效益。

（2）利用现金流量指标代替利润指标作为反映项目效益的信息，可以克服因贯彻财务会计的权责发生制原则而带来的计量方法和计算结果的不可比和不透明等问题。即：由于不同的投资项目可能采取不同的固定资产折旧方法、存货估价方法或费用摊配方法，从而导致不同方案的利润信息相关性差、透明度不高、可比性差等情况。

（3）利用现金流量信息排除了非现金收付内部周转的资本运动形式，从而简化了有关投资决策评价指标的计算过程。

（4）将现金流量信息与项目计算期的各个时点密切结合，有助于在计算投资决策评价指标时应用资金时间价值的形式进行动态投资效果的综合评价。

三、现金流量的内容

现金流量包括三项内容，即现金流出量、现金流入量和现金净流量。

（一）现金流出量的内容
一个方案的现金流出量是指由该方案所引起的企业现金支出的增加额，主要包括以下内容：
（1）建设投资。
（2）流动资金投资。
（3）经营成本。
（4）各项税款。
（5）其他现金流出。

（二）现金流入量的内容
一个方案的现金流入量是指由该方案所引起的企业现金收入的增加额，主要包括以下内容：
（1）营业收入。它是指项目投产后每年实现的全部销售收入或业务收入。营业收入是生产经营期主要的现金流入项目。
（2）回收固定资产的余值。当投资项目的有效期结束，残余的固定资产经过清理会得到一笔现金收入，如残值出售收入。同时，清理时还要支付清理费用，如清理人员报酬。残值收入扣除清理费用后的净额，应当作为项目投资的一项现金流入。
（3）回收垫支的流动资金。当投资项目的有效期结束后，原先投入周转的流动资金可以转化成现金，用于其他方面，从而构成一项现金流入。

（4）其他现金流入量。即除以上三项指标外的现金流入量项目。

（三）现金净流量

现金净流量又称净现金流量（NCF），是指项目在一定期间内现金流入量减去现金流出量的差额。这里所说的"一定期间"一般是指 1 年期间，流入量大于流出量时，净流量为正值；反之，净流量为负值。

现金净流量具有以下两个特征：第一，无论是在生产经营期内还是在建设期内都存在净现金流量；第二，由于项目计算期不同阶段上的现金流入和现金流出发生的可能性不同，使各阶段上的净现金流量在数值上表现出不同的特点：建设期内的净现金流量一般小于或等于零；在生产经营期内的净现金流量则多为正值。

现金净流量的计算公式如下：

$$现金净流量（NCF）＝现金流入量－现金流出量$$

四、现金流量的分析计算

项目投资现金流量分析涉及项目的整个计算期，即从项目投资开始到项目结束的各个阶段：①初始阶段，即建设期所发生的现金流量；②经营期阶段，即正常经营阶段所发生的现金流量；③终结阶段，即在生产经营期终结点，项目结束时发生的现金流量。

（一）建设期现金流量

建设期现金流量是指初始投资阶段发生的现金流量，一般包括如下几个部分：

（1）在固定资产上的投资。它包括固定资产的购入或建造成本、运输成本、安装成本等。在一个继续使用旧设备的投资方案中，旧设备的变现价值就是在固定资产上的投资，也属于一项现金流出。

（2）垫支的营运资本。垫支的营运资本就是增加的流动资产与增加的流动负债的差额。即为了配合项目投资，在原营运资本的基础上所增加的与固定资产相配套的营运资本投资支出，包括对材料、在产品、产成品和现金等流动资产的投资以及增加的流动负债。

（3）其他投资费用。它是指与固定资产投资有关的职工培训费、谈判费、注册费用等不属于上述两项的其他投资费用。

（4）原有固定资产的变现收入。它是指在进行固定资产更新决策时，由于新购建固定资产而使原有固定资产淘汰出售的收入。此时，原有固定资产变卖所得的现金收入视为现金流入。然而，当旧设备继续使用时，旧设备的变现收入则是一项现金流出。

在建设期内，由于没有现金流入量，只有现金流出量，所以建设期的现金净流量总为负值。建设期净现金流量的简化计算公式如下：

$$建设期某年现金净流量＝－该年发生的投资额$$

（二）生产经营期现金流量

生产经营期现金流量是指项目在正常生产经营期内由于生产经营所带来的现金流入和现金流出的数量。这种现金流量一般以年为单位进行计算。这里的现金流入主要是指营业现金流入和该年的回收额，而现金支出主要是指营业现金支出和缴纳的税金。生产经营期现金流量的计算公式如下：

$$
\begin{aligned}
生产经营期某年现金净流量 &＝该年营业收入－该年付现成本－该年所得税\\
&＝该年营业收入－（该年营运总成本－该年折旧额）－该年所得税\\
&＝该年税后利润＋该年折旧额\\
&＝（该年营业收入－该年付现成本－该年折旧额）\\
&\quad ×（1－所得税税率）＋该年折旧额
\end{aligned}
$$

$$= \text{该年营业收入} \times (1 - \text{所得税税率}) - \text{该年付现成本}$$
$$\times (1 - \text{所得税税率}) + \text{该年折旧额} \times \text{所得税税率}$$

（三）终结点现金流量

终结点现金流量是指投资项目结束时固定资产变卖或停止使用所发生的现金流量，主要包括：

（1）固定资产的残值收入或变价收入。

（2）原垫支营运资本的收回。在项目结束时，将收回垫支的营运资本视为项目投资方案的一项现金流入。

（3）在清理固定资产时发生的其他现金流出。

终结点现金净流量的计算公式如下：

$$\text{终结点现金净流量}(NCF) = \text{生产经营期现金净流量} + \text{回收额}$$

做中学 5-4

三商集团进行一项固定资产投资，在建设起点一次投入 2 000 万元，无建设期，该项目的生产经营期为 10 年，该固定资产报废时预计残值为 200 万元。生产经营期每年预计获得税后利润 470 万元。固定资产按直线法计提折旧。计算该项目投资在项目计算期内各年的现金净流量。

分析：项目计算期如图 5-2 所示。

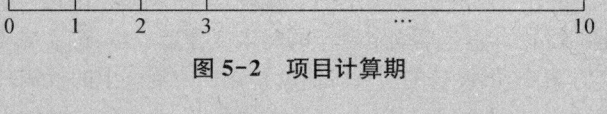

图 5-2 项目计算期

项目计算期 = 建设期 + 生产经营期 = 0 + 10 = 10（年）

$$\text{固定资产年折旧额} = \frac{2\,000 - 200}{10} = 180（万元）$$

$$NCF_0 = -2\,000（万元）$$
$$NCF_{1\sim9} = 470 + 180 = 650（万元）$$
$$NCF_{10} = 650 + 200 = 850（万元）$$

做中学 5-5

东商企业投资新建一个分厂，投资均为贷款，固定资产总投资 500 万元，建设期为 2 年，第 1 年年初投入 300 万元，第 1 年应计贷款利息 30 万元；第 2 年年初投入 200 万元，第 2 年应计贷款利息 55 万元；第 1 年年末投入流动资产 92 万元，该项目的生产经营期为 10 年，预计期满报废时有残值收入 45 万元，固定资产按直线法计提折旧。生产经营期各年实现的税后利润分别为 21 万元、23 万元、38 万元、45 万元、50 万元、59 万元、62 万元、54 万元、40 万元、24 万元。计算该项目投资在项目计算期内各年的现金净流量。

分析：项目计算期如图 5-3 所示。

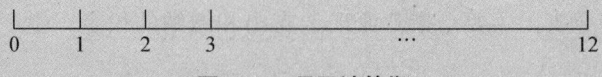

图 5-3 项目计算期

项目计算期 = 建设期 + 生产经营期 = 2 + 10 = 12（年）

固定资产原值 = （300 + 200）+（30 + 55）= 585（万元）

$$\text{固定资产年折旧额} = \frac{585 - 45}{10} = 54（万元）$$

$$NCF_0 = -300(万元)$$
$$NCF_1 = -200(万元)$$
$$NCF_2 = -92(万元)$$
$$NCF_3 = 21 + 54 = 75(万元)$$
$$NCF_4 = 23 + 54 = 77(万元)$$
$$NCF_5 = 38 + 54 = 92(万元)$$
$$NCF_6 = 45 + 54 = 99(万元)$$
$$NCF_7 = 50 + 54 = 104(万元)$$
$$NCF_8 = 59 + 54 = 113(万元)$$
$$NCF_9 = 62 + 54 = 116(万元)$$
$$NCF_{10} = 54 + 54 = 108(万元)$$
$$NCF_{11} = 40 + 54 = 94(万元)$$
$$NCF_{12} = 24 + 54 + 45 + 92 = 215(万元)$$

做中学 5-6

华商公司购置一台现代化设备,价值 530 万元,建设期 1 年,第 1 年末投入流动资产 80 万元。该项目生产经营期为 10 年,固定资产按直线法计提折旧,期末有残值为 30 万元。预计投产后,公司前 5 年每年发生 600 万元的营业收入,并发生付现成本 400 万元;后 5 年每年发生 900 万元的营业收入,并发生付现成本 600 万元。所得税税率为 25%。计算该项目投资在项目计算期内各年的现金净流量。

分析:

解法一:固定资产年折旧额 $= \dfrac{530-30}{10} = 50(万元)$

项目计算期 = 建设期 + 生产经营期 = 1 + 10 = 11(年)

$$NCF_0 = -530(万元)$$
$$NCF_1 = -80(万元)$$
$$NCF_{2\sim6} = 600 \times (1-25\%) - 400 \times (1-25\%) + 50 \times 25\% = 162.5(万元)$$
$$NCF_{7\sim10} = 900 \times (1-25\%) - 600 \times (1-25\%) + 50 \times 25\% = 237.5(万元)$$
$$NCF_{11} = 237.5 + 30 + 80 = 347.5(万元)$$

解法二:生产经营期前 5 年每年应交所得税 $= [600 - (400+50)] \times 25\% = 37.5(万元)$

生产经营期后 5 年每年应交所得税 $= [900 - (600+50)] \times 25\% = 62.5(万元)$

$$NCF_0 = -530(万元)$$
$$NCF_1 = -80(万元)$$
$$NCF_{2\sim6} = 600 - 400 - 37.5 = 162.5(万元)$$
$$NCF_{7\sim10} = 900 - 600 - 62.5 = 237.5(万元)$$
$$NCF_{11} = 237.5 + 30 + 80 = 347.5(万元)$$

任务三 项目投资指标

一、项目投资决策评价的主要指标及分类

(一) 项目投资决策评价指标

投资项目的现金净流量计算出来后,应采用适当的指标进行评价。项目投资决策评价指标

是指用于衡量和比较投资项目可行性以便据以进行方案决策的定量化标准与尺度,它由一系列综合反映投资效益、投入产出关系的量化指标构成。项目投资决策评价的指标主要有投资利润率、静态投资回收期、动态投资回收期(又称贴现投资回收期)、净现值、净现值率、现值指数、内含报酬率等。

(二)项目投资决策评价指标的分类

(1)按其是否考虑货币时间价值,分为非贴现评价指标和贴现评价指标。非贴现评价指标是指在计算过程中不考虑货币时间价值因素的指标,又称为静态指标,包括投资利润率、投资回收期等。贴现评价指标是指在计算过程中充分考虑和利用货币时间价值因素的指标,又称为动态指标,包括净现值、净现值率、现值指数、内含报酬率等。

(2)按其性质不同,分为正指标和反指标。投资利润率、净现值、净现值率、现值指数和内含报酬率属于正指标,在评价决策中,这些指标值越大越好;静态投资回收期、动态投资回收期属于反指标,在评价决策中,这类指标的值越小越好。

(3)按其数量特征的不同,分为绝对指标和相对指标。前者包括以时间为计量单位的静态投资回收期指标、动态投资回收期指标和以价值量为计量单位的净现值指标;后者包括净现值率、现值指数、内含报酬率等指标,除现值指数用指数形式表现外,其余指数用百分比表示。

(4)按指标重要性不同,分为主要指标、次要指标和辅助指标。净现值、内含报酬率等为主要指标,静态投资回收期为次要指标,投资利润率为辅助指标。

(5)按指标计算的难易程度不同,分简单指标和复杂指标。评价指标按其计算的难易程度,可分为简单指标和复杂指标。投资利润率、静态投资回收期、动态投资回收期、净现值、净现值率、现值指数等为简单指标;内含报酬率为复杂指标。

二、非贴现投资评价方法

非贴现投资评价方法不考虑资金时间价值,把不同时间的货币收支看成是等效的。这些方法在选择方案时只起辅助作用。

(一)投资利润率

投资利润率(return on investment,RIO)又称投资报酬率、平均报酬率,是指投资方案的年平均利润额与投资总额的比率。

投资利润率的计算公式如下:

$$ROI = \frac{P}{I} \times 100\%$$

公式中,P 表示年平均净利润;I 表示项目投资总额。

投资利润率从会计收益角度反映投资项目的获利能力,即投资 1 年能给企业带来的平均利润是多少。

利用投资利润率进行投资决策时将方案的投资利润率与预先确定的基准投资利润率(或企业要求的最低投资利润率)进行比较:若方案的投资利润率大于或等于基准投资利润率时,方案可行;若方案的投资利润率小于基准投资利润率时,方案不可行。一般来说,投资利润率越高,表明投资效益越好;投资利润率越低,表明投资效益越差。

做中学 5-7

某企业有 A、B 两个投资方案,投资总额均为 280 万元,全部用于购置固定资产,采用直线法计提折旧,使用期均为 4 年,不计残值,该企业要求的最低投资利润率为 10%,其他有关资料如表 5-1 所示。

表 5-1	A、B 投资方案相关资料表			单位:万元
年　份	A 方案		B 方案	
	利润	现金净流量(NCF)	利润	现金净流量(NCF)
0		−280		−280
1	35	105	25	95
2	35	105	28	98
3	35	105	35	105
4	35	105	38	108
合　计	140	140	126	126

要求:计算 A、B 两方案的投资利润率。

分析:

$$A 方案的投资利润率 = \frac{35}{280} \times 100\% = 12.5\%$$

$$B 方案的投资利润率 = \frac{126 \div 4}{280} \times 100\% = 11.25\%$$

从计算结果可以看出,A、B 方案的投资利润率均大于基准投资利润率的 10%,A、B 方案均为可行方案,且 A 方案的投资利润率比 B 方案的投资利润率高出 1.25%,故 A 方案优于 B 方案。

投资利润率的优点主要是计算简单,易于理解。其缺点主要是:①没有考虑资金时间价值;②没有直接利用现金净流量信息;③计算公式的分子是时期指标,分母是时点指标,缺乏可比性。基于这些缺点,投资利润率不宜作为投资决策的主要依据,一般只适用于方案的初选,或者投资后各项目间经济效益的比较。

(二)静态投资回收期

静态投资回收期是指以投资项目营业现金净流量抵偿原始总投资所需要的全部时间,通常以年来表示,记为 PP。投资决策时将方案的投资回收期与预先确定的基准投资回收期(或决策者期望投资回收期)进行比较,若方案的投资回收期小于基准投资回收期,方案可行;若方案的投资回收期大于基准投资回收期,方案不可行。一般来说,投资回收期越短,表明该投资方案的投资效果越好,则该项投资在未来时期所冒的风险越小。它的计算可分为两种情况:

(1)生产经营期年现金净流量相等时,其计算公式如下:

$$静态投资回收期 = \frac{原始总投资}{年现金净流量}$$

做中学 5-8

承[做中学 5-7],要求计算 A 方案的静态投资回收期。

分析:

$$A 方案的静态投资回收期 = \frac{280}{105} = 2.67(年)$$

（2）生产经营期年现金净流量不相等时，需计算逐年累计的现金净流量，然后用插入法计算出投资回收期。

做中学 5-9

承[做中学 5-7]，要求计算 B 方案的投资回收期。

分析：列表计算现金净流量和累计现金净流量如表 5-2 所示。

表 5-2　　　　　　　　　　　现金净流量和累计现金净流量　　　　　　　单位：万元

项目计算期	B 方案	
	现金净流量（NCF）	累计现金净流量
0	−280	−280
1	95	−185
2	98	−87
3	105	18
4	108	126

从表 5-2 可得出，B 方案第 2 年年末累计现金净流量为 −87 万元，表明第 2 年年末未回收额已经小于第 3 年的可回收额 105 万元，静态投资回收期在第 2 年与第 3 年之间，用插入法可计算出：

$$B 方案的静态投资回收期 = 2 + \frac{|-87|}{105} = 2.83（年）$$

A 方案的静态投资回收期小于 B 方案的静态投资回收期，所以 A 方案优于 B 方案。

静态投资回收期的优点主要是简单易算，并且投资回收期的长短也是衡量项目风险的一种标志，所以在实务中被广泛使用。其缺点主要有：①没有考虑资金时间价值；②仅考虑了回收期以前的现金流量，没有考虑回收期以后的现金流量，而有些长期投资项目在中后期才能得到较为丰厚的收益，投资回收期不能反映其整体的盈利性。

三、贴现投资评价方法

（一）净现值

净现值（net present value，NPV）是指在项目计算期内，按行业基准收益率或投资者设定的贴现率计算的各年现金净流量现值的代数和。净现值的基本计算公式如下：

$$NPV = \sum_{t=0}^{n} \frac{NCF_t}{(1+i)^t} = \sum_{t=0}^{n} NCF_t \times (P/F, i, t)$$

公式中：n 表示项目计算期（包括建设期与经营期）；NCF_t 表示第 t 年的现金净流量；i 表示行业基准收益率或投资者设定的贴现率；$(P/F, i, t)$ 表示第 t 年、贴现率表示 i 的复利现值系数。

显然，净现值也可表示为投资方案的现金流入量总现值减去现金流出量总现值的差额，也就是一项投资的未来收益总现值与原始总投资现值的差额。若前者大于或等于后者，即净现值大于或等于零，投资方案可行；若后者大于前者，即净现值小于零，投资方案不可行。

（1）生产经营期内各年现金净流量相等，建设期为零时，净现值的计算公式如下：

净现值 = 生产经营期每年相等的现金净流量 × 年金现值系数 − 原始总投资现值

做中学 5-10

承[做中学 5-7]，假定行业基准收益率为 10%。要求：计算投资 A 方案的净现值。

分析：

$$NPV = 105 \times (P/A, 10\%, 4) - 280 = 105 \times 3.1699 - 280 = 52.8395（万元）$$

（2）生产经营期内各年现金净流量不相等，则净现值的计算按基本公式计算：

$$净现值 = \sum（生产经营期各年的现金净流量 \times 各年现金现值系数）- 原始总投资现值$$

做中学 5-11

承[做中学 5-7]，仍假定行业基准收益率为 10%。要求：计算投资 B 方案的净现值。

分析：

$$\begin{aligned}
NPV &= 95 \times (P/F, 10\%, 1) + 98 \times (P/F, 10\%, 2) + 105 \times (P/F, 10\%, 3) \\
&\quad + 108 \times (P/F, 10\%, 4) - 280 \\
&= 95 \times 0.9091 + 98 \times 0.8264 + 105 \times 0.7513 + 108 \times 0.6830 - 280 \\
&= 40.0022（万元）
\end{aligned}$$

A 方案的净现值比 B 方案大，所以 A 方案优于 B 方案。

做中学 5-12

某企业准备引进先进设备与技术，有关资料如下：

（1）设备总价700万元，第1年年初支付400万元，第2年年初支付300万元，第2年年初投入生产，使用期限为6年，预计净残值40万元，采用直线法计提折旧。

（2）预计技术转让费共360元，第1、第2年年初各支付150万元，其余的在第3年年初付清。

（3）预计生产经营期第1年税后利润100万元，第2年税后利润150万元，第3年税后利润180万元，第4、第5、第6年的税后利润均为200万元。

（4）生产经营期期初投入流动资金200万元。

要求：按12%的贴现率计算该项目的净现值，并作出评价。

分析：计算现金流量如表5-3所示。

表5-3　　　　　　　　　　　现金流量计算表　　　　　　　　　　单位：万元

年份	0	1	2	3	4	5	6	7
购买设备	−400	−300						
无形资产投资	−150	−150	−60					
流动资产投资		−200						
税后利润			100	150	180	200	200	200
折旧			110	110	110	110	110	110
无形资产摊销			60	60	60	60	60	60
残值回收								40
流动资产回收								200
现金净流量	−550	−650	210	320	350	370	370	610
折现系数（12%）	1	0.8929	0.7972	0.7118	0.6355	0.5674	0.5066	0.4523

$$NPV = -550 + (-650) \times 0.892\,9 + 210 \times 0.797\,2 + 320 \times 0.711\,8 + 350 \times 0.635\,5$$
$$+ 370 \times 0.567\,4 + 370 \times 0.506\,6 + 610 \times 0.452\,3$$
$$= 160.511(元)$$

该项目的净现值大于零，方案可行。

使用净现值指标进行投资方案评价时，贴现率的选择相当重要，会直接影响到评价的正确性。通常情况下，可用企业筹资的资金成本率或企业要求的最低投资利润率来确定。

净现值是长期投资决策评价指标中最重要的指标之一。其优点：①充分考虑了货币时间价值，能较合理地反映投资项目的真正经济价值；②考虑了项目计算期的全部现金净流量，体现了流动性与收益性的统一；③考虑了投资风险性，贴现率选择应与风险大小有关，风险越大，贴现率就可选得越高。其缺点：①净现值是一个绝对值指标，无法直接反映投资项目的实际投资收益率水平，当各项目投资额不同时，难以确定投资方案的好坏；②贴现率的选择比较困难，很难有一个统一标准。

（二）净现值率

净现值率（net present value rate，$NPVR$）是指投资项目的净现值与原始总投资现值之和的比率。净现值率的基本计算公式如下：

$$净现值率 = \frac{净现值}{原始总投资现值之和} = \frac{NPV}{\left| \sum_{t=0}^{s} [NCF_t \times (1+i)^{-t}] \right|}$$

净现值率反映每元原始投资的现值未来可以获得的净现值有多少。净现值率大于或等于零，投资方案可行；净现值率小于零，投资方案不可行。净现值率可用于投资额不同的多个方案之间的比较，净现值率最高的投资方案应优先考虑。

做中学 5-13

承[做中学 5-10][做中学 5-11]，计算 A、B 两个方案的净现值率并加以比较。

分析：

$$NPVR_A = \frac{52.839\,5}{280} = 18.87\%$$

$$NPVR_B = \frac{40.002\,2}{280} = 14.29\%$$

A 方案的净现值率比 B 方案高，所以 A 方案优于 B 方案。

做中学 5-14

承[做中学 5-12]，计算投资方案的净现值率。

分析：

$$NPVR = \frac{160.511}{\left| -550 + (-650) \times 0.892\,9 + (-60) \times 0.797\,2 \right|} = 13.62\%$$

净现值率可以从动态的角度反映投资方案的资金投入与净产出之间的关系，反映了投资的效率，使投资额不同的项目具有可比性。

（三）现值指数

现值指数（profitability index，PI）又称获利指数，是指项目投产后按一定贴现率计算的生产经营期内各年现金净流量的现值之和与原始总投资现值之和的比率。其计算公式如下：

$$现值指数 = \frac{生产经营期各年现金净流量的现值之和}{原始投资额现值之和} = 1 + 净现值率$$

现值指数反映每元原始投资的现值未来可以获得报酬的现值有多少。现值指数大于或等于1，投资方案可行；现值指数小于1，投资方案不可行。现值指数可用于投资额不同的多个相互独立方案之间的比较，现值指数最高的投资方案应优先考虑。

做中学 5-15

承[做中学 5-10][做中学 5-11]，计算 A、B 两个方案的现值指数并加以比较。

分析：

$$PI_A = \frac{280 + 52.839\,5}{280} = 1.188\,7$$

$$PI_B = \frac{280 + 40.002\,2}{280} = 1.142\,9$$

A 方案的现值指数比 B 方案高，所以 A 方案优于 B 方案。

做中学 5-16

承[做中学 5-12]，计算投资方案的现值指数。

分析：

$$PI = \frac{550 + 650 \times 0.892\,9 + 60 \times 0.797\,2 + 160.511}{|-550 + (-650) \times 0.892\,9 + (-60) \times 0.797\,2|} = 1.136\,2$$

现值指数同样是贴现的相对数评价指标，可以从动态的角度反映投资方案的资金投入与总产出之间的关系，同样反映了投资的效率，能使投资额不同的项目具有可比性。

（四）内含报酬率

内含报酬率（internal rate of return，IRR）又称内部收益率，是指投资方案在项目计算期内各年现金净流量现值之和等于零时的贴现率，或者说是使投资方案净现值为零时的贴现率。显然，内含报酬率应满足以下等式：

$$\sum_{t=0}^{n} NCF_t \times (P/F,\ IRR,\ t) = 0$$

从上式可以看出，根据方案整个计算期的现金净流量就可计算出内含报酬率，它是方案的实际收益率。利用内含报酬率对单一方案进行决策时，只要将计算出的内含报酬率与企业的预期报酬率或资金成本率加以比较，若前者大于后者，方案可行；若前者小于后者，方案不可行。如果利用内含报酬率对多个方案进行选优时，在方案可行的条件下，内含报酬率最高的方案是最优方案。计算内含报酬率的过程，就是寻求使净现值等于零的贴现率的过程，根据投资方案各年现金净流量的情况不同，可以按以下两种方式进行计算。

1. 简单计算法

如投资方案建设期为零，全部投资均于建设起点一次投入，而且生产经营期内各年现金净流量为普通年金的形式，可用简单计算法计算内含报酬率。

假设建设起点一次投资额为 A_0，每年现金净流量为 A，则有：

$$A(P/A,\ IRR,\ n) - A_0 = 0$$

$$(P/A, IRR, n) = \frac{A_0}{A}$$

然后，通过查年金现值系数表，用线性插值方法计算出内含报酬率。

做中学 5-17

承[做中学 5-7]，计算 A 方案的内含报酬率。

分析： A 方案的建设期为零，全部投资 280 万元在第 1 年年初一次投入，生产经营期 4 年内各年现金净流量均为 105 万元。

$$105 \times (P/A, IRR, 4) - 280 = 0$$
$$(P/A, IRR, 4) = \frac{280}{105} = 2.666\ 7$$

查年金现值系数表，在 $n=4$ 这一行中，查到最接近 2.666 7 的两个值：2.690 1，其对应的贴现率为 18%；2.588 7，其对应的贴现率为 20%。则 IRR 应位于 18% 与 20% 之间，如图 5-4 所示。

18%		IRR		20%
2.690 1		2.666 7		2.588 7

图 5-4　线性插值示意

利用线性插值法得到：

$$\frac{IRR - 18\%}{20\% - 18\%} = \frac{2.690\ 1 - 2.666\ 7}{2.690\ 1 - 2.588\ 7}$$
$$IRR = 18\% + \frac{2.690\ 1 - 2.666\ 7}{2.690\ 1 - 2.588\ 7} \times (20\% - 18\%) = 18.46\%$$

2. 一般计算法

若建设期不为零，原始投资额是在建设期内分次投入或投资方案在生产经营期内各年现金净流量不相等的情况下，无法应用上述的简单方法时，则应采用逐次测试法，并结合线性插值法计算内含报酬率，其计算步骤如下：

（1）估计一个贴现率，用它来计算净现值。如果净现值为正数，说明方案的实际内含报酬率大于预计的贴现率，应提高贴现率再进一步测试；如果净现值为负数，说明方案本身的报酬率小于估计的贴现率，应降低贴现率再进行测算。反复测试，直到寻找出贴现率 i_1 和 i_2，$i_1 < i_2$，以 i_1 为贴现率计算的净现值 $NPV_1 > 0$ 且最接近零；以 i_2 为贴现率计算的净现值 $NPV_2 < 0$ 且最接近零。

（2）用线性插值法求出该方案的内含报酬率 IRR，如图 5-5 所示。

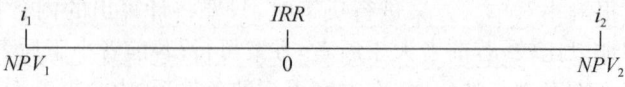

i_1		IRR		i_2
NPV_1		0		NPV_2

图 5-5　线性插值示意

根据各指标之间的关系，即可得到计算内含报酬率的一般公式如下：

$$IRR = i_1 + \frac{NPV_1}{NPV_1 - NPV_2} \times (i_2 - i_1)$$

做中学 5-18

承[做中学 5-7]，计算 B 方案的内含报酬率。

分析： 第一次测试，取贴现率 10%：

$$NPV = 95 \times (P/F, 10\%, 1) + 98 \times (P/F, 10\%, 2) + 105 \times (P/F, 10\%, 3)$$
$$+ 108 \times (P/F, 10\%, 4) - 280 = 40.002\ 2(万元)$$

NPV 的值高出 0 较多，说明低估了贴现率。

第二次测试，取贴现率 16%：

$$NPV = 95 \times (P/F, 16\%, 1) + 98 \times (P/F, 16\%, 2) + 105 \times (P/F, 16\%, 3)$$
$$+ 108 \times (P/F, 16\%, 4) - 280 = 1.655(万元)$$

说明仍然低估了贴现率。

第三次测试，取贴现率 18%：

$$NPV = 95 \times (P/F, 18\%, 1) + 98 \times (P/F, 18\%, 2) + 105 \times (P/F, 18\%, 3)$$
$$+ 108 \times (P/F, 18\%, 4) - 280 = -9.494\ 5(万元)$$

根据以上计算，得到 $i_1 = 16\%$、$NPV_1 = 1.655$（万元），$i_2 = 18\%$、$NPV_2 = -9.494\ 5$（万元），B 方案的内含报酬率为：

$$IRR = 16\% + \frac{1.655}{1.655 - (-9.494\ 5)} \times (18\% - 16\%) = 16.30\%$$

做中学 5-19

承[做中学 5-12]，计算该项目的内含报酬率。

分析： 从[做中学 5-12]得知，当贴现率为 12% 时，净现值为 160.511 0 万元；取 $i = 14\%$ 时，$NPV = -69.156$（万元），再提高贴现率；取 $i = 16\%$ 时，$NPV = -12.141$（万元），测试过程也可列表完成，如表 5-4 所示。

表 5-4　　　　　　　　　　内含报酬率测试计算表　　　　　　　　　单位：万元

年份	现金净流量（NCF）	贴现率＝14%		贴现率＝16%	
		现值系数	现值	现值系数	现值
0	−550	1	−550	1	−550
1	−650	0.877 2	−570.180	0.862 1	−560.365
2	210	0.769 5	161.595	0.743 2	156.072
3	320	0.675 0	216.00	0.640 7	205.024
4	350	0.592 1	207.235	0.552 3	193.305
5	370	0.519 4	192.178	0.476 1	176.157
6	370	0.455 6	168.572	0.410 4	151.848
7	610	0.399 6	243.756	0.353 8	215.818
净现值			69.156		−12.141

$$IRR = 14\% + \frac{69.156}{69.156 - (-12.141)} \times (16\% - 14\%) = 15.70\%$$

内含报酬率也是长期投资决策评价指标中最重要的指标之一。其优点：在考虑货币时间价值的基础上，直接反映投资项目的实际收益率水平，而且不受决策者设定的贴现率高低的影响，比较客观。其缺点：如果投资方案在生产经营期现金净流量不是持续地大于零，而是出现间隔若干年就会有 1 年现金净流量小于零，就有可能计算出若干个内含报酬率。在这种情况下，只能结合其他指标或凭经验加以判断。

任务四　项目投资评价 *

正确地计算主要评价指标是为了在进行项目投资方案的对比与选优中发挥作用。为正确地进行方案的对比与选优，要从不同的投资方案之间的关系出发，将投资方案区分为独立方案和互斥方案两大类。独立方案是指一组相互分离、互不排斥的方案，选择其中一方案并不排斥选择另一方案。例如，新建办公楼、购置生产设备是相互独立的方案。互斥方案是指一组相互关联、相互排斥的方案，选择其中一方案，就会排斥其他方案。例如，假设进口设备和国产设备的使用价值相同，都可用来生产同样的产品，购置进口设备就不能购置国产设备，购置国产设备就不能购置进口设备，所以这两个方案是互斥方案。

一、独立方案的可行性评价

若某一独立方案的动态评价指标满足以下条件：

$$NPV \geqslant 0, \ NPVR \geqslant 0, \ PI \geqslant 1, \ IRR \geqslant im$$

则项目具有财务可行性；反之，则不具备财务可行性。其中 im 为基准贴现率（即预期报酬率或资金成本率）。

注意：利用以上四个动态评价指标对同一个投资方案的财务可行性进行评价时，得出的结论完全相同，不会产生矛盾。如果静态评价指标的评价结果与动态评价指标产生矛盾时，应以动态评价指标的结论为准。

做中学 5-20

假定某公司计划年度拟购置设备一台，购置成本为 120 000 元，该设备预计可使用 6 年，使用期满有净残值 6 000 元，按直线法计提折旧。使用后每年可增加营业收入 85 000 元，同时增加总成本 52 500 元，假设所得税税率为 40%，若该公司的基准贴现率为 10%，决策者期望投资利润率为 9.5%，期望静态投资回收期为 3 年。

要求：计算下列评价指标：①投资利润率；②静态投资回收期；③净现值；④净现值率；⑤现值指数；⑥内含报酬率。并对上述设备购置方案是否可行作出评价。

分析：　年折旧额 $= \dfrac{120\,000 - 6\,000}{6} = 19\,000$（元）

$NCF_0 = -120\,000$（元）

$NCF_{1 \sim 5} = (85\,000 - 52\,500) \times (1 - 40\%) + 19\,000 = 38\,500$（元）

$NCF_6 = (85\,000 - 52\,500) \times (1 - 40\%) + 19\,000 + 6\,000 = 44\,500$（元）

(1) 投资报酬率 $= \dfrac{(85\,000 - 52\,500) \times (1 - 40\%)}{120\,000} = 16.26\% > 9.5\%$（期望投资报酬率）。

(2) 依据累计现金净流量计算静态投资回收期（见表 5-5）。

---

* 非财会类专业可以选讲本任务内容。

表 5-5				累计现金净流量计算表			单位:元
年 份	0	1	2	3	4	5	6
现金净流量	−120 000	38 500	38 500	38 500	38 500	38 500	44 500
累计现金净流量	−120 000	−81 500	−43 000	−4 500			

静态投资回收期 $= 3 + \dfrac{|-4\ 500|}{38\ 500} = 3.12$(年)$> 3$(年)(期望静态投资回收期)

(3) $NPV = 38\ 500 \times (P/A, 10\%, 6) + 6\ 000 \times (P/F, 10\%, 6) - 120\ 000 = 51\ 066.05$(元)$> 0$。

(4) $NPVR = \dfrac{51\ 066.05}{120\ 000} = 42.56 > 0$。

(5) $PI = 1 + NPVR = 1 + 42.56\% = 1.425\ 6 > 1$。

(6) 根据(3),贴现率 $i = 10\%$ 时,$NPV = 51\ 066.05$(元),应较大幅度地增加贴现率。

选取贴现率 $i = 20\%$:

$NPV = 38\ 500 \times (P/A, 20\%, 6) + 6\ 000 \times (P/F, 20\%, 6) - 120\ 000 = 10\ 041.15$(元)

选取贴现率 $i = 24\%$:

$NPV = 38\ 500 \times (P/A, 24\%, 6) + 6\ 000 \times (P/F, 24\%, 6) - 120\ 000 = -2\ 060.15$(元)

$IRR = 20\% + \dfrac{10\ 041.15}{10\ 041.15 - (-2\ 060.15)} \times (24\% - 20\%) = 23.32\%$

$23.32\% > 10\%$(基准贴现率)

根据以上的计算结果可知,该方案的各项动态评价指标和投资利润率指标均达到方案可行的标准,只是静态投资回收期较长,有一定的风险,所以总体上来讲,该方案值得投资。

二、多个互斥方案的对比和选优

多个互斥方案的对比和选优的过程,就是在每一个入选的投资方案已具备财务可行性的前提下,利用评价指标从各个备选方案中最终选出一个最优方案的过程。在各种不同的情况下,将选择某一特定评价指标作为决策标准或依据,从而形成净现值法、净现值率法、差额净现值法、差额内含报酬率法、年等额净现值法等具体方法。

(一)多个互斥方案原始投资额相等的情况

在对原始投资额相等并且计算期也相等的多个互斥方案进行评价时,可采用净现值法;计算期不相等时,可采用净现值率法,即通过比较所有投资方案的净现值或净现值率指标的大小来选择较优方案,净现值或净现值率最大的方案为较优方案。

做中学 5-21

某企业计划使用 5 年的固定资产投资项目,需要原始投资额 200 000 元,现有 A、B 两个互斥方案可供选择。采用 A 方案,每年现金净流量分别为 60 000 元、70 000 元、80 000 元、90 000 元和 100 000 元;采用 B 方案,每年现金净流量均为 85 000 元。如果贴现率为 10%,该企业应选择哪一个方案?

分析:

$$NPV_A = 60\ 000 \times (P/F, 10\%, 1) + 70\ 000 \times (P/F, 10\%, 2) + 80\ 000$$
$$\times (P/F, 10\%, 3) + 90\ 000 \times (P/F, 10\%, 4) + 100\ 000$$
$$\times (P/F, 10\%, 5) - 200\ 000 = 96\ 058(元)$$
$$NPV_B = 85\ 000 \times (P/A, 10\%, 5) - 200\ 000 = 122\ 218(元)$$

B方案的净现值大于A方案的净现值,应选择B方案。

(二)多个互斥方案原始投资额不相等,但项目计算期相等的情况

在对原始投资额不相等但计算期相等的多个互斥方案进行评价时,可采用差额净现值法(记作 ΔNPV)或差额内含报酬率法(记作 ΔIRR),这两种方法是指在两个原始投资总额不同方案的差量现金净流量(记作 ΔNCF)的基础上,计算出差额净现值或差额内含报酬率,并以此作出判断的方法。

在一般情况下,差量现金净流量等于原始投资额大的方案的现金净流量减去原始投资额小的方案的现金净流量,当 $\Delta NPV \geq 0$ 或 $\Delta IRR \geq im$(基准贴现率)时,原始投资额大的方案较优;反之,则原始投资额小的方案较优。差额净现值 ΔNPV 和差额内含报酬率 ΔIRR 的计算过程与依据 NCF 计算净现值 NPV 和内含报酬率 IRR 的过程完全一样,只是所依据的是 ΔNCF。

做中学 5-22

某公司拟投资一项目,现有甲、乙两个方案可供选择。甲方案原始投资为200万元,期初一次投入,1~9年的现金净流量为38.6万元,第10年的现金净流量为52.2万元;乙方案原始投资为152万元,期初一次投入,1~9年的现金净流量为29.8万元,第10年的现金净流量为43.8万元。基准贴现率为10%。

要求:

(1) 计算两个方案的差额现金净流量。

(2) 计算两个方案的差额净现值。

(3) 计算两个方案的差额内含报酬率。

(4) 作出决策应采用哪个方案。

分析:

(1) $\Delta NCF_0 = -200 - (-152) = -48$(万元)

$\Delta NCF_{1\sim9} = 38.6 - 29.8 = 8.8$(万元)

$\Delta NCF_{10} = 52.4 - 40.8 = 11.6$(万元)

(2) $\Delta NPV = 8.8 \times (P/A, 10\%, 9) + 11.6 \times (P/F, 10\%, 10) - 48 = 8.8 \times 5.759 + 11.6 \times 0.385\ 5 - 48 = 7.151\ 0$(万元)

(3) 取 $i = 12\%$,测算 ΔNPV:

$$\Delta NPV = 8.8 \times (P/A, 12\%, 9) + 11.6 \times (P/F, 12\%, 10) - 48$$
$$= 8.8 \times 5.328\ 2 + 11.6 \times 0.322\ 0 - 48 = 2.623\ 4(万元)$$

再取 $i = 14\%$,测算 ΔNPV:

$$\Delta NPV = 8.8 \times (P/A, 14\%, 9) + 11.6 \times (P/F, 14\%, 10) - 48$$
$$= 8.8 \times 4.946\ 4 + 11.6 \times 0.269\ 7 - 48 = -1.343\ 2(万元)$$

用插入法计算 ΔIRR:

$$\Delta IRR = 12\% + \frac{2.623\ 4}{2.623\ 4 - (-1.343\ 2)} \times (14\% - 12\%) = 13.32\% > 贴现率10\%$$

(4) 计算结果表明,差额净现值为7.151 0万元大于零;差额内含报酬率为13.32%大于基准贴现率10%,应选择甲方案。

（三）多个互斥方案的原始投资额不相等，项目计算期也不相同的情况

1. 年等额净现值法

在对原始投资额不相等，特别是计算期也不相同的多个互斥方案进行评价时，可采用年等额净现值法，即分别将所有投资方案的净现值平均分摊到每一年，得到每一方案的年等额净现值指标，通过比较年等额净现值指标的大小来选择最优方案。在此法下，年等额净现值最大的方案为最优方案。

年等额净现值法的计算步骤如下：

（1）计算各方案的净现值 NPV（应排除 $NPV<0$ 的不可行方案）。

（2）计算各方案的年等额净现值，假设贴现率为 i，项目计算期为 n，则

$$年等额净现值 A = \frac{净现值}{年金现值系数} = \frac{NPV}{(P/A, i, n)}$$

做中学 5-23

某公司有三项互斥的投资方案，其现金净流量如表 5-6 所示。

表 5-6　　　　　　　　　　投资方案现金净流量资料　　　　　　　　单位：万元

年　份	0	1	2	3	4	5	6	7	8
A 方案	−100	40	45	50					
B 方案	−120	35	35	35	35	45			
C 方案	−150				48	48	48	48	48

该公司的贴现率为 10%，要求：

（1）分别判断以上方案的财务可行性。

（2）用年等额净现值法作出投资决策。

分析：

（1）$NPV_A = 40 \times (P/F, 10\%, 1) + 45 \times (P/F, 10\%, 2) + 50 \times (P/F, 10\%, 3) - 100$
$$= 40 \times 0.909\,1 + 45 \times 0.826\,4 + 50 \times 0.751\,3 - 100 = 11.117（万元）> 0$$

$NPV_B = 35 \times (P/A, 10\%, 4) + 45 \times (P/F, 10\%, 5) - 120$
$$= 35 \times 3.169\,9 + 45 \times 0.620\,9 - 120 = 18.887（万元）> 0$$

$NPV_C = 65 \times (P/A, 10\%, 5) \times (P/F, 10\%, 3) - 150 = 35.121\,8（万元）> 0$

因此，A、B、C 三方案均可行。

（2）$$A\ 方案的年等额净现值 = \frac{11.117}{(P/A, 10\%, 3)} = \frac{11.117}{2.486\,9} = 4.470\,2（万元）$$

$$B\ 方案的年等额净现值 = \frac{18.887}{(P/A, 10\%, 5)} = \frac{18.887}{3.790\,8} = 4.982\,3（万元）$$

$$C\ 方案的年等额净现值 = \frac{35.121\,8}{(P/A, 10\%, 8)} = \frac{35.121\,8}{5.334\,9} = 6.583\,4（万元）$$

计算结果表明 C 方案为最优方案。

2. 年等额成本法

在实际工作中，有些投资方案的营业收入相同，也有些投资方案不能单独计算盈亏但能达到同样的使用效果，如甲、乙设备生产数量相等的同类配件，这时可采用年等额成本法作出比较和评价。在此法下，年等额成本最小的方案为最优方案。

做中学 5-24

某企业有甲、乙两个设备投资方案可供选择，两设备的生产能力相同，甲、乙设备的使用寿命分别为4年和5年，均无建设期，甲方案的原始投资额为300万元，每年的经营成本分别为200万元、220万元、240万元、260万元，使用期满有15万元的净残值；乙方案投资额为500万元，每年的经营成本均为160万元，使用期满有25万元净残值。

要求：假定企业的贴现率为10%，用年等额成本法作出投资决策。

分析：

$$\begin{aligned}甲方案的成本现值 &= 300+200\times(P/F,10\%,1)+220\times(P/F,10\%,2)+240\\&\quad\times(P/F,10\%,3)+260\times(P/F,10\%,4)-15\times(P/F,10\%,4)\\&=300+200\times0.909\,1+220\times0.826\,4+240\times0.751\,3+260\\&\quad\times0.683\,0-15\times0.683\,0\\&=1\,011.275(万元)\end{aligned}$$

$$\begin{aligned}乙方案的成本现值 &= 500+160\times(P/A,10\%,5)-25\times(P/F,10\%,5)\\&=500+160\times3.790\,8-25\times0.620\,9\\&=1\,091.005\,5(万元)\end{aligned}$$

$$甲方案的年等额成本=\frac{1\,011.275}{(P/A,10\%,4)}=\frac{1\,011.275}{3.169\,9}=319.024\,3(万元)$$

$$乙方案的年等额成本=\frac{1\,091.005\,5}{(P/A,10\%,5)}=\frac{1\,091.005\,5}{3.790\,8}=287.803\,5(万元)$$

计算结果表明乙方案为最优方案。

3. 计算期最小公倍数法

计算期最小公倍数法是将各方案计算期的最小公倍数作为比较方案的共有计算期，并将原计算期内的净现值调整为共有计算期的净现值，然后进行比较决策的一种方法。假设参与比较决策的方案都具有可复制性，是使用计算期最小公倍数法的前提条件。调整为共有计算期的净现值最大的方案为最优方案。

做中学 5-25

某公司有甲、乙两项互斥的投资方案，其现金净流量如表5-7所示。

表5-7　　　　　　　　　甲、乙方案现金净流量表　　　　　　　　单位：万元

年　序	0	1	2	3
甲方案	−100	−100	200	200
乙方案	−120	130	130	

该公司的贴现率为10%，要求：

(1) 分别判断以上方案的财务可行性。

(2) 用计算期最小公倍数法作出投资决策。

分析：

(1)

$$\begin{aligned}NPV_{甲}&=-100+(-100)\times(P/F,10\%,1)+200\times(P/F,10\%,2)\\&\quad+200\times(P/F,10\%,3)=124.63(万元)>0\\NPV_{乙}&=-120+130\times(P/A,10\%,2)=105.615(万元)>0\end{aligned}$$

甲、乙两方案均可行。

（2）甲、乙两方案计算期的最小公倍数为6年，甲方案需要重复2次，乙方案需要重复3次，甲、乙方案重复现金净流量如表5-8所示。

表5-8　　　　　　　　　甲、乙方案重复现金净流量表　　　　　　　　单位：万元

年　份	0	1	2	3	4	5	6
甲原方案	-100	-100	200	200			
第一次重复				-100	-100	200	200
乙原方案	-120	130	130				
第一次重复			-120	130	130		
第二次重复					-120	130	130

$$甲方案共有计算期的净现值 = 124.63 + 124.63 \times (P/F, 10\%, 3)$$
$$= 124.63 + 124.63 \times 0.751\ 3$$
$$= 218.264\ 5（万元）$$
$$乙方案共有计算期的净现值 = 105.616 + 105.615 \times (P/F, 10\%, 2) + 105.615 \times (P/F, 10\%, 4)$$
$$= 105.616 + 105.615 \times 0.826\ 4 + 105.615 \times 0.683\ 0$$
$$= 265.030\ 3（万元）$$

计算结果表明应选择乙方案。

4. 最短计算期法

最短计算期法是在将所有参与比较决策的方案的净现值均还原为年等额净现值的基础上，按照投资方案最短的计算期作为共有计算期计算出相应的净现值，然后进行比较决策的一种方法。调整为共有计算期的净现值最大的方案为最优方案。

做中学 5-26

承［做中学5-25］，要求：用最短计算期法作出投资决策。

分析：甲、乙两个方案的最短计算期为2年。

$$甲方案年等额净现值 = \frac{124.63}{(P/A, 10\%, 3)} = \frac{124.63}{2.486\ 9} = 50.114\ 6（万元）$$

$$甲方案共有计算期的净现值 = 50.114\ 6 \times (P/A, 10\%, 2) = 50.114\ 6 \times 1.735\ 5 = 86.973\ 8（万元）$$

乙方案原计算期与最短的计算期相等均为2年，不需调整，所以：

$$乙方案共有计算期的净现值 = 105.615（万元）$$

计算结果表明应选择乙方案。

任务五　项目敏感分析 *

投资决策评价指标计算所使用的资料，绝大部分根据预测和估算得到，有相当程度的不确定

---

* 非财会类专业可以选讲本任务内容。

性。敏感性分析是指确定某一个或几个因素在一定范围内的变动将会对方案的评价结果影响的程度，使决策者能事先预料到这些因素在多大的范围内变动才不会影响决策的可行性和最优性。一旦超出了这个范围，原来可行的方案会发生变化，就要重新进行选择和决策。如果某一因素在较小的范围内的变动会对评价指标产生很大的影响，说明该因素对投资方案的敏感性很强，在决策分析时要密切关注和监控；如果某一因素在较大的范围内的变动也不会对投资方案的可行性产生影响，说明该因素对投资方案的敏感性很弱，在决策分析时无需过多的关注和监控。

一、以净现值为基础的敏感性分析

以净现值为基础的敏感性分析主要有两个方面：①现金净流量对净现值的敏感性分析，即计算出使投资方案可行的每年现金净流量的下限临界值，然后就可得到每年的现金净流量在多大的范围内变动才不至于影响投资方案的可行性。②项目使用年限对净现值的敏感性分析，即计算出项目使用年限的下限临界值，然后就可得到该项目的使用年限在多大的范围内变动才不至于影响投资方案的可行性。

做中学 5-27

某企业有一投资方案，需用资金 280 万元，预计使用年限为 6 年，每年现金净流量预计为 80 万元，资金成本为 12%。要求对该投资方案以净现值为基础进行敏感性分析。

分析：

$$净现值 = 80 \times (P/A, 12\%, 6) - 280 = 80 \times 4.111\ 4 - 280 = 48.912(万元)$$

投资方案的净现值大于零，方案可行。

(1) 现金净流量对净现值的敏感性分析。由于每年现金净流量的下限临界值就是使该投资方案的净现值为零时的现金净流量，即有：

$$现金净流量的下线临界值 = \frac{280}{(P/A, 12\%, 6)} = \frac{280}{4.111\ 4} = 68.103\ 3(万元)$$

由此可见，如果该投资方案的使用年限不变，每年现金净流量下降至 68.103 3 万元，投资方案依然可行，但如果每年现金净流量低于 68.103 3 万元，方案的净现值小于零，方案便不可行了。

(2) 项目使用年限对净现值的敏感性分析。由于投资方案使用年限的下限临界值就是使该投资方案的净现值为零时的使用年限，即有：$80 \times (P/A, 12\%, n) - 280 = 0$，移项后得到：

$$(P/A, 12\%, n) = 280 \div 80 = 3.5$$

查年金现值系数表可得：$(P/A, 12\%, 4) = 3.037\ 3$，$(P/A, 12\%, 5) = 3.604\ 8$，表明投资方案使用年限的下限临界值应在 4～5 年之间。利用线性插值法可得：

$$使用年限的下线临界值 = 4 + \frac{3.5 - 3.037\ 3}{3.604\ 8 - 3.037\ 3} = 4.815\ 3(年)$$

由此可见，如果该投资方案的现金净流量不变，使用年限下降至 4.815 3 年，投资方案依然可行，但若使用年限低于 4.815 3 年，方案的净现值小于零，方案便不可行了。

二、以内含报酬率为基础的敏感性分析

以内含报酬率为基础的敏感性分析主要有两个方面：①现金净流量变动对内含报酬率的敏感性分析，即假定在项目使用年限不变的条件下，测算现金净流量变动对内含报酬率的影响程度。②项目使用年限变动对内含报酬率的敏感性分析，即假定在每年现金净流量不变的条件下，测算项目使用年限变动对内含报酬率的影响程度。

影响程度可用敏感系数表示,敏感系数的计算公式如下:

$$敏感系数 = \frac{目标值变动百分比}{变量值变动百分比}$$

敏感系数越大,表明变量值对目标值的影响程度即敏感性越大;敏感系数越小,表明变量值对目标值的影响程度即敏感性越小。

做中学 5-28

承[做中学 5-27],要求计算该投资方案的内含报酬率,并以内含报酬率为基础进行敏感性分析。

分析:令 $80 \times (P/A, i, 6) - 280 = 0$,则有 $(P/A, i, 6) = \frac{280}{80} = 3.5$。

查年金现值系数表可得:$(P/A, 18\%, 6) = 3.4976$,$(P/A, 16\%, 6) = 3.6847$,表明投资方案的内含报酬率在 $16\% \sim 18\%$ 之间,利用线性插值法可得:

$$内含报酬率 = 16\% + \frac{3.6847 - 3.5}{3.6847 - 3.4916} \times (18\% - 16\%) = 17.91\%$$

由于投资方案的内含报酬率 17.91% 大于资金成本 12%,因此方案可行。

现金净流量对内含报酬率敏感系数计算如下:

$$敏感系数 = \frac{(17.91\% - 12\%) \div 17.91\%}{(80 - 68.1033) \div 80} = 2.219$$

项目使用年限对内含报酬率敏感系数计算如下:

$$敏感系数 = \frac{(17.91\% - 12\%) \div 17.91\%}{(6 - 4.8153) \div 6} = 1.6712$$

由此得出,投资方案内含报酬率变动率是现金净流量变动率的 2.219 倍,是使用年限变动率的 1.6712 倍,说明现金净流量对内含报酬率的影响要比使用年限大。另外也可以看出,如果内含报酬率下降了 5.91%(17.91% - 12%),就会使投资方案平均每年现金净流量减少 11.8967 万元(80 - 68.1033),也会使使用年限减少 1.1847 年(6 - 4.8153)。

关键术语

项目投资　现金流量　现金净流量　投资利润率　净现值　净现值率　现值指数　内含报酬率

应知考核

一、单项选择题

1. 在以下各种投资中,不属于项目投资类型的是(　　)。
    A. 固定资产投资　　　　B. 更新改造投资　　　　C. 证券投资　　　　D. 完整企业项目投资
2. 项目投资的特点是(　　)。
    A. 投资金额小　　　　B. 投资时间较长　　　　C. 投资风险小　　　　D. 变现能力强
3. 投资项目从建设起点至终点之间的时间段称为(　　)。
    A. 项目建设期　　　　B. 项目生产经营期　　　　C. 项目计算期　　　　D. 项目试运行期
4. 下列指标中,属于静态评价指标的是(　　)。
    A. 投资回收期　　　　B. 净现值　　　　C. 净现值率　　　　D. 内部收益率
5. 能使投资方案的净现值为零的折现率是(　　)。
    A. 净现值率　　　　B. 内部收益率　　　　C. 投资利润率　　　　D. 资金成本率

二、多项选择题

1. 净现值法的优点有（   ）。

    A. 考虑了资金时间价值   B. 考虑了项目计算期的全部净现金流量

    C. 考虑了投资风险   D. 可从动态上反映项目的实际投资收益率

2. 完整的工业投资项目的现金流入主要包括（   ）。

    A. 营业收入   B. 回收固定资产变现净值

    C. 固定资产折旧   D. 回收流动资金

3. 内部收益率是指（   ）。

    A. 投资报酬与总投资的比率   B. 项目投资有望达到的报酬率

    C. 投资报酬现值与总投资现值的比率   D. 使投资方案净现值为零的报酬率

4. 在项目投资决策中，考虑资金时间价值的财务评价指标有（   ）。

    A. 净现值   B. 获利指数   C. 投资利润率   D. 内含报酬率

5. 项目投资的决策程序一般包括（   ）。

    A. 投资项目的提出   B. 投资项目的可行性分析

    C. 投资项目的决策   D. 投资项目的实施与控制

三、判断题

1. 项目投资是一种以特定项目为对象，直接与新建项目或更新改造项目有关的长期投资行为。一般将其视为固定资产投资。（   ）

2. 企业应该频繁地进行项目投资。（   ）

3. 判断投资方案财务可行性的主要指标有净现值、净现值率、内部收益率、投资回收期，但不包括投资利润率。（   ）

4. 净现值是指在项目计算期内，按投资者要求的必要报酬率或资金成本率作为折现率计算的各年净现金流量现值的代数和。（   ）

5. 评价指标按性质不同，可分为折现指标和非折现指标两大类。（   ）

四、简述题

1. 简述项目投资的特点。

2. 简述项目投资决策的含义及其影响因素。

3. 简述项目投资决策的程序。

4. 简述现金流量的基本假设。

5. 简述现金流量的作用。

五、计算题

1. 伟业公司欲进行一项公路投资，投资额预计为450万元，在第1年年初一次性投入，工程预计使用期为8年，预计第1年年末现金净流量为40万元，第2年为60万元，第3年为70万元，从第4年起每年为90万元。

    要求：

    （1）假设该公司要求投资收益率为15%，问该公司是否投资？

    （2）计算该工程的投资回收期。

    （3）假设折现率为8%，问是否进行该项投资？

2. 顺阳公司拟建造一项生产设备。预计建设期为1年，所需原始投资200万元，于建设起点一次投入。该设备预计使用寿命为5年，使用期满报废清理时无残值。该设备折旧方法采用直线法。该设备投产后每年净利润为80万元。假定适用的行业基准折现率为10%。

    要求：

    （1）计算项目计算期内各年净现金流量。

    （2）计算项目净现值，并评价其财务可行性。

3. 亮家公司于20×9年年初用自有资金购置一台设备，需一次性投资为100万元。经测算，该设备的使用寿命为5年，税法亦允许按5年计提折旧，设备投入运营后每年净利润为20万元。假定该设备按直线法计提折旧,预计净残值率为5%,不考虑建设安装期和所得税。

要求:

(1) 计算使用期内各年净现金流量。

(2) 计算该设备的静态投资回收期。

(3) 计算该投资项目的投资利润率。

(4) 如果以10%作为折现率,计算其净现值。

■ 应会考核 ■

■ 观念应用

【背景资料】

现金流量分析

某公司正在开会讨论是否投产一种新产品,对以下收支发生争论:

A. 新产品投产需要占用营运资本80万元,它们可用公司现有周转资金解决,不需要另外筹集。

B. 该项目利用现有未充分利用的厂房和设备,如将该设备出租可获收益200万元,但该公司规定不得将生产设备出租,以防止对本公司产品形成竞争。

C. 新产品销售会使本公司同类产品减少收益100万元;如果本公司不经营此产品,竞争对手也会推出此新产品。

D. 动用为其他产品储存的原料约200万元。

【考核要求】

你认为不应列入该项目评价的现金流量有哪些?

■ 技能应用

互斥项目比较

两个互斥项目的预期现金流量如表5-9所示。

表5-9　　　　　　　　　　　项目的预期现金流量　　　　　　　　　金额单位:元

年　数	0	1	2	3	4
A	−10 000	5 000	5 000	5 000	5 000
B	−10 000	0	0	0	30 000

【技能要求】

1. 请计算这两个项目各自的内含报酬率。

2. 如果必要收益率为10%,请计算项目A和项目B的净现值。

3. 你会选择哪个项目,为什么?

■ 案例分析

【分析情境】

项目投资原理的应用

华为公司为改变产品结构,开拓新的市场领域,拟开发新产品。为此,需购买价值110万元的一条新生产线,该生产线的建设期间为1年,可使用期限为10年,期满时有残值收入10万元;另需购买一项专利权价值10万元,专利权的摊销期限为10年,在建设期期末时投入;同时,建设期期末投入流动资金5万元开始生产。投资者要求的报酬率是10%。投产后,每年预计外购原材料20万元,支付工资15万元,其他费用5万元,每年预计营业收入80万元。企业适用的所得税税率为25%。

【分析要求】

仔细阅读该案例资料,分析并完成以下问题。

1. 根据资料分析华为公司的投资类型。

2. 分析项目投资决策应考虑的主要因素。

3. 分析投资项目包括的内容。

4. 指出项目投资的期限、投资方式。

项目实训

【实训项目】

项目投资管理。

【实训情境】

工业项目投资分析

某工业项目需要原始投资 1 250 万元,其中固定资产投资 1 000 万元,开办费 50 万元,流动资金投资 200 万元。建设期为 1 年,建设期发生与购建固定资产有关的资本化利息 100 万元。固定资产投资和开办费于建设起点投入,流动资金于完工时,即第 1 年年末投入。该项目寿命期为 10 年,固定资产按直线法折旧,期满有 100 万元净残值;开办费于投产当年一次摊销完毕;流动资金于终结点一次回收。投产后每年获息税前利润分别为 120 万元、220 万元、270 万元、320 万元、260 万元、300 万元、350 万元、400 万元、450 万元和 500 万元。

【实训任务】

1. 请你为该项目编制一份简要的现金流量分析报告,报告主要包括以下内容:

(1) 该项目的项目计算期、固定资产原值、固定资产年折旧额。

(2) 该项目的建设期净现金流量。

(3) 该项目的运营期所得税前净现金流量。

2. 运用投资利润率和静态投资回收期对该项目进行评价。

3. 运用净现值和内含报酬率法对该项目进行评价。

项目投资管理实训报告		
项目实训班级:	项目小组:	项目组成员:
实训时间：　　年　　月　　日	实训地点:	实训成绩:
实训目的:		
实训步骤:		
实训结果:		
实训感言:		

用 Excel 解决本项目问题

1. 相关函数

1) NPV( )函数

通过使用贴现率以及一系列未来支出(负值)和收入(正值),返回一项投资的净现值。

Excel 语法:NPV(RATE,VALUE1,VALUE2,…)。

其中,RATE 为某一期间的贴现率,是一个固定值;"VALUE1,VALUE2,…"为 1~29 个参数,代表支出及收入,"VALUE1,VALUE2,…"在时间上必须具有相等的间隔,并且都发生在期末。

NPV 使用"VALUE1,VALUE2,…"的顺序来解释现金流的顺序,所以输入人员务必保证支出和收入的数额按正确的顺序输入。

2) IRR( )函数

IRR 函数返回的是由数值代表的一组现金流的内部收益率。这些现金流不是必须均衡的,但是作为年金,它们必须按固定的时间间隔产生(如按月或按年)。内部收益率为投资的回收利率,其中包含定期支付(负值)和定期收入(正值)。

Excel 语法:IRR(VALUES,GUESS)。

其中,VALUES 为数组或单元格的引用,包含用来计算返回的内部收益率的数字。VALUES 必须包含至少一个正值或一个负值,以计算返回的内部收益率。函数 IRR 根据数值的顺序来解释现金流的顺序。故应确定按需要的顺序输入了支付和收入的数值。如果数组或引用包含文本、逻辑值或空白单元格,那么这些数值将被忽略。

GUESS 为对函数 IRR 计算结果的估计值。

2. 利用 NPV 函数计算项目的净现值并判断项目方案优劣

【例 5-1】 某企业有 A、B 两个待选投资项目,有关数据如表 5-10 所示。

表 5-10   **A、B 两个待选投资项目数据表**   单位:元

期间	A 项目		B 项目	
	现金流入量	现金流出量	现金流入量	现金流出量
0		10 000		8 000
1		8 000		5 000
2	9 000	2 000	6 000	1 000
3	9 000	2 000	8 000	1 000
4	9 000	2 000	10 000	2 000
5	9 000	2 000	80 000	1 500
6	9 000	2 000	6 000	1 000

用 Excel 和 NPV 法来进行项目方案决策,具体操作步骤如下:

(1) 建立净现金流量公式,计算两方案各年的现金净流量。

在 D5 单元格中输入公式:=B5−C5,单击"复制"按钮,该单元格呈闪烁状,分别选择目标单元格区域"D6:D13"和"H5:H13",单击工具栏的"粘贴"按钮,完成相关指标的计算。

(2) 建立净现值公式,计算出 NPV。

选择单元格 E5,输入公式:=NPV(0,D6)。

选择单元格 E6,输入公式:=NPV($I$2,D6)。

选择单元格 E7,输入公式:=SUM(E5:E6)。

选择单元格 E13,输入公式:＝NPV($I$2,0,D9:D12)。

选择单元格 E14,输入公式:＝E7＋E13。

将以上五个公式复制到 B 项目的相应单元格内。

计算结果如图 5-6 所示。

	A	B	C	D	E	F	G	H	I
1					净现值法				
2								资金成本率	14%
3				A项目				B项目	
4	期间(年)	流入	流出	净流量	现值	流入	流出	净流量	现值
5	0		10000	−10000	−10,000.00		8000	−8000	−8,000.00
6	1		8000	−8000	−7,017.54		5000	−5000	−4,385.96
7	合计		18000	−18000	−17,017.54		13000	−13000	−12,385.96
8	2	9000	2000	7000		6000	1000	5000	
9	3	9000	2000	7000		8000	1000	700	
10	4	9000	2000	7000		10000	2000	8000	
11	5	9000	2000	7000		8000	1500	6500	
12	6	9000	2000	7000		6000	1000	5000	
13	合计	45000	10000	35000	21,080.32	38000	7000	31000	18.962.61
14	净现值				4,062.78				6,576.64

图 5-6　A、B 两个项目各年的现金净流量

(3) 因为 A 项目的净现值(4 062.78 元)小于 B 项目的净现值(6 576.64 元),所以 B 项目较优。

3. 利用 IRR 函数计算项目的内含报酬率并判断方案优劣

【例 5-2】　某企业现有 A、B 两个项目选择,具体资料如图 5-7 所示,请用 Excel 和 IRR 法进行方案优选。

	A	B	C
1		投资方案现金流量	
2			单位:元
3	年份	A方案现金净流量	B方案现金净流量
4	0	−200000	−300000
5	1	5000	60000
6	2	85000	70000
7	3	80000	90000
8	4	65000	85000
9	5	70000	88000
10	6	40000	80000
11	7	50000	70000

图 5-7　A、B 两项目的具体资料

具体操作步骤如下:

(1) 选择 B13 单元格,输入公式:＝IRR(B3:B5,−10％),可得到第 2 年回收时 A 项目的内含报酬率。

(2) 选择 B14 单元格,输入公式:＝IRR(B3:B6),可得到第 3 年回收时 A 项目的内含报酬率。

(3) 拖动单元格 B14 右下角的填充柄,将公式复制到单元格区域"B15:B18",可得到第 4 至第 7 年内回收时 A 项目的内含报酬率。

(4) 选择单元格区域"B13:B20",拖动右下方的填充柄,将公式复制到单元格区域"C103:C18",可得到 B 项目各年回收时的内含报酬率。

(5) 结论。从内含报酬率看,可以发现 A 项目优于 B 项目,具体结果如图 5-8 所示。

	A	B	C
1	投资方案现金流量		
2			单位：元
3	年份	A方案现金净流量	B方案现金净流量
4	0	−200000	−300000
5	1	5000	60000
6	2	85000	70000
7	3	80000	90000
8	4	65000	85000
9	5	70000	88000
10	6	40000	80000
11	7	50000	70000
12	分析评价(IRR)		
13	年份	IRR (A)	IRR (B)
14	2	−33.55%	−40.67%
15	3	−6.42%	−13.24%
16	4	5.82%	0.63%
17	5	13.75%	9.10%
18	6	16.74%	13.97%
19	7	19.38%	16.85%

图 5-8　A、B 两个项目的计算结果

证券投资管理

知识 目标

理解：证券的含义、种类和目的；明确债券和股票投资的风险种类和含义。

熟知：股票及债券投资的目的和特点；债券投资和股票投资收益的计量方法。

掌握：债券估价和股票估价的方法，并能运用这些方法进行债券和股票投资决策。

技能 目标

能够正确判断证券投资的风险，并做好风险规避；能正确估算债券和股票的价格及收益率，并进行证券的投资决策；能灵活运用证券组合投资，并具有进行证券投资决策分析的能力。

素质 目标

能够收集决策相关信息，较为客观地分析和评价有关证券的收益与风险，并能设计证券投资的最佳组合方案，具备证券投资决策的能力。

项目 引例

证券如何投资？有何利弊

唐山港集团股份有限公司，证券简称为"唐山港"，证券代码为"601000"，位于河北省唐山市，主要经营业务为码头和其他港口设施经营等业务。唐山港A股股本为1 000 000 000股，其中160 000 000股于2010年7月5日起上市交易。然而自从在A股上市以来，唐山港的最高交易价格除了2010年8月16日、8月17日和8月19日分别达到了8.28元/股、8.23元/股和8.20元/股，其余交易日价格均低于其IPO价格8.20元。也就是说，该股的一级市场投资者购买到该股票后一直处于亏损状况，这种局面一直持续到了2010年10月中旬。

某个人投资者于2010年在二级市场上以每股7.92元的价格购买了3 000股唐山港，当日该股的最低交易价格为7.72元，最高为7.97元。3天后，即其第二个交易日，唐山港股价突然上涨，最高达到了8.56元/股，该投资者立即出售其手中的唐山港股票2 000股，出售价格为8.50元/股。不考虑交易费用，其投资收益率达到了7.23%，换算成年化收益率则高达659%！

2010年10月19日该股的最高成交价格仅为8.30元。若该投资者将剩余1 000股选择了在2010年8月19日按当日最高价格出售，则相比于2010年8月18日按8.50元价格出售，则损失了200元，损失率为2.35%，折算成年化收益为423%。

思考与讨论：证券投资有何利弊？

知识 精讲

任务一 证券投资概述

一、证券的含义

证券是指票面载有一定金额，代表财产所有权或债权的一种信用凭证或金融工具。证券投资是企业将资金投放于金融市场，用于购买有价证券的一项理财活动。科学地进行证券投资管理，能增加企业收益，降低风险，有利于财务管理目标的实现。

二、证券的种类

证券的种类有很多，可以按照不同的标准进行分类：

（1）按照证券到期日的长短，可分为短期证券和长期证券。短期证券是指期限短于1年的证券，如短期国债、商业票据等。长期证券是指期限长于1年的证券，如股票、债券等。

（2）按证券的发行主体不同，可分为政府证券、金融证券和公司证券。政府证券是指中央政府或地方政府为筹集资金而发行的证券。金融证券是指银行或其他金融机构为筹集资金而发行的证券。公司证券也称为企业证券，是指公司为筹集资金而发行的证券。通常来说，政府证券的风险较小，金融证券次之，公司证券的风险则视企业的规模、财务状况和其他情况而定。

（3）按照证券所体现的权益关系，可分为所有权证券和债权证券。所有权证券是指证券的持有人便是证券发行单位的所有者的证券，这种证券的持有人一般对发行单位都有一定的管理和控制权。股票是典型的所有权证券，股东便是发行股票的企业的所有者。债权证券是指证券的持有人是发行单位的债权人的证券，如公司债券，这种证券的持有人一般无权对发行单位进行管理和控制。当一个发行单位破产时，债权证券要优先清偿，而所有权证券则要在最后清偿，所有权证券一般都要承担比较大的风险。

（4）按照证券收益状况的不同，可分为固定收益证券和变动收益证券。固定收益证券是指在证券的票面上规定有固定收益率的证券。如债券票面上一般都有固定的利息率，优先股票面一般有固定的股息率，这些证券都属于固定收益证券。变动收益证券是指证券的票面不标明固定的收益率，其收益情况随着企业经营状况而变动的证券。普通股股票是最典型的变动收益证券。一般来说，固定收益证券风险较小，但收益较低；变动收益证券风险大，但收益较高。

三、证券投资的目的

（一）短期证券投资的目的

短期证券投资是指通过购买计划在1年内变现的证券而进行的投资。这种投资一般具有操作简便、变现能力强的特点。企业进行短期证券投资一般出于以下几种目的：

（1）作为现金的替代品。企业在生产经营过程中，应该拥有一定数量的现金，以满足日常经营的需要，但是现金这种资产不能给企业带来收益，现金余额过多是一种浪费。因此，企业可以利用闲置的现金进行短期证券投资，以获取一定的收益。当企业某一时期的现金流出量超过现金流入量时，可以随时出售证券，以取得经营所需的现金。这样，短期证券投资实际上就成为现金的替代品，它既能满足企业对现金的需要，又能在一定程度上增加企业的收益。

（2）出于投机的目的。有时企业进行短期证券投资完全是出于投机的目的，以期获取较高的收益。"投机"一词在中国似有贬义，而在西方经济学中是用于表述通过预期市场行情的变化而赚取收益的经济行为。可以说，投机与证券市场是不可分割的，有证券市场必然有证券投机。有的企业为了获取投机利润，也会进行证券投机。因此，这种短期证券投资，从表面上看是一种投资活动，但其实质是一种投机行为。企业出于投机的目的进行证券投资时，一般风险较大，应当用企业较长时期闲置不用的资金进行投资，但也必须控制风险，不能因此损伤企业整体的利益。

（3）满足企业未来的财务需求。有时企业为了将来要进行的长期投资，或者将来要偿还债务，或者因为季节性经营等原因，会将目前闲置不用的现金用于购买有价证券，进行短期证券投资，以获取一定的收益，待将来需要现金时，再将有价证券出售。这种短期证券投资实际上是为了满足企业未来对现金的需求。

（二）长期证券投资的目的

长期证券投资是指通过购买不准备在1年之内变现的有价证券而进行的投资。长期证券投资一般占用的资金量较大，对企业具有深远的影响。通常企业进行长期证券投资主要出于以下目的：

（1）为了获取较高的投资收益。有的企业可能拥有大量闲置的现金，而本企业在较长的时期内没有大量的现金支出,也没有盈利较高的投资项目,因此就可以利用这笔资金进行长期证券投资,购买风险较小、投资回报较高的有价证券。这样,可以充分利用闲置的资金,获取较高的投资收益。

(2) 为了控制被投资企业。有时企业从长远的利益考虑,想要控制某一企业,这时就应对其进行长期证券投资,取得对该企业的控制权。通常这种投资都是股权性投资,即购买被投资企业的股票。例如,A公司欲取得其重要的材料供应商B公司长期稳定的材料供应,就可以购买B公司股票,并取得对B公司的控制权。

任务二　债券投资概述

债券是指发行者为筹集资金发行的,在约定时间支付一定比例的利息,并在到期时偿还本金的一种有价证券。

一、债券投资的目的与特点

(一) 债券投资的目的

企业进行短期债券投资的目的主要是配合企业对资金的需要,调节现金余额,使现金余额达到合理水平。当企业现金余额太多时,便投资于债券,使现金余额降低;反之,当企业现金余额太少时,则出售原来投资的债券,收回现金,使现金余额提高。企业进行长期债券投资的目的主要是获取稳定的收益。

(二) 债券投资的特点

与股票投资相比,债券投资有以下特点:

(1) 本金安全性高。与股票相比,债券投资风险比较小。政府发行的债券有国家财力作后盾,其本金的安全性比较高,通常视为无风险证券。企业债券的持有者拥有优先求偿权,即当企业破产时,优先于股东分得企业财产,因此,其本金损失的可能性较小。

(2) 收益稳定性强。债券票面一般标有固定利息率,债券的发行人有按时支付利息的法定义务。因此,正常情况下,投资于债券都能获得比较稳定的收益。

(3) 无法取得债券发行企业的经营决策权。债券持有者只是债券发行公司的债权人,只有按期获得本息的权利及在公司清算时具有债务求偿权,不享有债券发行公司的经营决策权。

(4) 购买力风险较大。债券投资者虽然取得了一定的利息收益,但是在物价上涨时期,常常会出现这种情况:当债券到期还本付息时,债券本息所具有的购买力低于当初购买债券时的购买力。

二、债券估价

投资者选择债券进行投资,会发生现金流出和现金流入。债券投资的现金流出是支付的购买价格,现金流入是利息和发行方归还的本金(或出售时得到的价款)。在进行债券投资时,投资者会遇到以下问题:所选择的债券价值是多少,是否值得投资购买。这就需要对债券的价值进行评估,只有债券的价值大于其购买价格,才值得投资。

债券估价是指投资者对债券的价值进行评估,也就是计算债券投资未来现金流入的现值,该现值就代表债券的投资价值(或称内在价值),它实际上表达了投资者现在为取得未来的货币收入而希望投入的资金,它反映了债券的理论价格,不同于债券的市场价格。

债券价值主要取决于两个因素:债券预期现金流入(投资者得到的本息)和贴现率(即投资者所要求的报酬率)。由于不同债券的还本付息方式不同,所以债券的估价方法各不相同。

(一) 按年支付利息、到期还本债券的估价

这类债券的持有者未来能够获得的现金流入包括两部分:①每年年末的利息,它属于年金形

式;②到期一次偿还的本金。因此,这类债券的价值可按下述公式确定:

$$V = \sum_{t=1}^{n} \frac{I}{(1+k)^t} + \frac{M}{(1+k)^n} = I \times (P/A, k, n) + M \times (P/F, k, n)$$

公式中:V 表示债券价值;n 表示债券期限;I 表示年利息,它等于面值乘以票面利率;k 表示贴现率(即投资者要求的报酬率或市场利率);M 表示债券面值。

做中学 6-1

某债券面值为 1 000 元,票面利率为 10%,期限为 5 年,某企业要对这种债券进行投资,当前的市场利率为 12%,问债券价格为多少时该企业才会进行投资?

分析:

$V = 1\ 000 \times (P/F, 12\%, 5) + 1\ 000 \times 10\% \times (P/A, 12\%, 5) = 1\ 000 \times 0.567 + 100 \times 3.605$
$= 927.5(元)$

即这种债券的价格必须低于 927.5 元时,该企业才会购买。

(二) 一次还本付息且不计复利的债券估价

这类债券的持有者未来能够获得的现金流入是指在债券到期时一次获得的本利和,所以这种债券价值的计算公式应为:

$$V = \frac{n \times I + M}{(1+k)^n} = (M + I \times n) \times (P/F, k, n)$$

公式中有关符号同(一)。

做中学 6-2

某企业拟购买另一家公司发行的利随本清的债券,该债券的面值为 1 000 元,期限为 5 年,票面利率为 10%,不计复利,当前市场利率为 8%,该债券发行价格为多少时,该企业才会购买?

分析:

$$V = (1\ 000 + 1\ 000 \times 10\% \times 5) \times (P/F, 8\%, 5) = 1\ 020(元)$$

即该债券价格只有低于 1 020 元时,该企业才会购买。

(三) 一次还本付息且计算复利的债券估价

这类债券的持有者未来能够获得的现金流入包括两个部分:①按复利计算的利息;②偿还的本金。这两部分均发生在债券到期时,因此这类债券的价值用计算公式可表示为:

$$V = \frac{M \times (1+r)^n}{(1+k)^n} = M \times (F/P, r, n) \times (P/F, k, n)$$

公式中:r 表示债券票面利率;其他符号的含义同(一)。

做中学 6-3

某债券面值为 1 000 元,期限为 5 年,票面利率为 10%,复利计算,到期一次还本付息。如果投资者要求的报酬率为 12%,他所能接受的此债券最高价格为多少元?

分析:

$$V = 1\ 000 \times (F/P, 10\%, 5) \times (P/F, 12\%, 5) = 913.44(元)$$

（四）折现发行的债券估价

折现债券是指债券以低于面值的价格发行，到期按面值偿还本金，不再支付利息，也称零息债券。购买这类债券所获收益体现为偿还金额与发行价格间的差价，并无利息收入。因此，这类债券价值的计算公式应为：

$$V = \frac{M}{(1+k)^n} = M \times (P/F, k, n)$$

公式中有关符号的含义同（一）。

做中学 6-4

某债券面值为 1 000 元，期限为 5 年，以折现方式发行，期内不计利息，到期按面值偿还，当时市场利率为 8%，则其价格为多少时，投资者才会购买？

分析：

$$V = 1\,000 \times (P/F, 8\%, 5) = 1\,000 \times 0.681 = 681(元)$$

该债券的价格只有低于 681 元时，投资者才会购买。

三、债券投资收益

企业进行债券投资的主要目的是获得投资收益。债券投资收益包括债券还本额（或卖出价）与购入价的差价和持有期间的利息收益。在财务管理实践中，债券投资的收益通常用收益率表示，它反映了投资债券的预期报酬状况，是企业进行债券投资决策时必须考虑的重要因素。债券投资收益率的衡量通常有以下两种方法。

（一）在不考虑资金时间价值的情况下，债券投资收益率的计算

在不考虑资金时间价值的情况下，债券投资收益率可利用下式来计算：

$$R = \frac{[(P_1 - P_0) + S] \div n}{P_0} \times 100\%$$

公式中：R 表示债券投资收益率；P_0 表示债券购买价格；P_1 表示债券到期还本额或中途出售价格；S 表示持有债券期间的利息收入（它取决于债券付息的方式）；n 表示持有债券的年限。

做中学 6-5

某债券面值为 1 000 元，票面利率为 10%，期限为 4 年，每年付息一次，期满时按面值还本，现行价格为 950 元。

（1）若购买该债券并持有至期满，此项投资收益率如何？

分析： $P_0 = 950(元)$，$P_1 = 1\,000(元)$，$S = 1\,000 \times 10\% \times 4 = 400(元)$，$n = 4(年)$。

则有：

$$R = \frac{[(1\,000 - 950) + 400] \div 4}{950} \times 100\% = 11.84\%$$

（2）若购买该债券满 3 年后售出，预计当时的售出价格为 980 元，此项投资收益率又如何？

分析： $P_0 = 950(元)$，$P_1 = 980(元)$，$S = 1\,000 \times 10\% \times 3 = 300(元)$，$n = 3(年)$。

则有：

$$R = \frac{[(980 - 950) + 300] \div 3}{950} \times 100\% = 11.58\%$$

做中学 6-6

某公司于 20×6 年 7 月 1 日以平价方式发行一批面额 500 元、票面利率 8％、到期一次还本付息且不计复利的债券，到期日为 20×9 年 12 月 31 日。若投资者购入该债券后于 20×8 年 12 月 31 日以 590 元的价格售出，问此笔投资收益率为多少？

分析：$P_0 = 500$ 元，$P_1 = 590$ 元，$S = 0$（因为未持有至到期日，不能获得利息），$n = 2.5$ 年。

则有：

$$R = \frac{[(590 - 500) + 0] \div 2.5}{500} \times 100\% = 7.2\%$$

（二）在考虑资金时间价值的情况下，债券投资收益率的计算

事实上，债券投资大多是长期投资，因为涉及的时间较长，风险较大，在计算投资收益时应当考虑资金时间价值因素。在考虑资金时间价值的情况下，债券投资收益率的计算需要利用债券估价等式反求贴现率的方式进行，同时必须考虑债券的还本付息方式。

1. 按年付息、到期还本债券

其投资收益率的计算可按下式进行：

$$P = \sum_{t=1}^{n} \frac{I}{(1+R)^t} + \frac{M}{(1+R)^n} = I \times (P/A, R, n) + M \times (P/F, R, n)$$

公式中：P 表示债券现行市价（或发行价格）；R 表示债券投资收益率。

依据［做中学 6-5］的资料，若购买该债券并持有至期满，在考虑时间价值的情况下，此项投资收益可计算如下：

分析：$P = 950$ 元，$I = 1\,000 \times 10\% = 100$（元），$M = 1\,000$ 元，$n = 4$ 年。

则有：

$$950 = 100 \times (P/A, R, 4) + 1\,000 \times (P/F, R, 4)$$

通过逐步测试并运用内插法可求得：

$$R = 11.66\%$$

2. 到期一次还本付息且不计复利债券

其投资收益率的计算可按下式进行：

$$P = \frac{M + I \times n}{(1+R)^n}$$
$$= (M + I \times n) \times (P/F, R, n)$$

公式中有关符号的含义同（二）。

做中学 6-7

某投资者于发行日平价购入一张面额 800 元、票面利率 10％、期限为 5 年的企业债券，该债券到期一次还本付息且不计复利，该投资者于 3 年后将债券售出，获款 1\,000 元。在考虑资金时间价值的情况下，该项投资收益率可计算如下：

分析：$P = 800$ 元，$M = 1\,000$ 元，$I = 0$（未到期，无利息收入），$n = 3$ 年。

则有：

$$800 = 1\,000 \times (P/F, R, 3)$$
$$(P/F, R, 3) = 0.8$$

查阅复利现值系数表,则有:$\beta_1 = 0.816$,$\beta_2 = 0.794$,$R_1 = 7\%$,$R_2 = 8\%$,利用内插法求得:

$$R = 7\% + \frac{0.816 - 0.8}{0.816 - 0.749} \times (8\% - 7\%) \approx 7.23\%$$

其他债券投资收益率计算也可仿照上述思路进行。

四、债券投资的风险因素分析

企业在进行债券投资时,除了要正确估计债券的投资价值和衡量债券投资收益,还要考虑债券投资的风险因素。

(一)债券的违约风险

除政府所发行的政府债券可认为无违约风险外,其他债券都在不同程度上存在违约风险。不同债券发行者所发行的债券在违约风险方面有较大的差异,债券投资者在选择债券时,不能一味追求高利率而忽视其违约风险,要通过分析债券发行者的信誉情况、经济实力、企业规模以及所发行的债券是否提供担保来判断债券违约风险的大小。另外,如果债券经有关部门进行信用评级,债券投资者要以债券的信用等级来判断其违约风险的大小。

(二)债券的流动性风险

当企业出于预防动机而将所持有的现金进行短期债券投资时,特别要注意在选择债券时,避免选择流动性较差的企业债券,否则在急需现金时,只能以较低价格出售,从而遭受较大损失。

(三)债券的再投资风险

当企业打算用一笔长期闲置资金购买债券时,要认真分析未来市场利率的走势。如果预计未来市场利率将不断提高,则应避免购买期限较长的债券。如果预计未来市场利率将不断下降,企业应避免购买期限较短的债券。例如,当初有两种债券可以选择:一是利率为5.4%的1年期国债,二是利率为8.6%的2年期国债。投资者若选择购买前一种国债,当1年到期后打算利用这笔资金再购买国债时,却发现1年期国债利率已降至4%,于是只得购买利率为4%的国债。则债券投资者因当初没有购买2年期国债,使投资收益减少。

任务三　股票投资概述

股票是由股份有限公司发行的,反映投资者拥有公司所有权的凭证。股票持有者即为公司的股东,一般拥有公司重大决策权、盈余分配要求权、剩余财产求索权和股份转让权。

一、股票投资的目的与特点

(一)股票投资的目的

企业进行股票投资的目的主要有两种:①获利,即作为一般的证券投资,获取股利收入及股票买卖差价;②控股,即通过购买某一企业的大量股票达到控制该企业的目的。在第一种情况下,企业仅将某种股票作为其证券投资组合的一个组成部分,不应冒险将大量资金投资于某一企业的股票上。而在第二种情况下,企业应集中资金投资于被控制企业的股票上,这时更多考虑的不应是短期利益——股票投资收益的高低,而应是长远利益——占有多少股权才能达到控制的目的。

(二)股票投资的特点

与其他形式证券投资相比,股票投资具有以下特点。

1. 风险较高

股票投资风险较高的原因在于其收益具有较大的不确定性,具体有以下几方面:

（1）每股股利具有较大的不确定性。股利受众多因素影响,公司每年的税后利润多少、公司所采取的股利政策及公司今后对资金的需求情况等都会影响每股股利。

（2）股票的市价波动较大。影响股票市价未来走势的因素较多,如国家宏观经济形势、公司所处行业的特点、公司经营管理水平以及股票投资者心理因素等。

（3）股票投资者无权要求股票发行公司还本,只能转让。

（4）股东的求偿权位于最后。一旦股票发行公司破产,在进行清算时,除非其他所有债务都得到完全清偿后还有剩余财产时,股票投资者才能得到清偿。因此,公司破产时,股票投资者只能获得少部分清偿,有时甚至不能得到丝毫清偿。

2. 预期报酬率较高

股票投资者属于公司所有者,该公司所创造的所有税后利润全都归股东所有,只要公司能够合理经营就能不断地为股东创造利润,企业价值就会不断提高,股东就可以从股利和股票买卖差价两方面获取较高回报。

3. 享有对所投资公司的经营决策权

购买某公司股票即可成为该公司的股东,可按所持股份多少,对该公司享有相应份额的投票权。当企业持有该公司股份的比例达到一定程度时,可以获得对该公司的控制权。公司正是利用股票投资具有这一特点来实现一体化、多角化经营战略目标的。

4. 购买力风险小

普通股投资的收益率不固定,当通货膨胀率较高时,整个社会的物价水平较高,企业通常会相应提高股利发放额,从而起到降低购买力风险的作用。

二、股票估价

与债券投资一样,股票投资也需要对股票进行估价。股票估价实际上是对股票的投资价值进行评估,然后与股票市价比较,视其低于、高于或等于市价,决定是否买入、卖出或继续持有股票。股票估价的方法有很多,最常用的是贴现现金流量模型。该模型基于这样的理论:股票价值应等于股票投资者预期能得到的未来现金流量的现值。股票投资的未来现金流量主要是股票持有期间的股利和将来出售股票的价款收入。所以,可以用以下公式表示股票价值:

$$V = \sum_{t=1}^{n} \frac{D_t}{(1+k)^t} + \frac{V_n}{(1+k)^n}$$

公式中:V 表示股票价值;V_n 表示未来出售时预计股票的价格;D_t 表示第 t 期的预计股利;n 表示预计股票持有的期限。

这一模型是股票估价的基本模型,它在实际运用时会面临许多问题。持有期限、股利、贴现率是影响股票价值的重要因素。如果投资者准备永久持有股票,未来的贴现率也是固定不变的,那么未来各期不断变化的股利就成为评价股票价值的难题。为此,我们不得不假定未来的股利按一定的规律变化,从而形成几种常用的股票价值模型。

(一) 零成长股票估价

投资者准备永久持有股票的情况下,如果未来每年股利不变,即 $D_1 = D_2 = \cdots = D_n$,$n \to +\infty$,其支付过程是一个永续年金,则股票的估价模型是:

$$V = \frac{D}{K}$$

公式中:V 表示股票价格;D 表示每年股利;K 表示贴现率。

做中学 6-8

甲股票每股股利 2 元，投资者要求的报酬率为 12%，则甲股票价值如下：

$$V = 2 \div 12\% = 16.67（元）$$

（二）固定成长股票估价

一般来说，公司通常不会把每年的盈余全部作为股利分配出去，留存收益扩大了公司的资本额，不断增长的资本应当创造更多的盈余，又引起下期股利的增长。如公司本期的股利为 D_0，未来各期的股利按上期 g 的速度呈现几何级数增长，根据股票估价的基本模型，股票价值则为：

$$V = \frac{D_0(1+g)}{(1+K)} + \frac{D_0(1+g)^2}{(1+K)^2} + \cdots + \frac{D_0(1+g)^n}{(1+K)^n}$$

公式的两边同时乘以 $\dfrac{1+K}{1+g}$，再减去 V 得：

$$\frac{V(1+K)}{(1+g)} - V = D_0 - \frac{D_0(1+g)^n}{(1+K)^n}$$

通常假设 $K > g$，当 $n \to \infty$ 时，$D_0(1+g)^n / (1+K)^n \to 0$，上式就可简化为：

$$V = \frac{D_0 \times (1+g)}{K-g}$$

$$V = \frac{D_1}{K-g}$$

公式中：D_0 表示基年股利；D_1 表示预期第 1 年股利；g 表示股利年增长率；其他符号的含义同（一）。

做中学 6-9

某投资者准备购买 A 公司股票，要求达到 12% 的收益率，该公司今年每股股利 0.8 元，预计未来股利会以 9% 的速度增长，则 A 股票的价值如下：

$$V = \frac{0.8 \times (1+9\%)}{12\% - 9\%} = 29.07（元）$$

如果 A 股票目前的购买价格低于 29.07 元，该公司的股票是值得购买的。

（三）非固定成长股票的估价

在现实生活中，公司股利是不固定的。例如，在一段时间里高速成长，在另一段时间里正常固定成长或固定不变。在这种情况下，就需要分段计算，才能确定股票的价值。

做中学 6-10

某投资者准备购买 B 公司股票，要求达到 12% 的收益率，该公司今年每股股利 0.6 元，预计 B 公司未来 3 年以 15% 的速度高速成长，而以后以 9% 的速度转入正常固定成长，则 B 股票的价值分两段计算。

（1）计算高速成长期股利的现值（见表 6-1）。

表 6-1　　　　　　　　　　　　前 3 年股利计算表

年份	股利（元）	复利现值系数（12%）	股利现值（元）
1	$0.6 \times (1+15\%) = 0.69$	0.893	0.616 2
2	$0.69 \times (1+15\%) = 0.793\ 5$	0.797	0.632 4
3	$0.793\ 5 \times (1+15\%) = 0.912\ 5$	0.712	0.647 9
合计	——	——	1.898 3

（2）计算正常成长期股利在第 3 年年末的现值：

$$V_3 = \frac{D_4}{K-g} = \frac{0.912\ 5 \times (1 + 9\%)}{12\% - 9\%} = 33.154\ 2（元）$$

（3）计算该股票的现值：

$$V = 33.154\ 2 \times 0.712 + 1.898\ 3 = 25.51（元）$$

三、股票投资收益

股票投资收益主要由股利收益、股票转让的价差收益两部分组成。

投资者进行股票投资的最终目的是取得投资收益。股票的投资收益具有较大的不确定性，因为投资者对所投资公司的未来盈利情况和股价的变化只能靠预测来判断，而预测总是难免出现偏差。但是，为了加强股票投资管理，投资者还是要进行投资收益的计算与考核。

股票投资收益率的衡量通常有以下两种方法。

（一）利用股票估价模型

依据股票估价的贴现现金流量模型原理，股票的预期收益率相当于股票投资未来现金流入贴现值等于股票目前的购买价格时的贴现率。股票的预期收益率高于投资者所要求的必要报酬率时，投资者才愿意购买该股票。

采用这种方式，股票投资收益率的计算就需要利用股票估价等式通过反求贴现率来进行，同时必须考虑股票的股利变动情况。

1. 在不考虑资金时间价值的情况下，股票投资收益率的计算

（1）零成长股票的计算公式如下：

$$R = R = \frac{D}{P}$$

（2）固定成长股票的计算公式如下：

$$R = \frac{D_0 \times (1 + g)}{P} + g = \frac{D_1}{P} + g$$

依据［做中学 6-8］的资料，假定甲股票现行市价为 15.45 元，则其预期收益率为：

$$R = \frac{D}{P} \times 100\% = \frac{2}{15.45} \times 100\% = 12.94\%$$

因为该股票达到投资者所要求的 12% 的收益率，故值得购买。

依据［做中学 6-9］的资料，若 A 公司股票当前市价为 32 元，则此投资的预期收益率为：

$$R = \frac{D_0 \times (1 + g)}{P} + g = \frac{0.8 \times (1 + 9\%)}{32} + 9\% = 11.73\%$$

显然无法达到投资者所要求的 12% 的收益率，故不值得投资购买。

2. 在考虑资金时间价值的情况下，股票投资收益率的计算

其基本公式如下：

$$P = \sum_{t=1}^{n} \frac{D_t}{(1+R)^t} + \frac{V_n}{(1+R)^n}$$

公式中：P 表示股票现行市价（或目前的购买价格）；D_t 表示第 t 年股利；n 表示股票投资期

限；V_n 表示第 n 年出售股票的价格；R 表示股票投资收益率。

做中学 6-11

某投资者于 20×6 年 4 月 1 日以 5 元的价格购入甲股票，在 20×7 年、20×8 年和 20×9 年的 3 月 31 日各分得现金股利 0.5 元、0.6 元和 0.72 元，并于 20×9 年 3 月 31 日以 6 元的价格将甲股票出售。可计算此项投资的收益率如下：

分析：$P=5$ 元，$D_1=0.5$ 元，$D_2=0.6$ 元，$D_3=0.72$ 元，$V=6$ 元，$n=3$ 年。

则有：

$$5 = 0.5 \times (P/F, R, 1) + 0.6 \times (P/F, R, 2) + (0.72+6) \times (P/F, R, 3)$$

通过逐步测试并运用内插法可求得：

$$R = 17.57\%$$

（二）利用市盈率模型

预计未来股利的困难性极大地限制了股票价值估价模型使用的广泛性。在实务中，可以利用市盈率大致地估计股票投资的收益率。

市盈率是股票当前市价（P）与每股盈余（EPS）的比值，反映投资者为取得对每股盈余的要求权而愿意支付的代价，即购买价格是每股盈余的倍数。由于股票的购买价格就是在股票上的投资额，每股盈余则表示在该股票上应当取得的投资收益（包括股利收益与留存收益），那么市盈率的倒数就表示一种在股票投资上的收益。用 PE 表示市盈率，有：

$$市盈率 = \frac{每股市价}{每股盈余} \quad PE = \frac{P}{EPS}$$

$$股票收益率 = \frac{1}{市盈率} \quad R = \frac{1}{PE}$$

公式中：R 表示股票投资收益率。

设某股票当前的市盈率为 12，则可初步认为投资该股票的预期报酬率如下：

$$R = \frac{1}{PE} = \frac{1}{12} \times 100\% = 8.33\%$$

用市盈率来估计股票投资的收益率有两个基本前提：①本期的公司盈余全部用来发放股利，即利润留存为零；②由利润留存决定的股利不会增加。固定成长模型是假定股利的增长来源于权益资本的扩大，权益资本的扩大来源于利润的留存。事实上，公司可能利用其他途径扩大资金来源，进而增加利润，所以，未来的每股盈余有可能增长，未来的每股盈余的增长引起未来股价的同步增长，市盈率保持不变，由市盈率的倒数决定的投资收益率也保持不变。

四、股票价格的影响因素分析

影响股票价格的因素既有公司内在的基本因素，如公司的利润增长情况、公司的财务状况等，也有公司外部的市场行为因素，而这种市场行为因素是受投资者对经济发展和公司前景的预期左右的。有的人预测公司前景是乐观的，有的人预测却是悲观的，因此股价的变化是无规律可循的，是非理性的。股票价格变化受诸多因素影响，归纳起来主要有以下几个方面。

（一）宏观经济形势

人们把股票市场比作"经济晴雨表"，它提前反映经济发展的周期。当经济增长刚刚启动时，敏感的投资者就会对经济发展和公司的前景持有较好的预期，从而开始购买股票，使股票价格上涨;在经济发展繁荣景气时期,更多的投资者看好经济发展趋势,股市的牛市就会到来;当经济增长到达顶峰,并开始走向衰退时,明智的投资者就会退出股市,股票价格将下跌。因此,经济发展周期在股市上会得到充分的反映,会直接影响股市发展的大趋势。

(二)通货膨胀

通货膨胀对股市的影响十分复杂。一般而言,适度的通货膨胀不会对经济发展产生破坏作用,对证券市场的发展也是有利的,但过度的通货膨胀必然会恶化经济环境,对经济发展有极大的破坏作用,对证券市场是不利的。

(三)利率和汇率的变化

资本市场利率的变化对股票价格会产生较大影响。一般来说,利率上升既增加公司成本,减少利润,又会提高投资者的预期收益率,因此往往使股票价格下跌;反之,会使股票价格上涨。汇率的变化也会影响股票价格,如果本国货币贬值,可能导致资本流出本国,从而使股票价格下跌,但汇率变化对国际性程度低的证券市场影响较小,而对国际性程度高的证券市场的影响较大。

(四)经济政策

经济政策对股票的市场价格影响也较大,其中对股市比较敏感的经济政策主要有货币政策、财政政策和产业政策。货币政策和财政政策都是调节宏观经济的重要手段,货币政策直接影响到货币供给量,一般而言,紧缩的货币政策往往会使股票价格下跌。财政政策可以通过增减政府收支规模、税率等手段来调节经济发展速度,当政府通过降低税率,增加财政支出,刺激经济发展时,企业的利润就会上升,社会就业增加,公众收入也增加,会使股市行情上升。政府的产业政策主要对各个行业有不同的影响,优先扶持的行业,企业的发展前景较好,利润有望增加,其股票价格就会上涨。

任务四　证券投资组合

投资者在进行证券投资时,一般并不把其所有资金投资于一种证券,而是同时持有多种证券。这种同时投资多种证券的方式,称为证券的投资组合,简称证券组合或投资组合。由于投资组合能够降低风险,因此,绝大多数法人投资者,如工商企业、投资信托公司、投资基金等,都同时投资于多种证券,即使是个人投资者,一般也持有多种证券而不只是投资于某一家公司的股票或债券。所以,企业财务管理人员必须了解证券组合的风险与报酬率,恰当地进行证券组合。

一、证券组合的风险

证券组合的风险可以分为两种性质完全不同的风险,即系统风险和非系统风险。

产生系统风险的主要原因在于国家政治形势的变化、整个宏观经济形势的变化、国家有关经济政策的调整、通货膨胀的发生以及金融市场利率的波动等,几乎对所有证券价格都会产生影响,是不可分散风险。产生非系统风险的原因在于个别公司所发生的特定事件,例如,某公司财务决策失误、产品质量不稳定、因违反有关规定而受处罚、新产品开发失败等,通常只影响个别证券价格,是公司特有风险,可以通过适当的证券组合将此类风险分散掉。从这个意义上讲,在进行证券组合时,投资者并不关心每一项证券投资全部风险的大小,而只关心其中不能被分散掉的那部分系统风险。

(一)系统风险的度量

通过适当的证券组合,基本上可以把所有的非系统风险分散掉,因此证券组合更为关注不能通过多元化分散的系统风险,证券投资的系统风险通常用 β 系数来度量。

β 系数是度量一种股票对整个股票市场收益率变动的反应程度的指标,即 β 系数反映的是个别公司股票的收益率相对于整个股票市场收益率变动的敏感程度。例如,对 β 系数等于 2 的

A 股票来说，如果整个股票市场收益率上涨 1%，则该股票预期收益率将上涨 2%；当然，如果整个股票市场收益率下跌 1%，则该股票收益率将下跌 2%。类似的，如果 B 股票的 β 系数为 0.5，则当整个股票市场收益率提高 1% 时，股票 B 的收益率只提高 0.5%；当整个股票市场收益率下降 1% 时，股票 B 的收益率也只下跌 0.5%。显然，A 股票比 B 股票有较大的风险。需要指出的是，由于 β 系数是根据证券市场历史数据计算而得的，而每个公司的投资决策和财务决策可能有所变化，相应地各公司股票的风险程度也并非一成不变，所以每个公司股票的 β 系数随着时间的推移也会有所变化。

作为整体的证券市场的 β 系数为 1。如果某种股票的风险情况与整个证券市场的风险情况一致，则这种股票的 β 系数也等于 1；如果某种股票的 β 系数大于 1，说明其风险大于整个市场的风险；如果某种股票的 β 系数小于 1，说明其风险小于整个市场的风险。

β 系数计算过程比较复杂，在实际工作中，β 系数往往由咨询机构或权威机构测算并定期公布。

（二）证券组合的 β 系数

证券组合的系统风险同样用 β 系数表示，证券组合的 β 系数是单个证券 β 系数的加权平均，权数为各种资产在证券组合中所占的比重。其计算公式如下：

$$\beta_p = \sum_{j=1}^{n} \beta_j w_j$$

公式中：β_p 表示投资组合的 β 系数；β_j 表示第 j 种证券的 β 系数；w_j 表示第 j 种证券在证券组合中的比重。

证券组合 β 系数的计算公式表明：证券组合的 β 系数受到单个证券的 β 系数和各种证券在证券组合中的比重两个因素的影响。

做中学 6-12

某投资者购买 A、B 两种股票形成证券组合，A 股票的 β 系数为 1.5，B 股票的 β 系数为 2。要求：计算当 A、B 两种股票的投资比重分别为 5:5、4:6、3:7 时，该证券组合的 β 系数。

分析：

（1）当投资比重为 5:5 时：

$$\beta_p = 1.5 \times 50\% + 2 \times 50\% = 1.75$$

（2）当投资比重为 4:6 时：

$$\beta_p = 1.5 \times 40\% + 2 \times 60\% = 1.8$$

（3）当投资比重为 3:7 时：

$$\beta_p = 1.5 \times 30\% + 2 \times 70\% = 1.85$$

显然，当扩大投资风险较大的 B 股票的比重后，证券组合的 β 系数增大，这表明投资风险也在加大，因此，通过调整投资比重能够改变证券投资组合的风险。

二、证券组合的报酬

（一）证券组合的风险报酬

投资者进行证券组合投资与进行单项投资一样，都要求对承担的风险进行补偿，股票的风险越大，要求的报酬就越高。但是，与单项投资不同，证券组合投资要求补偿的风险只是不可分散风险,而不要求对可分散风险进行补偿。如果可分散风险的补偿存在,善于科学地进行证券组合投资的投资者将购买这部分股票,并抬高其价格,其最后的报酬率只反映不能分散的风险。因此,证券组合的风险报酬是投资者因承担不可分散风险而要求的超过时间价值的那部分额外报酬。可用下式表示:

$$R_R = \beta_p \times (R_w - R_f)$$

公式中:R_R 表示证券组合的风险报酬率;β_p 表示证券组合的 β 系数;R_w 表示市场组合收益率;R_f 表示无风险收益率。

> **做中学 6-13**
>
> 某企业持有由甲、乙、丙三种股票构成的证券组合,它们的 β 系数分别为 2.0、1.0、0.5,它们在证券组合中所占的比重分别为 60%、30%、10%,市场组合收益率为 14%,无风险收益率为 10%。要求:确定这种证券组合的风险报酬率。
>
> **分析:**
>
> (1)确定证券组合的 β 系数:
>
> $$\beta_p = 60\% \times 2.0 + 30\% \times 1.0 + 10\% \times 0.5 = 1.55$$
>
> (2)计算该证券组合的风险收益率:
>
> $$R_R = 1.55 \times (14\% - 10\%) = 6.2\%$$

从上述计算可以看出,风险收益率取决于 β 系数、市场组合收益率、无风险收益率,β 系数和市场组合平均收益率越大,证券组合风险收益率越大;无风险收益率越大,证券组合风险收益率越小。

(二)资本资产定价模型

在西方金融学和财务管理学中,有许多模型论证了风险和报酬率的关系,其中,最重要的一个模型为资本资产定价模型(capital asset pricing model, CAPM)。该模型是由美国金融财务学家威廉·夏普在 1964 年提出的,是财务学形成和发展中最重要的里程碑,它第一次使人们可以量化市场的风险程度,并且能够对风险进行具体定价。

资本资产定价模型的一般形式如下:

$$R = R_f + R_R$$
$$= R_f + \beta_p \times (R_w - R_f)$$

公式中:R 表示某证券或证券组合的必要收益率;R_R 表示某证券或证券组合的风险收益率;β_p 表示某证券或证券组合的 β 系数。

依据[做中学 6-1]的资料,该证券组合的必要收益率=10%+6.2%=16.2%。

四、证券组合投资的策略

证券市场是一个充满风险的场所,防范风险最有效的方法是进行证券组合投资。证券组合投资不是简单购买若干种证券形成投资组合,在选择证券形成组合时应注意以下几个问题:

(1)确定适当的持有股票的种数。从理论上讲,持有种数越多,越能分散风险,但从实际情况看,只需要购买 10 种左右的股票,大多数非系统风险都可以被分散掉。

(2)充分考虑证券资产收益率的相关性。所选证券资产收益率的相关系数越小,越能分散风险。因此,在选择证券时,应选择相关性较小的甚至是负相关的证券进行投资。

(3)力求证券资产的多元化。在证券投资时,应避免将全部资金投资于一种证券,应力求品种多元化,如将股票、企业债券、国债、可转让存单等组合投资。

(4) 注意债券持有期的多样化。债券的到期日过于集中不利于资金周转,因此在投资债券时,应尽量分散债券的到期日。

证券组合投资策略就是根据市场上各种证券的具体情况以及投资者对风险的偏好与承受能力,选择相应的证券组合方式。通过长期的证券投资实践,人们总结出各种证券组合投资的策略,常见的有以下几种:

(1) 保守型投资组合策略。这种策略是尽量模拟证券市场的现状,将尽量多的证券包括进来,以分散全部可分散风险,同时得到与证券市场平均收益率相同的收益率。保守型投资组合策略基本上能够分散全部的非系统风险,也不需要太高的证券投资知识,这种投资策略所得收益不会高于证券市场平均收益,但这种策略的风险也不大。

(2) 冒险型投资组合策略。这种策略是尽可能多地选择一些成长性较好的股票,而少选择低风险、低报酬的证券,这样可以使投资组合的收益高于证券市场的平均收益。这种组合收益高,风险也高于证券市场的平均风险。所以,采用这种策略,如果做得好,可以取得远远超过市场平均报酬的投资收益,但如果失败,会发生较大的损失。

(3) 适中型投资组合策略。这是一种比较常用的投资组合策略,这种策略认为,股票价格主要由企业的经营业绩决定,只要企业的经济效益好,股票的价格中就会体现其优良的业绩。所以,在进行股票投资时,要全面深入地进行证券投资分析,选择一些品质优良的股票组成投资组合,就可以获得较高的投资收益,而不会承担太大的投资风险。这种投资组合策略要求投资者具备扎实的证券投资专业知识和丰富的投资经验。

▪ 关 键 术 语 ▪

证券　所有权证券　债权证券　固定收益证券　变动收益证券

▪ 应 知 考 核 ▪

一、单项选择题

1. 下列各项中,能获得被投资企业控制权的证券投资是(　　)。
    A. 债券　　　　　　　　　　　　　　　B. 普通股票
    C. 优先股股票　　　　　　　　　　　　D. 认股权证

2. 下列关于 β 系数说法中,不正确的是(　　)。
    A. β 系数可用来衡量可分散风险的大小
    B. 某种股票的 β 系数越大,风险收益率越高,预期报酬率也越大
    C. β 系数反映个别股票的市场风险,系数为零,说明该股票的市场风险为零
    D. 某种股票 β 系数为1,说明该种股票的风险与整个市场风险一致

3. 能够更好地避免购买力风险的证券是(　　)。
    A. 国库券　　　　　　　　　　　　　　B. 普通股股票
    C. 公司债券　　　　　　　　　　　　　D. 优先股股票

4. 违约风险最大的证券是(　　)。
    A. 政府债券　　　　B. 金融债券　　　　C. 公司股票　　　　D. 公司债券

5. 股票的价值是指(　　)。
    A. 股票的内在价值　　B. 股票的价格　　　C. 股息　　　　　　D. 红利

二、多项选择题

1. 决定债券收益率的因素主要有(　　)。
    A. 票面利率　　　　B. 持有时间　　　　C. 市场利率　　　　D. 购买价格

2. 股票投资的缺点有(　　)。

　　A. 求偿权居后　　　　　B. 价格不稳定　　　　C. 收入不稳定　　　　D. 购买力风险大

3. 股票投资的优点有(　　)。

　　A. 投资收益高　　　　　　　　　　　　B. 收入不稳定

　　C. 拥有经营控制权　　　　　　　　　　D. 购买力风险低

4. 下列关于系数的表述中,正确的有(　　)。

　　A. 某股票的 β 系数越大,说明其市场风险越大

　　B. 某股票的 β 系数等于1,则其风险与整个市场的平均风险相同

　　C. 某股票的 β 系数等于2,则其风险程度是股票市场平均风险的2倍

　　D. 某股票的 β 系数等于0.5,则其风险程度是股票市场平均风险的一半

5. 证券投资的系统风险包括(　　)。

　　A. 利率风险　　　　　B. 违约风险　　　　C. 再投资风险　　　　D. 破产风险

三、判断题

1. 在财务管理中,证券投资与项目投资均属于投资,区别仅在于投资的对象不同。 (　　)

2. 证券投资是通过购买股票、债券等金融资产进行投资的行为,属于间接投资。 (　　)

3. 证券投资的唯一目的就是获利。 (　　)

4. 对证券投资来说,证券价格波动大是一个不利因素。 (　　)

5. 证券投资亏损的主要原因之一是证券投资交易成本高。 (　　)

四、简述题

1. 简述证券投资的目的和收益。

2. 简述债券投资的特点及优缺点。

3. 简述股票投资的特点及优缺点。

4. 简述证券投资基金的投资风险。

5. 简述证券投资组合的策略与方法。

五、计算题

1. 某投资者的投资组合包括三种证券,债券占40%、A股票占30%、B股票占30%,其系数分别为1、1.5和2。市场全部股票的平均收益率为12%,无风险收益率为5%。

　　要求:

　　(1) 计算该投资组合的系数。

　　(2) 计算该投资组合的预期收益率。

2. A公司股票的系数为2.5,无风险收益率为6%,市场上所有股票的平均报酬率为10%。

　　要求:

　　(1) 计算该公司股票的预期收益率。

　　(2) 若该股票为固定增长股票,增长率为6%,预计1年后的股利为1.5元,则该股票的价值为多少元?

■ 应会考核 ■

■ 观念应用

【背景资料】

债券是否值得购买

　　A企业于20×9年1月1日以每张1 020元的价格购买B企业发行的企业债券。该债券的面值为1 000元,期限为3年,票面年利率为10%。购买时市场年利率为8%。不考虑所得税。

【考核要求】

1. 假设该债券一次还本付息,按单利计息,利用债券估价模型评价A企业购买此债券是否划算?

2. 假设该债券每年支付一次利息,按复利计算,评价A企业是否可以购买此债券?

3. 假设该债券以800元的价格发行,没有票面利率,到期按面值偿还,则该债券是否值得购买?

■ 技能应用

某公司的投资决策

某公司现有 100 万元资金，拟累积一笔资金 5 年后扩大生产规模，现准备进行长期投资，初步决定要么全部购买 100 万元平价发行的 Y 债券，要么购买 10 万股 Z 股票（每股买入价 10 元）。Y 债券的期限为 5 年，票面利率为 8%，每年付息一次，到期一次还本。Z 股票为零成长股票，每股每年股利 1.1 元，第 5 年年末，该股票可以按其内在价值出售。该公司要求的投资报酬率为 10%。

【技能要求】

请代该公司作出投资决策。

■ 案例分析

【分析情境】

股票投资的应用

某投资者于 20×9 年准备投资购买股票，现有 A、B 两家公司可供选择。从 A 公司、B 公司 20×8 年 12 月 31 日的有关会计报表及补充资料中获知，20×8 年 A 公司发放的每股股利为 5 元，股票每股市价为 40 元；20×8 年 B 公司发放的每股股利为 2 元，股票每股市价为 20 元。预期 A 公司未来 5 年内股利固定，以后转为正常增长，年增长率为 6%；预期 B 公司股利将持续增长，年增长率为 4%。假定目前无风险收益率为 8%，市场上所有股票的平均收益率为 12%，A 公司股票的 β 系数为 2，B 公司股票的 β 系数为 1.5。

【分析要求】

请仔细阅读以上资料，分析与回答下面的问题。

1. 通过计算股票价值并与股票市价相比较，判断是否应当购买两公司的股票。
2. 若投资购买这两种股票各 1 000 股，该投资组合的预期收益率是多少？
3. 求 2 中投资组合的 β 系数。

项目实训

【实训项目】

证券投资管理。

【实训情境】

证券投资原理的分析

投资者李美安于 20×9 年 7 月 5 日在杭州广发证券营业部开设了一个 A 股股票账户，并与证券公司达成一致意见：投资者进行股票买卖支付给证券公司的交易佣金为成交金额的 5‰，最低 5 元起。20×9 年 7 月 20 日，李美安投入资金 50 000 元，20×9 年 7 月 26 日，他以每股 12.04 元的价格（不含各种交易费用）购入 1 000 股的苏宁云商股票（股票代码：002024）；20×9 年 7 月 28 日，他以每股 11.77 元的价格（不含各种交易费用）购入 1 000 股的鄂尔多斯股票（股票代码：600295）；20×9 年 7 月 30 日，他又以 16.10 元的价格（不含各种交易费用）购入 1 000 股的大同煤业股票（股票代码：601001）。20×9 年 8 月 4 日，李美安以每股 12.78 元的价格（不含各种交易费用）出售其所持有的 1 000 股苏宁云商股票；20×9 年 8 月 9 日，他以每股 12.45 元的价格（不含各种交易费用）出售其所持有的 1 000 股鄂尔多斯股票；2019 年 8 月 10 日，他以每股 17.25 元的价格（不含各种交易费用）出售其所持有的 1 000 股大同煤业股票。

财务顾问吴斌计算苏宁云商的投资收益率为：

$$投资收益率 = [(12.78 \times 1\,000 - 12.78 \times 1\,000 \times 0.001 - 12.78 \times 1\,000 \times 0.000\,5) - 12\,058.06]$$
$$\div 12\,058.06 \div (10 \div 360) \times 100\%$$
$$= 5.83\%$$

这个收益率与 5 年期银行定期存款年利率（5.5%）相接近，但银行存款没有风险，而股票价格变动不稳定，投资者亏损可能性很大，因此，不值得进行股票投资。

【实训任务】

1. 吴斌的这种观点正确吗?

2. 请指出李美安通过其证券账户进行股票交易,其支付的交易费用有哪些? 该如何计算?

3. 计算 20×9 年 7 月 26 日、7 月 28 日和 7 月 30 日李美安账户上的人民币余额分别是多少元?

4. 计算李美安投资苏宁云商股票、鄂尔多斯股票和大同煤业股票在各自投资期间的名义投资收益率(1 年按 360 天计算)是多少?

5. 计算从 20×9 年 7 月 20 日到 20×9 年 8 月 10 日,李美安投入资金 50 000 元的名义投资收益率是多少?

证券投资管理实训报告				
项目实训班级:		项目小组:		项目组成员:
实训时间:　　年　　月　　日		实训地点:		实训成绩:
实训目的:				
实训步骤:				
实训结果:				
实训感言:				

用 Excel 解决本项目问题

用 Excel 进行股票价值评估。

【例 6-1】 现有 A、B 两只股票,有关资料如图 6-1 所示,请用 Excel 建立一个计算两只股票的价值并判断其是否具有投资价值的模型。

	A	B	C	D	E	F
1	已知条件					
2	A股票		B股票			
3	目前的股利(元/股)	2	第1年股利(元/股)			0.05
4	未来5年的股利增长率	20%	第2年股利(元/股)			1.00
5	5年以后的股利增长率	4%	第3年股利(元/股)			1.50
6	期望报酬率	15%	第4年股利(元/股)			2.00
7	目前的市价(元/股)	30	第4年年末出售的价格(元/股)			28.00
8			期望报酬率			15 %
9			目前的市价(元/股)			25.00

图 6-1　A、B 两只股票相关资料图

具体操作步骤如下:

(1) 设计模型结构,如图 6-2 所示。

	A	B	C	D	E	F
1	已知条件					
2	A股票		B股票			
3	目前的股利(元/股)	2	第1年股利(元/股)			0.05
4	未来5年的股利增长率	20%	第2年股利(元/股)			1.00
5	5年以后的股利增长率	4%	第3年股利(元/股)			1.50
6	期望报酬率	15%	第4年股利(元/股)			2.00
7	目前的市价(元/股)	30	第4年年末出售的价格(元/股)			28.00
8			期望报酬率			15 %
9			目前的市价(元/股)			25.00
10						
11	计算结果					
12	年份	1	2	3	4	5
13	A股票的股利(元/股)					
14	固定增长股的价值(元/股)					
15	A股票的价值(元/股)		A股票是否有投资价值			
16	B股票的价值(元/股)		B股票是否有投资价值			

图 6-2　模型结构

(2) 在单元格 B13 中输入公式:＝＄B＄3＊(1＋＄B＄4)^B12,并将其复制到单元格区域"C13：F13"。

(3) 在单元格 F14 中输入公式:＝F13＊(1＋B5)/(B6－B5)。

(4) 在单元格 B15 中输入公式:＝NPV(B6,B13：F13)＋F14/(1＋B6)^F12。

(5) 在单元格 C15 中输入公式:＝IF(B7＜B15,"有","无")。

(6) 在单元格 B16 中输入公式:＝NPV(F8,F3：F6)＋F7/(1＋F8)^E12。

(7) 在合并单元格 C16 中输入公式:＝IF(F9＜B16,"有","无")。

(8) 结论:A 股票具有投资价值,计算结果如图 6-3 所示。

	A	B	C	D	E	F
1		已知条件				
2	A股票		B股票			
3	目前的股利(元/股)	2	第1年股利(元/股)			0.05
4	未来5年的股利增长率	20%	第2年股利(元/股)			1.00
5	5年以后的股利增长率	4%	第3年股利(元/股)			1.50
6	期望报酬率	15%	第4年股利(元/股)			2.00
7	目前的市价(元/股)	30	第4年年未出售的价格(元/股)			28.00
8			期望报酬率			15 %
9			目前的市价(元/股)			25.00
10						
11		计算结果				
12	年份	1	2	3	4	5
13	A股票的股利(元/股)	2.40	2.88	3.46	4.15	4.98
14	固定增长股的价值(元/股)					47.05
15	A股票的价值(元/股)	34.78	A股票是否有投资价值		有	
16	B股票的价值(元/股)	19.33	B股票是否有投资价值		无	

图 6-3　计算结果

营运资金管理

知识目标

理解：营运资金的含义、特点及管理原则；现金、应收账款及存货管理的基本含义。

熟知：现金管理、应收账款和存货日常管理的内容、目的；企业存货决策。

掌握：现金管理的持有动机、最佳持有现金确定模式及日常管理；应收账款功能、成本、政策及日常管理；存货功能、成本、最佳存货量确定模型及日常管理。

技能目标

能够结合企业的具体情况，有针对性地预测最佳现金持有量、作出信用政策决策、确定存货资金需要量和作出经济批量决策。

素质目标

能够根据企业的具体情况，对企业营运资金进行全面评估和分析，并对企业营运资金管理进行决策。

项目引例

营运资金如何管理

大连某企业是一个专业从事手表生产与销售的企业，主要生产销售机械表。该企业下设一个手表专营公司负责手表的销售，专营公司的经理叫孙尧。2007年左右，市场发生了变化，电子表畅销，机械表销售量下降。该企业的产品积压严重，仅专营公司就积压了100多万只机械表。当时孙尧给企业领导打报告，请示处理积压产品，将当时市价为120元一只的机械表以25元一只的价格处理掉，然后利用回收资金生产销售电子表。企业领导没有批准孙尧的报告。在这种情况下，孙尧自作主张，以25元一只的价格处理积压产品。经过3个月的努力，积压产品全部售出，收回资金2 500万元。孙尧用这些资金引进香港表盘、机芯，根据市场需求，生产多花色的产品去争取市场，到2009年，专营公司盈利900多万元。但是企业领导对孙尧的行为感到不满，遂在2013年将专营公司撤销。2015年手表厂面临破产，累计亏损4 000多万元，银行存款只有4万元，固定资产达8 000万元，并且有几百台进口设备。在这种情况下，2015年4月孙尧被任命为该厂厂长。8个月后，该企业减亏747万元，2016年全面扭亏，实现利税574万元。2015年到2019年还清了近1亿元债务。

思考与讨论：企业该如何进行有效的营运资金管理？

知识精讲

任务一　营运资金概述

一、营运资金的含义

营运资金是指企业生产经营活动中占用于流动资产上的资金。营运资金有广义和狭义之分。广义的营运资金又称毛营运资金（总营运资金），是指一个企业流动资产的总额；狭义的营运资金又称净营运资金，是指流动资产减去流动负债后的差额。

企业应控制营运资金的持有数量，既要防止营运资金过度，也要避免营运资金不足。营运资金越多，风险越小，收益越低；相反，营运资金越少，风险越大，但收益率越高。企业需要在风险和收益之间进行权衡，从而将营运资金的数量控制在一定范围之内。本项目所讲的营运资金的管理主要是流动资产的管理,即现金、应收账款和存货的管理。

(一) 流动资产

流动资产是指可以在 1 年以内或者超过 1 年的一个营业周期内变现或运用的资产。流动资产具有占用时间短、周转快、易变现等特点。企业流动资产多少表明企业短期偿债能力大小,科学合理地安排流动资产投资,可以降低企业财务风险。流动资产可以按照不同标准进行分类,常见的三种分类标准如下:

(1) 按照其占用形态不同,可分为现金、交易性金融资产、应收及预付款项和存货。

(2) 按照其变现能力强弱不同,可分为非速动资产和速动资产。

(3) 按照其在生产经营过程中所处环节不同,可分为生产领域流动资产、流通领域流动资产以及其他领域流动资产。

(二) 流动负债

流动负债又称短期负债,是指需要在 1 年或者超过 1 年的一个营业周期内偿还的债务。流动负债具有成本低、偿还期短等特点。流动负债可按照不同标准分类,常见的三种分类标准如下:

(1) 按照其应付金额是否确定,可分为应付金额确定的流动负债和应付金额不确定的流动负债。应付金额确定的流动负债是指那些根据合同或法律规定到期必须偿付,并有确定金额的流动负债,如应付票据、应付账款、短期借款、应付短期融资券等。应付金额不确定的流动负债是指那些根据企业生产经营状况,到一定时期或具备一定条件才能确定的流动负债或应付金额需要估计的流动负债,如应交税费、应付产品质量担保债务、票据兑换债务等。

(2) 按照其形成情况不同,可分为自然性流动负债和人为性流动负债。自然性流动负债是指不需要正式安排,由于结算程序或有关法律、法规规定等原因而自然形成的流动负债。人为性流动负债是指根据企业对短期资金的需求情况,通过人为安排所形成的流动负债。

(3) 流动负债按照其是否支付利息,可分为有息流动负债和无息流动负债。

(三) 营运资金特点

企业有效管理营运资金,必须研究营运资金具有的特点。营运资金一般具有如下特点:

(1) 多样性。与筹集长期资本方式相比,企业筹集营运资金的方式比较灵活。例如,企业可以向银行短期借款,发行短期融资券,利用商业信用,采用应交税费、应交利润、应付职工薪酬、应付费用、预收货款,使用票据贴现等内外部筹资方式。

(2) 波动性。流动资产数量会随企业内外条件变化而波动,如季节性或非季节性企业。随着流动资产数量变动,流动负债数量也会相应发生变动。

(3) 短期性。企业占用在流动资产上的资金通常在 1 年或超过 1 年的一个营业周期内收回。

(4) 实物形态变动性和易变现性。企业实物形态营运资金经常变化,一般按照现金、材料、在产品、产成品、应收账款、现金顺序循环转化。因此,企业在进行流动资产管理时,必须将各项流动资产合理配置,达到结构优化,以促进资金顺利周转。

二、营运资金管理原则

营运资金在企业全部资本中占有较大比重,同时其周转期短,形态易变,是企业财务管理工作的一项重要内容。因此,企业进行营运资金管理,应遵循以下原则:

(1) 满足合理的资金需求。企业对生产经营状况认真分析后,应合理确定营运资金需求数量。由于企业营运资金需求数量与日常生产经营活动有直接关系,通常表现为:当企业产销量处于高峰时,流动资产会不断增加,流动负债也会相应增加;当企业产销量不断减少时,流动资产和流动负债也会相应减少。为此,企业营运资金管理须满足日常生产经营活动中合理的需求。

（2）提高资金使用效率。企业加速资金周转是提高资金使用效率的主要手段之一。而提高营运资金使用效率的关键就是采取诸如缩短营业周期，加速变现过程，加快营运资金周转等措施。这就要求企业在实务中加速现金、存货、应收账款等流动资产的周转效率，使营运资金得到最有效利用。

（3）节约资金使用成本。企业在营运资金管理中，应在保证正常生产所需营运资金的前提下最大限度地节约资本。一方面，企业要挖掘与盘活全部营运资金的潜力；另一方面，企业要积极拓展筹资渠道，合理配置资源，筹措低成本的资本，满足正常生产经营所需。

（4）保持足够的短期偿债能力。企业财务风险大小主要通过短期偿债能力的高低体现。企业合理安排流动资产与流动负债的比例关系，保持流动资产与流动负债结构配比性，保证企业有足够的短期偿债能力是营运资金管理的重要原则之一。流动资产、流动负债以及两者之间的关系能较好地反映企业短期偿债能力。流动负债是在短期内需要偿还的债务，而流动资产则是在短期内可以转化为现金的资产。因此，如果一个企业流动资产比较多，流动负债比较少，说明企业短期偿债能力较强；反之，则说明企业短期偿债能力较弱。

任务二 现金管理概述

作为企业营运资金中变现能力最强的流动资产，现金是指在生产经营过程中以货币形态存在的资金，包括库存现金、银行存款和其他货币资金，这是广义现金；狭义现金仅指库存现金。本任务所介绍的现金是指广义现金。

现金管理过程就是在现金流动性与收益性之间进行权衡选择的过程，其目的是在保证企业经营活动现金需要量的同时，降低企业闲置现金数量，提高资金收益率。因此，保持合理的现金水平是企业现金管理的重要内容。

一、持有现金动机

企业持有现金的动机主要体现在交易性需求、预防性需求和投机性需求三个方面。

（一）交易性需求

企业持有现金的交易性需求是为了维持企业日常周转及正常商业活动所需持有的现金。企业每日都在发生许多收入与支出，这些收入和支出在数额上通常不相等、时间上不匹配，这使得企业需要持有一定现金来调节，以使日常生产经营活动持续进行。例如，企业为了保证正常生产经营活动，必须保持一定数额的现金，如购买原材料、支付工资、缴纳税款、偿付到期债务、派发现金股利等。一般来说，企业为满足交易性需求所持有的现金主要取决于企业销售水平。企业销售扩大，销售额增加，所需现金余额也随之增加；反之，则相反。

（二）预防性需求

企业持有现金的预防性需求是指为企业应付突发事件而需要维持充足的现金，例如，政治金融环境变化、大客户违约导致企业突发性偿付等。虽然企业试图利用各种方式、方法来较准确地预测所需现金，但这些突发事件会使原本预测好的财务计划失效。因此，企业为了应付突发事件，有必要维持比日常运转所需金额更多的现金。

（三）投机性需求

企业持有现金的投机性需求是指企业为了抓住突然出现的获利机会而持有的现金，这种机会通常是短暂的，如金融市场上有价证券出现暴跌后又突然上涨，如果企业在暴跌时购入，在暴涨时抛售，则企业利用闲置资金抓住了机会就可能获得收益。

二、最佳现金持有量的确定

企业现金管理除了做好日常收支、加速现金周转速度外,还需控制好现金持有量规模,即确定最佳现金持有量。企业确定最佳现金持有量的方法通常有:①成本模式;②存货模式;③随机模式;④现金周转模式。

(一)成本模式

成本模式是通过分析持有现金发生的相关成本,寻求持有成本最低时的现金持有量的模式。企业持有现金相关的成本有:①机会成本;②管理成本;③短缺成本。它们之和构成了企业持有现金的总成本。

(1)机会成本是指企业因持有一定现金而丧失的再投资收益。再投资收益是企业不能同时用该现金进行有价证券投资所产生的机会成本,这种成本在数额上等于资本成本。由于现金资产流动性极佳,但盈利性极差。企业为了经营业务,有必要持有一定现金以应付意外的现金需要。但如果企业现金拥有量过多,会导致机会成本代价大幅度上升。

(2)管理成本是指企业持有一定现金从而发生的管理费用,如管理人员工资、安全措施费等,这些费用构成现金管理成本。管理成本是一种固定成本,与现金持有量之间无明显的比例关系。

(3)短缺成本是指企业在现金持有量不足又无法及时通过有价证券变现加以补充所造成的损失,包括直接损失与间接损失。现金短缺成本随现金持有量的增加而下降,随现金持有量减少而上升,即与现金持有量负相关。

成本模式的计算公式如下:

$$最佳现金持有量下的现金相关成本 = \min(管理成本 + 机会成本 + 短缺成本)$$

其中:管理成本属于固定成本,机会成本是正相关成本,短缺成本是负相关成本。因此,成本模式要找到机会成本、管理成本和短缺成本所组成的总成本曲线中最低点所对应的现金持有量,把它作为最佳现金持有量。

如图 7-1 所示,机会成本线向右上方倾斜,短缺成本线向右下方倾斜,管理成本线为平行于横轴的直线,总成本线便是一条抛物线,该抛物线最低点即为持有现金的最低总成本。超过这一点后,机会成本上升会大于短缺成本下降;这一点之前,短缺成本上升又会大于机会成本下降。这一点在横轴上对应的量,即是最佳现金持有量(Q^*)。

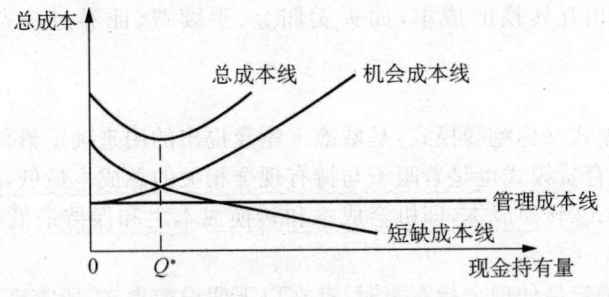

图 7-1 成本模式示意图

最佳现金持有量计算,可以先分别计算出各种方案的机会成本、管理成本、短缺成本之和,再从中选出总成本之和最低的现金持有量,即为最佳现金持有量。

做中学 7-1

企业现有甲、乙、丙、丁四个现金持有方案,现金持有量备选方案表如表 7-1 所示。

表 7-1		现金持有量备选方案表		单位:元
项　目	甲	乙	丙	丁
现金持有量	20 000	30 000	40 000	50 000
机会成本率	12%	12%	12%	12%
短缺成本	5 000	2800	1 500	900

根据表 7-1,可采用成本模式编制该企业最佳现金持有量测算表,如表 7-2 所示。

表 7-2	最佳现金持有量测算表		单位:元
方案及现金持有量	机会成本	短缺成本	相关总成本
甲(20 000)	2 400	5 000	7 400
乙(30 000)	3 600	2 800	6 400
丙(40 000)	4 800	1 500	6 300
丁(50 000)	6 000	900	6 900

根据表 7-2 的资料,可以得出各方案总成本,其中,丙方案相关总成本最低,因此企业持有 40 000 元现金时,持有现金相关总成本最低,即 40 000 元为最佳现金持有量。

在实务中,企业运用成本模式确定最佳现金持有量通常的步骤为:①根据不同现金持有量测算并确定有关成本;②按照不同现金持有量及其有关成本资料编制最佳现金持有量测算表;③在测算表中找出总成本最低时的现金持有量,即最佳现金持有量。

由成本模式可知,若减少现金持有量,则增加短缺成本;若增加现金持有量,则增加机会成本。改进上述关系的一种方法是:当拥有多余现金时,将现金转换为有价证券。当现金不足时,将有价证券转换成现金。但现金和有价证券之间的转换也需要成本,这种成本称为转换成本。

转换成本是指企业用现金购入有价证券以及用有价证券换取现金时付出的交易费用,即现金同有价证券之间相互转换的成本,如买卖佣金、手续费、证券过户费、印花税、实物交割费等。

(二)存货模式

现金持有量存货模式又称鲍曼模式,是威廉·鲍曼提出的用来确定最佳现金持有量的模式。

同成本模式相似,存货模式也是着眼于与持有现金相关的总成本最低,但是此模式下相关成本仅包括:①机会成本;②转换成本,即机会成本和转换成本之和保持最低时的现金持有量为最佳现金持有量。

在运用存货模式确定最佳现金持有量时,存在以下假设前提:①所需现金可以通过证券变现取得,证券变现的不确定性很小;②预算期内现金需要总量可以预测;③现金支付过程比较稳定,现金余额降至零时可以通过部分证券变现得以补足;④证券利率或报酬率以及每次固定性交易费用已知。

在以上假设基础上,可以构建出存货模式的具体表达式。

假设 T 为一个周期内现金总需求量;F 为每次转换有价证券的固定成本;Q 为现金持有量(每次证券变现数量);K 为有价证券利息率(机会成本);TC 为现金管理相关总成本(见图 7-2)。

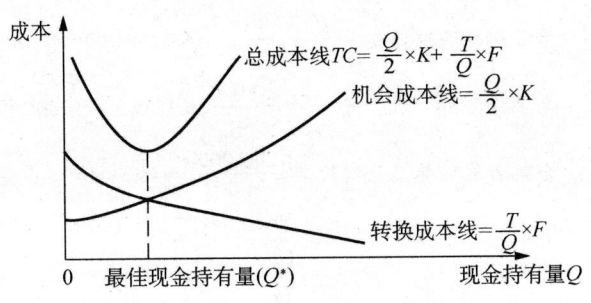

图 7-2　存货模式示意图

1. 平均现金持有量

如图 7-3 所示,企业平均现金持有量为现金持有量的一半。

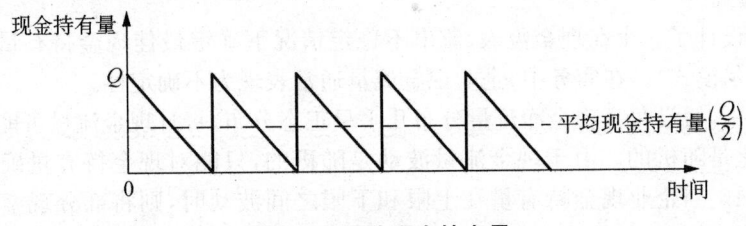

图 7-3　平均现金持有量

2. 机会成本

$$机会成本 = 平均现金持有量 \times 有价证券利息率 = \frac{Q}{2} \times K$$

3. 转换成本

$$转换成本 = \frac{T}{Q} \times F$$

其中,$\dfrac{T}{Q}$ 表示全年有价证券与现金转换次数。

相关总成本计算公式如下:

$$TQ = \frac{Q}{2} \times K + \frac{T}{Q} \times F$$

将 TC 对现金持有量(C)求微分并设为 0,得最佳现金持有量如下:

$$Q^* = \sqrt{\frac{2TF}{K}}$$

做中学 7-2

企业预测全年现金需要量为 200 000 元,日常现金均匀发生,现金与有价证券转换成本为每次 100 元,有价证券利息率为 10%。

分析:

$$最佳现金持有量 = \sqrt{\frac{2TF}{K}} = \sqrt{\frac{2 \times 200\,000 \times 100}{10\%}} = 20\,000(元)$$

$$全年现金转换成本 = \frac{200\ 000}{20\ 000} \times 100 = 1\ 000（元）$$

$$全年现金持有机会成本 = \frac{20\ 000}{2} \times 10\% = 1\ 000（元）$$

$$全年有价证券交易次数 = \frac{200\ 000}{20\ 000} = 10（次）$$

$$有价证券交易间隔期 = \frac{360}{10} = 36（天）$$

存货模式可以精确地测算出最佳现金持有量和变现次数，表述了现金管理中的基本成本结构，它对加强企业现金管理有一定作用。但是这种模式以货币支出均匀发生、现金持有成本和转换成本易于预测为前提条件。因此，只有在上述因素假设前提下才能使用此种方法。

（三）随机模式

米勒和奥尔设计了一个在现金流入、流出不稳定情况下确定最佳现金持有量的模式称为随机模式（米勒-奥尔模式）。在实务中，企业现金流量通常表现为不确定性。

在随机模式中，假设每日现金净流量分布几乎呈正态分布，每日现金流量可能低于也可能高于期望值，其变化是随机的。由于现金流量波动是随机的，只能对现金持有量确定一个控制区域，即上限和下限。当企业现金持有量在上限和下限之间波动时，则将部分现金转换为有价证券；当现金余额下降到下限时，则卖出部分证券，如图7-4所示。

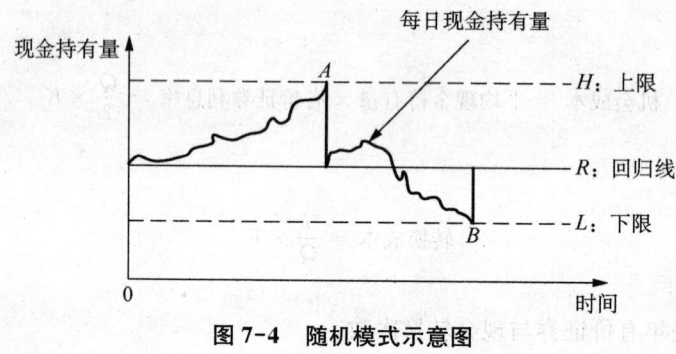

图7-4　随机模式示意图

在图7-4中，虚线 H 为现金持有量上限，虚线 L 为现金持有量下限，实线 R 为最佳现金持有量回归线。从图7-4可以看出，企业现金持有量（即每日现金持有量）是随机波动的，当其达到 A 点时，即达到了现金控制上限，企业应用现金购买有价证券，使现金持有量下降到现金回归线（R 线）水平；当现金持有量降至 B 点时，即达到了现金控制下限，企业则应出售有价证券换回现金，使其存量回升至现金回归线水平。因此，当每日现金持有量在上下限之间波动属于控制范围内的变化时，即为合理的状态。

图7-4中上限 H、现金回归线 R、下限 L 存在以下关系，其具体表达式如下：

$$R = \sqrt[3]{\frac{3F\delta^2}{4K}} + L$$

$$H = 3R - 2L$$

公式中：F 表示每次有价证券转换的固定成本，K 表示有价证券的日利息率，δ 表示预期每日现金持有量变化的标准差（可根据历史资料测算）。

通常情况下，下限 L 的确定要受到企业每日最低现金需要量、管理人员风险承受倾向等因素影响。

做中学 7-3

企业经过测算,现金持有量下限为 8 000 元,预期每日现金持有量变化的标准差为 1 000 元,每次有价证券转换的固定成本为 150 元,持有现金的年机会成本为 15%。

分析:

$$R = \sqrt[3]{\frac{3F\delta^2}{4K}} + L = \sqrt[3]{\frac{3 \times 150 \times 1\,000^2}{4 \times 15\% \div 360}} + 8\,000 = 14\,463(元)$$

$$H = 3R - 2L = 3 \times 14\,463 - 2 \times 8\,000 = 27\,389(元)$$

从上述计算结果可以得出,该企业目标现金余额为 14 463 元。如现金持有额达到 27 389 元,则买进 12 926 元(27 389－14 463)的证券;若现金持有额降至 8 000 元,则卖出 6 463 元(14 463－8 000)的证券。

运用随机模式求最佳现金持有量符合随机思想,即企业现金支出是随机的,一方面,收入是无法预知的,所以,适用于所有企业最佳现金持有量的测算;另一方面,随机模式建立在企业现金未来需求总量和收支不可预测的前提下,因此,计算出来的现金持有量比较保守。

(四) 现金周转模式

现金周转模式是从现金周转角度出发,根据现金周转速度来确定最佳现金持有量的模式。如图 7-5 所示,现金周转大致包括以下三个阶段:①存货周转期:从原材料转化成产品直至出售所需时间;②应收账款周转期:从产品销售到现金收回所需时间;③应付账款周转期:从收到尚未付款材料到现金支出所需时间。

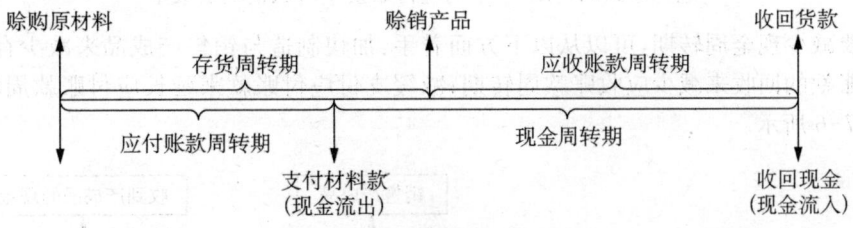

图 7-5　现金周转模式示意图

根据图 7-5 可以得出:

$$现金周转期 = 应收账款周转期 + 存货周转期 - 应付账款周转期$$

$$现金周转率 = \frac{计算期天数}{现金周转期}$$

$$最佳现金持有量 = \frac{全年现金需要量}{现金周转率}$$

公式中:计算天数一般以年为单位,通常 1 年按 360 天计算。

做中学 7-4

企业全年现金需要量为 720 万元,其原材料购买和产品销售均采取赊账方式,应收账款平均收款天数为 30 天,应付账款平均付款天数为 20 天,存货平均周转天数为 90 天。

分析:

现金周转期 = 应收账款周转期 + 存货周转期 - 应付账款周转期 = 30 + 90 - 20 = 100(天)

$$现金周转率 = \frac{计算期天数}{现金周转期} = \frac{360}{100} = 3.6(次)$$

$$最佳现金持有量 = \frac{全年现金需要量}{现金周转率} = \frac{720}{3.6} = 200(万元)$$

现金周转模式简单,易于计算。但是此模式假设材料采购与产品销售产生的现金流量在数量上一致,企业生产经营过程在1年中持续稳定地进行,即现金需要和现金供应不存在不确定因素。如果以上假设条件不存在,则求得的最佳现金持有量将发生偏差。

三、现金收支日常管理

(一) 现金周转期

为了确定企业的现金周转期,需要我们来了解营运资金的循环过程:首先,企业要购买原材料,但是并不是购买原材料的当天就马上付款,这一延迟的时间段就是应付账款周转期。其次,企业对原材料进行加工最终转变为产成品并将之卖出。这一时间段被称为应收账款周转期。而现金周转期就是指介于公司支付现金与收到现金之间的时间段,也就是存货周转期与应收账款周转期之和减去应付账款周转期。用公式表示如下:

$$现金周转期 = 存货周转期 + 应收账款周转期 - 应付账款周转期$$

其中:

$$存货周转期 = 平均存货 \div 每天的销货成本$$
$$应收账款周转期 = 平均应收账款 \div 每天的销货收入$$
$$应付账款周转期 = 平均应付账款 \div 每天的购货成本$$

所以要减少现金周转期,可以从以下方面着手:加快制造与销售产成品来减少存货周转期;加速应收账款的回收来减少应收账款周转期;减缓支付应付账款来延长应付账款周转期。循环过程如图7-6所示。

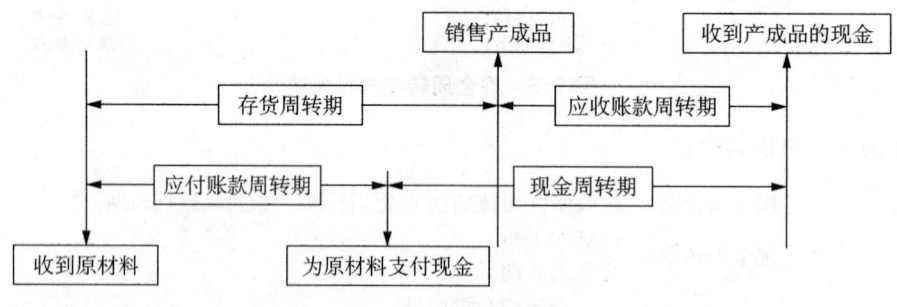

图7-6　现金周转期

(二) 收款管理

1. 收账的流动时间

一个高效率的收款系统能够使收款成本和收款浮动期达到最小,同时能够保证与客户汇款及其他现金流入来源相关的信息的质量。收款系统成本包括浮动期成本。管理收款系统的相关费用(例如银行手续费)及第三方处理费用或清算相关费用。在获得资金之前,收款在途项目使企业无法利用这些资金,也会产生机会成本。信息的质量包括收款方得到的付款人的姓名,付款的内容和付款时间。信息要求及时、准确地到达收款人一方,以便收款人及时处理资金,作出发货的安排。

收款浮动期是指从支付开始到企业收到资金的时间间隔。收款浮动期主要是纸基支付工具导致的,有下列三种类型:①邮寄浮动期:从付款人寄出支票到收款人或收款人的处理系统收到支票的时间间隔;②处理浮动期:支票的接受方处理支票和将支票存入银行以收回现金所花的时间;③结算浮动期:通过银行系统进行支票结算所需的时间。

2. 邮寄的处理

纸基支付收款系统主要有两大类:一类是柜台存入体系;另一类是邮政支付系统。

这里主要讨论企业通过邮政收到顾客或其他商业伙伴支票的支付系统。一家企业可能采用内部清算处理中心或者一个锁箱来接收和处理邮政支付。具体采用哪种方式取决于两个因素:支付的笔数和金额。

企业处理中心处理支票和作存单准备都在企业内进行。这一方式主要为那些收到的付款金额相对较小而发生频率很高的企业所采用(例如公用事业企业和保险公司)。企业处理中心最大的优势在于对操作的控制。操作控制可以有助于:①对系统作出调整改变;②根据企业需要定制系统程序;③监控掌握客户服务质量;④获取信息;⑤更新应收账款;⑥控制成本。

3. 收款方式的改善

电子支付方式对比纸基支付方式是一种改进。电子支付方式提供了如下好处:①结算时间和资金可用性可以预计;②向任何一个账户或任何金融机构的支付具有灵活性,不受人工干扰;③客户的汇款信息可与支付同时传送,更容易更新应收账款;④客户的汇款从纸基方式转向电子方式,减少或消除了收款浮动期,降低了收款成本,收款过程更容易控制,并且提高了预测精度。

(三)付款管理

现金支出管理的主要任务是尽可能延缓现金的支出时间。当然,这种延缓必须是合理合法的。

(1)使用现金浮游量。现金浮游量是指由于企业提高收款效率和延长付款时间所产生的企业账户上的现金余额和银行账户上的企业存款余额之间的差额。

(2)推迟应付款的支付。推迟应付款的支付是指企业在不影响自己的信誉的前提下,充分运用供货方所提供的信用优惠,尽可能地推迟应付款的支付期。

(3)汇票代替支票。汇票分为商业承兑汇票和银行承兑汇票,与支票不同的是,承兑汇票并不是见票即付。这一方式的优点是推迟了企业调入资金支付汇票的实际所需时间。这样企业就只需在银行中保持较少的现金余额。它的缺点是某些供应商可能并不喜欢用汇票付款,银行也不喜欢处理汇票,它们通常需要耗费更多的人力。同支票相比,银行会收取较高的手续费。

(4)改进员工工资支付模式。企业可以为支付工资专门设立一个工资账户,通过银行向职工支付工资。为了最大限度地减少工资账户的存款余额,企业要合理预测开出支付工资支票的时间和职工去银行兑现的具体时间。

(5)透支。透支实际上是银行向企业提供的信用。透支的限额,由银行和企业共同商定。

(6)争取现金流出与现金流入同步。企业应尽量使现金流出与流入同步,这样,就可以降低交易性现金余额,同时可以减少有价证券转换为现金的次数,提高现金的利用效率,节约转换成本。

(7)使用零余额账户。即企业与银行合作,保持一个主账户和一系列子账户,企业只在主账户保持一定的安全储备,而在一系列子账户不需要保持安全储备。当从某个子账户签发的支票需要现金时,所需要的资金立即从主账户划拨过来。

企业若能有效控制现金支出,同样可带来大量的现金结余。控制现金支出的目标是在不损害企业信誉条件下,尽可能推迟现金的支出。

任务三 应收账款管理

一、应收账款的功能与成本

在财务管理中，应收账款是指企业因对外销售产品、材料、供应劳务及其他原因应向购货单位或接受劳务单位及其他单位收取的款项，包括应收销售款、其他应收款、应收票据等。对企业来说，应收账款的管理目标就是在充分发挥应收账款功能的基础上，降低应收账款的投资成本，使其提供商业信用、扩大销售所增加的收益大于有关各项成本。

（一）应收账款的功能

在激烈竞争的市场经济中，企业应收账款的功能主要是指其在日常生产经营活动中的作用，主要体现为增加销售与减少存货两个方面。

（1）增加销售。企业通过提供赊销商品或劳务可有效地促进销售。与此同时，企业赊销商品或劳务，一方面，使商品同现货销售相比提高了销售收入，增加了利润；另一方面，也给客户在一定时间内提供了商业信用。

（2）减少存货。当企业赊销商品或者劳务较少时，往往会带来存货占用资金的增加，并形成相应仓储费用、管理费用等，从而产生成本，而赊销则可减少这些成本。所以，当商品存货较多时，企业一般会采用优惠信用条件进行赊销，将存货转化为应收账款，以达到节约存货相应开支的目的。

（二）应收账款的成本

企业持有应收账款需要付出相应代价，这些代价主要包括：①机会成本；②管理成本；③坏账成本等。

1. 机会成本

由于应收账款占用一定资金，若不把这部分资金投放于应收账款，企业可将其进行其他投资并可能获得收益，如投资有价证券获得收益。这种因投放于应收账款而放弃其他投资所带来的收益，即为应收账款机会成本。为此，企业应当计量应收账款占用资金所产生的机会成本，具体可用以下公式表示：

$$应收账款机会成本 = 维持赊销业务所需资本 \times 资本成本$$

公式中：资本成本一般为有价证券利息率。

维持赊销业务所需资本可按下列步骤计算：

$$维持赊销业务所需资本 = 应收账款平均余额 \times 变动成本率$$

$$应收账款平均余额 = 平均日赊销额 \times 平均收账天数$$

$$平均日赊销额 = \frac{年赊销额}{360}$$

平均收账天数也称应收账款周转天数或周转期。

做中学 7-5

企业预测年赊销额为 300 000 元，应收账款平均收账天数为 60 天，变动成本率为 50%，有价证券的利息率为 11%。根据资料计算应收账款的机会成本。

分析：

$$应收账款平均余额 = 平均日赊销额 \times 平均收账天数 = \frac{年赊销额}{360} \times 平均收账天数$$

$$= \frac{300\,000}{360} \times 60 = 50\,000(元)$$

维持赊销业务所需资本 ＝ 应收账款平均余额×变动成本率 ＝ 50 000×50％ ＝ 25 000(元)

应收账款机会成本 ＝ 维持赊销业务所需资本×资本成本 ＝ 25 000×11％ ＝ 2 750(元)

2. 管理成本

管理成本是指在进行应收账款管理时所增加的成本费用,主要为调查顾客信用状况、收集各种信息、账簿记录及收账等而产生的成本。

3. 坏账成本

在赊销业务中,客户(也称债务人)由于种种原因无力偿还债务,企业(也称债权人)就有可能因无法收回应收账款而发生损失,这种损失就是坏账成本。因此,只要企业存在应收账款,那么就有可能发生坏账成本,而此项成本一般与应收账款发生金额呈正比,可用公式表示如下:

坏账成本 ＝ 赊销额×预计坏账损失率

二、应收账款政策

应收账款政策又称信用政策,是企业财务管理内容的一个重要组成部分。对企业而言,如何制定合理的信用政策,是加强应收账款管理,提高应收账款投资效益的重要前提。应收账款政策即应收账款管理政策,是指企业为对应收账款投资进行规划与控制而确立的基本原则与行为规范,主要包括信用标准、信用条件与信用政策决策三部分。

(一) 信用标准

信用标准是指客户获得企业交易信用所应具备的条件。如果客户达不到信用标准,便不能享受企业信用或只能享受较低的信用优惠。

企业在设定信用标准时,往往要评估客户出现的赊账情况,具体可以通过"5C"系统来进行。所谓"5C"系统,是指评估客户信用品质的五个方面,即品质(character)、能力(capacity)、资本(capital)、抵押(collateral)和条件(conditions)。

(1) 品质是指客户的信誉,即履行偿债义务的可能性。企业必须设法了解客户过去的付款记录,看其是否有按期如数付款的一贯做法及与其他供货企业的关系是否良好。这一点经常被视为评价顾客信用的首要因素。

(2) 能力是指客户的偿债能力,即其流动资产质量和数量以及其与流动负债的比例。客户拥有流动资产越多,其变现支付款项的能力越强。同时,还应注意客户流动资产质量,看是否有存货过多、过时或质量下降,影响其变现能力和支付能力的情况。

(3) 资本是指客户的财务实力和财务状况,表明客户可能偿还债务的背景。

(4) 抵押是指客户拒付款项或无力支付款项时能被用作抵押的资产。这对于不知情况或信用状况有争议的客户尤为重要。一旦收不到这些客户的款项便以抵押品抵补。如果这些客户提供足够的抵押,就可以考虑向他们提供相应的信用。

(5) 条件是指可能影响客户付款能力的经济环境。比如,万一出现经济不景气,会对客户付款产生什么影响,客户会如何做,这需要了解客户在过去困难时期的付款历史。

企业对上述涉及客户的五个方面资料,可通过以往与客户交往的经验来获得,也可以求助于有关信用服务的外部机构。

（二）信用条件

信用标准是企业评价客户等级，决定是否给予客户信用的依据。当客户符合企业信用标准时，企业须考虑具体给予对方的信用条件。信用条件就是指企业接受客户信用订单时所提出的付款要求，主要包括信用期限、折扣条件等。

1. 信用期限

信用期限是指企业允许客户从购货或提供劳务到付款之间的时间，或者说是企业给予客户的付款期间。如企业允许客户在购货或提供劳务后 20 天内付款，则信用期限为 20 天。为此，企业应当根据不同信用等级的客户确定合理的信用期限，否则将会出现如下情况：当信用期限过短时，不足以吸引客户，在竞争中会使销售额下降；当信用期限过长时，有可能使所得收益被资金时间价值抵销，甚至造成利润减少。

2. 折扣条件

企业在赊销业务中给予客户的折扣条件主要为折扣期限和现金折扣。折扣期限是指企业为客户规定的可享受现金折扣的付款时间；现金折扣是指在客户提前付款时给予的优惠，主要目的在于吸引客户为享受优惠而提前付款，缩短企业的平均收账期。另外，现金折扣也能招揽一些视折扣为减价出售的客户前来购货，借此扩大销售量。

常用折扣表示如"2/20，1/30，n/40"。其中，"2/20"表示 20 天内付款，可享受 2% 的优惠，即只需支付应收账款的 98%，若应收账款为 100 元，只需支付 98 元；"1/30"表示 30 天内付款，可享受 1% 的优惠，即只需支付应收账款的 99%，若应收账款为 100 元，则只需支付 99 元；"n/40"表示付款最后期限为 40 天，此时付款无优惠。

企业到底采用什么样的折扣条件，须与信用期限结合起来考虑。如果企业要求客户最迟不超过 40 天付款，那么 30 天、20 天客户能付款须给予多少折扣；或者给予 2%、1% 的折扣能吸引客户在多少天内付款？无论是信用期限还是折扣条件，都可能给企业带来收益，但也会增加成本。当企业给予客户一定现金折扣时，应当考虑折扣所能带来的收益与成本孰高孰低，权衡利弊。

（三）信用政策决策

因为现金折扣通常是与信用期限结合起来使用的，所以企业要把所提供的延期付款时间和折扣综合起来，这在实务中主要表现为计算各方案延期与折扣能取得多大收益增量，然后计算各方案带来的成本变化，最终确定最佳方案，具体计算步骤如下。

1. 各方案信用成本前收益

（1）不存在现金折扣的情况：

$$信用成本前收益 = 赊销额 - 变动成本 = 赊销额 \times (1 - 变动成本率)$$

（2）存在现金折扣情况：

$$信用成本前收益 = 赊销净额 - 变动成本 = 赊销净额 - 赊销额 \times 变动成本率$$
$$赊销净额 = 赊销额 - 现金折扣$$

2. 各方案信用成本

$$信用成本 = 机会成本 + 坏账成本 + 收账费用$$

公式中：收账费用通常已知。

$$坏账成本 = 赊销额 \times 预计坏账损失率$$

3. 计算各方案信用成本后收益

$$信用成本后收益 = 信用成本前收益 - 信用成本$$

4. 方案决策原则

企业根据信用成本后收益大小进行比较,最终选择信用成本后收益最大的方案。

做中学 7-6

企业预测 20×9 度赊销额为 3 000 万元,其信用条件为"n/30",变动成本率为 65%,资本成本(或有价证券利息率)为 10%。假设企业收账政策不变,固定成本总额不变。该企业准备了三个信用条件备选方案:

方案 A:维持"n/30"的信用条件。

方案 B:将信用条件放宽到"n/60"。

方案 C:将信用条件放宽到"n/90"。

为各种备选方案估计赊销水平、坏账百分比和收账费用等有关数据如表 7-3 所示。

表 7-3 　　　　　　　　　　　**信用条件备选方案表** 　　　　　　　　单位:万元

信用条件 项　目	方案 A "n/30"	方案 B "n/60"	方案 C "n/90"
年赊销额	3 000	3 300	3 600
应收账款平均收账天数	30	60	90
应收账款平均余额	3 000÷360×30=250	3 300÷360×60=550	3 600÷360×90=900
维持赊销业务所需资本	250×65%=162.5	550×65%=357.5	900×65%=585
坏账损失率	2‰	3‰	5‰
坏账成本	3 000×2‰=60	3 300×3‰=99	3 600×5‰=180
收账费用	20	40	60

根据上述资料,计算如下指标,如表 7-4 所示。

表 7-4 　　　　　　　　　　　**信用条件分析评价表** 　　　　　　　　单位:万元

信用条件 项　目	方案 A "n/30"	方案 B "n/60"	方案 C "n/90"
年赊销额	3 000	3 300	3 600
变动成本	1 950	2 145	2 340
信用成本前收益	1 050	1 155	1 260
信用成本:			
应收账款机会成本	162.5×10%=16.25	357.5×10%=35.75	585×10%=58.5
坏账成本	60	99	180
收账费用	20	40	60
小计	96.25	174.75	298.5
信用成本后收益	953.75	980.25	961.5

根据表 7-4 可得,在三种方案中,方案 B("n/60")信用成本后收益最大,它比方案 A("n/30")增加收益 26.5 万元(980.25-953.75),比方案 C("n/90")的收益增加 18.75 万元(980.25-961.5)。因此,在其他条件不变的情况下,应选择 B 方案。

做中学 7-7

承[做中学 7-6]，如果企业为了加速应收账款回收，决定在方案 B 基础上将赊销条件改为"2/10，1/20，n/60"（方案 D）。估计约有 60% 客户（按赊销额计算）会利用 2% 折扣，15% 客户将利用 1% 的折扣。坏账损失率降为 2%，收账费用降为 30 万元。根据上述资料，有关指标可计算如下：

应收账款平均收账天数 = $60\% \times 10 + 15\% \times 20 + (1 - 60\% - 15\%) \times 60 = 24$（天）

应收账款平均余额 = $3\,300 \div 360 \times 24 = 220$（万元）

维持赊销业务所需资本 = $220 \times 65\% = 143$（万元）

应收账款机会成本 = $143 \times 10\% = 14.3$（万元）

坏账成本 = $3\,300 \times 2\% = 66$（万元）

现金折扣 = $3\,300 \times (2\% \times 60\% + 1\% \times 15\%) = 44.55$（万元）

根据以上资料编制信用条件比较计算表如表 7-5 所示。

表 7-5   **信用条件比较计算表**   单位：万元

信用条件 项　目	方案 B "n/60"	方案 D "2/10，1/20，n/60"
年赊销额	3 300	3 300
减：现金折扣	—	44.55
年赊销净额	3 300	3 255.45
减：变动成本	2 145	2 145
信用成本前收益	1 155	1 110.45
减：信用成本		
应收账款机会成本	35.75	14.3
坏账成本	99	66
收账费用	40	30
小计	174.75	110.3
信用成本后收益	980.25	1 000.15

计算结果表明，实行新现金折扣以后，企业信用成本后收益增加 19.9 万元（1 000.15 − 980.25）。因此，企业最终应选择方案 D（"2/10，1/20，n/60"）作为最佳方案。

三、应收账款日常管理

（一）对客户的信用进行调查

对客户的信用进行调查是应收账款日常管理的重要内容。只有企业对客户的信用状况作出正确的评价，才能合理地执行企业的信用政策，信用调查包括：

（1）直接调查。它是指企业调查人员直接与客户接触，通过问询、采访、观看、记录等方式获取客户信用资料的一种方法。

（2）间接调查。它是指以被调查单位以及其他单位保存的有关原始记录和核算资料为基础，通过加工整理获得被调查单位信用资料的一种方法。这些资料主要来自以下几个方面：①财务报表；②信用评估机构；③银行；④其他途径，如财税部门、工商管理部门、消费者协会等机构。

我国信用评估机构目前主要有三种形式:①独立的社会评估机构。它们的行为既不受行政机构的干预,也不受利益集团的干预,根据自身的情况,聘请有关专家参加,独立地开展信用评估业务。②商业银行组织的评估机构。它们由商业银行组织专家对其客户进行评估。③政策性银行组织的评估机构。它们由银行的有关人员和各部门专家进行评估。

我国信用评估机构采用的评估等级,主要有两种:①采用三级制,即 AAA、AA、A。其中,AAA 为最高等级,A 为最低等级。②采用三类九级制,即 AAA、AA、A;BBB、BB、B;CCC、CC、C。其中,AAA 为最高等级,C 为最低等级。

此外,企业获取客户信息资料的渠道还有客户的上级主管部门、消费者协会等。同时,企业也可以通过一些信息载体获取客户的信用情况。

(二)应收账款账龄分析

应收账款账龄是指企业应收账款从产生到编制账龄分析表时的时间长度。一般而言,应收账款的账龄越长,回收的难度及成为呆账、坏账的可能性也就越大。

做中学 7-8

湘华集团 20×9 年年末编制应收账款账龄分析表,如表 7-6 所示。

表 7-6 　　　　　　　　　　20×9 年 12 月 31 日

应收账款账龄	客户数量	金额(万元)	比重
信用期内(45 天)	300	6 000	76.73%
逾期 1 个月内	100	1 000	12.79%
逾期 3 个月内	60	600	7.67%
逾期 6 个月内	10	100	1.28%
逾期 1 年内	8	80	1.02%
逾期 1 年以上	4	40	0.51%
合　计	482	7 820	100%

分析:

根据表 7-6 可知,湘华集团 20×9 年应收账款金额中,有 6 000 万元尚在信用期内,占全部应收账款的 76.73%。逾期数额 1 820 万元,占全部应收账款的 23.27%,其中逾期在 1 个月、3 个月、6 个月内的依次为 12.79%、7.67%、1.28%。另有 1.53% 的应收账款逾期 6 个月以上。此时,湘华集团应分析逾期账款形成的原因,制定出经济可行的不同收账方法。

(三)应收账款收现保证率分析

应收账款收现保证率是指企业对应收账款收现水平制定的一个控制标准,来满足现金支付的需要。用公式表示如下:

$$应收账款收现保证率 = \frac{当期必要现金支付总额 - 当期其他稳定可靠的现金流入量}{当期应收账款总额} \times 100\%$$

其中,当期其他稳定可靠的现金流入量主要包括短期有价证券变现净额、可随时取得的银行贷款等。

应收账款收现保证率指标反映了企业既定会计期间预期现金支付数额扣除各种可靠、稳定来源后的差额,必须通过应收账款有效收现予以弥补的最低保证程度。

计算应收账款收现保证率是因为应收账款未来发生坏账与否,并不是企业最为关注的方面,企业最为关注的是当期收回的现金能否满足当期现金支付的需要。

> **做中学 7-9**
>
> 湘华集团预计 20×9 年必须以现金支付的款项有：支付工人工资 80 万元，支付所得税 40 万元，支付应付账款 100 万元，其他现金支出 20 万元。预计 20×9 年稳定可靠的现金回收是 120 万元。20×8 年年末应收账款期末明细账上有 A 客户 60 万元、B 客户 80 万元和 C 客户 60 万元。计算应收账款收现保证率。
>
> **分析：**
>
> $$当期现金支付总额 = 80 + 40 + 100 + 20 = 240（万元）$$
> $$当期应收账款总额 = 60 + 80 + 60 = 200（万元）$$
> $$应收账款收现保证率 = (240 - 120) \div 200 \times 100\% = 60\%$$
>
> 计算结果表明：湘华集团必须在当期收回应收账款的 60%，才能最低限度地保证当期必要的现金支出，否则企业将出现支付危机。

（四）建立应收账款坏账准备制度

企业按照权责发生制和谨慎原则建立应收账款的坏账准备制度，既是应收账款管理的重要内容之一，也是保障企业稳定发展的重要手段。

任务四　存货管理概述

一、存货的功能与成本

存货是指企业在日常生产经营过程中为销售或者耗用而储备的物资，包括材料、燃料、低值易耗品、在产品、半成品、产成品、协作件、商品等。存货管理水平的高低直接影响着企业日常生产经营活动能否顺利进行，并最终影响企业收益、风险等状况。因此，存货管理亦是财务管理的一项重要内容。

企业对存货进行管理，首先，要在充分发挥存货功能的基础上，最大限度地降低存货成本；其次，要在存货成本与效益之间作出权衡，以实现两者最佳组合。

（一）存货的功能

存货的功能是指存货在企业日常生产经营过程中起到的作用，具体包括以下几个方面：

（1）满足日常生产经营所需。企业在日常生产经营过程中需要的原材料和在产品，是生产的物质保证，为保障生产经营正常进行，必须储备一定量的原材料等存货；否则可能会造成生产中断、停工待料的现象。

（2）便于销售。企业储存一定数量存货有利于增强企业在生产和销售方面的机动性和适应市场变化的能力。当市场对企业产品需求量增加时，若产品储备不足就有可能失去销售机会，为此保持一定量存货有利于市场销售。

（3）便于维持均衡生产以实现降低产品成本的目的。企业产品由于季节性、偶然性甚至市场份额扩大等原因使产品需求具有较大的波动性，如产品需求突然加大，此时需要组织大规模超负荷生产，这会造成产品成本上升，或者需求变小导致生产发生停止，这些都不利于生产成本优化。因此，在生产过程中需要合理安排生产，做到均衡生产以实现降低产品成本的目的。

（4）降低存货取得成本。一般情况下，当企业进行采购时，进货总成本与采购物资单价和采购次数呈正向关系。而供应商为鼓励客户多购买其产品，往往在客户采购量达到一定数量时给予价格折扣，所以企业通过大批量集中进货，既可以享受价格折扣，降低购置成本，也因此减少订货次数,降低了订货成本,使总的进货成本降低。

（5）防止意外事件发生。企业在采购、运输、生产和销售过程中,都可能发生意料之外的事故,保持必要的存货保险储备,可以避免和减少意外事件带来的损失。

（二）存货成本

企业持有存货会发生相应的成本,主要为取得成本、储存成本、缺货成本等。

1. 取得成本

取得成本是指为取得某种存货而发生的支出,通常用 TC_a 表示,可分为购置成本和订货成本。购置成本又称存货进价,是指为购买存货所发生的支出,即存货自身的价值,在金额上等于数量与单价的乘积。通常假设企业全年存货需要量为 A,单价为 P,则购置成本为 AP。订货成本是指取得存货订单的成本,如办公费、差旅费、邮资、电报电话费、运输费等支出。订货成本可分成两部分:①与订货次数无关的订货固定成本(F_1),是指为了维持一定采购能力而发生的、各期金额比较稳定的成本,如采购部门的基本开支等;②随订货次数变动呈正比例变动的成本,如差旅费、邮资等,称为订货变动成本。

假设每次订货变动成本用 B 表示;订货次数等于存货年需要量 A 与每次进货量 Q 之比。则订货成本计算公式如下:

$$订货成本 = 订货固定成本 + 订货变动成本 = F_1 + \frac{A}{Q}B$$

订货成本加上购置成本,就等于存货的取得成本,其公式可表达如下:

$$取得成本 = 购置成本 + 订货成本 = 购置成本 + 订货固定成本 + 订货变动成本$$

即,

$$TC_a = 购置成本 + 订货成本 = AP + F_1 + \frac{A}{Q}B$$

2. 储存成本

储存成本是指为保持存货而发生的成本,包括存货占用资金所应计的利息、仓库费用、保险费用、存货破损、变质损失等,通常用 TC_c 来表示。

储存成本也分为固定成本和变动成本。

（1）固定成本与存货数量多少无关,如仓库折旧、仓库职工的固定工资等,常用 F_2 表示。

（2）变动成本与存货数量有关,如存货占用资金应计利息、存货破损和变质损失、存货保险费用等,单位储存变动成本用 C 来表示。用公式表达储存成本如下:

$$储存变动成本 = 平均储存量 \times 单位储存变动成本 = \frac{Q}{2}C$$

$$储存成本 = 储存固定成本 + 储存变动成本$$

$$TC_c = F_2 + \frac{Q}{2}C$$

3. 缺货成本

缺货成本是指由于存货供应中断而造成的损失,包括材料供应中断造成停工损失、产成品库存短缺造成拖欠发货损失、丧失销售机会损失、造成商誉损失等。如果企业的生产以紧急采购代用材料解决库存材料中断之急,那么缺货成本表现为紧急额外购入成本,缺货成本用 TC_s 表示。

如果以 TC 表示存货总成本,计算公式如下:

$$存货总成本 = 取得成本 + 储存成本 + 缺货成本$$

即，

$$TC = TC_a + TC_c + TC_s = A_P + F_1 + \frac{A}{Q}B + F_2 + \frac{Q}{2}C + TC_s$$

因此，企业存货最优化就是使企业存货总成本即上式中 TC 的值最小。

二、最佳存货量确定

最佳存货量也称存货经济进货批量，是指能够使一定时期存货的相关总成本达到最低的进货数量。通过上述对存货成本的分析可知，决定存货经济进货批量的成本因素主要包括变动性进货费用（简称取得成本）与变动性储存成本（简称储存成本）以及允许缺货时的缺货成本。不同成本项目与进货批量呈现着不同的变动关系。企业如果减少进货批量，增加进货次数，在使储存成本降低的同时，也会导致取得成本与缺货成本提高；相反，增加进货批量，减少进货次数，尽管有利于降低取得成本与缺货成本，但同时会使储存成本提高。因此，如何调节各项成本间的关系，使其总成本保持最低水平，是企业组织进货过程中需解决的主要问题。

（一）存货经济进货批量基本模型

经济进货批量基本模型成立的假设条件有：

（1）企业能够及时补充存货，即需要订货时便可立即取得存货，没有缺货成本，TC_s 为 0。

（2）能集中到货，而不是陆续入库。

（3）全年需求量稳定，并且能预测，即 A 为已知常量。

（4）存货单价不变，即 P 为已知常量。

（5）企业现金充足，不会因现金短缺而影响进货。

（6）所需存货市场供应充足。

在上述假设的基础上，存货相关总成本可以表达如下：

$$存货相关总成本 = 取得成本 + 储存成本$$

即，

$$TC = \frac{A}{Q}B + \frac{Q}{2}C$$

当 A、B、C 为常量时，TC 大小取决于 Q。为了求出 TC 的极小值，对其进行求导，可得出存货经济进货批量（Q^*）的基本模型公式如下：

$$Q^* = \sqrt{\frac{2AB}{C}}$$

全年最佳订货次数（N^*）的计算公式如下：

$$N^* = \frac{A}{Q^*} = \frac{A}{\sqrt{\frac{2AB}{C}}} = \sqrt{\frac{AC}{2B}}$$

与批量相关存货总成本 $TC_{(Q^*)}$ 的计算公式如下：

$$TC_{(Q^*)} = \frac{AB}{\sqrt{\frac{2AB}{C}}} + \frac{\sqrt{\frac{2AB}{C}}}{2}C = \sqrt{2ABC}$$

最佳订货周期（t^*）的计算公式如下：

$$t^* = \frac{1}{N^*} = \frac{1}{\sqrt{\frac{AC}{2B}}} = \sqrt{\frac{2B}{AC}}$$

存货经济进货批量占用资金（I^*）的计算公式如下：

$$I^* = \frac{Q^*}{2}P = \frac{\sqrt{\frac{2AB}{C}}}{2}P = \sqrt{\frac{AB}{2C}}P$$

做中学 7-10

企业每年耗用某种材料 3 600 千克，单价为 10 元/千克，单位存储成本为 2 元，每次订货成本为 25 元。

分析：

$$Q^* = \sqrt{\frac{2AB}{C}} = \sqrt{\frac{2 \times 3\,600 \times 25}{2}} = 300（千克）$$

$$N^* = \sqrt{\frac{AC}{2B}} = \frac{60}{5} = 12（次）$$

$$TC_{(Q^*)} = \sqrt{2ABC} = \sqrt{2 \times 3\,600 \times 25 \times 2} = 600（元）$$

$$t^* = \sqrt{\frac{2B}{AC}} = \frac{1}{12}（年）= 1（个月）$$

$$I^* = \sqrt{\frac{AB}{2C}}P = \frac{300}{2} \times 10 = 1\,500（元）$$

存货经济进货批量也可以用图解法求得。如表 7-7 所示，计算出一系列不同批量的有关成本，然后在坐标图上描绘出由各有关成本的构成，如取得成本线、储存成本线和总成本线，则总成本线最低点（或者是取得成本线和储存成本线的交接点）相应批量，即存货经济进货批量。

表 7-7   不同批量下有关成本指标

订货批量（千克）	100	200	300	400	500	600
平均存量（千克）	50	100	150	200	250	300
储存成本（元）	100	200	300	400	500	600
订货次数（次）	36	18	12	9	7.2	6
取得成本（元）	900	450	300	225	180	150
总成本（元）	1 000	650	600	625	680	750

不同批量有关成本变动情况如图 7-7 所示。根据以上成本指标计算可以得出，当订货批量为 300 千克时总成本最低。

（二）存货经济进货批量扩展模型

存货经济进货批量基本模型是在前述 6 项假设条件下建立的，但实务中能够满足这些假设条件的情况较少。为使模型更接近于实际情况且有较高的可用性，就需将上述假设放宽，不断改进模型。

1. 提前订货

一般情况下，企业存货不能做到随订随到，因此不能等存货用完再去订货，而需要尚未用完就提前订货。在提前订货的情况下，企业再次发出订货单时点尚有存货库存量，称为再订货点，用 R 来表示。它等于交货时间（L）和每日平均需用量（d）的乘积。其计算公式如下：

$$R = L \times d$$

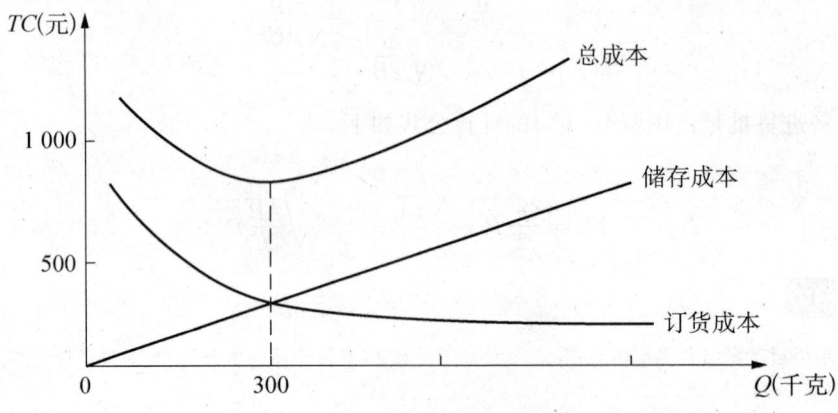

图7-7 不同批量的成本变动情况

做中学7-11

承[做中学7-10]，假设企业订货日至到货期时间间隔为10天，每日存货需要量为10千克，那么：

$$R = L \times d = 10 \times 10 = 100（千克）$$

因此，企业还剩100千克存货时就应当再次订货，等到下批次订货到达时（再次发出订货单10天后），原有库存刚好用完。此时，有关存货每次订货批量、订货次数、订货间隔时间等并无变化，与基本模型相同，订货提前期情形如图7-8所示。

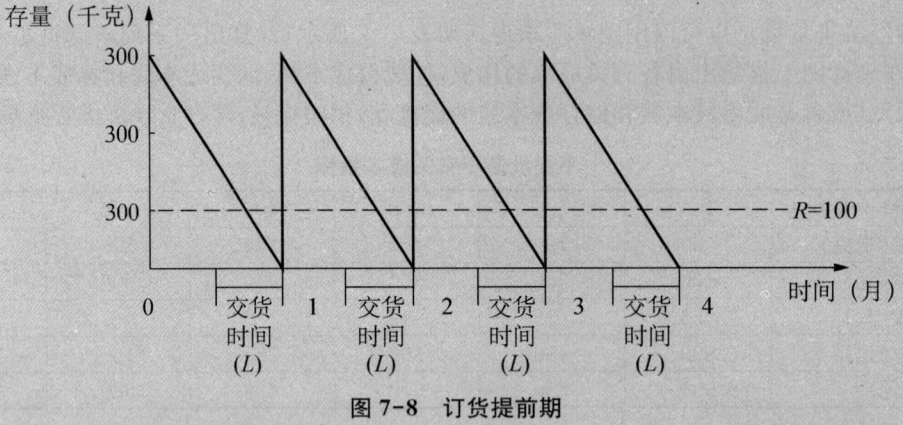

图7-8 订货提前期

在有订货提前期的情况下，订货提前期对存货经济进货批量并无影响，仍按照基本模型确定的300千克为订货批量，只不过在达到再订货点（库存100千克）时即发出订货单而已。

2. 存货陆续供应和使用

存货经济进货批量基本模型中是假设存货一次全部入库，但在实务中，各批存货可能是陆续入库的。

做中学7-12

企业对甲材料全年需求量为3 600个，每日送货量 M 为30个，每日耗用量为10个，单价为10元，每次订货成本为25元，单位储存变动成本为2元，存货数量变动如图7-9所示。

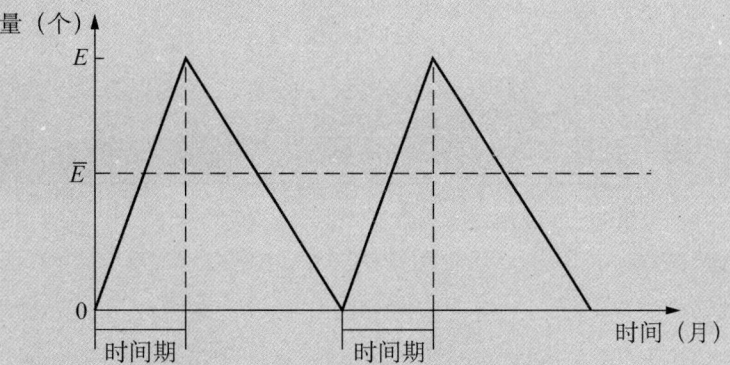

图7-9 陆续供货时存货数量的变动

分析:

假设每批订货批量为 Q。由于每日送货量为 M，故该批货全部送达所需日数为 $\dfrac{Q}{M}$，称为送货期。

因材料每日耗用量为 d，故送货期内全部耗用量为：$\dfrac{Q}{M}d$。由于材料是边送边用，所以每批送完时，最高库存量为：$Q-\dfrac{Q}{M}d$。平均存量则为：$\dfrac{1}{2}\left(Q-\dfrac{Q}{M}d\right)$。

如图7-9所示，E 表示最高库存量，$\overline{E}$ 表示平均库存量。这样，与批量有关总成本如下：

$$TC = \frac{A}{Q}B + \frac{1}{2}\left(Q-\frac{Q}{M}d\right)$$

$$C = \frac{A}{Q}B + \frac{Q}{2}\left(1-\frac{d}{M}\right)C$$

将 TC 对 Q 求极值，并令 $TC'(Q)=0$，得：

$$\frac{A}{Q^2}B = \frac{C}{2}\left(1-\frac{d}{M}\right)$$

整理得：

$$Q^* = \sqrt{\frac{2ABM}{C(M-d)}}$$

将 Q^* 代入 TC，可得出存货陆续供应和使用时的存货经济进货批量总成本：

$$TC_{(Q^*)} = \sqrt{2ABC\left(1-\frac{d}{M}\right)}$$

根据[做中学7-10]资料可以得出：

$$Q^* = \sqrt{\frac{2ABM}{C(M-d)}} = \sqrt{\frac{2\times 3\ 600\times 25\times 30}{2\times(30-10)}} = 367（个）$$

$$TC_{(Q^*)} = \sqrt{2ABC\left(1-\frac{d}{M}\right)} = \sqrt{2\times 3\ 600\times 25\times 2\times\left(1-\frac{10}{30}\right)} = 490（元）$$

做中学 7-13

企业使用乙辅助材料，既可自制也可外购。若自制，乙辅助材料单位成本3元，每次生产准备成本600元，每日产量50个；若外购，购买单价4元，每次订货成本10元。企业对乙辅助材料全年需求量为3 600个，每日平均需求量为10个，储存成本为乙辅助材料价值的20％。

分析：

（1）自制零件：

$$Q^* = \sqrt{\frac{2ABM}{C(M-d)}} = \sqrt{\frac{2 \times 3\,600 \times 600 \times 50}{3 \times 0.2 \times (50-10)}} = 3\,000（个）$$

$$TC_{(Q^*)} = \sqrt{2ABC\left(1-\frac{d}{M}\right)} = \sqrt{2 \times 3\,600 \times 600 \times 3 \times 0.2 \times \left(1-\frac{10}{50}\right)} = 1\,440（元）$$

$$TC = AP + TC_{(Q^*)} = 3\,600 \times 3 + 1\,440 = 12\,240（元）$$

（2）外购零件：

$$Q^* = \sqrt{\frac{2AB}{C}} = \sqrt{\frac{2 \times 3\,600 \times 10}{4 \times 0.2}} = 300（个）$$

$$TC_{(Q^*)} = \sqrt{2ABC} = \sqrt{2 \times 3\,600 \times 10 \times 4 \times 0.2} = 240（元）$$

$$TC = AP + TC_{(Q^*)} = 3\,600 \times 4 + 240 = 14\,640（元）$$

由上述计算可得，外购总成本（14 640 元）大于自制总成本（12 240 元），故企业应选择自制。

3. 保险储备

在经济进货批量中假设存货供需稳定且可知，即每日需求量不变，交货时间也固定不变。实务中，每日需求量与交货时间都可能变化。按照某一进货批量（如经济进货批量）和再订货点发出订单后，如果需求增大或送货延迟，就会发生缺货或供货中断。为防止由此造成的损失，企业就需要多储备一些存货以备应急之需，这个称为保险储备（安全存量）。这些存货在正常情况下闲置，只有当存货过量使用或送货延迟时才动用，如图 7-10 所示。

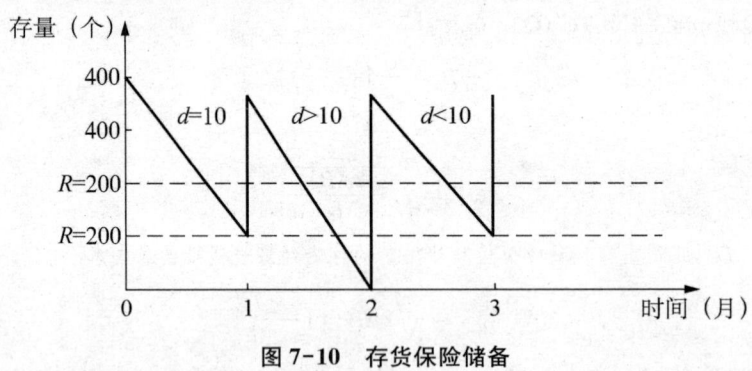

图 7-10 存货保险储备

根据图 7-10，假设年需用量为 3 600 个，已计算出经济进货批量为 300 个，每年订货 12 次。又知，全年平均日需求量为 10 个，平均每次交货时间为 10 天。为防止需求变化引起缺货损失，可设保险储备量为 100 个。

根据上述资料可以得出：

$$再订货点（R） = 交货时间 \times 平均日需求 + 保险储备 = 10 \times 10 + 100 = 200（个）$$

在第一个订货周期里，$d=10$，不需要动用保险储备。

在第二个订货周期内，$d>10$，需求量大于供货量，需要动用保险储备。

在第三个订货周期内，$d<10$，不仅不需动用保险储备，正常储备尚未用完，下次存货即已送到。

企业建立保险储备可以避免缺货或供应中断造成的损失,但存货平均储备量加大却会使储备成本升高。企业进行保险储备就是要找出合理保险储备量,使缺货或供应中断损失和储备成本之和最小。

企业具体使用保险储备可先测算各种不同保险储备量相应总成本,再对总成本进行比较,选定其中总成本最低的方案。

假设与企业保险储备有关总成本为 TC,缺货成本为 C_S,保险储备成本为 CB,则:

$$TC = C_S + CB$$

设单位缺货成本为 C_u,一次订货缺货量为 S,年订货次数为 N,保险储备量为 B,单位存货保险储备成本为 C,则:

$$C_S = C_u \times S \times N$$
$$CB = B \times C$$
$$TC = C_u \times S \times N + B \times C$$

实务中,缺货量 S 具有概率性,其概率可根据历史经验估计得出,保险储备量 B 可选择而定。

做中学 7-14

企业存货的年需要量为 3 600 个,正常生产经营每日需求量为 10 个,单位储存变动成本为 2 元,单位缺货成本为 4 元,交货时间为 10 天;根据基本模型可以得出经济进货批量为 300 个,每年订货次数为 12 次。交货期内存货需要量及其概率分布如表 7-8 所示。

表 7-8   交货期内存货需要量及其概率分布

需要量(10 天)	70	80	90	100	110	120	130
概率	0.01	0.04	0.20	0.50	0.20	0.04	0.01

分析:

(1) 保险储备量为 0 时(即 $B = 0$)。

当需求量为 100 个或其以下时,不会发生缺货,其概率为 0.75(0.01+0.04+0.20+0.50);当需求量为 110 个时,缺货 10 个(110−100),其概率为 0.20;当需求量为 120 个时,缺货 20 个(120−100),其概率为 0.04;当需求量为 130 个时,缺货 30 个(130−100),其概率为 0.01。

因此,$B = 0$ 时,可得:

缺货期望值 $S_0 = (110-100) \times 0.2 + (120-100) \times 0.04 + (130-100) \times 0.01 = 3.1$(个)

总成本 $TC = C_u \times S \times N + B \times C = 4 \times 3.1 \times 12 + 0 \times 2 = 148.8$(元)

(2) 保险储备量为 10 个时(即 $B = 10$)。

当需求量为 110 个或其以下时,不会发生缺货,其概率为 0.95(0.01+0.04+0.20+0.50+0.20);当需求量为 120 个时,缺货 10 个(120−110),其概率为 0.04;当需求量为 130 个时,缺货 20 个(130−110),其概率为 0.01。

因此,$B = 10$ 个时,可得:

缺货期望值 $S_{10} = (120-110) \times 0.04 + (130-110) \times 0.01 = 0.6$(个)

总成本 $TC = C_u \times S \times N + B \times C = 4 \times 0.6 \times 12 + 10 \times 2 = 48.8$(元)

(3) 保险储备量为 20 个时(即 $B = 20$)。

$$缺货期望值 S_{20} = (130-120) \times 0.01 = 0.1(个)$$
$$总成本 TC = C_u \times S \times N + BC = 4 \times 0.1 \times 12 + 20 \times 2 = 44.8(元)$$

（4）保险储备量为30个时（即 $B=30$）。

此种情况下可满足最大需求，不会发生缺货，因此，缺货期望值 $S_{30}=0$。

$$总成本 TC = C_u \times S \times N + B \times C = 4 \times 0 \times 12 + 30 \times 2 = 60(元)$$

根据上述各种情况计算汇总，如表7-9所示。

表7-9　　　　　　　　　　　不同保险储备与总成本

保险储备（个）	0	10	20	30
总成本（元）	148.8	48.8	44.8	60

根据表7-9可知，当 $B=20$ 个时，总成本最低，为44.8元，故应选择保险储备量为20个，或者应确定以120个为再订货点。本例中解决了由于需求量变化引起的缺货问题。至于延迟交货引起的缺货，也可以通过建立保险储备量的方法来解决。确定其保险储备量时，可将延迟天数折算为增加的需求量，其余计算过程与前述方法相同。如［做中学7-14］，若企业延迟到货3天的概率为0.01，则可认为缺货30个（3×10）或者交货期内需求量为130个（$10 \times 10 + 30$）的概率为0.01。这样就把交货延迟问题转换成了需求过量问题。

三、存货日常管理

企业对存货进行日常管理不再仅局限于传统的落后方法，随着业务流程重组的兴起以及计算机行业的发展，存货库存管理系统也得到了很大的发展。从物料资源规划发展到制造资源规划，再到企业资源规划以及后来的柔性制造和供应链管理，甚至是外包等管理方法的快速发展，都大大地促进了企业库存管理方法的发展。以下将两个典型存货控制系统所涉及的存货日常管理内容进行介绍。

（一）适时制库存控制系统

适时制库存控制系统又称零库存管理、看板管理系统。它最早是由日本丰田公司提出并将其应用于实践的。在这种管理下，制造企业事先与供应商和客户协调好，只有当制造企业在生产过程中需要原料或零件时，供应商才会将原料或零件送来；而每当产品生产出来就被客户拉走。这样，制造企业库存持有水平就可以大大下降。显然，适时制库存控制系统需要的是稳定而标准的生产程序以及与供应商的诚信，否则，任何一环出现差错将导致整个生产线停止。目前，已有越来越多的企业利用适时制库存控制系统减少甚至消除对库存的需求，即实行零库存管理，如沃尔玛、丰田、海尔等企业。

（二）ABC库存控制系统

ABC库存控制系统就是把企业种类繁多的存货依据其重要程度、价值大小或者资金占用等标准分为三大类：

A类：高价值库存，品种数量占全部库存的 $10\% \sim 15\%$，价值占全部库存的 $50\% \sim 70\%$。

B类：中等价值库存，品种数量占全部库存的 $20\% \sim 25\%$，价值占全部库存的 $15\% \sim 20\%$。

C类：低价值库存，品种数量占全部库存的 $60\% \sim 70\%$，价值占全部库存的 $10\% \sim 35\%$。

针对不同类别的库存分别采用不同的管理方法，A类库存应作为重点管理对象，实行重点控制、严格管理；而对B类和C类库存重视程度则可依次降低，采取一般管理。

做中学 7-15

企业生产耗用原材料达 20 多种,总金额为 200 000 元,按金额大小顺序排列并将其划分成 A、B、C 三类,如表 7-10 所示。

表 7-10　　　　　　　　　　　　　ABC 分类表

材料编号	金额(元)	金额比重	累计金额比重	类别	各类存货数量比重	各类存货金额比重
1	80 000	40.000%	40.000%	A	10%	70%
2	60 000	30.000%	70.000%			
3	15 000	7.500%	77.500%	B	20%	20%
4	12 000	6.000%	83.500%			
5	8 000	4.000%	87.500%			
6	5 000	2.500%	90.000%			
7	3 000	1.500%	91.500%	C	70%	10%
8	2 500	1.250%	92.750%			
9	2 200	1.100%	93.850%			
10	2 100	1.050%	94.900%			
11	2 000	1.000%	95.900%			
12	1 800	0.900%	96.800%			
13	1 350	0.675%	97.475%			
14	1 300	0.650%	98.125%			
15	1 050	0.525%	98.650%			
16	700	0.350%	99.000%			
17	600	0.300%	99.300%			
18	550	0.275%	99.575%			
19	450	0.225%	99.800%			
20	400	0.200%	100.000%			
合计	200 000	100.000%	—	—	100%	100%

关键术语

营运资金　成本分析模式　现金周转模式　因素分析法　进货成本　储存成本　缺货成本

应知考核

一、单项选择题

1. 广义的营运资金是指占用在(　　)上的资金。

A. 流动资产　　　　B. 存货　　　　　　C. 现金　　　　　　D. 应收账款

2. 流动负债不包括(　　)。

    A. 短期借款   B. 未分配利润   C. 应付股利   D. 应付职工薪酬

3. 营运资金的特点不包括（　　）。

    A. 营运资金周转期短   B. 营运资金形态波动大

    C. 营运资金变现性强   D. 营运资金投资风险大

4. 现金作为一种资产，它的（　　）。

    A. 流动性强，营利性也强   B. 流动性强，营利性差

    C. 流动性差，营利性强   D. 流动性差，营利性也差

5. 持有现金的动机主要有（　　）。

    A. 交易性、预防性、收益性需要   B. 交易性、投机性、收益性需要

    C. 交易性、预防性、投机性需要   D. 预防性、收益性、投机性需要

二、多项选择题

1. 流动资产可分为（　　）。

    A. 应收账款   B. 永久性流动资产   C. 波动性流动资产   D. 储备资产

2. 营运资金管理的内容包括（　　）。

    A. 流动资产管理   B. 流动负债管理   C. 债券筹资管理   D. 项目投资管理

3. 营运资金的特点有（　　）。

    A. 周转期短   B. 形态波动大   C. 变现性强   D. 来源多而灵活

4. 一般来说，营运资金管理的目的是通过管理活动的实施（　　）。

    A. 保证企业具有足够的流动性   B. 提高企业的盈利能力

    C. 保证足够的偿债能力   D. 保证企业实现利润最大化

5. 确定最佳现金持有量的模式包括（　　）。

    A. 存货模式   B. 现金周转期模式   C. 成本分析模式   D. 随机模式

三、判断题

1. 营运资金管理就是流动资产管理。（　　）

2. 现金浮游量是指企业实际现金余额与最佳现金持有量之差。（　　）

3. 在一般情况下，企业持有的营运资金越多，企业的违约风险就越小，举债融资的能力就越强。（　　）

4. 现金周转期越长，说明现金使用效率越高。（　　）

5. 经济进货批量基本模型包括取得成本、管理成本、缺货成本。（　　）

四、简述题

1. 简述营运资金的特点。

2. 简述营运资金管理的原则。

3. 简述营运资金管理的内容。

4. 简述如何加强现金收支管理。

5. 简述企业如何加强应收账款的日常控制。

五、计算题

1. 大力公司现有甲、乙、丙、丁四种现金持有量方案，它们各自的机会成本率、短缺成本和管理成本如表7-11所示。

表7-11　　　　　　　　　　　　现金持有量方案　　　　　　　　　　　单位：元

方案项目	甲	乙	丙	丁
现金持有量	60 000	120 000	180 000	240 000
机会成本率	8%	8%	8%	8%
短缺成本	22 400	12 950	4 500	0
管理成本	45 000	45 000	45 000	45 000

假设该公司向有价证券投资的收益率为 8%。

计算这四种现金持有量方案各自的总成本,并为大力公司作出最佳现金持有量决策提供建议。

2. 某公司现金收支平衡,预计全年(按 360 天计算)现金需要量为 250 000 元,现金与有价证券的转换成本为每次 500 元,有价证券年利率为 10%。

要求:

(1) 计算最佳现金持有量。

(2) 计算最佳现金持有量下的全年现金管理相关总成本、全年现金转换成本和全年现金持有机会成本。

3. A 公司是一家商业企业,由于目前的收账政策过于严厉,不利于扩大销售,且收账费用较高,该公司正在研究修改现行的收账政策。现有甲和乙两个放宽收账政策方案,有关数据如表 7-12 所示。

表 7-12 放宽收账政策方案

项 目	现行收账政策	甲方案	乙方案
销售额(万元/年)	2 400	2 600	2 700
收费费用(万元/年)	40	20	10
所有账户的平均收账期	2 个月	3 个月	4 个月
所有账户的坏账损失率	2%	2.5%	3%

已知 A 公司的销售毛利率为 20%,应收账款投资要求的最低报酬率为 15%。坏账损失率是指预计年度坏账损失和销售额的百分比。假设不考虑所得税的影响。

要求:通过计算分析,回答应否改变现行的收账政策?如果要改变,应选择甲方案还是乙方案?

4. 某企业每年需要耗用甲材料 5 000 千克,该材料的单位采购成本为 8 元,单位存货年变动储存成本为 3 元,平均每次订货成本为 1 200 元。

要求:

(1) 计算经济订货批量。

(2) 计算最佳订货次数。

(3) 计算最佳订货周期。

(4) 计算与批量有关的存货总成本。

(5) 计算经济订货批量占用的资金。

(6) 假设材料的订货提前期为 4 天,保险储备量为 50 千克,计算再订货点。

◢ 应 会 考 核 ◣

■ 观念应用

【背景资料】

存货管理的应用

甲公司是电脑经销商,预计 20×9 年度需求量为 7 200 台,购进电脑平均单价为 3 000 元,平均每日供货量为 100 台,每日销售量为 20 台(1 年按 360 天计算),单位缺货成本为 100 元。与订货和储存有关的成本资料预计如下:

(1) 采购部门全年办公费为 10 万元,平均每次差旅费为 2 000 元,每次装卸费为 200 元。

(2) 仓库职工的工资每月为 3 000 元,仓库年折旧为 6 万元,每台电脑平均占用资金为 1 500 元,银行存款利率为 2%,平均每台电脑的破损损失为 200 元,每台电脑的保险费用为 210 元。

(3) 从发出订单到第一批货物运到需要的时间有五种可能,分别是 8 天(概率 10%)、9 天(概率 20%)、10 天(概率 40%)、11 天(概率 20%)、12 天(概率 10%)。

【考核要求】

(1) 计算经济订货批量、送货期和订货次数。

（2）确定合理的保险储备量和再订货点。

（3）计算20×9年与批量相关的存货总成本。

（4）计算20×9年与储备存货相关的总成本。

■ 技能应用

现金管理的应用

已知某公司现金收支平衡,预计全年(按360天计算)现金需求量为250 000元,现金与有价证券转换的交易成本为每次500元,有价证券年利率为10%。

【技能要求】

（1）计算最佳现金持有量。

（2）计算最佳现金持有量下的全年现金管理总成本、交易成本和机会成本。

（3）计算最佳现金持有量下的全年有价证券交易次数和有价证券交易间隔期。

■ 案例分析

【分析情境】

应收账款管理的应用

某企业只生产和销售一种产品,每年该产品的赊销额为240万元,该企业产品变动成本率为80%,资金利润率为25%。企业现有A、B两种收款政策可供选用。有关资料如表7-13所示。

表7-13   **A、B两种收款政策资料表**

项目	A政策	B政策
平均收账期(天)	60	45
坏账损失率	3%	2%
应收账款平均余额(万元)		
收账成本	—	—
应收账款机会成本(万元)		
坏账损失(万元)		
年催收账款费用(万元)	1.8	3.2
收账成本合计		

【分析要求】

要求:

（1）计算填列表中的空白部分(1年按360天计算)。

（2）对上述收款政策进行决策,判断企业应选择哪种策略更为合理。

📖 项目实训 📖

【实训项目】

营运资金管理。

【实训情境】

营运资金管理——信用政策

海生公司于1990年注册登记成立,其主要经营范围是生产和销售家用电器。在成立初期,公司凭借着产品质量过硬、售后服务周到等特点,在市场中不断扩大销售份额、扩充自身经营领域。公司的财务总监方先生属于风险厌恶者,对风险一般采取规避的态度,因而,公司的信用政策制定得非常严格,对客户的信用要求标准很高。然而,鉴于当时的市场供求环境和竞争程度,公司的销售未受到很大影响,客户的数量仍然呈现逐步上升的趋势。

但是,随着市场经济的发展,家电企业不断涌现,竞争对手不断增加,家电行业的竞争逐渐加剧,海生公司的销售开始出现下滑的态势。公司管理当局为此召开会议,分析产生这种情况的原因。与会人员包括总经理高先生、财务总监方先生、技术总监王先生、销售部门经理姚先生等。经过调研取证、讨论分析,与会人员发表了各自的意见。

技术总监王先生通过对现有证据的充分论证认为,公司产品在质量、功能、品种、特性等方面处于行业前列,而且公司的生产技术也在不断更新,已经采用了弹性制造系统,可以依据市场需求的变化来调整生产,因而销售下滑的原因不是出自技术问题。

销售部门经理姚先生通过在销售过程中客户对产品的反馈意见证实,王先生所说的确属实,并且姚先生依据销售部对市场进行的调研指出,公司售后服务工作周到,得到了现有客户的认可;公司销售环节采取了有奖销售、商业折扣等促销手段,然而成效不大,客户数量有减无增,其主要原因是公司信用政策制定得过于严格,信用期限短,对客户信用要求的标准太高,提供的信用优惠政策范围限制较大。同时,姚先生还指出,家电行业的主要客户是家电销售超市和销售公司,由于家电产品的单位价格比较高,因而这些客户为了避免占用大量资金,在管理上倾向于先赊购商品,待商品销售后再结算货款。然而,海生公司由于信用政策严格,使部分客户望而生怯。因此,姚先生建议,适当调整现有信用政策,适当放宽优惠政策的范围,降低标准,以吸引更多客户。

姚先生的建议将矛头指向了财务总监方先生,方先生对此陈述了自己的观点。

方先生认为,放宽信用政策、延长信用期限、降低标准,虽然可以增加销售量,但也会将一些信用度较低的客户引入企业,使客户群鱼龙混杂,不利于公司的管理,而且会加大发生坏账的可能性,增加公司的机会成本、呆账损失和后期收账费用,因而这样做有可能会得不偿失。

在双方僵持不下时,总经理高先生决定,由财务总监方先生、销售部门经理姚先生牵头组成工作小组,对放宽信用政策后公司收益变化的情况进行调研分析,并在3个月内提交分析报告,届时公司将依据该报告作出相应决策。

会议后,财务总监方先生、销售部门经理姚先生立即商讨并研究成立了工作小组,该小组成员由财务部门、销售部门、市场调研部门的工作人员组成。工作小组成立后,方先生、姚先生召开会议商榷工作方案,分配工作任务。最后,工作小组制订出工作计划,该计划的简要内容如下:①由市场调研部门对现在的市场状况进行调查分析,搜集同行业企业的信用政策信息,并进行归类总结,以供参考;②由销售部门依据市场调研部门的调查结果及销售情况的历史资料,对在不同信用政策情况下,本公司的销售状况进行市场分析预测,估算出赊销收入金额;③以销售部门的预测为基础,由财务部门会同信用管理等相关部门,对在不同信用政策情况下,本公司的收益、成本费用等相关资料进行预测搜集和计算分析;④依据财务部门的计算分析结果,形成分析报告,提交管理当局决策。

按照工作计划,小组成员开始分头行动。经过两个多月的努力,小组成员的数据采集工作结束了,其数据的基本情况如下。

1. 公司目前执行的信用政策

这包括:信用期限为30天;不提供现金折扣;对信用等级评价为A+和A的客户提供赊销。公司目前的年赊销收入为2 000万元,坏账损失率为3%,年收账费用为50万元。公司的变动成本率为40%,资金成本率为15%。

2. 公司可选择的信用政策的三种方案

A. 信用期限延长至60天,将客户的信用标准放宽为A+、A和A—三个等级,仍然不提供现金折扣。在这种信用政策条件下,公司的年赊销收入额将增至3 500万元,坏账损失率为5%,年收账费用为80万元。

B. 信用期限延长至90天,将客户的信用标准放宽为A+、A、A—和B+四个等级,并为在30天内付款的客户提供2%的现金折扣。在这种信用政策条件下,公司的年赊销收入额将增至5 500万元,约有40%的客户能享受现金折扣优惠,此时的坏账损失率为10%,年收账费用为120万元。

C. 信用期限延长至120天,将客户的信用标准放宽为A+、A、A—和B+四个等级,并为在30天内付款的客户提供 5% 的现金折扣,为在 60 天内付款的客户提供 2% 的现金折扣。在这种信用政策条件下,公司的年赊销收入额将增至 6 500 万元,约有 20% 的客户能享受 5% 的现金折扣优惠,约有 30% 的客户能享受 2% 的现金折扣优惠,此时的坏账损失率为 15%,年收账费用为 250 万元。

【实训任务】

问题:

(1) 计算公司目前信用政策的收益。

(2) 分别计算 A、B、C 三种信用政策的收益。

(3) 你建议公司采取哪一种信用政策?

(4) 海生公司的信用政策决策在营运资金管理方面给我们哪些启示?

营运资金管理实训报告		
项目实训班级:	项目小组:	项目组成员:
实训时间:　　年　　月　　日	实训地点:	实训成绩:
实训目的:		
实训步骤:		
实训结果:		
实训感言:		

用 Excel 解决本项目问题

1. 相关函数

(1) SQRT 函数。该函数的功能：返回正平方根，语法为 SQRT(NUMBER)，其中，NUMBER 为需要计算平方根的参数，如果参数 NUMBER 为负值，则函数 SQRT 会返回错误值"#NUM!"。

(2) 规划求解。其功能：借助"规划求解"，可求得工作表上某个单元格(称为目标单元格)中公式(公式：单元格中的一系列值、单元格引用、名称或运算符的组合，可生成新的值，公式总是以等号开始)的最优值。

2. 用 Excel 进行短期融资决策

【例7-1】 某企业打算购进一批原材料，发票金额为 60 000 元，供应商提出的信用条件是"2/20,n/30"，请计算该企业分别在第 15 天、第 25 天、第 30 天和第 50 天付款时的实际付款额和放弃折扣成本率。

用 Excel 进行短期融资决策的具体操作步骤如下：

(1) 建立分析模型，如图 7-11 所示。

	A	B	C	D
1	已知条件			
2	材料发票金额(元)	60000	折扣期限(天)	20
3	信用期限(天)	30	现金折扣率	2%

图 7-11　分析模型图

(2) 在单元格 B6 中输入公式：=IF(A6<=$D$2,$B$2*(1−$D$3))，并将单元格 B6 向下复制到单元格"B7：B9"区域，计算出各期间的付款金额。

(3) 在单元格 C6 中输入公式：=IF(A6<=$D$2,0,$D$3/(1−$D$3)*365/(A6−$D$2))，并将单元格 C6 向下复制到单元格区域"C7：C9"，计算出各期间的放弃折扣成本率，具体结果如图 7-12 所示。

	A	B	C	D
1	已知条件			
2	材料发票金额(元)	60000	折扣期限(天)	20
3	信用期限(天)	30	现金折扣率	2%
4	放弃现金折扣的资本成本			
5	付款日期(天)	付款金额	年资金成本率	
6	15	58800	0.00%	
7	25	60000	148.98%	
8	30	60000	74.49%	
9	50	60000	24.83%	

图 7-12　计算结果图

(4) 结论：从计算结果可以看出，企业超过折扣期限后付款，要承担很高的资本成本。一旦放弃现金折扣，付款期越晚，资金成本越低，但若超过 50 天的信用期再付款，尽管可以降低资金成本，但同时也损害了企业的信誉，因此，企业放弃现金折扣后，明智的做法是在信用期最后一天，即第 50 天付款，这样既可以降低资金成本又可以不影响企业的信誉。

3. 用 Excel 进行最佳现金持有量的分析

【例7-2】 某企业有四种现金持有方案，具体资料如表 7-14。机会成本率为 10%。

要求：请采用成本分析模式进行最佳现金持有量的分析。

用 Excel 进行最佳现金持有量分析的具体操作步骤如下：

表 7-14 现金持有方案表 单位:元

现金持有方案	方案 A	方案 B	方案 C	方案 D
现金持有量	30 000	60 000	90 000	120 000
机会成本	3 000	6 000	9 000	12 000
管理成本	5 000	5 000	5 000	5 000
短缺成本	15 000	8 000	2 000	0

（1）建立分析模型，如图 7-13 所示。

	A	B	C	D	E
1	最佳现金持有量决策分析				
2					单位：元
3	现金持有方案	方案A	方案B	方案C	方案D
4	现金持有量	30000	60000	90000	120000
5	机会成本	3000	6000	9000	12000
6	管理成本	5000	5000	5000	5000
7	短缺成本	15000	8000	2000	0

图 7-13　分析模型图

（2）选取单元格 B5：E8 区域，单击工具栏上的求和按钮，可求得各方案的现金总成本。

（3）结论：方案 C 的总成本最低，所以 C 方案的现金持有量为最佳现金持有量。计算结果如图 7-14 所示。

	A	B	C	D	E
1	最佳现金持有量决策分析				
2					单位：元
3	现金持有方案	方案A	方案B	方案C	方案D
4	现金持有量	30000	60000	90000	120000
5	机会成本	3000	6000	9000	12000
6	管理成本	5000	5000	5000	5000
7	短缺成本	15000	8000	2000	0
8	现金持有总成本	23000	19000	16000	17000

图 7-14　计算结果图

4. 用 Excel 进行存货经济订货批量分析

【例 7-3】 某企业全年需要甲材料 36 000 千克，每次订货费用为 800 元，甲材料单价为 40 元，单位甲材料的年储存成本为 10 元，请用 Excel 设计存货经济订货批量的模型。

具体操作步骤如下：

（1）建立存货的经济订货批量分析模型，如图 7-15 所示。

	A	B	C	D	E	F	G	H
1	初始的已知条件							
2	甲材料全年需要量（千克）	36000	一次订货成本（元）		800	单位存货年储存成本（元）		10
3	模拟运算数据							
4	一次订货量（千克）	2700	3000	3300	3600	3900	4200	4500
5	甲材料全年需要量（千克）	30000	32000	34000	36000	38000	40000	
6	一次订货成本（元）	600	700	800	900	1000	1100	

图 7-15　分析模型图

（2）在单元格 C11 中输入任意大于零的初始值，比如"2 400"，然后在单元格 C10 中输入公式：＝B2/C11＊E2＋C11/2＊H2。

（3）执行"工具"菜单中的"规划求解"，系统弹出"规划求解参数"对话框，将目标单元格设置为"＄C＄10"，在"等于"区域中选中"最小值"，将可变单元各设置为"＄C＄11"，添加约束条件"＄C＄11＞＝0"，单击"求解(S)"按钮（见图 7-16），再单击"确定"按钮，即可求出最优经济批量。

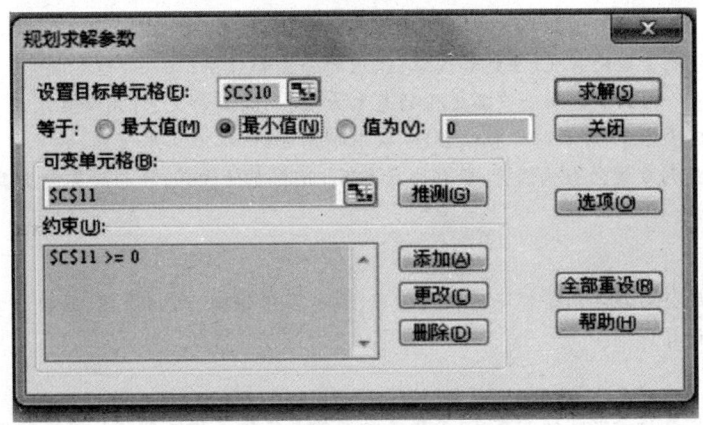

图 7-16　"规划求解参数"对话框

（4）用公式计算存货经济订货批量：在单元格 H9 中输入公式：＝SQRT(2＊B2＊E2/H2)。

（5）在单元格 H10 中输入公式：＝B2/H9。

（6）在单元格 H11 中输入公式：＝SQRT(2＊B2＊E2＊H2)。

具体的计算结果如图 7-17 所示。

	A	B	C	D	E	F	G	H
1	初始的已知条件							
2	甲材料全年需要量（千克）	36000	一次订货成本（元）		800	单位存货年储存成本（元）		10
3	模拟运算数据							
4	一次订货量（千克）	2700	3000	3300	3600	3900	4200	4500
5	甲材料全年需要量（千克）	30000	32000	34000	36000	38000	40000	
6	一次订货成本（元）	600	700	800	900	1000	1100	
7								
8	计算结果							
9	利用规划求解工具求解的结果			直接利用公式计算的经济订货批量（千克）				2400
10	存货的相关总成本（元）——目标函数	24000		年最优订货次数（次）				15
11	存货经济订货批量(千克)——可变单元格	2400		年最低订储成本（元）				24000

图 7-17　计算结果图

收益分配管理

项目课件

知识 目标

理解：收益与分配管理的意义、原则和内容；收入的含义和作用；收入管理的要求。

熟知：商品销售价格的制定和新产品定价的基本方法；利润的含义、作用和要求。

掌握：收入的日常管理、成本归口分级管理、成本性态分析、标准成本管理、作业成本管理、利润的预测、股利政策的影响因素、股利支付程序；股利支付方式；股利政策的类型；股票分割和股票回购。

技能 目标

能够理解不同的公司在不同条件下的收入管理、成本费用管理、利润管理、股票分配政策、股票回购与分割的目的和相关计算。

素质 目标

能够正确解读收益与分配管理的意义，并根据企业的具体情况确定利润分配程序，进行股利分配政策。

项目 引例

上市公司的股利政策

某上市公司自 1995 年以来经营状况和收益状况一直处于相对稳定的状态，且在收益分配上，每年均发放了一定比例的现金股利(0.2～0.5 元/股)。然而，2018 年由于环境因素的影响，公司获利水平大幅下降，总资产报酬率从上年的 15％下降至 4.5％，且现金流量也明显趋于恶化。公司于 2019 年年初召开了董事会，会议的重要议题是就 2019 年度的股利分配进行讨论，形成预案，以供股东大会决议。以下是两位董事的发言：

董事张兵认为，公司 2019 年度应分配一定比例的现金股利，理由在于：第一，公司长期以来均分配了现金股利，且呈逐年递增趋势，若 2019 年停止分配股利，难免会影响公司的市场形象和理财环境。第二，根据测算，公司若按上年分配水平(0.5 元/股)支付现金股利，约需现金 2 500 万元，而我公司目前的资产负债率仅为 40％，尚有约 20％的举债空间，按目前的总资产(约 5 亿元)测算，可增加举债约 1 亿元，因此，公司的现金流量不会存在问题。

董事刘强认为，公司 2019 年度应暂停支付现金股利，理由在于：第一，公司 2019 年经营及获利状况的不利变化主要是因环境因素所导致的，这些环境因素能否在短期内有明显改观尚难以预测。因此，为保护公司的资本实力，公司不宜分配现金股利。第二，公司尽管有较大的负债融资空间，但由于资产报酬率下降，使举债的财务风险较大，因此，不宜举债发放现金股利。鉴于公司目前尚有近 8 000 万元的未分配利润，建议可实行股票股利，这样一方面有利于稳定公司市场形象；另一方面又能节约现金支出。

思考与讨论：公司如何制定股利政策？

知识 精讲

任务一 收益分配概述

企业经过筹资、投资、营运资金管理等一系列财务活动产生了收益，需要对收益分配进行相应的管理。收益分配管理是对企业收益分配主要活动及其形成财务关系的组织与调节，是企业将一定时期内所创造的经营成果合理地在企业内、外部各利益相关者之间进行有效分配的过程。一般而言，企业广义收益分配是对其收入和净利润进行分配。而狭义收益分配则仅仅是对净利润进行分配。本项目主要介绍狭义收益分配。

一、收益分配的意义

收益分配作为现代企业财务管理的重要内容之一,对维护企业与各相关利益主体的财务管理、提升企业价值非常必要。具体而言,企业收益分配的意义表现在以下三个方面。

(一) 收益分配集中体现了企业所有者、经营者与职工之间的利益关系

企业所有者是企业权益资金的提供者,按照"谁出资、谁受益"的原则,其应得的投资收益须通过企业的收益分配来实现,而获得投资收益的多少取决于企业的盈利状况及利润分配政策。通过收益分配,投资者能实现预期的收益,提高企业的信誉程度,有利于增强企业未来融通资金的能力。

企业的债权人在向企业投入资金的同时也承担了一定的风险,企业的收益分配应体现出对债权人利益的充分保护。除了按时支付到期本金、利息外,企业在进行收益分配时也要考虑债权人未偿付本金的保障程度,否则将在一定程度上削弱企业的偿债能力,从而降低企业的财务弹性。

职工是价值的创造者,是企业收入和利润的源泉。通过薪资的支付以及各种福利的提供,可以提高职工的工作热情,为企业创造更多价值。因此,为了正确、合理地处理好企业各方利益相关者的需求,就必须对企业所实现的收益进行合理分配。

(二) 收益分配是企业再生产的条件以及优化资本结构的重要措施

企业在生产经营过程中所投入的各类资金,随着生产经营活动的进行不断地发生消耗和转移,形成成本费用,最终构成商品价值的一部分。销售收入的取得,为企业成本费用的补偿提供了前提,为企业再生产的正常进行创造了条件。通过收益分配,企业能形成一部分自行安排的资金,可以增强企业生产经营的财力,有利于企业适应市场需要扩大再生产。

此外,留存收益是企业重要的权益资金来源,收益分配的多少会影响企业积累的多少,从而影响权益与负债的比例,即资本结构。企业价值最大化的目标要求企业的资本结构最优,因而收益分配便成了优化资本结构、降低资本成本的重要措施。

(三) 收益分配是国家建设资金的重要来源之一

在企业正常的生产经营活动中,职工不仅为自己创造了价值,而且为社会创造了一定的价值,即利润。利润代表企业的新创财富,是企业收入的重要构成部分。除了满足企业自身的生产经营性积累外,通过收益分配,国家财政也能够集中一部分企业利润,由国家有计划地分配使用,实现国家政治职能和经济职能,为社会经济的发展创造良好条件。

二、收益分配原则

(一) 依法分配原则

企业的收益分配必须依法进行。为了规范企业的收益分配行为,维护各利益相关者的合法权益,国家颁布了相关法规。这些法规规定了企业收益分配的基本要求、一般程序和重要比例,企业应当认真执行,不得违反。

(二) 分配与积累并重原则

企业的收益分配必须坚持积累与分配并重的原则。企业通过经营活动赚取收益,既要保证企业再生产的持续进行,又要不断积累企业扩大再生产的财力基础。恰当处理分配与积累之间的关系,留存一部分净收益以供未来分配之需,能够增强企业抵抗风险的能力,同时,也可以提高企业经营的稳定性与安全性。

(三) 兼顾各方利益原则

企业的收益分配必须兼顾各方面的利益。企业是经济社会的基本单元,企业的收益分配涉

及国家、企业股东、债权人、职工等多方面的利益。正确处理它们之间的关系，协调其矛盾，对企业的生存、发展是至关重要的。企业在进行收益分配时，应当统筹兼顾，维护各利益相关者的合法权益。

（四）投资与收益对等原则

企业进行收益分配应当体现"谁投资、谁受益"、收益大小与投资比例相对等的原则。这是正确处理投资者利益关系的关键。企业在向投资者分配收益时，应本着平等一致的原则，按照投资者投资额的比例进行分配，不允许任何一方随意多分多占，以从根本上实现收益分配中的公开、公平和公正，保护投资者的利益。

三、收益分配管理内容

企业在日常生产经营活动中销售产品或劳务产生了收入后，需要进行相应的分配。这些收入分配主要体现为：①弥补为取得收入而发生的耗费，这部分称为成本费用；②弥补成本费用之后剩余部分形成的利润要按一定顺序分配。具体关系可以用公式表达如下：

$$收入 - 成本费用 = 利润$$

由此可以得出，企业广义收益分配管理不仅包括收入弥补成本费用管理，而且包括收入扣除成本费用之后的利润分配管理。

利润分配是收益分配的第二层次内容，也是狭义的收益分配。利润是收入弥补成本费用后的余额。由于成本费用包括的内容与表现的形式不同，利润所包含的内容与形式也有一定的区别。若成本费用不包括利息和所得税，则利润表现为息税前利润；若成本费用包括利息而不包括所得税，则利润表现为利润总额；若成本费用包括了利息和所得税，则利润表现为净利润。

本项目所指利润分配主要是指对净利润的分配。根据《公司法》及相关法律制度的规定，企业净利润分配应按照下列顺序进行。

（一）弥补以前年度亏损

企业在提取法定盈余公积之前，应用当年利润弥补亏损。企业年度亏损可以用下年度的税前利润弥补，下一年度不足弥补的，可以在5年之内用税前利润连续弥补，连续5年未弥补的亏损则用税后利润弥补。其中，税后利润弥补亏损可以用当年实现的净利润，也可以用盈余公积转入。

（二）提取法定盈余公积

根据《公司法》的规定，法定盈余公积的提取比例为当年税后利润（弥补亏损后）的10％。当年法定盈余公积的累积额已达注册资本的50％时，可以不再提取。法定盈余公积提取后，根据企业的需要，可用于弥补亏损或转增资本，但企业用盈余公积转增资本后，法定盈余公积的余额不得低于公司注册资本的25％。提取法定盈余公积的目的是增加企业内部积累，以利于企业扩大再生产。

（三）提取任意盈余公积

根据《公司法》的规定，公司从税后利润中提取法定盈余公积后，经股东会或股东大会决议，还可以从税后利润中提取任意盈余公积。这是为了满足企业经营管理的需要，控制向投资者分配利润的水平，以及调整各年度利润分配的波动。

企业提取的盈余公积（包括法定盈余公积和任意盈余公积），主要用于弥补企业亏损和增加企业注册资本：

（四）向投资者分配利润或股利

根据《公司法》的规定，公司弥补亏损和提取盈余公积后所余税后利润，可以向股东（投资者）

分配股利(利润)。其中,有限责任公司股东按照实缴的出资比例分配股利,全体股东约定不按照出资比例分配股利的除外;股份有限公司按照股东持有的股份比例分配,但股份有限公司章程规定不按照持股比例分配的除外。

任务二 收入管理概述

一、收入的含义与作用

(一) 收入的含义

收入是指企业在销售商品、提供劳务及让渡资产使用权等日常活动中所形成的经济利益的总流入。

取得收入是企业从事生产或经营活动的主要目的之一,也是企业实现利润最大化的必循途径。各种类型的收入按其在企业中的重要性可分为基本业务收入和其他业务收入。

基本业务收入是指企业在其主要的或主体业务活动中所取得的收入,也称主营业务收入。在工业企业中,产品销售收入属于基本业务收入范畴,它是指销售产成品、半成品、代制品、代修品和提供工业性劳务所取得的产品销售收入。在商品流通企业中商品销售收入与基本业务收入相对应;施工企业的基本业务收入则是指承包工程价款结算收入及向发包单位收取的索赔款;交通运输企业的基本业务收入是指运送旅客和货物的运输装卸收入、仓库储存与堆存收入、委托代理收入及港务管理收入;旅游企业、饮食服务企业的基本业务收入是指企业供应食宿、理发、照相、洗染、浴池、修理、咨询及相关服务的收入;房地产开发企业的基本业务收入是指对外转让、销售、结算和出租开发产品所取得的收入。

其他业务收入是指企业在其次要的或者附带的业务活动中所取得的收入,亦称附营业务收入。

将企业的收入划分为基本业务收入和其他业务收入,是为了加强收入的管理,据以向管理部门和外界提供有用的决策信息,从而对生产经营和其他投资活动进行有效的控制和管理,也便于考察国家经济各部门的发展。

(二) 收入的作用

收入的作用表现在:①收入是衡量企业生产经营成果的重要标志;②收入是企业现金流入量的主要组成部分;③收入是企业再生产顺利进行的必要条件;④收入是实现企业利润的主要源泉。

二、收入管理的要求

收入的重要作用决定了加强收入管理的必要性。在我国,随着社会主义市场经济体制的逐步完善,企业的生存环境已发生了根本性转变,竞争将非常激烈,市场、销售、收入将成为企业日益关心的焦点。相应地,收入管理的任务日趋重要,要求也将日益提高,管理的形式、方法、体系也势必会步入完善和科学的境地,就目前而言,企业收入管理应遵循以下几项基本要求:

(1) 合理地制定商品价格。作为最有效的一种理性竞争工具,价格对于企业而言,具有重要的战略意义。价格策略的制定,应考虑市场供求状况、竞争激烈程度、消费者心理以及市场定位等因素。

(2) 正确预测收入。收入的预测分析实际上就是市场动态与销售情况的预测分析,在市场经济体制下,企业依靠市场生存,以销促产,因而使销售预测变得极为重要。

(3) 有效地进行收入的日常管理。要保证企业销售活动有计划地进行,并取得预计的收入,必须加强日常管理控制，即企业主要根据市场需求组织安排生产，及时签订并严格履行销售合同，加快组织货款回笼，节约销售费用，建立健全销售岗位责任制度和控制制度，经营组织销售及收入的考核与分析，并与奖惩措施挂钩，从而使销售管理工作逐步实现科学化和规范化。

三、商品销售价格的制定

企业的商品销售收入取决于商品销售量和商品销售价格两个因素。在商品销售量一定的情况下，销售价格的高低对销售收入的多少至关重要。在市场经济条件下，企业拥有商品的定价权，应根据各自的定价目标选择科学可行的定价方法，合理确定商品的销售价格。

（一）标准产品定价的基本方法

对标准产品制定正常的、长期性价格时，最常用的就是成本加成定价法。其基本点就是所确定的售价除需补偿全部成本费用外，还应为投资者提供合理的报酬。其基本公式如下：

$$产品售价 = 单位产品制造成本 + 单位产品应负担的期间费用 + 单位产品目标利润$$

公式中，单位产品制造成本可根据企业会计核算资料确定。单位产品应负担的期间费用是指其应负担的销售费用、管理费用和财务费用。在定价时，这部分费用通常按照销售收入的一定比例计算，即：

$$单位产品应负担的期间费用 = 产品售价 \times 期间费用率$$

单位产品目标利润可根据销售收入利润率计算，即：

$$单位产品目标利润 = 产品售价 \times 销售收入利润率$$

将上述公式整理可得：

$$产品售价 = 单位产品制造成本 + 产品售价 \times 期间费用率 + 产品售价 \times 销售收入利润率$$

整理得出产品定价的基本公式如下：

$$产品售价 = \frac{单位产品制造成本}{1 - (期间费用率 + 销售收入利润率)}$$

做中学 8-1

A产品的单位制造成本为80元，期间费用率为10%，销售收入利润率为18%，则A产品单位售价应为多少元？

分析：

$$产品售价 = \frac{80}{1 - (10\% + 18\%)} = 111.11（元）$$

（二）新产品定价的基本方法

市场上已经出现而在本企业属于投产的新产品，其定价工作是被动的。企业可以根据市场上其他企业同种产品的售价对比确定。

市场上从未出现过的新产品，情况就大不相同了。这种新产品具有不确定性：什么样的价格能为消费者所接受？推销费用能发生多少？销量、价格、利润之间的关系如何？如此等等的问题很难确定。在这种情况下，企业可以采用撇脂性定价或渗透性定价。

撇脂性定价是一种高价策略，即在新产品刚进入市场的阶段，利用消费者求新求奇的心理，在产品价格的可行范围内尽可能制定高价，以便在短期内赚取最大利润。

渗透性定价是一种低价策略，它与撇脂性定价策略相反，是指企业向市场推出新产品时，利用顾客的求廉心理,在产品价格的可行范围内,采取保本微利、薄利多销、尽量低价的方法。这是一种考虑未来利益的长远的定价方法。

(三) 特殊情况下的定价问题

这里所说的特殊情况下,主要是指企业尚有剩余生产能力未被充分利用、市场需求发生特殊变化、遇到强劲的竞争对手等。在这些特殊情况下,前述的定价方法无法应用。此时,可按变动成本(边际贡献)定价法确定价格。其定价原则可用图 8-1 来说明。

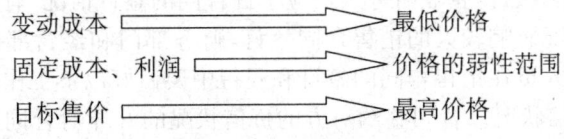

图 8-1 定价模型

这一模型表明,在遇到特殊情况时,企业可以根据具体情况,把价格定在最高价格和最低价格之间,而不一定使价格高于企业的全部成本。

如果企业有多余的生产能力,暂时又不能有其他利用,此时的订货价格,可以不考虑价格对总成本的补偿,只考虑价格对变动成本的补偿,只要所确定的价格不低于单位变动成本,也即只要有边际贡献能用于补偿固定成本或形成利润,该价格即为可行。由于边际贡献=销售收入-变动成本,当边际贡献>变动成本时,其超过部分的收益可用来补偿固定成本;若边际贡献刚好能全部补偿固定成本,则只能补偿变动成本;不能补偿固定成本;若边际贡献<变动成本,则不但不能补偿固定成本,也不能补偿变动成本,这两种情况下企业就亏损。

如果企业遇到较强的竞争对手,为了增强产品的竞争能力,也可以以变动成本为基础而把价格暂时定在全部成本之下;如果市场上对某产品的需求量突然减少,迫使企业不得不降价出售时,只要价格略高于变动成本就能补偿一部分固定成本,比完全停产损失要小些。

做中学 8-2

某厂生产乙产品的年设计生产能力为 10 000 件,销售单价为 100 元,单位制造成本为 80 元,其中直接材料费用为 40 元,直接人工费用为 18 元,制造费用中的变动制造费用为 8 元,制造费用中的固定制造费用为 14 元。该企业目前每年尚有 40%的生产能力闲置。某日,一客户欲与该厂签订如下条件的订货合同:以每件 70 元的价格为其生产 4 000 件乙产品,且该批订货中有额外要求,即要求该厂购置一台专用设备价值为 5 000 元。那么,这批订货能否接受呢?

按照传统观念来看,该订货价格绝不可以接受,宁可让机器设备闲置。因为每件产品单位制造成本为 80 元,而订货合同价却只有 70 元,每件亏损 10 元,同时还要额外增加 5 000 元的固定资产投资,会产生高达 45 000 元的损失。但是,按照边际贡献法分析,该价格或者说该批订货是完全可以接受的。因为在该企业目前的状况下,无论是否要将闲置生产能力加以利用,生产中需发生的固定成本额是一定的,因而它不是该项决策的相关成本,无须加以考虑。只要对方出价高于本次订货的相关成本,包括变动成本和专属固定成本,即能提供贡献毛益即可。因为只要有贡献毛益,那就必然会增加本企业利润总额或减少本企业的亏损总额。

$$\begin{array}{ccccc} \text{该批订货提供的} \\ \text{贡献毛益额} \end{array} = \begin{array}{c} \text{该批订货的} \\ \text{销售收入额} \end{array} - \begin{array}{c} \text{该批订货的} \\ \text{变动成本额} \end{array} - \begin{array}{c} \text{该批订货追加的} \\ \text{专属固定成本额} \end{array}$$

$$= 4\ 000 \times 70 - 4\ 000 \times (40 + 18 + 8) - 5\ 000 = 11\ 000(元)$$

不难看出,该批订货会使该企业增加利润或者减少亏损计 11 000 元,这个价格是可行的。从道理上讲,对该厂来说,价格只要高于单位变动成本 67.25 元(66+5 000÷4 000)即为可行。

四、收入的日常管理

（一）销售合同的签订与履行

销售合同是企业为取得营业收入而与购货人或劳务接受人就双方在购销或服务过程中的权利和义务关系所签订的具有法律效力的书面文件。除采用钱货两讫等即时清结的销售方式外，企业在向购买方销售货物或向劳务接受人提供劳务时，都应该与对方签订合同。

为了保证合同的顺利履行，企业财务人员应掌握合同的签订情况，有条件的要参与合同的签订工作。对企业财务状况影响较大的销售合同签订，财务部门和经营部门要事先协商取得一致意见。财务部门和财务人员在销售合同的签订和履行中要做好以下工作：

（1）审查对方的资信状况。合同签约对方的资信状况的好坏对合同的签订和未来的履约有很大影响，财务部门负责销售后的收款工作应掌握有关企业资信状况的第一手资料。财务部门一旦发现客户的资信状况有可疑之处，应当立即提醒经营部门选择采用下列措施：①要求货款两清，向对方即时清结货款；②收取一定数额或比例的定金；③要求客户提供抵押担保物品；④要求客户提供履约保证人，并出具该保证人具有保证能力的有关证明文件。

（2）检查合同价格，控制商业折扣。经营部门有时为追求经营业绩，会在合同签约过程中对客户作出不适当让步。对经营部门在其职权范围内的必要的妥协，财务部门应当予以支持。但如果在价格方面减让过多或者给予的商业折扣比例过大，就会影响企业既定的商品定价策略的实施，减少企业营业收入。因此，财务部门如果发现经营部门减价过多或者商业折扣比例过大，应及时与经营部门联系，提请更正，必要时可要求企业行政负责人出面协调。

（3）控制使用规模和信用期限。为了促进销售，大部分企业都对客户提供一定的商业信用，如赊销、分期付款、接受商业汇票等。但商业信用本身会在一定程度上占压企业的资金，影响企业营运资金的周转，导致企业利息费用增加，而且还加大了企业的财务风险。因而，企业对外提供的商业信用规模不宜过大，期限也不可太长。

（4）监督结算方式的选择。不同的结算方式，其安全性是不一样的。现金销售，钱货两清，安全性最高，但除商业零售外，大部分企业都不可能完全做到这一点。在现金销售中，除收取结算货币现款以外，银行本票和银行汇票的安全性取决于出票银行的信誉状况。企业的销售合同应规定款项的结算方式，财务部门应该提醒经营部门尽可能地选择对本企业有利、能及时收回价款的结算方式。

（5）及时收回价款。在向对方提交商品或提供劳务以后，财务部分要按照合同规定的期限、结算方式向对方收取款项。对未能按期收回的价款，应立即查明原因；如果对方款项已经付出，属于银行方面的原因，应通过开户银行追款；如果对方拒付，要立即反馈给经营部门，属于本企业责任的，要责成有关部门或人员及时处理；属于对方无理拒付的，要采取一定的措施组织催收。

（6）监督解除合同的善后处理。销售合同签订以后，因己方或对方原因致使合同无法履行时，要及时解除合同。如果是因为己方原因解除合同，除法律规定可以不予承担责任的部分以外，要赔偿对方的损失，但此项赔偿以合同规定的违约责任为限。如果是因对方原因解除合同，除法律规定可以不承担责任的部分以外，应没收定金并追偿造成的损失。财务部门应监督解除合同的处理过程，以保证本企业的合法利益不受侵害。

（二）销售市场的扩展

稳定的市场是取得稳定营业收入的可靠保证。在激烈的市场竞争中，稳定是相对的，企业只有不断进取，才能保住现有市场。为了扩大营业收入，企业还必须不断地开拓新的市场，扩展市场可以采取的措施主要有：

（1）进行市场细分，选定商品目标市场。市场细分是企业在市场调查的基础上，根据客户的需要、购买行为、购买习惯等，将本企业商品的整体市场划分为具有明显区分标准的若干个"小市场"。市场的细分化能为企业选择目标市场指明方向，有助于企业发掘新的市场，可以使企业以较少的销售费用支出，获取较多的营业收入。

（2）正确进行广告宣传。广告是企业利用一定的媒体向公众宣传企业及产品的一种营销手段。得当的广告宣传可以提高企业知名度，诱导潜在客户购买本企业商品。但是广告宣传要付出可观的广告费用，所以必须重视广告的效果：①要选择适当的媒体；②要精心制作广告内容；③要选择广告发布的时间和频率。

（3）搞好售后服务。企业成本费用的开支并不因销售的实现而停止，售后服务费用在企业销售费用中占了不小的比重。企业的售后服务包括送货、安装、调试、退换、修理等许多方面。完善的售后服务可以解除客户的后顾之忧，不但对巩固现有市场不可或缺，也可以因此招揽新的客户，提高企业的市场占有率。

任务三　成本费用管理[*]

成本费用是企业生产经营过程中资金消耗的反映，可以理解为企业为取得预期收益而发生的各项支出，主要包括制造成本和期间费用。成本费用是衡量企业内部运行效率的重要指标，在收入一定的情况下，它直接决定了公司的盈利水平。成本费用指标在促进企业提高经营管理水平、降低生产经营中的劳动耗费方面起着十分重要的作用。

成本费用管理是指企业对在生产经营过程中全部费用的发生和产品成本的形成所进行的计划、控制、核算、分析、考核等一系列科学管理工作的总称。加强成本费用管理，具有重要意义。它既是企业提高经营管理水平的重要因素，也是企业增加盈利的要求，并且为企业抵抗内外压力，求得生存发展提供了可靠保障。主要的成本费用管理模式有：①成本归口分级管理；②成本性态分析；③标准成本管理；④作业成本管理；⑤责任成本管理。

一、成本归口分级管理

成本归口分级管理又称成本管理责任制，它是在企业总部（如厂部）的集中领导下，按照费用发生的情况，将成本计划指标进行分解，并分别下达到有关部门、车间和班组，以明确责任，把成本管理纳入岗位责任制中。其目的是进行全过程、全员性的成本费用管理，使成本费用管理人员监测企业生产经营过程中的成本消耗，同时，使生产技术人员参与企业的成本费用管理。

成本归口分级管理要注意两个方面的关系：①要正确处理财务部门同其他有关部门在成本管理中的关系，以财务部门为中心，把财务部门同生产、销售、人事等部门的成本管理结合起来；②要正确处理厂部、车间、班组在成本管理中的关系，以厂部为主导，把厂部、车间、班组各级组织的成本管理结合起来。

成本归口分级管理可以分为成本的归口管理和分级管理两个部分。其中：①成本的归口管理主要是指将企业成本与费用预算指标进行分解，按照其所发生的地点和人员进行归口，具体落实到每一个责任人，将成本与费用预算指标作为控制标准，把成本费用管理工作建立在广泛的群众基础上，实现全员性成本费用管理。②成本的分级管理主要是指按企业的生产组织形式，从上到下依靠各级、各部门的密切配合来进行成本费用管理。一般分为三级，即厂部、车间和班组，同时开展企业的成本费用管理。成本归口管理和分级管理是密切联系、相辅相成的。在企业分为

---

* 非财会类专业可以选讲本任务内容。

厂部、车间和班组三级的情况下，各级成本费用管理的权责和内容概括如下。

(一)厂部的成本费用管理

厂部主要是负责全厂的成本费用指标，并将其分解归口到有关部门中去，随时进行调节和控制。其成本费用管理的主要内容有：制定和组织全厂成本管理制度；进行成本预测分析，编制成本计划；加强成本控制，核算产品成本，编制成本报表；综合分析、考核全厂成本计划的完成情况；组织和指导各车间、部门开展成本管理工作。

厂部对成本费用的管理是在厂长(经理)领导下，通过财务部门进行的。同时，要按照各职能部门的分工和生产费用的发生地点，分解、落实各职能部门归口管理的成本指标，并在此基础上确定各分管部门的责任、权限和管理内容。

(二)车间的成本费用管理

车间的成本费用管理处于企业成本与费用管理的中心环节，是成本控制的重点。其主要工作有：根据厂部下达的成本计划或指标，编制车间成本或节约措施计划；根据厂部批准的车间成本计划，向各班组下达有关消耗指标和费用指标；组织车间成本核算，按计划控制车间生产费用；检查和分析车间成本计划和班组有关指标的完成情况，不断提高车间成本费用管理水平。

车间成本费用管理工作，是在车间主任直接领导下，由车间成本组或成本核算员负责组织执行的。在车间内部也应实行归口管理，即按照生产费用的内容，规定各有关职能人员分管费用的职责。

以前，车间一般只进行费用核算或成本核算，但随着车间管理职能的加强，近年来不少企业已把车间列作企业内部的利润核算单位，或者将某些重要的车间单独设置为分厂，实行单独核算。

(三)班组的成本费用管理

班组是车间具体活动的执行者，在成本费用管理上主要遵循"干什么，用什么，就管什么"的原则，调动直接生产人员来参与成本费用的控制，从加工的工序或工艺过程中节约费用消耗，达到有效控制成本费用的目的。其成本费用管理的主要内容有：讨论全厂和车间的成本费用计划，为班组制订各项消耗定额和费用计划；根据消耗定额和费用计划，控制班组所发生的各种消耗和费用开支；核算班组负责执行的成本指标，并及时公布；检查、分析消耗定额和成本指标的执行情况等。

班组成本费用管理，是在班组长领导下，由工人核算员负责组织执行的，并要与其他工人管理员密切配合，共同努力，以降低生产消耗。

二、成本性态分析

成本性态又称成本习性，是指成本的变动与业务量(产量或销售量)之间的依存关系。成本性态分析就是对成本与业务量之间的依存关系进行分析，从而在数量上具体掌握成本与业务量之间的规律性关系，以便为企业正确地进行最优管理决策和改善经营管理提供有价值的资料。它对及时采取有效措施，挖掘降低成本的潜力，争取实现最大的经济效果，具有重要意义。

按照成本性态，通常可以把成本区分为固定成本、变动成本和混合成本。

(一)固定成本

1. 固定成本的基本特征

固定成本是指其总额在一定时期及一定产量范围内，不直接受业务量变动的影响而保持固定不变的成本。例如，固定折旧费用、房屋租金、行政管理人员工资、财产保险费、广告费、职工培训费、办公费、产品研究开发费用等，均属于固定成本。其基本特征是：固定成本总额不因业务量的变动而变动，但单位固定成本(单位业务量负担的固定成本)会与业务量的增减呈反向变动。

2. 固定成本的分类

固定成本按其支出额是否可以在一定期间内改变而分为约束性固定成本和酌量性固定成本。

约束性固定成本是指管理部门的短期经营决策行动不能改变其具体数额的固定成本。例如,保险费、房屋租金、管理人员的基本工资等。这些固定成本是企业的生产能力一经形成就必然要产生的最低支出,即使生产中断也仍然要产生。由于约束性固定成本一般是由既定的生产能力所决定的,是维护企业正常生产经营必不可少的成本,所以它也称为经营能力成本,它最能反映固定成本的特性。降低约束性固定成本的基本途径,只能是合理利用企业现有的生产能力,提高生产效率,以取得更大的经济效益。

酌量性固定成本是指管理部门的短期经营决策行动能改变其数额的固定成本。例如,广告费、职工培训费、新产品研究开发费用等。这些费用发生额的大小取决于管理当局的决策行动。一般是由管理当局在会计年度开始前,斟酌计划期间企业的具体情况和财务负担能力,对这类固定成本项目的开支情况分别作出决策。酌量性固定成本并非可有可无,它关系到企业的竞争能力,因此,要想降低酌量性固定成本,只有厉行节约、精打细算,编制出积极可行的费用预算并严格执行,防止浪费和过度投资。

(二) 变动成本

1. 变动成本的基本特征

变动成本是指在特定的业务量范围内,其总额会随业务量的变动而呈正比例变动的成本。如直接材料、直接人工、按销售量支付的推销员佣金、装运费、包装费,以及按产量计提的固定设备折旧等都是和单位产品的生产直接联系的,其总额会随着产量的增减呈正比例的增减。其基本特征是:变动成本总额因业务量的变动而呈正比例变动,但单位变动成本(单位业务量负担的变动成本)不变。

2. 变动成本的分类

变动成本也可以区分为两大类:技术变动成本和酌量性变动成本。

技术变动成本是指与产量有明确的技术或实物关系的变动成本。例如,生产一台汽车需要耗用一台引擎、一个底盘和若干个轮胎,这种成本只要生产就必然会发生,若不生产,其技术变动成本便为零。

酌量性变动成本是指通过管理当局的决策行动可以改变的变动成本,如按销售收入的一定百分比支付的销售佣金、技术转让费等。这类成本的特点是其单位变动成本的发生额可由企业最高管理层决定。

(三) 混合成本

1. 混合成本的基本特征

从成本习性来看,固定成本和变动成本只是两种极端的类型。在现实经济生活中,大多数成本与业务量之间的关系处于两者之间,即混合成本。顾名思义,混合成本就是"混合"了固定成本和变动成本两种不同性质的成本。一方面,它们要随业务量的变化而变化;另一方面,它们的变化不会与业务量的变化保持着纯粹的正比例关系。

2. 混合成本的分类

混合成本兼有固定与变动两种性质,可进一步将其细分为:①半变动成本;②半固定成本;③延期变动成本;④曲线变动成本。

半变动成本是指在有一定初始量基础上,随着产量的变化而呈正比例变动的成本。这些成本的特点是:它通常有一个初始的固定系数,在此基数内与业务量的变化无关,这部分成本类似于固定成本;在此基数之上的其余部分,则随着业务量的增加呈正比例增加。固定电话座机费、水费、煤气费等均属于半变动成本。

半固定成本也称阶梯式变动成本,这类成本在一定业务量范围内的发生额是固定的,但当业务量增长到一定限度,其发生额就突然跳跃到一个新的水平,然后在业务量增长的一定限度内,发生额又保持不变,直到另一个新的跳跃。企业的管理员、运货员、检验员的工资等成本项目就属于这一类。

延期变动成本在一定的业务量范围内有一个固定不变的基数，当业务量增长超出了这个范围，它就与业务量的增长呈正比例变动。例如，职工的基本工资，在正常工作时间情况下是不变的；但当工作时间超出正常标准，则需按加班时间的长短呈比例地支付加班薪金。

曲线变动成本通常有一个不变的初始量，相当于固定成本，在这个初始量的基础上，随着业务量的增加，成本也逐步变化，但它与业务量的关系是非线性的。这种曲线成本又可以分为以下两种类型：①递增曲线成本，如累进计件工资、违约金等，随着业务量的增加，成本逐步增加，并且增加幅度是递增的；②递减曲线成本，如有价格折扣或优惠条件下的消费成本、"费用封顶"的通信服务费等，其曲线达到高峰后就会下降或持平。

在实际经济生活中，企业大量的费用项目属于混合成本，为了经营管理的需要，必须把混合成本分为固定与变动两个部分。混合成本的分解主要有以下几种方法：

（1）高低点法。它是指以过去某一会计期间的总成本和业务量资料为依据，从中选取业务量最高点和业务量最低点，将总成本进行分解，得出成本性态的方法。其计算公式如下：

$$单位变动成本 = 最高点业务量 - 最低点业务量$$
$$固定成本总额 = 最高点业务量成本 - 单位变动成本 \times 最高点业务量$$
$$= 最低点业务量成本 - 单位变动成本 \times 最低点业务量$$

采用高低点法计算较简单，但它只采用了历史成本资料中的高点和低点两组数据，故代表性较差。

（2）回归分析法。这是一种较为精确的方法。它是指根据过去一定期间的业务量和混合成本的历史资料，应用最小二乘法原理，算出最能代表业务量与混合成本关系的回归直线，借以确定混合成本中固定成本和变动成本的方法。

（3）账户分析法。账户分析法又称会计分析法，是指根据有关成本账户及其明细账的内容，结合其与产量的依存关系，判断其比较接近哪一类成本，就视其为哪一类成本。这种方法简便易行，但比较粗糙且带有主观判断。

（4）技术测定法。技术测定法又称工业工程法，是指根据生产过程中各种材料和人工成本消耗量的技术测定来划分固定成本和变动成本的方法。该方法通常只适用于投入成本与产出数量之间有规律性联系的成本分解。

（5）合同确认法。它是指根据企业订立的经济合同或协议中关于支付费用的规定，来确认并估算哪些项目属于变动成本，哪些项目属于固定成本的方法。合同确认法要配合账户分析法使用。

（四）根据成本性态建立总成本公式

在将混合成本按照一定的方法区分为固定成本和变动成本之后，根据成本性态，企业的总成本公式就可以表示如下：

$$总成本 = 固定成本总额 + 变动成本总额$$
$$= 固定成本总额 + （单位变动成本 \times 业务量）$$

这个公式在变动成本计算、本量利分析、正确制定经营决策和评价各部门工作业绩等方面具有不可或缺的重要作用。

三、标准成本管理

（一）标准成本管理及相关含义

标准成本是指通过调查分析、运用技术测定等方法制定的，在有效经营条件下所能达到的目标成本。标准成本主要用来控制成本开支,衡量实际工作效率。

标准成本管理又称标准成本控制,是以标准成本为基础,将实际成本与标准成本进行对比,揭示成本差异形成的原因和责任,进而采取措施,对成本进行有效控制的管理方法。标准成本管理以标准成本的确定作为起点,通过差异的计算、分析等得出结论性报告,然后据以采取有效措施,巩固成绩或克服不足。

(二)标准成本的确定

企业在确定标准成本时,可以根据自身的技术条件和经营水平,在以下类型中进行选择:

一是理想标准成本。这是一种理论标准,它是指在现有条件下所能达到的最优成本水平,即在生产过程中无浪费、机器无故障、人员无闲置、产品无废品的假设条件下制定的成本标准。

二是正常标准成本。它是指在正常情况下,企业经过努力可以达到的成本标准,这一标准考虑了生产过程中不可避免的损失、故障和偏差。

通常来说,正常标准成本大于理想标准成本。由于理想标准成本要求异常严格,一般很难达到,而正常标准成本具有客观性、现实性、激励性等特点,所以,正常标准成本在实践中得到广泛应用。

产品成本由直接材料、直接人工和制造费用三个项目组成。无论是确定哪一个项目的标准成本,都需要分别确定其用量标准和价格标准,两者的乘积就是每一成本项目的标准成本,将各项目的标准成本汇总,即得到单位产品的标准成本。其计算公式如下:

单位产品的标准成本 ＝ 直接材料标准成本 ＋ 直接人工标准成本 ＋ 制造费用标准成本

1. 直接材料标准成本的制定

单位产品耗用的直接材料的标准成本是由材料的价格标准和用量标准来确定的。

材料的价格标准通常采用企业编制的计划价格,它通常是以订货合同的价格为基础,并考虑到未来物价、供求等各种变动因素后按材料种类分别计算的。它一般由财务部门和采购部门等共同制定。

材料的用量标准是指在现有生产技术条件下,生产单位产品所需的材料数量。它包括构成产品实体的材料和有助于产品形成的材料,以及生产过程中必要的损耗和难以避免的损失所耗用的材料。材料的用量标准一般应根据科学的统计调查,以技术分析为基础计算确定。

在制定直接材料标准成本时,其基本程序是:首先,区分直接材料的种类;其次,逐一确定它们在单位产品中的标准用量和标准价格;再次,按照种类分别计算各种直接材料的标准成本;最后,汇总得出单位产品的直接材料标准成本。

做中学 8-3

假定某企业 A 产品耗用甲、乙、丙三种直接材料,其直接材料标准成本的计算如表8-1所示。

表8-1　　　　　　　　　　**A产品直接材料标准成本**

项目	标准		
材料种类	甲材料	乙材料	丙材料
价格标准①	45 元/千克	15 元/千克	30 元/千克
用量标准②	3 千克/件	6 千克/件	9 千克/件
成本标准③＝①×②	135 元/件	90 元/件	270 元/件
单位产品直接材料标准成本④＝∑③	495 元		

2. 直接人工标准成本的制定

直接人工是由直接人工的价格和直接人工用量两项标准决定的。

直接人工的价格标准就是标准工资率，它通常由劳动工资部门根据用工情况制定。当采用计时工资时，标准工资率就是单位标准工资，是由标准工资总额与标准总工时的商来确定的。

人工用量标准，即工时用量标准，它是指在现有的生产技术条件下，生产单位产品所耗用的必要的工作时间，包括对产品直接加工工时，必要的间歇或停工工时以及不可避免的废次品所耗用的工时等。它一般由生产技术部门、劳动工资部门等运用特定的技术测定方法和分析统计资料后确定。有关计算公式如下：

$$直接人工标准成本 = 标准工资率 \times 工时用量标准$$

做中学 8-4

承[做中学 8-3]，A 产品直接人工标准成本的计算如表 8-2 所示。

表 8-2   **A 产品直接人工标准成本**

项　目	标　准
月标准总工时①	15 600 小时
月标准总工资②	168 480 元
标准工资率③＝②÷①	10.8 元/小时
单位产品工时用量标准④	1.5 小时/件
直接人工标准成本⑤＝③×④	16.2 元/件

3. 制造费用标准成本

制造费用的标准成本是由制造费用价格标准和制造费用用量标准两项因素决定的。

制造费用价格标准，即制造费用的分配率标准。制造费用的用量标准，即工时用量标准，其含义与直接人工用量标准相同。有关计算公式如下：

$$制造费用标准成本 = 制造费用分配率标准 \times 工时用量标准$$

成本按照其性态分为变动成本和固定成本。前者随着产量的变动而变动；后者相对固定，不随产量波动。所以，制定费用标准时，也应分别制定变动制造费用和固定制造费用的成本标准。

做中学 8-5

承[做中学 8-3]，甲产品制造费用的标准成本计算如表 8-3 所示。

表 8-3   **甲产品制造费用标准成本**

项　目	标　准	
工　时	月标准总工时①	15 600 小时
	单位产品工时标准②	1.5 小时/件
变动制造费用	标准变动制造费用总额③	56 160 元
	标准变动制造费用分配率④＝③÷①	3.6 小时/件
	变动制造费用标准成本⑤＝②×④	5.4 元/件
固定制造费用	标准固定制造费用总额⑥	187 200 元
	标准固定制造费用分配率⑦＝⑥÷①	12 元/小时
	固定制造费用标准成本⑧＝②×⑦	18 元/件
单位产品制造费用标准成本⑨＝⑤＋⑧		23.4 元

(三) 成本差异的计算及分析

在标准成本管理模式下,成本差异是指一定时期生产一定数量的产品所发生的实际成本与相关的标准成本之间的差额。凡实际成本大于标准成本的称为超支差异;凡实际成本小于标准成本的则称为节约差异。

从标准成本的制定过程可以看出,任何一项费用的标准成本都是由用量标准和价格标准两个因素决定的,因此,差异分析就应该从这两个方面进行。实际产量下的总差异的计算公式如下:

$$总差异 = 实际价格 \times 实际用量 - 标准价格 \times 标准用量$$
$$= (实际价格 \times 实际用量 - 标准价格 \times 实际用量)$$
$$+ (标准价格 \times 实际用量 - 标准价格 \times 标准用量)$$
$$= (实际价格 - 标准价格) \times 实际用量 + 标准价格 \times (实际用量 - 标准用量)$$
$$= 价格差异 + 用量差异$$

其中,
$$价格差异 = (实际价格 - 标准价格) \times 实际用量$$
$$用量差异 = 标准价格 \times (实际用量 - 标准用量)$$

1. 直接材料成本差异的计算分析

直接材料成本差异是指直接材料的实际总成本与实际产量下标准总成本之间的差异。它可进一步分解为直接材料价格差异和直接材料用量差异两部分。有关计算公式如下:

$$直接材料成本差异 = 实际产量下实际成本 - 实际产量下标准成本$$
$$= 实际价格 \times 实际用量 - 标准价格 \times 标准用量$$
$$= 直接材料价格差异 + 直接材料用量差异$$
$$直接材料价格差异 = (实际价格 - 标准价格) \times 实际用量$$
$$直接材料用量差异 = 标准价格 \times (实际用量 - 实际产量下标准用量)$$

直接材料价格差异的形成受各种主客观因素的影响,较为复杂。如市场价格、供货厂商、运输方式、采购批量等的变动都可以导致直接材料的价格差异。但由于它与采购部门的关系更为密切,所以其差异应主要由采购部门承担责任。

直接材料用量差异的形成原因是多方面的,有生产部门原因,也有非生产部门原因。如产品设计结构、原料质量、工人的技术熟练程度、废品率的高低等都会导致直接材料用量的差异。材料用量差异的责任需要通过具体分析才能确定,但往往主要由生产部门承担。

> **做中学 8-6**
>
> 承[做中学 8-3],A产品甲材料的标准价格为45元/千克,用量标准为3千克/件。假定企业本月投产A产品8 000件,领用甲材料32 000千克,其实际价格为40元/千克。其直接材料成本差异计算如下:
>
> $$直接材料成本差异 = 40 \times 32\,000 - 45 \times 3 \times 8\,000 = 200\,000(元)(超支)$$
>
> 其中:
> $$直接材料价格差异 = (40 - 45) \times 32\,000 = -160\,000(元)(节约)$$
> $$直接材料用量差异 = 45 \times (32\,000 - 8\,000 \times 3) = 360\,000(元)(超支)$$
>
> 通过以上计算可以看出,A产品本月耗用甲材料发生200 000元超支差异。由于生产部门耗用材料超过标准,导致超支360 000元,应该查明材料用量超标的具体原因,以便改进工作,节约材料。从材料价格而言,由于材料价格降低,节约了160 000元,从而抵销了一部分由于材料超标耗用而形成的成本超支。这是材料采购部门的工作成绩,应保持和发扬良好成绩。

2. 直接人工成本差异的计算分析

直接人工成本差异是指直接人工的实际总成本与实际产量下标准总成本之间的差异。它可分为直接人工工资率差异和直接人工效率差异两部分。有关计算公式如下：

$$直接人工成本差异 = 实际总成本 - 实际产量下标准成本$$
$$= 实际工资率 \times 实际人工工时 - 标准工资率 \times 标准人工工时$$
$$= 直接人工工资差异率 + 直接人工效率差异$$
$$直接人工工资率差异 = （实际工资率 - 标准工资率） \times 实际人工工时$$
$$直接人工效率差异 = 标准工资率 \times （实际人工工时 - 实际产量下标准人工工时）$$

直接人工工资率差异也是价格差异，其形成原因比较复杂，工资制度的变动、工人的升降级、加班或临时工的增减等都将导致直接人工工资率的差异。一般地，对这种差异，劳动人事部门更应承担责任。

直接人工效率差异是效率差异，其形成原因也是多方面的，工人技术状况、工作环境和设备条件的好坏等，都会影响效率的高低，但其主要责任还是在生产部门。

做中学 8-7

承[做中学8-5]，A产品标准工资率为10.8元/小时，工时标准为1.5小时/件，工资标准为16.2元/件。假定企业本月实际生产A产品8 000件，用工10 000小时，实际应付直接人工工资110 000元。其直接人工差异计算如下：

$$直接人工成本差异 = 110\,000 - 16.2 \times 8\,000 = -19\,600（元）（节约）$$

其中：
$$直接人工工资率差异 = （110\,000 \div 10\,000 - 10.8） \times 10\,000 = 2\,000（元）（超支）$$
$$直接人工效率差异 = 10.8 \times （10\,000 - 1.5 \times 8\,000） = -21\,600（元）（节约）$$

通过以上计算可以看出，该产品的直接人工成本总体上节约19 600元。其中，人工效率差异节约21 600元，但工资率差异超支2 000元。工资率超过标准，可能是为了提高产品质量，调用了一部分技术等级和工资级别较高的工人，使小时工资率增加了0.2元（110 000÷10 000−10.8）。但也因此在提高产品质量的基础上，提高了销路，使工时的耗用由标准的12 000小时（8 000×1.5）降低为10 000小时，节约工时2 000小时，从而导致了最终的成本节约。可见生产部门在生产组织上的成绩是值得肯定的。

3. 变动制造费用成本差异的计算和分析

变动制造费用成本差异是指实际发生的变动制造费用总额与实际产量下标准变动费用总额之间的差异。它可以分解为耗费差异和效率差异两部分。其计算公式如下：

$$变动制造费用成本差异 = 实际总变动制造费用 - 实际产量下标准变动制造费用$$
$$= 实际变动制造费用分配率 \times 实际工时 - 标准变动制造费用分配率 \times 标准工时$$
$$= 变动制造费用耗费差异 + 变动制造费用效率差异$$
$$变动制造费用耗费差异 = （变动制造费用实际分配率 - 变动制造费用标准分配率） \times 实际工时$$
$$变动制造费用效率差异 = 变动制造费用标准分配率 \times （实际工时 - 实际产量下标准工时）$$

其中，耗费差异属于价格差异，效率差异是用量差异。变动制造费用效率差异的形成原因与直接人工效率差异的形成原因基本相同。

做中学 8-8

承[做中学8-6]，A产品标准变动费用分配率为3.6元/小时，工时标准为1.5小时/件。假定企业本月实际生产A产品8 000件，用工10 000小时，实际发生变动制造费用40 000元。其变动制造费用成本差异计算如下：

$$变动制造费用成本差异 = 40\,000 - 3.6 \times 1.5 \times 8\,000 = -3\,200(元)(节约)$$

其中：

$$变动制造费用耗费差异 = (40\,000 \div 10\,000 - 3.6) \times 10\,000 = 4\,000(元)(超支)$$
$$变动制造费用效率差异 = 3.6 \times (10\,000 - 1.5 \times 8\,000) = -7\,200(元)(节约)$$

通过以上计算可以看出，A产品变动制造费用节约 3 200 元，这是由于提高效率，工时由 12 000 小时(1.5×8 000)降为 10 000 小时的结果。由于费用分配率由 3.6 元提高到 4 元(40 000÷10 000)，使变动制造费用发生超支，从而抵销了一部分变动制造费用的节约额。应该查明费用分配率提高的具体原因。

4. 固定制造费用成本差异的计算分析

固定制造费用成本差异是指实际发生的固定制造费用与实际产量下标准固定制造费用的差异。其计算公式如下：

$$固定制造费用成本差异 = 实际产量下实际固定制造费用 - 实际产量下标准固定制造费用$$
$$= 实际分配率 \times 实际工时 - 标准分配率 \times 实际产量下标准工时$$

其中：

$$标准分配率 = \frac{固定制造费用预算总额}{预算产量下标准总工时}$$

由于固定制造费用相对固定，实际产量与预算产量的差异会对单位产品所应承担的固定制造费用产生影响，所以，固定制造费用成本差异的分析有其特殊性，分为两差异分析法和三差异分析法。

(1) 两差异分析法。它是指将总差异分为耗费差异和能量差异两部分，其计算公式如下：

$$耗费差异 = 实际固定制造费用 - 预算产量下标准固定制造费用$$
$$= 实际固定制造费用 - 标准分配率 \times 工时标准 \times 预算产量$$
$$= 实际固定制造费用 - 标准分配率 \times 预算产量下标准工时$$
$$能量差异 = 预算产量下标准固定制造费用 - 实际产量下固定制造费用$$
$$= 标准分配率 \times (预算产量下标准工时 - 实际产量下标准工时)$$

做中学 8-9

承[做中学 8-6]，A产品固定制造费用标准分配率为 12 元/小时，工时标准为 1.5 小时/件。假定企业 A产品预算产量为 10 400 件，实际生产 A产品 8 000 件，用工 10 000 小时，实际发生固定制造费用 190 000 元。其固定制造费用的成本差异计算如下：

$$固定制造费用成本差异 = 190\,000 - 12 \times 1.5 \times 8\,000 = 46\,000(元)(超支)$$

其中：

$$耗费差异 = 19\,0000 - 12 \times 1.5 \times 10\,400 = 2\,800(元)(超支)$$
$$能量差异 = 12 \times (1.5 \times 10\,400 - 1.5 \times 8\,000) = 43\,200(元)(超支)$$

通过以上计算可以看出，该企业 A产品固定制造费用超支 46 000 元，主要是由于生产能力不足，实际产量小于预算产量所致。

(2) 三差异分析法。它将两差异分析法下的能量差异进一步分解为产量差异和效率差异。

即将固定制造费用成本差异分为耗费差异、产量差异和效率差异三个部分。其中耗费差异的含义和计算与两差异法下一致。相关计算公式如下：

$$耗费差异 = 实际固定制造费用 - 预算产量下标准固定制造费用$$
$$= 实际固定制造费用 - 标准分配率 \times 工时标准 \times 预算产量$$
$$= 实际固定制造费用 - 标准分配率 \times 预算产量下标准工时$$
$$产量差异 = 标准分配率 \times (预算产量下标准工时 - 实际产量下实际工时)$$
$$效率差异 = 标准分配率 \times (实际产量下实际工时 - 实际产量下标准工时)$$

做中学 8-10

承[做中学 8-6]，计算其固定制造费用的成本差异如下：

$$固定制造费用成本差异 = 190\,000 - 12 \times 1.5 \times 8\,000 = 46\,000(元)(超支)$$

其中：

$$耗费差异 = 19\,000 - 12 \times 1.5 \times 10\,400 = 2\,800(元)(超支)$$
$$产量差异 = 12 \times (1.5 \times 10\,400 - 10\,000) = 67\,200(元)(超支)$$
$$效率差异 = 12 \times (10\,000 - 1.5 \times 8\,000) = -24\,000(元)(节约)$$

通过上述计算可以看出，采用三差异法，能够更好地说明生产能力利用程度和生产效率高低所导致的成本差异情况，便于分清责任。

5. 分析结果的反馈

标准成本差异分析是企业规划与控制的重要手段。通过差异分析，企业管理人员可以进一步揭示实际执行结果与标准不同的深层次原因。差异分析的结果，可以更好地凸显实际生产经营活动中存在的不足或在必要时修改成本标准，这对企业成本的持续降低、责任的明确划分以及经营效率的提高具有十分重要的意义。

四、作业成本管理

作业成本法，最开始只是作为一种产品成本的计算方法，其对传统成本计算方法的改进，主要表现在采用多重分配标准分配制造费用的技术变革上。随着成本计算方法的完善，它也开始兼顾对制造费用和销售费用的分析，以及对价值链成本的分析，并将成本分析的结果应用到战略管理中，从而形成了作业成本管理。

（一）作业成本法及相关含义

所谓作业，是指在一个组织内为了某一目的而进行的耗费资源的工作，它是作业成本计算系统中最小的成本归集单元。作业贯穿产品生产经营的全过程，从产品设计、原材料采购、生产加工，直至产品的发运销售。在这一过程中，每个环节、每道工序都可以视为一项作业。

成本动因又称成本驱动因素，是指导致成本发生的因素，即成本的诱因。成本动因通常以作业活动耗费的资源来进行度量，如质量检查次数、用电度数等。在作业成本法下，成本动因是成本分配的依据。成本动因又可以分为资源动因和作业动因，其中：①资源动因反映作业量与耗费之间的因果关系；②作业动因反映产品产量与作业成本之间的因果关系。按照统一的作业动因，将各种资源耗费项目归结在一起，便形成了作业中心，也称成本库。

作业成本法是指通过对所有作业活动动态地追踪反映，进行作业和成本对象的成本计量，并评价作业业绩和资源利用情况的方法。它基于资源耗用的因果关系进行成本分配，根据作业耗用资源的情况，将资源分配给作业，然后依照成本对象消耗作业的情况，把作业成本分配给成本对象。

在作业成本法下，对直接费用的确认和分配与传统的成本计算方法一样，而间接费用的分配对象不再是产品，而是作业。分配时，根据作业中心对资源的耗费情况将资源耗费的成本分配到作业中心去，然后将上述分配至作业中心的成本按照各自的成本动因，依据作业的耗用数量分配到各产品。作业成本法很好地克服了传统成本计算方法中间接费用责任划分不清的缺点，使以往一些不可控的间接费用变为可控，这样可以更好地发挥决策、计划和控制的作用，以促进作业管理和成本控制水平的不断提高。

(二) 作业成本管理

作业成本管理是指以提高客户价值、增加企业利润为目的，基于作业成本法的新型集中化管理方法。它通过对作业及作业成本的确认、计量，最终计算产品成本，同时将成本计算深入作业层次，对企业所有作业活动进行追踪并动态反映。此外，还要进行成本链分析，包括动因分析、作业分析等，从而为企业决策提供准确的信息，指导企业有效地执行必要的作业，消除和精简不能创造价值的作业，以达到降低成本、提高效率的目的。作业成本管理是一种符合战略管理思想要求的现代成本计算和管理模式。它既是精确的成本计算系统，也是改进业绩的工具。作业成本管理包含两个维度的含义：①成本分配观；②流程观，如图8-2所示。

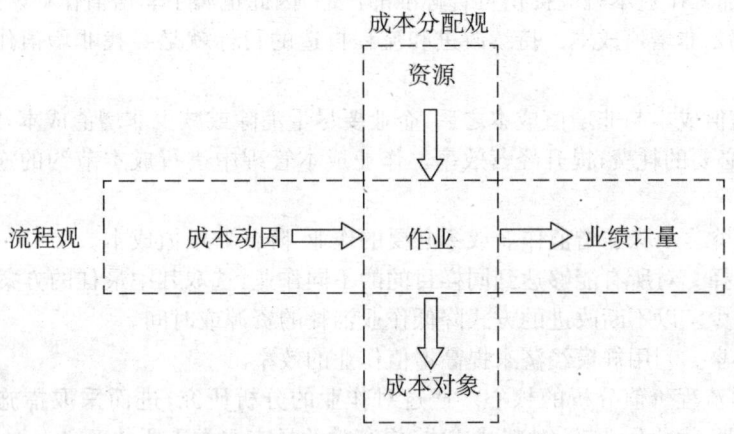

图 8-2　成本分配观和流程观

图8-2中垂直部分反映了成本分配观，它说明成本对象引起作业需求，而作业需求又引起资源的需求。因此，成本分配是从资源到作业，再从作业到成本对象，而这一流程正是作业成本计算的核心。

图8-2中水平部分反映了流程观，它为企业提供所引起作业的原因（成本动因）以及作业完成情况（业绩计量）的信息。流程观关注的是确认作业成本的根源、评价已经完成的工作和已实现的结果。企业利用这些信息，可以改进作业链，提高从外部顾客获得的价值。

(三) 流程价值分析

流程价值分析关心的是作业的责任，包括：①成本动因分析；②作业分析；③业绩考核。其基本思想是：以作业来识别资源，将作业分为增值作业和非增值作业，并把作业和流程联系起来，确认流程的成本动因，计量流程的业绩，从而促进流程的持续改进。

1. 成本动因分析

要进行作业成本管理，就必须找出导致作业成本的原因。每项作业都有投入和产出。作业投入是为取得产出而由作业消耗的资源，而作业产出则是一项作业的结果或产品。比如说，搬运到指定地点的材料数量是该"搬运"作业的产出量，也可以称为作业动因。然而，产出量指标不一定是作业发生的根本原因，必须进一步进行动因分析，找出形成作业成本的根本原因。例如，搬运材料的根本原因,可能是车间布局不合理造成的。一旦得知了根本原因,就可以采取相应的措施改善作业,如改善车间布局,减少搬运成本。

2. 作业分析

作业分析的主要目标是认识企业的作业过程,以便从中发现持续改善的机会及途径。分析和评价作业、改进作业和消除非增值作业构成了流程价值分析与管理的基本内容。改进流程需要先将每一项作业分为增值作业或非增值作业,明确增值成本和非增值成本,再进一步确定如何将非增值成本减至最小。

按照对顾客价值的贡献,作业可以分为增值作业和非增值作业。

(1) 增值作业,就是那些顾客认为可以增加其购买的产品或服务的有用性,有必要保留在企业中的作业。一项作业必须同时满足下列三个条件才可断定为增值作业:①该作业导致了状态的改变;②该状态的变化不能由其他作业来完成;③该作业使其他作业得以进行。

(2) 非增值作业是指即便消除也不会影响产品对顾客服务的潜能,不必要的或可消除的作业。如果一项作业不能同时满足增值作业的三个条件,就可断定其为非增值作业。例如,检验工作只能说明产品是否符合标准,而不能改变其形态,不符合第一个条件;次品返工作业是重复作业,在其之前的加工作业本就应提供符合标准的产品,因此也属于非增值作业。执行非增值作业发生的成本全部是非增值成本。持续改进和流程再造的目标就是寻找非增值作业,将非增值成本降至最低。

在区分了增值成本与非增值成本之后,企业要尽量消除或减少非增值成本,最大化利用增值作业,以减少不必要的耗费,提升经营效率。作业成本管理中进行成本节约的途径,主要有以下四种形式。

(1) 作业消除。消除非增值作业或不必要的作业,降低非增值成本。

(2) 作业选择。对所有能够达到同样目的的不同作业,选取其中最佳的方案。

(3) 作业减少。以不断改进的方式降低作业消耗的资源或时间。

(4) 作业共享。利用规模经济来提高增值作业的效率。

作业分析是流程价值分析的核心。通过对作业的分析研究,进而采取措施,消除非增值作业,改善低效作业,优化作业链,对削减成本、提高效益具有非常重要的意义。

3. 业绩考核

实施作业成本管理,其目的在于找出并消除所有非增值作业,提高增值作业的效率,削减非增值成本。当利用作业成本计算系统识别出流程中的非增值作业及其成本动因后,就为业绩改善指明了方向。若要评价作业和流程的执行情况,必须建立业绩指标,可以是财务指标,也可以是非财务指标,以此来评价是否改善了流程。财务指标主要集中在增值成本和非增值成本上,可以提供增值与非增值报告,以及作业成本趋势报告。而非财务指标主要体现在效率、质量和时间三个方面,如投入产出比、次品率、生产周期等。

任务四　利润预测方法*

一、利润概述

(一) 利润的含义

利润是指企业在一定时期内的经营成果,包括:①营业利润;②利润总额;③净利润。营业利

---

*　非财会类专业可以选讲本任务内容。

润是指主营业务收入减去主营业务成本和税金及附加,加上其他业务利润,减去销售费用、管理费用和财务费用后的金额。利润总额是指企业在一定时期所获得的利润总数,是营业利润加上投资收益、补贴收入、营业外收入,减去营业外支出后的金额。净利润是指利润总额减去所得税后的金额。其中,所得税是指企业计入当期损益的所得税费用。净利润是归企业所有者的利润,是企业进行利润分配的基础。在股份公司中,它是制约股份公司发展、影响股东收益高低的首要因素,对实现股东财富最大化目标,具有十分重要的意义。

(二) 利润的作用

搞好利润管理,不断提高企业的利润水平,无论对企业还是对国家,都具有十分重要的意义。

1. 利润是衡量企业生产经营水平的一项综合性指标

从利润的构成内容看,企业利润既包括营业利润又包括投资利润,还包括营业外利润。这就概括了企业的全部生产经营工作。因此,利润的多少反映了企业生产经营水平的高低。企业获得的利润越多,说明企业经营管理有方,生产经营活动中的消耗少,产品成本低,产品适销对路、质量好、产销数量多。

2. 利润是国家财政收入的重要来源

企业作为国民经济的基本单位,有义务将其实现的利润在国家和企业之间进行分配,企业要依法向国家缴纳所得税。由于所得税具有强制性、无偿性、固定性等特点,因此构成了国家财政收入的重要来源。

3. 利润是企业实现财务目标的基础

现代化企业财务管理的最大目标是企业价值最大化,而企业价值最大化是利润与风险的最佳组合,因而企业只有实现足够的利润,才能完成企业财务目标,企业债权人、股东的利益才会得到保障。利润是一项综合性很强的指标,企业经营管理的质量、市场开拓能力、成本费用的开支、各种财务风险最终都会在企业利润上体现出来,因而利润也是对企业作出评价的最重要的指标。

4. 利润是企业扩大再生产的资金保障

在社会主义市场经济条件下,企业是一个独立的经济实体。在激烈的市场竞争中,企业想要发展壮大,站稳脚跟,就必须积累充裕的资金用于扩大再生产。企业的资金来源是多方面的,其中利润是一项重要的资金来源。企业要扩大生产经营规模,提高生产技术主要应依靠企业自身的内部积累。这不仅能给企业带来更多的未来利润,也有利于提高企业的安全性。

(三) 利润管理的要求

树立正确的盈利观念,不断提高盈利水平;实行利润目标分管责任制,保证利润目标的完成;严格执行有关财经法规,正确进行利润分配。

二、利润的预测

利润预测是企业在收入预测的基础上,对销售量、商品或服务成本、营业费用以及其他对利润发生影响的因素的分析和研究,对企业在未来某一时期可以实现的利润的预计和测算。正确的利润预测可以为企业未来的经营找到利润目标,便于按利润目标对企业经营效果进行考核。

(一) 营业利润的预测

营业利润预测的方法很多,主要有:①量本利分析法;②目标利润法;③比例测算法;④因素分析法。

1. 量本利分析法

量本利分析法,就是根据商品销售数量、成本和利润之间的相互关系,进行综合分析,从而预测营业利润的方法。运用量本利分析法预测企业利润,关键是要解决成本和销售量之间的数量关系。首先将成本分解为固定成本和变动成本,再把收入和利润考虑进来,成本、销量和利润的关系就可以统一于下面这个数学模型中：

$$利润 = 单价 \times 销量 - 单位变动成本 \times 销量 - 固定成本$$

它可用来预测企业盈亏平衡点、目标利润以及各有关因素变动对利润的影响。

1）盈亏平衡点预测

（1）单一产品盈亏平衡点的确定。<u>盈亏平衡点也称保本点，它是区分盈利和亏损的分界点，在这点上销售利润等于零，即销售净收入总额与成本总额（变动成本总额加固定成本总额）相等，</u>其计算公式如下：

$$盈亏平衡点销售量 = \frac{固定成本总额}{销售单价 - 单位变动成本} = \frac{固定成本总额}{单位边际贡献}$$

上式两边同时乘以产品销售单价，则可得：

$$盈亏平衡点销售额 = \frac{固定成本总额}{1 - 变动成本率} = \frac{固定成本总额}{边际贡献率}$$

做中学 8-11

某企业生产甲产品，固定成本总额为 10 000 元，单位变动成本为 22 元，单位售价为 30 元。

分析：

$$盈亏平衡点销售量 = 10\,000 \div (30 - 22) = 1\,250（件）$$
$$盈亏平衡点销售额 = 10\,000 \div (1 - 22 \div 30) = 37\,500（元）$$

（2）多产品盈亏平衡点的确定。现代经济社会中，大部分企业产销多种产品。如果企业生产经营多种产品，在采用本量利分析法预测盈亏平衡点时：

首先，求出各种产品的综合边际贡献率，其计算公式如下：

$$综合边际贡献率 = \sum（各种产品的边际贡献率 \times 各种产品销售收入占全部销售收入总额的比重）$$

其次，计算出企业综合的盈亏平衡点的销售收入，计算公式如下：

$$综合盈亏平衡点销售收入 = \frac{固定成本总额}{综合边际贡献率}$$

最后，计算出各产品盈亏平衡点的销售收入，计算公式如下：

$$\begin{array}{c}某种产品盈亏 \\ 平衡点销售收入\end{array} = \begin{array}{c}综合盈亏平衡点 \\ 销售收入\end{array} \times \begin{array}{c}该种产品销售收入占 \\ 全部销售收入总额的比重\end{array}$$

做中学 8-12

某企业生产甲、乙、丙三种产品，固定成本总额为 90 万元，三种产品边际贡献率分别为 30%、42%、50%，其销售比重分别为 40%、40%、20%。

分析：

$$综合边际贡献率 = 30\% \times 40\% + 42\% \times 40\% + 50\% \times 20\% = 38.8\%$$
$$综合盈亏平衡点销售收入 = 900\,000 \div 38.8\% = 2\,319\,587.63（元）$$
$$甲产品盈亏平衡点销售收入 = 2\,319\,587.63 \times 40\% = 927\,835.05（元）$$
$$乙产品盈亏平衡点销售收入 = 2\,319\,587.63 \times 40\% = 927\,835.05（元）$$
$$丙产品盈亏平衡点销售收入 = 2\,319\,587.63 \times 20\% = 463\,917.53（元）$$

（3）盈亏平衡点作业率与安全边际。**盈亏平衡点作业率是指盈亏平衡点销售量占企业正常销售量的比重。所谓正常销售量，是指正常市场和正常开工情况下企业产品的销售数量或销售额。**

$$盈亏平衡点作业率 = \frac{盈亏平衡点销售量}{正常销售量} \times 100\%$$

这个比率表明企业保本的业务量在正常业务量中所占的比重。由于多数企业的生产经营能力是按正常销售量来规划的,生产经营能力与正常销售量基本相同,因此,盈亏平衡点作业率还表明保本状态下的生产经营能力的利用程度。

安全边际是指正常销售额超过盈亏平衡点销售额的差额。它表明销售额下降多少企业仍不至亏损。安全边际率是安全边际与正常销售额(或当年实际订货额)的比值。其计算公式如下:

$$安全边际 = 正常销售额 - 盈亏平衡点销售额$$

$$安全边际率 = \frac{安全边际}{正常销售额(或实际订货额)}$$

安全边际和安全边际率的数值越大,企业发生亏损的可能性就越小,企业就越安全。安全边际率是相对指标,便于不同企业和不同行业的比较。

盈亏平衡点把正常销售分为两部分:一部分是盈亏平衡点销售额;另一部分是安全边际,即:

$$正常销售额 = 盈亏平衡点销售额 + 安全边际$$

上述公式两边同时除以正常销售额,得:

$$1 = 盈亏平衡点作业率 + 安全边际率$$

2) 对实现目标利润的销售量及销售收入的预测

预测实现目标利润的销售量和销售收入,只需在盈亏平衡点销售量或销售额计算公式的分子中加上目标利润即可。其计算公式如下:

$$实现目标利润的销售量 = \frac{固定成本总额 + 目标利润}{销售单价 - 单价变动成本}$$

$$实现目标利润的销售收入 = \frac{固定成本总额 + 目标利润}{1 - 变动成本率}$$

3) 各有关因素变动对利润影响的预测

企业利润额的增加或减少,是各有关因素变动影响的结果,因此,在决定任何生产经营问题时,都应事先分析拟采取的行动对利润有何影响。如果该行动产生的收益大于它所引起的支出,可以增加企业的盈利,则这项行动在经济上是可取的。虽然企业在决策时需要考虑各种非经济因素,但是经济分析总是最基本的,甚至是首要的分析。

分析影响利润的各有关因素的主要方法是将变化了的参数代入本量利方程式,测定其对利润变动的影响。

做中学 8-13

甲企业 20×9 年(基期)有关资料如表 8-4 所示。

表 8-4　　　　　　　　　甲企业 20×9 年(基期)有关资料　　　　　　　　单位:元

销售收入(1 000×20 元/件)	20 000
销售成本:	
变动成本(1 000×12 元/件)	12 000
固定成本	4 000
销售和管理费(全部固定)	2 000
利 润	2 000

显然，如果销售量、单价、单位变动成本、固定成本等因素中的一项或多项同时变动，都会对利润产生影响。

(1) 外界单一因素发生变化的影响。假设由于原材料涨价，使单位变动成本上升到 14 元，则利润将变为：

$$利润 = 1\,000 \times 20 - 1\,000 \times 14 - (4\,000 + 2\,000) = 0$$

可见，由于单位变动成本上升 2 元，使企业最终利润减少 2\,000 元。企业应根据这种预见到的变化，采取措施，设法抵销这种影响。如果价格、固定成本或销售量发生变动，也可以用上述统一方法测定其对利润的影响。

(2) 企业拟采取某项行动会对利润产生的影响。由于企业拟采取某项行动，使有关因素发生变动，企业需要测定其对利润的影响，作为评价该行动经济合理性的尺度。

A. 假设甲企业拟采取更有效的广告方式，从而使销售量增加 10%，利润将因此变为：

$$利润 = 1\,000 \times (1 + 10\%) \times 20 - 1\,000 \times (1 + 10\%) \times 12 - (4\,000 + 2\,000) = 2\,800(元)$$

这项措施将使企业利润增加 800 元，它是增加广告开支的上限。如果这次广告宣传的支出超过 800 元，就可能得不偿失。

B. 假设甲企业拟实施一项技术培训计划，以提高工效，使单位变动成本由 12 元降至 10 元。利润将因此变为：

$$利润 = 1\,000 \times 20 - 1\,000 \times 10 - (4\,000 + 2\,000) = 4\,000(元)$$

这项计划将使企业利润增加 2\,000 元，它是该项培训计划开支的上限。如果该项培训计划的开支不超过 2\,000 元，则可从当年新增利润中得到补偿，并可获得长期收益。如果开支超过 2\,000 元，则要慎重考虑这项计划是否真的有意义。

C. 假设甲企业拟自建销售门市部，售价由目前的 20 元提高到 22 元，而能维持销售量不变。利润将因此变为：

$$利润 = 1\,000 \times 22 - 1\,000 \times 12 - (4\,000 + 2\,000) = 4\,000(元)$$

这项计划将使企业利润增加 2\,000 元，它是销售门市部每年开支的上限。

由于企业的任何经济活动都要消耗钱物，因此，权衡得失总是必要的。利用本量利分析法，可以具体计算出某项行动对最终利润的影响，有利于经营者决策。

(3) 有关因素发生相互关联变化对利润的影响。由于外界因素变化或企业拟采取某项行动，有关因素发生相互关联的影响，企业需要测定其引起的利润变动，以便选择决策方案。

假设甲企业按国家规定普调工资，使单位变动成本增加 4%，固定成本增加 1%，结果将会导致利润下降。为了抵销这种影响，企业有两个应对措施：一是提高产品价格 5%，而提价会使销售量减少 10%；二是增加产品产量 20%，为使这些产品能销售出去，要追加 500 元广告费。

调整工资后不采取措施的利润为：

$$利润 = 1\,000 \times [20 - 12 \times (1 + 4\%)] - (4\,000 + 2\,000) \times (1 + 1\%) = 1\,460(元)$$

采取第一方案的预计利润为：

$$利润 = 1\,000 \times (1 - 10\%) \times [20 \times (1 + 5\%) - 12 \times (1 + 4\%)] - (4\,000 + 2\,000) \times (1 + 1\%)$$
$$= 1\,608(元)$$

采取第二方案的预计利润为：

$$利润 = 1\,000 \times (1 + 20\%) \times [20 - 12 \times (1 + 4\%)] - [(4\,000 + 2\,000) \times (1 + 1\%) + 500]$$
$$= 2\,464(元)$$

通过比较可知,第二方案较好。

2. 目标利润法

目标利润是企业事先确定,要在一定时间内努力实现的利润。它可以是某一产品所要实现的利润,也可以是企业要实现的全部利润。确定目标利润的方法主要有利润公式确定法、递增率确定法等。

(1) 利润公式确定法。利润公式确定法是指在销售收入一定的情况下,根据目标成本确定目标利润的一种方法。其计算公式如下:

$$目标利润 = 商品销售收入 - 目标制造成本 - 目标期间费用$$

对目标制造成本和目标期间费用的确定,可以按同行业类似或相同商品的先进水平确定,也可以根据本企业基期的实际水平和预测期的降低目标计算确定。

(2) 递增率确定法。递增率确定法是指根据企业的基期利润和利润递增比率来确定目标利润的一种方法。其计算公式如下:

$$P_n = P_o \times (1+i)^n$$

公式中:P_n 表示第 n 期的目标利润;P_o 表示基期利润;i 表示利润的递增比率;n 表示利润递增的期数。

3. 比例测算法

比例测算法是指根据各种利润率和其他相关指标来确定目标利润的一种方法。我国目前主要有两种形式:一是根据企业占用的资金和资金利润率来确定;二是根据销售收入和销售利润率来确定。它们的计算公式分别如下:

$$目标利润 = 预计资金占用额 \times 目标资金利润率$$
$$目标利润 = 预计销售收入 \times 目标销售利润率$$

这里,预计资金平均占用额和预计销售收入是根据资金或销售预测的数据来确定的。目标资金利润率或目标销售利润率则是根据企业的历史资料和现实条件,参考同行业的先进水平确定的。

4. 因素测算法

因素测算法是指在基期利润水平的基础上,考虑预测期影响销售利润增减变动的各种因素,来预测企业产品销售利润的一种方法。该种方法主要用于可比产品销售利润的测算。

用因素测算法预测可比产品销售利润,一般包括以下几个步骤。

1) 确定基年利润额和利润率,计算预测年度生产的应销可比产品利润

利润预测一般在计划年度开始前一个季度着手进行,要根据基年第一季度至第三季度实现的实际利润和实际成本与基年第四季度预计利润和预计成本来计算,其计算公式如下:

$$基年销售利润 = 基年前三季度实际销售利润 + 基年第四季度预计销售利润$$
$$基年销售成本 = 基年前三季度实际销售成本 + 基年第四季度预计销售成本$$
$$基年成本利润率 = \frac{基年销售利润总额}{基年销售成本总额} \times 100\%$$

在计算基年成本利润率时,必须注意两点:一是基年生产而预测年度不再继续生产的产品,其有关数字应在计算时加以扣除;二是如果基年曾经调整过产品销售价格或者税率,应将基年的利润全部按变动后的价格和税率加以调整。

2) 预测年度生产的应销可比产品利润

$$\begin{matrix}预测年度生产的应销 \\ 可比产品利润\end{matrix} = \begin{matrix}按基年单位成本计算的 \\ 预测年度可比产品总成本\end{matrix} \times \begin{matrix}预测年度生产的 \\ 可比产品应销比例\end{matrix} \times \begin{matrix}基年成本 \\ 利润率\end{matrix}$$

公式中的应销比例是预测期产品销售量占生产量的百分比,它是先对预测期按基年单位成本计算的总成本打一个折扣,相当于可以实现销售的产品的销售生产成本,再按基年成本利润率计算可以实现的销售利润。

在这个公式中,由于成本和利润都保持在基年水平,所以这一指标仅包括了销售数量变动对利润的影响,在其他因素不变的情况下,销售数量的变化同产品销售利润的变化是呈正比的,销售越多,利润也越多。

做中学 8-14

乙企业生产A、B两种可比产品,上年实际及预计的有关资料如下:

(1) 上年1~9月份实际产品销售利润405 720元。

(2) 上年10~12月份预计产品销售利润124 200元。

(3) 上年1~9月份实际产品销售成本1 242 000元。

(4) 上年10~12月份预计产品销售成本414 000元。

(5) 按上年单位成本和计划产量计算的总成本2 349 000元。

(6) 计划年度可比产品应销比例95%。

第一步,根据以上资料计算:

$$基年成本利润率 = \frac{405\ 720 + 124\ 200}{124\ 200 + 414\ 000} \times 100\% = 32\%$$

$$预测年度生产的应销可比产品销售利润 = 2\ 349\ 000 \times 95\% \times 32\% = 714\ 096(元)$$

第二步,测算各因素变动对销售利润的影响:

预测年度影响销售利润变动的因素包括销售数量、品种、成本和销售价格。销售数量的变动对利润的影响在前面已经予以确定。

(1) 单位产品销售数量变动对利润的影响作为第一个影响因素,则:

$$销售数量变动对利润的影响 = \left(\begin{matrix}按基年单位成本计算的预测 \\ 年度可比产品成本总额\end{matrix} \times \begin{matrix}应销 \\ 比例\end{matrix} - \begin{matrix}基年销售 \\ 总成本\end{matrix}\right) \times 基年成本利润率$$
$$= (2\ 349\ 000 \times 95\% - 1\ 656\ 000) \times 32\% = 184\ 176(元)$$

(2) 预测年度可比产品品种结构变动对利润的影响。企业生产和销售的产品在多品种的情况下,利润的变动会受到产品品种结构的影响。产品品种结构是指各种产品销售额(或销售成本)占全部产品销售总额或销售成本总额的比重。在各种产品的成本利润率都相等的情况下,品种结构的变化使销售利润不会产生任何影响。品种结构之所以会对利润的增减产生影响,是因为各种产品的利润率不同,这样,利润率高的产品品种结构提高,会导致销售利润的增长;反之,利润率高的产品品种结构降低会导致销售利润的减少。这里,利润的增长和减少,是品种结构变动通过企业的综合利润率来影响的。企业综合利润率的计算公式如下:

$$企业综合利润率 = \sum(各种产品的个别利润率 \times 各种产品的品种结构比重)$$

换言之,产品品种结构的变动,会直接导致企业的综合利润率的变动;同时,综合利润率的高低变化,又导致企业销售利润的增减变化。其计算公式如下:

$$\begin{matrix}因产品品种结构变动 \\ 而增加或减少的利润\end{matrix} = \begin{matrix}按基年单位成本计算的 \\ 预测年度可比产品成本总额\end{matrix} \times \begin{matrix}预测年度生产的可比 \\ 产品的应销比例\end{matrix} \times \left(\begin{matrix}预测年度 \\ 的综合利 \\ 润率\end{matrix} - \begin{matrix}基年度 \\ 的综合 \\ 利润率\end{matrix}\right)$$

做中学 8-15

承[做中学 8-14]，乙企业 A、B 两种产品利润率及品种结构的资料如表 8-5 所示。

表 8-5　　　　　　　　　A、B 两种产品利润率及品种结构

产品种类	基年成本利润率	基年综合成本利润率		预测年度综合成本利润率		差异
		品种结构	乘积	品种结构	乘积	
	①	②	③=①×②	④	⑤=①×④	⑥=⑤-③
A	32.5%	60%	19.5%	80%	26%	6.5%
B	31.25%	40%	12.5%	20%	6.25%	−6.25%
合计	—	100%	32%	100%	32.25%	0.25%

可比产品品种结构变动对销售利润的影响 = 2 349 000×95%×(32.25%−32%) = 5 578.88(元)

（3）预测年度可比产品成本变动对利润的影响。在价格不变的情况下，计划年度成本降低，就会使利润增加；反之，利润减少，计算公式如下：

$$\begin{matrix} 可比产品成本降低 \\ 而增加的利润 \end{matrix} = \begin{matrix} 按基年单位成本计算的 \\ 预测年度可比产品成本总额 \end{matrix} × \begin{matrix} 预测年度生产的可比 \\ 产品的应销比例 \end{matrix} × \begin{matrix} 预测年度 \\ 成本降低率 \end{matrix}$$

做中学 8-16

承[做中学 8-14]，乙企业预测年度的成本降低率为 5%，则：

可比产品成本降低而增加的利润 = 2 349 000×95%×5% = 111 577.5(元)

（4）预测可比产品销售价格变动对利润的影响。产品销售价格的变动，直接影响利润数额的增减，在其他因素不变的情况下，销售价格提高，利润就会增加；反之，就会减少。

在确定销售价格变动对利润数额的影响时，应当具体考虑销售价格变动的时间。在价格变动前发出的产品，仍按原价计算，不受价格变动的影响，其计算公式如下：

$$可比产品价格变动而增减的利润 = 预测年度可比产品的销售量 × \left(\begin{matrix} 计划年度 \\ 单位售价 \end{matrix} - \begin{matrix} 基年单位 \\ 售价 \end{matrix} \right)$$

做中学 8-17

承[做中学 8-14]，乙企业预测年度 A 产品的销售量为 2 000 件，上年单价为 12 元，计划单价为 10 元，则：

由于价格变动而增减的利润 = 2 000×(10−12) = −4 000(元)

做中学 8-18

汇总以上计算结果，便可确定预测年度可比产品的销售利润数额，如表 8-6 所示。

表 8-6　　　　　　乙企业预测年度可比产品销售利润计算汇总表　　　　　　单位：元

项 目	计算依据	结 果
①按基年成本利润率计算的可比产品销售利润	2 349 000×95%×32%	714 096.00
②因预测年度产品品种结构变动而增减的利润	2 349 000×95%×(32.25%−32%)	5 578.88
③因预测年度成本降低而增加的利润	2 349 000×95%×5%	111 577.70
④预测年度由于价格变动而增减的利润	2 000×(10−12)	−4 000.00
⑤预测年度可比产品销售利润		827 252.38

（二）投资净收益和营业外收支净额的预测

1. 投资净收益的预测

投资净收益的预测是对未来时期企业投资所实现的净收益进行的预测。进行投资净收益预测,首先,必须对过去投资净收益的实现情况进行分析,找出投资净收益与投资总额之间的内在联系。其次,根据未来期对投资总额以及可能引起投资收益发生变化的因素,对投资净收益作出综合判断。

2. 营业外收支净额的预测

营业外收入和支出的项目一般由国家统一规定,非经财政部门批准企业不得自行变更。因此,对营业外收支净额的预测,主要是指对其中可以事先预计的项目进行测算。一般可以采用按上期实际发生额作为预测数的方法确定。

任务五　股利分配政策

一、股利政策与企业价值

股利政策是指在法律允许的范围内,企业是否发放股利、发放多少以及何时发放股利的方针及对策。而股利分配作为财务管理的一部分,同样要考虑其对企业价值的影响。在股利分配政策对企业价值影响这一问题上,存在不同的理论观点,从而也带来了不同的股利政策。

（一）股利分配理论

股利分配理论是指涉及企业相关利益者对股利分配客观规律的科学认识与总结,其核心问题是股利政策与企业价值关系问题。在市场经济条件下,股利分配要符合企业价值最大化的目标。针对股利分配,在理论上主要有以下两种常见观点:股利无关论和股利相关论。

1. 股利无关论

股利无关理论认为,在一定的假设条件下,股利政策不会对企业价值或股票价格产生任何影响,投资者不关心企业股利的分配。企业价值高低是由企业所选择投资决策的获利能力和风险组合所决定的,与企业利润分配政策无关。

这一观点建立在以下假设基础上:①市场具有强式效率;②不存在任何公司或个人所得税;③不存在任何筹资费用,包括发行费用和各种交易费用;④公司的投资决策与股利决策彼此独立,即投资决策不受股利分配的影响;⑤股东对股利收入和资本增值之间并无偏好。

这些假设描述的是一种完美无缺的市场,因而股利无关理论又被称为完全市场理论。

在股利无关理论中,一方面,投资者并不关心企业股利分配。若企业留存较多的利润用于再投资,会导致企业股票价格上升;此时尽管股利较少,但需要现金的投资者可以出售股票换取现金。若企业发放较多股利,投资者又可以用现金再买入一些股票以扩大投资。也就是说,投资者对股利和资本利得并无偏好。另一方面,股利支付比率不影响企业价值。既然投资者不关心股利分配,企业价值就完全由其投资的获利能力所决定,企业盈余在股利和保留盈余之间分配并不影响企业价值(即使企业有好的投资机会而又支付了高额股利,也可以募集新股,新投资者会认可企业投资机会)。

2. 股利相关论

股利相关论认为,企业股利政策会影响股票价格和企业价值。主要观点包括以下几种。

1)"一鸟在手"理论

在手之鸟:当期股利收益。在林之鸟:未来的资本利得。"一鸟在手,强于二鸟在林"——股东更偏好于现金股利而非资本利得,倾向于选择股利支付率高的股票。该理论认为,用留存收益再投资,给投资者带来的收益具有较大的不确定性,股东偏好现金股利优于资本利得。该理论还认为公司的股利政策与公司的股票价格是密切相关的,即当公司支付较高的股利时,公司的股票价格会随之上升,公司的价值将得到提高。

2) 信号传递理论

在信息不对称的情况下,公司可以通过股利政策向市场传递有关公司未来盈利能力的信息。股利政策所产生的信息效应会影响股票的价格。

鉴于股利与投资者对股利信号信息的理解不同,所作出的对企业价值的判断也不同。股利增长——可能传递未来业绩大幅增长的信号,也可能传递的是企业没有前景好的投资项目的信号。股利减少——可能传递企业未来出现衰退的信号,也可能传递企业有前景看好的投资项目的信号。

3) 税差理论

税差理论认为,如果不考虑股票交易成本,分配股利的比率较高,股东的股利收益纳税负担就会明显高于资本利得纳税负担,企业应采取低现金股利比率的分配政策。如果存在股票的交易成本,甚至当资本利得税与交易成本之和大于股利收益税时,偏好定期取得股利收益的股东自然会倾向于企业采用高现金股利支付率政策。

4) 代理理论

该理论认为,股利政策有助于减缓管理者与股东之间的代理冲突,即股利政策是协调股东与管理者之间代理关系的一种约束机制。该理论认为,股利的支付能够有效地降低代理成本。首先,股利的支付减少了管理者对自由现金流量的支配权,这在一定程度上可以抑制公司管理者的过度投资或在职消费行为,从而保护外部投资者的利益;其次,较多的现金股利发放,减少了内部融资,导致公司进入资本市场寻求外部融资,从而公司将接受资本市场上更多的、更严格的监督,这样便通过资本市场的监督减少了代理成本。因此,高水平的股利政策降低了企业的代理成本,但同时增加了外部融资成本,理想的股利政策应当使两种成本之和最小。

5) 客户效应理论

边际税率较高的投资者(如富有的投资者)偏好低股利支付率的股票,偏好少分现金股利、多留存。边际税率较低的投资者(如养老基金)喜欢高股利支付率的股票。较高的现金股利满足不了高边际税率阶层的需要,而较少的现金股利又会引起低边际税率阶层的不满。

(二)股利政策的影响因素

1. 法律限制

为了保护债权人和股东的利益,《公司法》等有关法规对企业股利分配常作如下限制:

(1) 资本保全。规定企业不能用资本(包括股本和资本公积)发放股利。

(2) 企业积累。规定企业必须按净利润一定比例提取法定盈余公积。

(3) 净利润。规定企业年度累计净利润必须为正数时才可发放股利,以前年度亏损必须足额弥补。

(4) 超额累积利润。由于股东接受股利缴纳所得税高于其进行股票交易的资本利得税,于是众多国家规定企业不得超额累积利润,一旦企业保留盈余超过法律认可的标准,将被加征额外税额。在中国,法律对企业累积利润尚未作出限制性规定。

2. 经济影响

股东从自身经济利益需要出发,对企业股利分配往往产生这样一些影响:

(1) 稳定收入和避税。一些依靠股利维持生活的股东往往要求企业支付稳定的股利,若企业留存较多的利润,将受到这部分股东反对。另外一些高股利收入的股东又出于避税考虑(股利收入所得税高于股票交易资本利得税),往往反对企业发放较多股利。

（2）防止控制权稀释。企业支付较高股利，就会导致留存盈余减少，这又意味着将来发行新股的可能性加大，而发行新股必然会稀释企业控制权，这是企业原有持有控制权的股东所不愿看到的局面。因此，若拿不出更多资金购买新股以满足企业需要，大股东宁可不分配股利而反对募集新股。

3. 财务限制

就企业财务需要来讲，也存在一些限制股利分配的因素。

（1）盈余稳定性。企业是否能获得长期稳定的盈余，是股利分配决策的重要基础。盈余相对稳定的企业能够较好地把握股利分配决策，有可能支付比盈余不稳定的企业较高的股利；而盈余不稳定的企业一般采取低股利政策。对盈余不稳定的企业来讲，低股利分配政策可以减少因盈余下降而带来的股利无法支付、股价急剧下降的风险，还可将更多盈余再投资，以提高企业权益资本比重，减少财务风险。

（2）资产流动性。企业较多地支付现金股利，会减少现金持有量，使资产流动性降低；而保持一定的资产流动性，是企业经营所必需的。

（3）举债能力。有较强举债能力（与企业资产流动性相关）的企业能够及时地筹措到所需的现金，有可能采取较宽松的股利政策；而举债能力弱的企业则不得不多滞留盈余，因而往往采取较紧的股利政策。

（4）投资机会。具有良好投资机会的企业需要大量资金，因而往往少发放股利，将大部分盈余用于投资；缺乏良好投资机会的企业保留大量现金会造成资金闲置，于是倾向于支付较高的股利。正因如此，处于成长中的企业多采取低股利政策；处于经营收缩中的企业多采取高股利政策。

（5）资本成本。与发行新股相比，保留盈余不需花费筹资费用，是一种比较经济的筹资渠道。所以，从资本成本考虑，如果企业有扩大资金的需要，也应当采取低股利政策。

（6）债务需要。具有较高债务偿还需要的企业可以通过举借新债、发行新股筹集资金偿还债务，也可直接用经营积累偿还债务。如果企业认为后者适当的话（比如，前者资本成本高或受其他限制难以进入资本市场），将会减少股利的支付。

4. 其他影响因素

（1）债务合同约束。企业债务合同，特别是长期债务合同，往往存在限制企业现金支付程度的条款，这使企业只得采取低股利政策。

（2）通货膨胀。在通货膨胀情况下，企业折旧基金*购买力水平下降，会导致没有足够的资金来源重置固定资产。这时盈余被当作弥补折旧基金购买力水平下降的资金来源，因此通货膨胀时期企业股利政策往往偏紧。

由于存在上述种种影响股利分配的限制，股利政策与股票价格、企业价值就不是无关的，企业价值与股票价格不仅仅由其投资的获利能力决定。

（三）股利政策

股利政策是企业在遵守国家有关法律、法规的前提下，根据企业自身具体情况制定的股利分配政策。企业支付给股东股利与留在企业的盈余存在此消彼长的关系。这反映出企业股利分配既要决定给股东分配多少股利，又要决定有多少净利留在企业。这不仅关系到企业外部筹资需求，也关系到内部筹资决策。为此，股利政策既要保持相对稳定，又要符合企业财务目标和发展目标。在实务中，通常有以下几种股利政策可供企业选择。

---

* 折旧基金是企业根据国家规定（一般按固定资产的预计使用分类平均计算年折旧）计提的专用于固定资产更新的基金。

1. 剩余股利政策

剩余股利政策是在企业有良好投资机会时,根据一定目标资本结构(最佳资本结构),测算出投资所需权益资本,先从盈余当中留用,再将剩余盈余作为股利予以分配。

企业采用剩余股利政策时,应按照以下四个步骤进行:①设定目标资本结构,即确定权益资本与债务资本比例,在此资本结构下,综合资本成本将达到最低水平;②确定目标资本结构下投资所需的股东权益金额;③最大限度地使用保留盈余来满足投资方案所需的权益资本金额;④投资方案所需权益资本已满足后若有剩余盈余,再将其作为股利发放给股东。

做中学 8-19

某公司 20×8 年提取了盈余公积后的税后净利润为 800 万元,20×9 年的投资计划所需资金为 700 万元,目标资金结构为权益资金占 60%,债务资金占 40%。

分析:按照目标资金结构的要求,该公司投资方案所需的权益资金数额如下:

$$700 × 60\% = 420(万元)$$

按照剩余股利政策的要求,该公司 20×8 年向投资者分红(发放股利)数额如下:

$$800 - 420 = 380(万元)$$

选择剩余股利政策,意味着企业只将剩余盈余用于发放股利。这样做的根本理由是保持目标资本结构,使综合资本成本最低。

剩余股利政策的优点:净利润优先保证再投资的需要,有助于降低再投资的资本成本,保持最佳资本结构,实现企业价值长期最大化。

剩余股利政策的缺点:若完全遵照执行剩余股利政策,股利发放额就会每年随着投资机会和盈利水平变化而波动。在盈利水平不变的前提下,股利发放额与投资机会多少呈反方向变动;而在投资机会维持不变的情况下,股利发放额将与企业盈利呈同方向波动。剩余股利政策不利于投资者安排收入与支出,也不利于企业树立良好的形象,一般适用于企业初创阶段。

2. 固定或持续增长股利政策

固定或持续增长股利政策是指企业将每年派发的股利数额固定在某一特定水平或是在此基础上维持某一固定比率逐年稳定增长。企业只有在确定未来不会发生逆转时才会宣布实施固定或持续增长股利政策。在这一政策下,应确定股利分配额,而且该分配额一般不随资金需求的波动而变化。

固定或持续增长股利政策主要目的是避免出现由于经营不善而削减股利的情况。

固定或持续增长股利政策的优点:

(1)稳定的股利政策向市场传递着企业正常发展的信息,有利于树立企业良好形象,增强投资者对企业的信心,稳定股票价格。

(2)稳定的股利发放额有利于投资者安排股利收入和支出,特别是那些对股利有着很高依赖性的股东更是如此。而股利忽高忽低的股票,则不会受这些股东青睐,股票价格会因此而下降。

(3)稳定的股利政策可能会不符合剩余股利理论,但考虑到股票市场会受到多种因素影响,其中包括股东心理状态和其他因素,因此为了使股利维持在稳定水平上,即使推迟某些投资方案或者暂时偏离目标资本结构,也可能比降低股利或降低股利增长率更为有利。

固定或持续增长股利政策的缺点:股利支付与盈余相脱节。当盈余较低时仍要支付固定股利,这可能导致资金短缺,财务状况恶化;同时不能像剩余股利政策那样保持较低的资本成本。

因此,采用固定或持续增长股利政策,要求企业对未来盈利和支付能力作出准确判断。一般来说，企业确定固定股利发放额不宜太高，以免陷入无力支付的被动局面。

固定或持续增长股利政策通常适用于经营比较稳定或正处于成长期的企业，且很难被长期采用。

3. 固定股利支付率政策

固定股利支付率政策是指企业每年按净利润的某一固定百分比作为股利分派给股东。这一百分比通常被称为股利支付率，股利支付率一经确定，一般不得随意变更。在这一股利政策下，只要企业税后利润一经计算确定，所派发股利也就相应确定。固定股利支付率越高，企业留存的净利润就越少。

> **做中学 8-20**
>
> 某企业自上市以来一直采用固定股利支付率政策进行股利分配且股利支付率为 25%。该企业于 20×8 年实现税后净利润 500 万元。
>
> **分析：**
>
> 根据上述资料可得：
>
> $$该企业 20×8 年支付股利 = 500 × 25\% = 125(万元)$$
>
> 若企业预测 20×9 年有更多投资机会，对资金需求量大，则该企业欲将对 20×8 年实现的税后净利润分配采用剩余股利政策。又设该企业 20×9 年投资预算为 800 万元，目标资本结构中权益资本占 60%。
>
> 按照目标资本结构要求：
>
> $$该企业 20×9 年投资所需权益资本额 = 800 × 60\% = 480(万元)$$
> $$20×9 年发放股利 = 500 - 480 = 20(万元)$$

固定股利支付率政策的优点：

(1) 采用固定股利支付率政策，股利与企业盈余紧密配合，体现了"多盈多分、少盈少分、无盈不分"的股利分配原则。

(2) 由于企业获利能力在年度间是经常变动的，因此，每年股利也应当随着企业收益变动而变动。采用固定股利支付率政策，企业每年按固定比例从税后利润中支付现金股利，从企业支付能力角度看，这是一种稳定的股利政策。

固定股利支付率政策的缺点：

(1) 大多数企业每年收益很难保持稳定不变，导致年度间股利波动较大，由于股利信号传递作用，波动股利很容易给投资者带来企业经营状况不稳定、投资风险较大等不良印象，称为企业不利因素。

(2) 容易使企业面临较大的财务压力。这是因为企业实现盈利多，并不能代表企业有足够的现金流用来支付较多股利额。

(3) 适合的固定股利支付率确定难度比较大。

固定股利支付率政策比较适用于那些处于稳定发展且财务状况也较稳定的企业。

4. 低正常股利加额外股利政策

低正常股利加额外股利政策是指一般情况下企业每年只支付固定的、数额较低的股利；在盈余多的年份，再根据实际情况向股东发放额外股利。但是，额外股利并不固定，这就意味着企业不是永久地提高了股利支付率。可以用公式表示如下：

$$y = a + bx$$

公式中：y 表示每股股利；x 表示每股收益；a 表示低正常股利；b 表示股利支付率。

低正常股利加额外股利政策的优点：

（1）这种股利政策赋予企业较大的灵活性，使企业在股利发放上留有余地，并具有较大的财务弹性。企业可根据每年的具体情况，选择不同的股利发放水平，以稳定和提高股价，进而实现企业价值最大化。

（2）这种股利政策可以满足对固定股利有需求且每年至少可获得虽较低但比较稳定的股利收入的股东。

低正常股利加额外股利政策的缺点：

（1）企业各年盈利波动使股利变化，容易给投资者带来收益不稳定的情况。

（2）当企业较长时期内持续发放额外股利，则容易被股东误认为"正常股利"，一旦取消发放额外股利可能会传递出使股东认为企业财务状况恶化的信号，进而导致股价下跌。

相对来说，对那些盈利随着经济周期波动较大的企业或者企业在盈利与现金流量很不稳定时，低正常股利加额外股利政策是一种较好的选择。

（四）股利政策的选择

四种股利政策各有利弊，上市公司选取股利政策时，必须结合自身情况，选择最适合本公司当前和未来发展的股利政策。其中居主导地位的影响因素是公司目前所处的发展阶段，因为对发展阶段的定位决定了公司未来的发展取向，并会间接地带动其他诸多因素相应地变化。公司应根据自己所处发展阶段来确定相应的股利政策。

公司的发展阶段一般分为初创阶段、高速增长阶段、稳定增长阶段、成熟阶段和衰退阶段。由于每个阶段生产特点、资金需要、产品销售等不同，股利政策的选取类型也不同。

（1）在初创阶段，公司面临的经营风险和财力风险都很高，公司急需大量资金投入，融资能力差，即使获得了外部融资，资金成本一般也很高。因此，为降低财务风险，公司应贯彻先发展后分配的原则，剩余股利政策为最佳选择。

（2）在高速增长阶段，公司的产品销售急剧上升，投资机会快速增加，资金需求大而紧迫，不宜宣派股利。但此时公司的发展前景已相对较明朗，投资者有分配股利的要求。为了平衡这两方面的要求，应采取正常股利加额外股利政策，股利支付方式应采用股票股利的形式，避免现金支付。

（3）在稳定增长阶段，公司产品的市场容量、销售收入稳定增长，对外投资需求减少，EPS值呈上升趋势，公司已具备持续支付较高股利的能力。此时，理想的股利政策应是稳定增长的股利政策。

（4）在成熟阶段，产品市场趋于饱和，销售收入不再增长，利润水平稳定。此时，公司通常已积累了一定的盈余和资金，为了与公司的发展阶段相适应，公司可考虑由稳定增长的股利政策转为固定股利支付率政策。

（5）在衰退阶段，产品销售收入减少，利润下降，公司为了不被解散或被其他公司兼并重组，需要投入新的行业和领域，以求新生。因此，公司已不具备较强的股利支付能力，应采用剩余股利政策。

总之，上市公司制定股利政策应综合考虑各种影响因素，分析其优缺点，并根据公司的成长周期，恰当地选取适宜的股利政策，使股利政策能够与公司的发展相适应。

二、股利支付的程序

股份有限公司向股东支付股利主要经历股利宣告日、股权登记日、除息日和股利支付日。

股利宣告日是指公司董事会将股利支付情况予以公告的日期。公告中将宣布每股支付的股利、股权登记期限、除去股息的日期和股利支付日期。

股权登记日是指有权领取股利的股东有资格登记的截止日期。只有在股权登记日前在公司股东名册上有名的股东,才有权分享股利。

除息日也称除权日,是指股利所有权与股票本身分离的日期,除权就是将股票中含有的股利分配权予以解除,即在除息日当日及以后买入的股票不再享有本次股利分配的权利。我国上市公司的除息日通常是在登记日的下一个交易日。

股利支付日,即向股东发放股利的日期。

做中学 8-21

　　20×9 年 3 月 10 日,某上市企业公告 20×8 年度最后股利分配方案,其公告如下:"20×9 年 3 月 9 日在企业总部上海召开股东大会,通过了董事会关于每股分派 0.24 元的 20×8 年股利分配方案。股权登记日为 3 月 25 日,除息日为 3 月 26 日,股东可在 4 月 10 日至 25 日通过上海证券交易所按照交易方式领取股息。特此公告。"

　　该上市企业 20×9 年股利支付程序如图 8-3 所示。

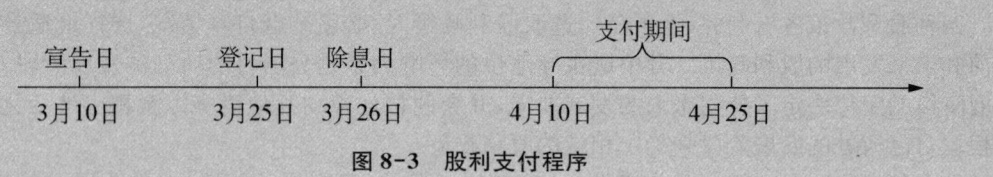

图 8-3　股利支付程序

三、股利支付的形式

按照股份有限公司对其股东支付股利的不同方式,股利可以分为不同的种类。其中,常见的有以下四类。

(一)现金股利

现金股利是指以现金支付的股利,它是股利支付最常见的方式。以现金支付股利,可以满足投资者希望有一定数额的现金投资收益到手的需求。但是,以现金支付股利,必然使公司对现金需求量大幅增加,使公司保留现金购买固定资产和再投资的发展要求受到一定的限制。

(二)财产股利

财产股利是指以现金以外的其他资产支付的股利,主要是以公司所拥有的其他公司的有价证券,如公司债券、公司股票等,作为股利发放给股东。

(三)负债股利

负债股利是指以负债方式支付的股利,通常以公司的应付票据支付给股东,有时也以发行公司债券的方式支付股利。

财产股利和负债股利实际上都是现金股利的替代方式,但目前这两种股利方式在我国公司实务中极少使用。

(四)股票股利

股票股利是指企业以增发股票方式所支付的股利,在中国企业实务中通常也称为"红股"。股票股利对企业来说,并没有现金流出企业,也不会导致企业财产减少,而只是将企业的留存收益转化为股本和资本公积。但股票股利会增加流通在外的股票数量,同时降低股票每股价值。股票股利虽然不改变企业股东权益总额,但会改变股东权益构成。

四、股票分割与股票回购

(一)股票分割

股票分割又称拆股,是指将一股股票拆分成多股股票的行为。股票分割一般只会增加发行在外的股票总数,但不会对企业资本结构产生任何影响。股票分割与股票股利非常相似,都是在不增加股东权益的情况下增加了股票数量;所不同的是,股票股利虽不会引起股东权益总额的改变,但股东权益内部结构会发生变化,而股票分割之后,股东权益总额及其内部结构都不会发生任何变化,变化的只是股票面值。

做中学 8-22

某企业采用发放股票股利的方式进行股利支付,发放前股东权益情况如表8-7所示。

表8-7 发放股票股利前股东权益情况 单位:元

项 目	金 额
普通股股本(面值1元,已发行200 000股)	200 000
盈余公积(包含公益金)	400 000
资本公积	400 000
未分配利润	2 000 000
股东权益合计	3 000 000

若该企业宣告发放10%的股票股利,即20 000股(200 000×10%)普通股股票,现有股东每持10股可得到1股新股票。如该股票当时市价20元,发放股票股利以市价计算,则发放股票股利会对股东权益产生什么影响?

分析:

$$未分配利润划出金额 = 20 \times 200\ 000 \times 10\% = 400\ 000(元)$$
$$普通股股本增加 = 1 \times 200\ 000 \times 10\% = 20\ 000(元)$$
$$资本公积增加 = 400\ 000 - 20\ 000 = 380\ 000(元)$$

发放股票股利后,企业股东权益情况如表8-8所示。

表8-8 发放股票股利后股东权益情况 单位:元

项 目	金 额
普通股股本(面值1元,已发行220 000股)	220 000
盈余公积(包含公益金)	400 000
资本公积	780 000
未分配利润	1 600 000
股东权益合计	3 000 000

由此可见,发放股票股利,不会对企业股东权益总额产生影响,但会使股东权益结构发生变化。

做中学 8-23

某企业现有股本1 000万股(每股面值10元),资本公积20 000万元,留存收益70 000万元,股票市价为每股30元。现按照100%发放股票股利与按照1:2进行股票分割两种方式进行股利分配,对股东权益影响情况如表8-9所示。

表 8-9	发放股票和股票分割对股东权益影响情况	单位：万元
现有普通股股东权益		
股本（1 000 万股，面值为 10 元）		10 000
资本公积		20 000
留存收益		70 000
股东权益合计		100 000
按照 100% 发放股票股利		
股本（2 000 万股，面值为 10 元）		20 000
资本公积		40 000
留存收益		40 000
股东权益合计		100 000
按照 1∶2 进行股票分割		
股本（2 000 万股，面值为 5 元）		10 000
资本公积		20 000
留存收益		70 000
股东权益合计		100 000

从本例来看，由于股票分割与股票股利非常接近，所以一般要根据证券管理部门的具体规定对两者加以区别。例如，有些国家证券交易机构规定，发放 25% 以上的股票股利即属于股票分割。

与股票分割相反，如果企业认为其股票价格过低，不利于其在市场上的声誉和未来再筹资时，为提高股票价格，企业会采取反分割措施。反分割又称股票合并或逆向分割，是指企业将多股股票合并为一股股票的行为。反分割显然会降低股票的流通性，提高企业股票的投资门槛，它向市场传递的信息通常都是不利的。

（二）股票回购

1. 股票回购的含义及方式

股票回购是指上市企业出资将其发行在外的普通股以一定的价格购买回来予以注销或作为库存股的一种资本运作方式。企业不得随意收购自身股份，只有在满足相关法律规定的情况下才允许股票回购。《公司法》规定，企业只有在以下四种情形下才能回购自身股份：①减少企业注册资本；②与持有本企业股份的其他企业合并；③将股份奖励给本企业职工；④股东因对股东大会作出企业合并、分立的决议持异议态度，要求企业收购其股份。

企业因上述第一种情况收购本企业股份的，应当自收购之日起 10 日内注销；属于第二、第四种情况的，应当在 6 个月内转让或者注销。企业因奖励职工回购股份的，回购的股票不得超过本企业已发行股份总额的 5%。企业用于回购的资金应当从企业税后利润中支出，所收购股份应当在 1 年内转让给职工。

股票回购主要包括公开市场回购、要约回购和协议回购三种方式。其中，公开市场回购是指企业在公开交易市场上以当前市价回购股票；要约回购是指企业在特定期间向股东发出的以高于股票当前市价的某一价格回购既定数量股票的要约；协议回购是指企业以协议价格直接向一个或几个主要股东回购股票。

做中学 8-24

某企业每股收益、每股市价等普通股资料如表 8-10 所示。

表 8-10　　　　　　　　　　　　　普通股资料表

税后利润(元)	4 000 000
流通在外股数(股)	1 000 000
每股收益(4 000 000÷1 000 000)	4
每股市价(元)	40
市盈率*(40÷4)	10

若该企业准备从盈余中提取 1 000 000 元发放现金股利,每股可得股利 1 元,那么每股市价将为 41 元(原市价 40 元＋预期股利 1 元)。

若企业将提出的 1 000 000 元以每股 41 元价格回购股票,可购得 24 390 股(1 000 000÷41),那么每股收益将为:

$$EPS = 4\,000\,000 \div (1\,000\,000 - 24\,390) = 4.1(元)$$

如果市盈率仍为 10,股票回购后每股市价将为 41 元(4.1×10),这与支付现金股利后每股市价相同。

2. 股票回购动机

在金融市场上,企业股票回购的动机多种多样,主要有以下几种:

(1)替代现金股利。现金股利政策会对企业未来派现产生压力,而股票回购不会。当企业有富余资金时,通过回购股东所持有的股票从而将现金分配给股东,这样,股东就可以根据自己的需要选择继续持有股票或出售股票获得现金。

(2)改变企业资本结构。无论是现金回购还是举债回购股份,都会提高企业的财务杠杆水平,改变企业资本结构。企业通常认为权益资本在资本结构中所占比例较大时,为了调整资本结构而进行股票回购,可以在一定程度上降低整体的资本成本。

(3)传递信息。由于信息不对称和预期差异,金融市场上企业股票价格可能被低估,而股价过低将会对企业产生负面影响。一般情况下,投资者会认为股票回购意味着企业认为其股票价值被低估而采取的应对措施。

(4)基于控制权的考虑。控股股东为了保证其控制权,往往采取直接方式或间接方式回购股票,从而巩固既有控制权。另外,股票回购使流通在外的股份数变少,股价上升,从而可以有效地防止被敌意收购。

3. 股票回购的影响

股票回购对上市企业的影响主要表现在以下几个方面:

(1)股票回购需要支付大量资金,容易造成企业资金紧张,降低资产的流动性,影响企业后续发展。

(2)股票回购无异于股东退股和企业资本减少,也可能会使企业发起人股东更注重利润的实现,从而不仅在一定程度上削弱了对债权人利益的保护,而且忽视了企业长远发展,损害了根本利益。

(3)股票回购容易导致企业操纵股价。企业回购自身股票容易导致其利用内幕消息进行炒

---

* 市盈率＝每股市价÷每股收益。

作,加剧企业行为的非规范化,损害投资者的利益。

◤ 关键术语 ◥

收入　标准成本管理　成本差异　作业成本计算法　因素分析法　量本利分析法　剩余股利政策

固定或稳定增长的股利政策　固定股利支付率政策　低正常股利加额外股利政策　股票分割　股票回购

◤ 应知考核 ◥

一、单项选择题

1. 狭义的收益分配是指对(　　)的分配。

　　A. 息税前利润　　　　B. 营业利润　　　　C. 利润总额　　　　D. 净利润

2. 公司在弥补亏损后再计提法定盈余公积,这是遵守了(　　)原则。

　　A. 依法分配　　　　　　　　　　B. 分配与积累并重

　　C. 兼顾各方利益　　　　　　　　D. 投资与收益对等

3. 我国《公司法》规定,当年净利润抵补亏损后按(　　)计提法定盈余公积。

　　A. 1％　　　　　　B. 5％　　　　　　C. 10％　　　　　　D. 25％

4. 法定盈余公积可用于弥补亏损、扩大公司生产经营或转增资本,但企业用盈余公积转增资本后,法定盈余公积的余额不得低于公司注册资本的(　　)。

　　A. 1％　　　　　　B. 5％　　　　　　C. 10％　　　　　　D. 25％

5. 公司当年税前利润最多可以先用来弥补前(　　)年的亏损,之后再按所得税税率缴纳所得税。

　　A. 1　　　　　　　B. 3　　　　　　　C. 5　　　　　　　D. 10

二、多项选择题

1. 股利支付的方式包括(　　)。

　　A. 现金股利　　　　B. 财产股利　　　　C. 负债股利　　　　D. 股票股利

2. 剩余股利政策的优点有(　　)。

　　A. 留存收益优先保证再投资的需要,从而有助于降低再投资的资金成本

　　B. 保持最佳的资本结构,实现企业价值的长期最大化

　　C. 有利于吸引那些打算作长期投资的股东

　　D. 股利与公司盈余紧密结合

3. 公司股利的发放必须遵循相关的要求,按照日程安排来进行,股东应关注以下时间(　　)。

　　A. 股利发放日　　　　　　　　　B. 股利宣布日

　　C. 股权登记日　　　　　　　　　D. 除息日

4. 下列关于发放股票股利的说法中,不正确的有(　　)。

　　A. 直接增加股东的财富

　　B. 对公司股东权益总额产生影响

　　C. 改变每位股东所持股票的市场价值总额

　　D. 改变股东权益内部项目的比例关系

5. 股票分割之后,(　　)。

　　A. 公司价值不变　　　　　　　　B. 股东权益内部结构发生变化

　　C. 股东权益总额不变　　　　　　D. 每股面额降低

三、判断题

1. 股票回购一定会损害股东的利益。　　　　　　　　　　　　　　　　　　　　　　　(　　)

2. 可以用资本发放股利,但不能在没有累计盈余的情况下提取盈余公积。　　　　　　　(　　)

3. 法定盈余公积达到注册资本的50％时,可不再提取。　　　　　　　　　　　　　　(　　)

4. 收益分配中的提取盈余公积和未分配利润都形成了公司的留存收益。　　　　　　　(　　)

5. 企业在进行收益分配时将把股东的回报放在第一位考虑。　　　　　　　　　　　　(　　)

四、简述题

1. 简述收益与分配管理的意义。

2. 简述收益与分配的原则和要求。

3. 简述标准成本的确定。

4. 简述流程价值分析。

5. 简述影响股利分配的因素、股票回购的影响。

五、计算题

1. 某公司20×8年实现的税后净利为1 000万元,法定盈余公积、任意盈余公积的提取比例为15%,如果20×9年的投资计划所需资金为800万元,公司的目标资金结构为自有资金占70%。

   要求:

   (1) 如果该公司采用剩余股利政策,则20×8年年末可发放多少股利?

   (2) 如果该公司发行在外的股数为1 000万股,计算每股利润及每股股利。

   (3) 如果20×9年该公司决定将股利政策改为逐年稳定增长的股利政策,设股利的逐年增长率为2%,投资者要求的必要报酬率为12%,计算该股票的价值。

2. 东方公司20×8年税后净利为2 000万元,20×9年的投资计划需要资金900万元,公司的目标资本结构为自有资金占80%,借入资金占20%。该公司采用剩余股利政策。

   要求:

   (1) 计算该公司投资所需自有资金的数额。

   (2) 计算该公司投资需从外部筹集的资金数额。

   (3) 计算该公司20×9年度可向投资者分配的利润数额。

■ 应会考核 ■

■ 观念应用

【背景资料】

利润分配管理的应用

晨辉股份有限公司某年度有关资料如下:

(1) 该公司本年年初未分配利润贷方余额为181.92万元,本年息税前利润为800万元,适用的所得税税率为25%。

(2) 该公司股东大会决定本年度按10%的比例计提法定盈余公积,按10%的比例计提任意盈余公积,本年按可供投资者分配利润的40%向普通股股东发放现金股利。

【考核要求】

计算以下财务指标:

(1) 该公司本年度净利润。

(2) 该公司本年应计提的盈余公积。

(3) 该公司本年年末可供投资者分配的利润。

(4) 该公司每股支付的现金股利。

■ 技能应用

企业利润的应用

华夏公司经营的前8年中实现的税前利润(发生亏损以"—"号表示)如表8-11所示。

表8-11   **华夏公司税前利润**   单位:万元

年份	1	2	3	4	5	6	7	8
利润	—100	—40	30	10	10	10	60	40

假设除弥补亏损以外无其他纳税调整事项。该公司的所得税税率一直为25%,按规定享受连续5年

税前利润弥补亏损的政策，税后利润(弥补亏损后)按10％计提法定盈余公积，不提取任意盈余公积。

【技能要求】

该公司第7年是否需要缴纳企业所得税？是否有利润用于提取法定盈余公积？

■ **案例分析**

【分析情境】

股利分配的应用

20×9年3月9日，重庆路桥股份有限公司(以下简称重庆路桥)召开20×8年度股东大会。本次会议采用现场投票表决方式，审议并通过了20×8年度利润分配方案：以20×8年年末股本总数453 781 000股为基数，按每10股派0.7元(含税)的比例向全体股东派发现金股利，共计派发现金股利3 177.097万元，并按每10股送4.5股(含税)的比例向全体股东送股，共送股20 424.195万股，本年净利润结余8 398.25万元作为未分配利润，转以后年度分配。同时，以20×8年年末股本总数453 871 000股为基数，按每10股转增5.5股的比例向全体股东进行资本公积转增股本，共计转增24 962.905万股。

重庆路桥20×8年度股利分配方案的股权登记日为20×9年4月23日，除权日为20×9年4月24日，股利发放日为20×9年4月24日下午3:00。甲股东在20×9年4月23日下午3:00时是重庆路桥的在册股东，持有重庆路桥股份1 000股。乙投资者于2019年4月24日上午10:00购入1 000股重庆路桥股份。两者均持有该股票至20×9年年底。

附：20×9年6月30日前我国红利所得税实际税率为10％，用税后利润送红股要按面值缴纳所得税，用资本公积转增股本不需要缴纳红利所得税。重庆路桥股本每股面值为1元。

【分析要求】

请仔细阅读重庆路桥20×8年度利润分配方案，回答以下问题：

1. 甲、乙投资者能否参加公司的20×8年度股利分配？为什么？

2. 如果能够参与重庆路桥20×8年度股利分配，那么该投资者在20×9年4月25日账户上拥有多少股重庆路桥股份？

3. 如果能够参与重庆路桥20×8年度股利分配，那么该投资者实际能分到手的现金是多少元？

◢ 项目实训 ◣

【实训项目】

收益与分配管理。

【实训情境】

华夏股份有限公司股利分配政策的应用

华夏股份有限公司是一家从事药品制造的上市公司。上市5年来，该公司一直保持着较好的发展势头和较高的盈利水平，每年的净利润基本上以10％的速度持续增长。该公司总股本为8 000万股。近5年来，该公司每年均分配现金股利，没有分配股票股利，也没有实施资本公积转增股本的方案。20×7年，该公司实现净利润5 800万元，分配现金股利2 610万元。20×8年，该公司实现税后利润8 400万元，尚未分配。20×8年年末，该公司的资本结构为权益资本占55％，债务资本占45％。该公司20×9年准备扩大生产能力，需要增加资本总额10 000万元。20×9年年初，该公司董事会讨论了20×8年度的股利分配方案。财务部门设计了以下几种利润分配方案：①采用稳定增长的股利政策，每年分配的现金股利按照10％的速度稳定增长。②采用固定股利支付率政策，保持上年的股利支付率。③如果公司管理当局认为，目前的资本结构是较为理想的资本结构，则将继续采用剩余股利政策。20×9年，华夏股份有限公司投资所需债务资本通过长期借款来满足，所需权益资本通过20×8年的留存收益来满足，多余的利润分配现金股利。④采用低正常股利加额外股利政策，确定的低正常股利为每股0.3元；由于20×8年的盈利状况较为理想，考虑再额外增加每股0.2元的股利。

华夏股份有限公司20×9年2月28日公布了20×8年度财务报告，并提出了20×8年度的利润分配预案：以20×8年年末的总股本为基数，向全体股东每10股派发现金股利0.5元；同时提出了按10:3的比例以资本公积转增股本的方案。20×9年3月26日，该公司召开股东大会，审议通过了公司20×8年度利润分配及资本公积转增股本方案。该公司董事会于 20×9 年 4 月 13 日发布分红派息公告称:"以 20×8 年年末总股份 205 085 492 股为基数,每 10 股转增 3 股派 0.5 元(含税)。股权登记日为 20×9 年 4 月 18 日,除息日为 20×9 年 4 月 19 日,新增可流通股份上市日为 20×9 年 4 月 20 日,现金股利发放日为 20×9 年 4 月 26 日。"

【实训任务】

1. 针对财务部门设计的各种利润分配方案,分别计算该公司 20×8 年度应分配的现金股利。

2. 写出华夏股份有限公司股利发放的具体日程安排。

3. 如果某一股东在 20×9 年 4 月 20 日购入该公司 1 000 股流通股,那么该股东是否可以享受此次股利分配?

收益与分配管理实训报告		
项目实训班级:	项目小组:	项目组成员:
实训时间: 年 月 日	实训地点:	实训成绩:
实训目的:		
实训步骤:		
实训结果:		
实训感言:		

财务预算控制

🌱 知识 **目标**

理解：财务预算的含义；预算工作组织；财务预算的作用。

熟知：预算的分类与体系；财务预算方法。

掌握：财务预算的内容及编制方法。

🌱 技能 **目标**

能够结合企业财务预算的实际情况，有针对性地根据企业财务管理需要和不同预算的特点，正确选择预算的编制方法。

🌱 素质 **目标**

能够以企业的财务预算为主线，全方位地综合计划和分析企业的经济活动。

🌱 项目 **引例**

潍坊亚星集团公司的财务预算

潍坊亚星集团公司（以下简称亚星集团）目前拥有两个控股子公司、三个全资子公司和十几个分支机构。近年来，亚星集团逐步建立和完善了一套切合本公司实际、以财务管理为中心的企业经济运行新机制，把公司财务预算控制制度作为贯彻落实以财务管理为中心的基本制度。

亚星集团财务预算的编制按时间分为年度预算编制和月度预算编制。其预算编制的六个要点为：①预算编制原则：先急后缓、统筹兼顾、量入为出；②预算编制程序：自上而下、自下而上、上下结合；③预算编制基础：集团年度预测目标；④预算编制重点：销售预算；⑤预算前提：企业方针、目标、利润；⑥预算指标的确定：年度预算股东大会审议批准，月度预算董事会审议批准。

全面预算编制紧紧围绕资金收支两条线，涉及企业生产经营活动的方方面面，将产供销、人财物全部纳入预算范围，每个环节有序进行。具体细化到：①销售收入、税金、利润及利润分配预算；②产品产量、生产成本、销售费用、财务费用预算；③材料、物资、设备采购预算；④工资及奖金支出预算；⑤大、中、小修预算；⑥固定资产基建、技改、折旧预算；⑦各项基金提取及使用预算；⑧对外投资预算；⑨银行借款及还款预算；⑩货币资金收支预算等。预算编制过程中，每一收支项目的数字指标要依据充分确实的材料，并总结出规律，进行严密的计算，不能随意编造。全面预算确定后，层层分解到各分厂、车间、部门、处室，各部门再落实到每个人，从而使每个人都紧紧围绕预算目标各负其责、各司其职。

财务预算实现了财务部门对整个生产经营活动的动态监控，规范了企业生产经营活动的行为，基本上在物资和货币资金及经营等方面实现了企业资金流、信息流、实物流的同步控制，为企业进入市场、以市场为导向打下了基础。

思考与讨论：企业如何做好预算管理？

🌱 知识 **精讲**

任务一 财务预算概述

一、财务预算的含义

预算是用货币形式表现的，用于控制企业未来经济活动的计划，是企业经营决策所确定的目标的货币表现。预算是计划工作的成果，既是决策的具体化，又是控制生产经营活动的依据。

财务预算是一系列专门反映企业未来一定预算期内预计的财务状况和经营成果,以及现金收支等价值指标的各种预算总称,具体包括现金预算、预计利润表、预计资产负债表、预计现金流量表等内容。

二、预算的分类与体系

(一)预算的分类

1. 根据预算内容不同,企业预算可分为业务预算、专门决策预算和财务预算

业务预算是指与企业日常经营活动直接相关的经营业务的各种预算。它主要包括销售预算、生产预算、材料采购预算、直接材料消耗预算、直接人工预算、制造费用预算、产品生产成本预算、经营费用、管理费用预算等。

专门决策预算是指企业不经常发生的、一次性的重要决策预算。专门决策预算直接反映相关决策的结果,是对所选方案的进一步规划,如资本支出预算,其编制依据可以追溯到决策之前搜集到的有关资料,只不过预算比决策估算更细致、更准确一些。例如,企业对一切固定资产的购置都必须在事先做好可行性分析的基础上来编制预算,具体反映投资额需要多少,何时进行投资,资金从何筹集,投资期限多长,何时可以投产,未来每年的现金流量多少等。

财务预算是指企业在计划期内反映有关预计现金收支、财务状况和经营成果的预算。财务预算作为全面预算体系的最后环节,它是从价值方面总括地反映企业业务预算与专门决策预算的结果,也就是说,业务预算和专门决策预算中的资料都可以用货币金额反映在财务预算内。那么,财务预算就成了各项业务预算和专门决策预算的整体计划,故将财务预算称为总预算,其他预算则相应称为辅助预算或分预算。显然,财务预算在全面预算中占有举足轻重的地位。

2. 根据预算指标覆盖时间长短,企业预算可分为长期预算和短期预算

通常将预算期在1年以内(含1年)的预算称为短期预算,预算期在1年以上的预算称为长期预算。预算的编制时间可视预算内容和实际需要而定,可以是1周、1月、1季、1年或若干年等。

在预算编制的过程中,企业往往应结合各项预算的特点,将长期预算和短期预算结合使用。一般情况下,企业业务预算和财务预算多以1年为期进行短期预算,年内再按季或月进行细分,而且预算期间往往与会计期间保持一致。

(二)预算体系

各种预算是一个有机联系的整体。一般将业务预算、专门决策预算和财务预算组成的预算体系,称为全面预算体系,如图9-1所示。

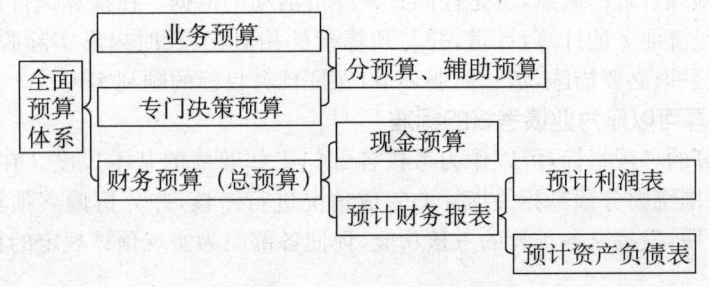

图9-1　全面预算体系

三、预算工作组织

预算工作组织包括决策层、管理层、执行层和考核层。

（一）企业董事会或类似机构

企业董事会或类似机构应当对企业预算管理工作负总责。企业董事会或者经理办公会可以根据情况设立预算委员会或指定财务管理部门负责预算管理事宜，并对企业法人代表负责。

（二）预算委员会或财务管理部门

预算委员会或财务管理部门主要拟订预算目标、政策，制定预算管理具体措施和办法，审议、平衡预算方案，组织下达预算，协调解决预算编制和执行中的问题，组织审计、考核预算执行情况，督促企业完成预算目标。

（三）企业财务管理部门

企业财务管理部门具体负责企业预算跟踪管理，监督预算执行情况，分析预算与实际执行的差异及原因，提出改进管理意见与建议。

（四）企业各个职能部门

企业内部生产、投资、物资、人力资源、市场营销等职能部门具体负责本部门业务，涉及预算编制、执行、分析等工作，并配合预算委员会或财务管理部门做好企业总预算的综合平衡、协调、分析、控制与考核等工作。其主要负责人参与企业预算委员会工作，并对本部门预算执行结果承担责任。

（五）企业所属基层单位

企业所属基层单位是企业预算基本单位，在企业财务管理部门指导下，负责本单位现金流量、经营成果和各项成本费用的预算编制、控制、分析工作，接受企业检查、考核。其主要负责人对本单位财务预算执行结果承担责任。

四、财务预算的作用

（一）财务预算有利于明确具体的工作目标

在现代企业管理中，财务预算以货币为尺度，规划了企业一定时期的总体财务目标以及各级各部门的具体财务目标，便于各部门从价值上了解本单位的经济活动与整个企业经营目标之间的关系，有利于明确各自的职责及工作目标，从各自角度去实现企业总的财务目标。

（二）财务预算有利于协调单位内部各部门关系

财务预算可以把企业一定时期的供、产、销及其他经济活动等纳入统一规划，企业内部各部门的业务预算是相互协调、相互联系的统一整体，从而使企业内部各相关部门在组织生产经营活动时，需要协调与其相关部门的关系，以保证企业总体目标的实现。

（三）财务预算有利于控制日常活动

编制预算是预算管理的起点，也是控制日常经济活动的依据。在预算执行过程中，各部门通过对实际发生的经济业务的计算、计量，并与预算指标相对比，及时揭露实际脱离预算的差异并分析其原因，以便采取必要措施，消除薄弱环节，保证预算目标的顺利实现。

（四）财务预算可以作为业绩考核的标准

企业财务预算的各项指标，可以作为考核各部门工作业绩的基本尺度。在年终评定各部门工作业绩时，可以围绕财务预算相关指标的完成情况进行考核，并分析偏离预算的程度和原因，划清责任，奖罚分明，发挥财务预算的考核功能，促使各部门为实现预算规定的目标努力工作。

任务二　财务预算方法

企业可以根据不同的预算项目，分别采用固定预算、弹性预算、增量预算、零基预算、定期预算、滚动预算等方法编制各种预算。

一、按照编制预算时业务量是否固定,可分为固定预算方法和弹性预算方法

(一)固定预算方法

固定预算方法又称静态预算法,是指在编制预算时,只根据预算期内正常的、可实现的某一固定业务量(如生产量、销售量)水平作为唯一基础来编制预算的一种方法。

固定预算方法的基本特征:只按照预算期内计划业务量编制预算指标,将实际结果与按预算期内计划业务水平确定的预算数进行比较分析,并据以进行行业绩评价。这种方法简便易行,较为直观,但可比性差,不利于正确地控制、考核和评价预算的执行情况。固定预算方法一般适用于实际业务水平和预算业务水平差异不大的企业。

(二)弹性预算方法

弹性预算方法简称弹性预算,又称变动预算或滑动预算,是指为克服固定预算方法缺点而设计的,以业务量、成本和利润之间的依存关系为依据,以预算期内可预见的各种业务量水平为基础,编制能够适应多种情况的预算的一种方法。

弹性预算的基本特征:针对不同时期内在某一相关范围内的多种业务活动水平确定不同的预算指标,预算期末将实际执行指标与实际业务量对应的预算指标进行对比,使预算执行情况的评价和考核建立在更加客观可比的基础上,从而更好地发挥预算控制作用。弹性预算适用于业务量水平经常变动的企业。

一般来讲,编制弹性预算所依据的业务量可以是产量、销售量、直接人工工时、机器工时、材料消耗量或直接人工工资等。在实务中,该方法主要用于编制弹性成本预算和弹性利润预算。

用弹性预算方法来编制成本预算时,其关键在于根据成本与业务量之间的依存关系,将所有成本分为变动成本和固定成本。变动成本主要根据单位业务量来控制,固定成本按总额控制。成本的弹性预算的计算公式如下:

$$弹性成本预算 = 固定成本预算数 + \sum(单位变动成本预算数 \times 预计业务量)$$

编制弹性成本预算的步骤:首先,选择适当的业务量并确定业务量的变动范围。根据企业的具体情况,业务量可以是产品实物量、人工工时、机器工时、直接人工等。业务量的变动区间可定在正常生产能力的 $70\% \sim 120\%$,或以历史上最高业务量或最低业务量为其上下限。其次,在成本性态分析的基础上,将成本项目近似地表示为:$y = a + bx$(当 $a = 0$ 时,$y = bx$ 为变动成本;当 $b = 0$ 时,$y = a$ 为固定成本;当 a 和 b 均不为零时,$y = a + bx$ 为混合成本;x 为业务量指标)。最后,预测预算期内业务量水平并利用多栏式表格分别编制不同业务量的预算。

做中学 9-1

A 企业生产丙产品,预计售价为 1 000 元,预计单位变动成本为 500 元,预计固定制造费用总额为 100 000 元。预计销售量适用范围为 800~1 100 台。

根据上述资料以 100 台为销售量的间隔编制产品的弹性成本及利润预算,如表 9-1 所示。

表 9-1 **A 企业弹性成本及利润预算**
(生产量的变动范围:800~1 100 台)   金额单位:元

销售量(台)	800	900	1 000	1 100
单价	1 000	1 000	1 000	1 000
单位变动成本	500	500	500	500

（续表）

销售收入	800 000	900 000	1 000 000	1 100 000
减：变动成本	400 000	450 000	500 000	550 000
边际贡献	400 000	450 000	500 000	550 000
减：固定成本	100 000	100 000	100 000	100 000
营业利润	30 000	350 000	40 000	450 000

二、按照编制成本费用预算出发点的特征不同，可分为增量预算方法和零基预算方法

（一）增量预算方法

增量预算方法简称增量预算，又称调整预算方法，是指以基期成本费用水平为基础，结合预算期业务水平及有关影响成本的因素的未来变动情况，通过调整有关原有费用项目而编制预算的一种方法。

增量预算方法的基本特征：增量预算假定现有的业务活动是企业所必需的，原有各项开支是合理的，未来预算期的费用变动是在现在费用的基础上调整的结果。采用这种方法，预算数容易受到原有费用的限制，容易导致企业保护落后，不利于企业未来发展。

（二）零基预算方法

零基预算方法是指在编制预算时，以零为基础，从根本上考虑各开支项目的必要性、合理性，从而确定预算金额的一种预算方法。

零基预算方法由于冲破了传统预算框架的限制，以零为起点，观察分析一切费用开支项目，确定预算金额，能合理、有效地进行资源分析，有助于企业内部的沟通、协调，激励各基层单位参与预算编制的积极性和主动性。但由于一切开支均以零为起点进行分析研究，预算工作量大，费用较高，重点不突出，编制时间较长。同时，由于评级和资源分析具有不同程度的主观性，易引起部门间的矛盾。这种方法适用于服务性部门费用预算的编制。针对零基预算的缺陷与不足，合理的解决办法是，每3～5年编制一次零基预算，以后几年内再作适当调整，以减少浪费和避免低效。

三、按照预算期时间特征不同，可分为定期预算方法和滚动预算方法

（一）定期预算方法

定期预算方法简称定期预算，是指在编制预算时以不变的会计期间作为预算期的一种编制预算的方法。定期预算编制工作量不大，但预算的及时性、连续性、完整性会受到影响。

（二）滚动预算方法

滚动预算方法简称滚动预算，又称连续预算或永续预算，是指在编制预算时，将预算期与会计年度脱离，随着预算的执行不断延伸补充预算，逐期向后滚动，使预算期永远保持为一个固定期间的一种预算编制方法。

滚动预算按预算编制和滚动的时间单位不同，可分为逐月滚动、逐季滚动和混合滚动三种方式。

逐月滚动方式是指在预算编制过程中，以月份为预算的编制和滚动单位，每个月调整一次预

算的方法。如在20×8年1月至12月的预算执行过程中,需要在1月月末根据当月预算的执行情况,修订2月至12月的预算,同时补充下1年20×9年1月的预算;到2月月末可根据当月执行情况,修订20×8年3月至20×9年1月的预算,同时补充20×9年2月的预算……以此类推。按照逐月滚动方式编制的预算比较精确,但工作量太大。滚动预算的编制方法如图9-2所示。

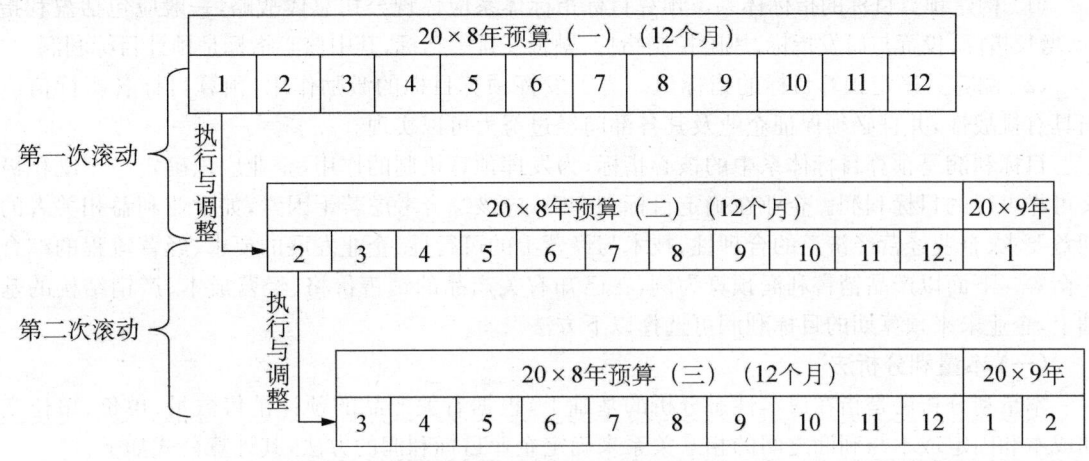

图9-2　滚动预算的编制方法

逐季滚动方式是指在预算编制过程中,以季度为预算的编制和滚动单位,每个季度调整一次预算的方法。如在20×7年第1季度至第4季度的预算执行过程中,需要在第1季度末根据当季预算的执行情况,修订第2季度至第4季度的预算,同时补充20×8年第1季度的预算;到第2季度末根据当季预算的执行情况,修订第3季度至20×9年第1季度的预算,同时补充20×8年第2季度的预算……以此类推。逐季滚动编制预算比逐月滚动编制预算的工作量小,但预算精确度较差。

混合滚动方式是指在预算编制过程中,同时使用月份和季度作为预算的编制和滚动单位的方法。它是滚动预算的一种变通方式。如对20×8年1月至3月逐月编制详细预算,其余4月至12月分别按季度编制粗略预算;到3月月末根据第1季度预算的执行情况,编制4月至6月的详细预算,并修订第3季度至第4季度的预算,同时补充20×9年第1季度的预算……以此类推。

与定期预算相比,滚动预算可以保持预算的连续性与完整性,使有关人员能从动态的预算中把握企业的未来,了解企业的总体规划和近期目标;可以使有关人员根据前期预算的执行结果,结合各种新的变化信息,不断调整或修订预算,从而使预算与实际情况相适应,有利于充分发挥预算的指导和控制作用;可以使各级管理人员始终保持对未来12个月甚至更加长远的生产经营活动作周密的考虑和全盘规划,确保企业各项工作有条不紊地进行。但滚动预算的不足之处是编制的工作量较大。为克服滚动预算的不足,可以适当地简化预算的编制工作:按季度滚动来编制预算,而在执行预算的那个季度里,再按月份具体地编制各月份的预算。

任务三　财务预算编制

一、企业年度预算目标与目标利润预算

制定预算目标是企业预算管理的基础工作。预算目标是企业根据战略规划及年度经营计

划,运用财务指标对企业及下属单位预算年度全面经营活动目标的概括。为充分发挥预算机制的重要作用,推进预算管理工作的顺利进行,便于日常管理的协调工作,企业必须确定合理的年度预算目标。

一般来说,确定年度预算目标主要从以下两方面入手:

(1)构建预算目标的指标体系。预算目标指标体系应体现公司总体战略,一般应包括盈利指标、增长指标、投资与研发指标、风险控制指标、融资安排等指标,其中核心指标是预计目标利润。

(2)测算并确定预算目标的指标值。为了发挥预算目标的激励作用,预算目标各指标值应当具有挑战性,并且必须保证企业及其各部门经过努力可以实现。

目标利润是预算目标体系中的核心指标,为发挥预算机制的作用,企业应该确定一个既积极又可靠可行的目标利润。企业在确定目标利润时,应该综合考虑若干因素,如企业利益相关者的利益要求、企业经营经济上的合理性、技术与经营上的可行性、企业发展的要求、经营流程的综合平衡等。下面以产品销售利润预算为例,在已知有关产品的销售价格、经营成本、产销结构的基础上,企业未来预算期的目标利润可选择以下方法。

(一)本量利分析法

本量利分析法是指在成本性态分析的基础上,根据有关产品的预计销售数量、单价、单位变动成本和固定成本与利润之间的相互关系来确定企业目标利润的方法,其计算公式如下:

$$目标利润 = 预计产品销售数量 \times (单价 - 单位变动成本) - 固定成本$$

(二)比例预算法

比例预算法是指利用利润指标与其他经济指标之间存在的内在比例关系来确定目标利润的方法。由于销售利润与产品销售收入、产品成本、资金投入有着密切的关系,因此可以采用以下比例预算法测定企业的目标利润。

1. 销售收入利润率法

它是指利用销售利润与销售收入的比例关系确定目标利润的方法,其计算公式如下:

$$目标利润 = 预计销售收入 \times 预计销售利润率$$

2. 成本利润率法

它是指利用利润总额与成本费用之间的比例关系确定目标利润的方法,其计算公式如下:

$$目标利润 = 预计营业成本费用总额 \times 核定的成本费用利润率$$

3. 投资成本回报率法

它是指利用利润总额与投资资本平均总额的比例关系确定目标利润的方法,其计算公式如下:

$$目标利润 = 预计投资资本平均总额 \times 核定的投资资本回报率$$

4. 利润增长百分比法

它是指根据有关产品上一期间实际获得的利润和过去连续若干期间的平均利润增长百分比,并全面考虑影响利润的有关因素的预期变动而确定企业目标利润的方法,其计算公式如下:

$$目标利润 = 上期利润总额 \times (1 + 利润增长百分比)$$

二、主要预算的编制

全面预算的编制应以销售预算为起点,根据各种预算之间的关系,按顺序从前往后逐步进行,直到编制出预计财务报表。

（一）销售预算

遵循"以销定产"原则,全面预算通常以销售预算为起点,总预算中的其他经营预算和绝大多数的财务预算都要以销售预算为基础。销售预算是指在销售预测的基础上,根据企业年度目标利润确定的预计销售量、销售单价、销售收入等参数编制的,用于规划预算期销售活动的一种业务预算。企业其他预算的编制都必须以销售预算为基础。

在编制过程中,首先,应根据年度内各季度市场预测的销售量和单价,确定预计销售收入,并根据各季现销收入与收回前期的应收账款反映现金收入额,以便为编制现金收支预算提供资料。其次,根据销售预测确定的销售量和销售单价确定各期销售收入,并根据各期销售收入和企业信用政策,确定各期的销售现金流量。这两项是销售预算的核心内容。

做中学 9-2

A公司20×9年只生产和销售一种产品,每季的产品销售货款有60%于当季收到现金,有40%属赊销,于下一个季度收到现金。上一年年末的应收账款余额为175 000元。该公司计划年度的销售预算如表9-2所示。

表9-2
A公司销售预算表
20×9年度
金额单位:元

项目	第1季度	第2季度	第3季度	第4季度	全年
预计销售（台）	2 000	2 500	3 000	2 500	10 000
单价	250	250	250	250	250
预计销售收入	500 000	625 000	750 000	625 000	2 500 000
期初应收账款	175 000				175 000
第1季度收现	300 000	200 000			500 000
第2季度收现		375 000	25 000		625 000
第3季度收现			450 000	300 000	750 000
第4季度收现				375 000	375 000
现金收入合计	475 000	575 000	700 000	675 000	2 425 000

（二）生产预算

生产预算是指根据销售预算编制的,用来规划预算期生产数量并作为编制材料采购预算和生产成本预算的依据的一种业务预算。编制生产预算的主要依据是预算期各种产品的预计销售量及存货期初期末资料。预计生产量的计算公式如下:

$$预计生产量 = 预计销售量 + 预计期末结存量 - 预计期初结存量$$

生产预算的预计销售量可以从销售预算中查到,预计期初结存量等于上期期末存货结存量。编制生产预算的关键是正确确定各季预计期末结存量。在实践中,企业需要考虑影响存货数量的各种因素并加以合理估计。

做中学 9-3

承[做中学9-2],A公司20×9年年初结存成品300台,本年各季度末结存数分别为500台、550台、500台、400台。A公司生产预算如表9-3所示。

表 9-3	A公司生产预算表				
	20×9年度				单位：台
项目	第1季度	第2季度	第3季度	第4季度	全年
预计销售量	2 000	2 500	3 000	2 500	10 000
加：预计期末结存量	500	550	500	400	400
预计需要量	2 500	3 050	3 500	2 900	10 400
减：期初结存	300	500	550	500	300
预计生产量	2 200	2 550	2 950	2 400	10 100

（三）材料采购预算

材料采购预算是指规划预算期材料消耗情况及采购活动而编制的，用于反映预算期各种材料消耗量、采购量、材料消耗成本、材料采购成本等计划信息的一种业务预算。材料采购预算需要先依据预计产品生产量和材料单位耗用量，确定生产需要耗用量，再根据材料的期初期末结存情况，确定材料采购量，最后根据款项支付情况，确定现金流出情况。

材料消耗量 = 预计产品生产量 × 单位产品定额消耗量

材料采购量 = 预计材料消耗量 + 预计期末结存量 - 预计期初结存量

材料采购预算的关键是确定预算期材料消耗量、采购量和期末结存量，并确定各预算期材料采购现金支出。材料期末结存量的确定可以为编制期末存货预算提供依据，现金支出的确定可以为编制现金预算提供依据。

做中学 9-4

承［做中学 9-3］，A公司 20×9 年期初材料结存是 720 千克，本年各季度末结存材料分别是 820 千克、980 千克、784 千克、860 千克，每季度的购料款于当季支付 40%，剩余 60% 于下一个季度支付，应付账款年初余额为 120 000 元。A公司材料采购预算如表 9-4 所示。

表 9-4	A公司材料采购预算表				
	20×9年度				金额单位：元
项目	第1季度	第2季度	第3季度	第4季度	全年
预计生产量（台）	2 200	2 550	2 950	2 400	10 100
材料定额消耗量（千克）	5	5	5	5	5
预计生产需要量（千克）	11 000	12 750	14 750	12 000	50 500
加：期末结存量（千克）	820	980	784	860	860
预计需要量合计（千克）	11 820	13 730	15 534	12 860	51 360
减：期初结存量（千克）	720	820	980	784	720
预计采购量（千克）	11 100	12 910	14 554	12 076	50 640
计划单价	20	20	20	20	20
预计采购金额	222 000	258 200	281 080	241 520	1 012 800

（续表）

项目	第1季度	第2季度	第3季度	第4季度	全年
应付账款期初余额	120 000				120 000
第1季度付现	88 800	133 200			222 000
第2季度付现		103 280	154 920		258 200
第3季度付现			116 432	174 648	281 080
第4季度付现				96 608	96 608
现金支出合计	208 800	236 480	271 352	271 256	987 888

（四）直接人工预算

直接人工预算是指反映预算期内人工工时消耗水平和人工成本开支的一种业务预算。直接人工预算根据生产预算中的预计生产量以及单位产品直接人工定额工时和单位工时工资率编制。产品定额工时是由产品生产工艺和技术水平决定的,由产品技术和生产部门提供定额标准;产品预计生产量来自生产预算;单位工时工资率来自企业人事部门工资标准和工资总额。有关计算公式如下:

$$预计产品直接人工工时总额 = 单位产品定额工时 \times 产品预计生产量$$
$$预计直接人工总成本 = 单位工时工资率 \times 直接人工工时总数$$

编制直接人工预算时,一般认为各预算期直接人工都是直接以现金发放的,因此不再特别列示直接人工的现金支出。

做中学 9-5

承[做中学9-3],假设A公司单位产品耗用工时为6小时,单位工时的工资率为5元,A公司计划年度直接人工预算如表9-5所示。

表9-5　　　　　　　　　　A公司直接人工预算表

20×9年度　　　　　　　　　　　　　　金额单位:元

项目	第1季度	第2季度	第3季度	第4季度	全年
预计生产量（台）	2 200	2 550	2 950	2 400	10 100
单位工时（小时）	6	6	6	6	6
直接人工工时数（小时）	13 200	15 300	17 700	14 400	60 600
单位工时工资率	5	5	5	5	5
预计直接人工成本	66 000	76 500	88 500	72 000	303 000

（五）制造费用预算

制造费用预算是指反映生产成本中除直接材料、直接人工以外的一切不能直接计入产品制造成本的间接制造费用的一种业务预算。

当以变动成本法为基础编制制造费用预算时,需要按变动性制造费用和固定性制造费用分别编制预算。

变动性制造费用预算应区分不同费用项目，根据单位变动制造费用分配率和业务量逐一确定各项目的变动制造费用预算数。其计算公式如下：

$$变动性制造费用分配率 = \frac{变动性制造费用总额}{业务量预算数}$$

公式中，分母业务量预算数可以选择预算生产量或直接人工工时总数。

固定性制造费用也应区分不同费用项目，逐一确定各项目预算期的固定费用预算。

在编制制造费用预算时，为方便现金预算的编制，还需要确定预算期内制造费用预算的现金支出部分。由于固定资产折旧费用是非付现成本项目，在计算时应予剔除。

做中学 9-6

承[做中学 9-5]，A公司在编制预算时采用变动成本法，变动性制造费用按各种产品直接人工工时比例分配，20×9年预计的直接人工工时资料如表9-5所示，制造费用预算如表9-6所示，除折旧费用以外的各项制造费用均以现金支付。全年直接人工工时合计为 60 600 小时，间接人工分配率为 0.2 元/小时，间接材料分配率为 0.1 元/小时，维修费分配率为 0.15 元/小时，水电费分配率为 0.25 元/小时，机物料分配率为 0.05 元/小时。

表 9-6　　　　　　　　　　A公司制造费用预算表

20×9年度　　　　　　　　　　　　　　　　单位：元

变动费用项目	金额	固定费用项目	金额
间接人工	12 120	维护费用	4 000
间接材料	6 060	折旧费用	73 200
维修费	9 090	管理费用	35 000
水电费	15 150	保险费用	6 000
机物料	3 030	财产税	3 000
合计	45 450	合计	121 200
变动费用现金支出		45 450	
固定费用合计		121 200	
减：折旧费用		73 200	
固定费用现金支出合计		48 000	
制造费用全年现金支出		93 450	
第1季度现金支出		25 000	
第2季度现金支出		25 000	
第3季度现金支出		24 000	
第4季度现金支出		19 450	

（六）产品成本预算

产品成本预算是指为规划一定预算期内每种产品的单位产品成本、生产成本、销售成本等项内容而编制的一种业务预算。这种预算需要在生产预算、直接材料预算、直接人工预算和制造费用预算的基础上编制。

产品成本预算包括单位产品生产成本预算、生产成本预算、产品生产成本预算、产品销售成本预算等。

1. 单位产品生产成本预算

单位产品生产成本的计算公式如下：

单位产品生产成本 ＝ 单位产品直接材料成本 ＋ 单位产品直接人工成本 ＋ 单位产品制造费用

其中：

$$单位产品直接材料成本 ＝ 单位产品材料消耗定额 × 材料计划单价$$

$$单位产品直接人工成本 ＝ 单位产品人工工时 × 小时工资率$$

$$单位产品制造费用 ＝ 单位变动性制造费用 ＋ 单位固定性制造费用$$

$$单位变动性制造费用 ＝ 单位产品人工工时 × 单位小时制造费用$$

$$单位固定性制造费用 ＝ \frac{固定性制造费用全年预算数}{全年直接人工工时数}$$

2. 生产成本预算

某期生产成本的计算公式如下：

$$某期生产成本 ＝ 预计直接材料成本 ＋ 预计直接人工成本 ＋ 预计制造费用$$

其中：

$$预计直接材料成本 ＝ 单位产品直接材料成本 × 预计生产量$$

$$预计直接人工成本 ＝ 单位产品直接人工成本 × 预计生产量$$

$$预计制造费用 ＝ 单位产品制造费用 × 预计生产量$$

3. 产品生产成本预算

产品生产成本的计算公式如下：

$$产品生产成本 ＝ 在产品成本期初余额 ＋ 预计生产成本 － 在产品成本期末余额$$

为简化预算编制过程，通常假定在产品成本期初和期末余额为零，或均为已知数。

4. 产品销售成本预算

本期预计销售成本的计算公式如下：

$$本期预计销售成本 ＝ 产成品期初余额 ＋ 产品生产成本 － 产成品期末余额$$

产成品期初余额等于期初单位产成品成本与产成品期初存量的乘积；产成品期末余额等于单位产品生产成本与产成品期末存量的乘积。

5. 期末结存产品成本预算

期末结存产品成本的计算公式如下：

$$期末结存产品成本 ＝ 期初结存产品成本 ＋ 本期产品生产成本 － 本期产品销售成本$$

期初结存产品成本和本期产品销售成本，应该根据具体的存货计价方法确定。

为简化程序，假定企业只编制全年的产品成本预算，不编制分季度预算。

做中学 9-7

A 公司采用制造成本法计算成本，生产成本包括变动生产成本和固定生产成本。单位产品直接材料耗用量为 5 千克，计划单价为 20 元；单位产品直接人工工时为 6 小时，小时工资率为 5 元；变动性制造费用分配率为 0.75 元/小时；全年直接人工工时总数为 60 600 小时，全年固定性制造费用为 121 200 元；期初产品数量为 300 台，期末产品数量为 400 台；全年生产量为 10 100 台。编制产品成本预算如表 9-7 所示。

表 9-7　　　　　　　　　　公司产品成本预算表

20×9 年度　　　　　　　　　　　　　金额单位：元

成本项目	单位用量	单位价格	单位成本
直接材料	5 千克	20 元/千克	100
直接人工	6 小时	5 元/小时	30
变动性制造费用	6 小时	0.75 元/小时	4.5
固定性制造费用	121 200÷60 600×6＝12		
单位生产成本	146.5		
本期生产成本	10 100×146.5＝1 479 650		
加：期初在产品成本	0		
减：期末在产品成本	0		
本期产品生产成本	1 479 650		
加：期初产成品成本	300×146.5＝43 950		
减：期末产成品成本	400×146.5＝58 600		
预计产品销售成本	1 465 000		

（七）销售及管理费用预算

销售及管理费用预算是指为规划一定预算期内企业为销售产品和维持一般行政管理工作所发生的各项目费用而编制的一种业务预算。该预算与制造费用预算一样，需要划分固定费用和变动费用列示。

变动性销售及管理费用预算应区分不同费用项目，根据单位变动销售及管理费用分配率和业务量逐一确定各项目的变动销售及管理费用预算数。计算公式如下：

$$变动性销售及管理费用分配率 = \frac{变动性销售及管理费用总额}{业务量预算数}$$

公式中，分母业务量预算数可以选择预算生产量或直接人工工时总数。

固定性销售及管理费用也应区分不同费用项目，逐一确定项目预算期的固定费用预算。

在编制销售及管理费用预算时，为方便现金预算的编制，还需要确定预算期内销售及管理费用预算的现金支出部分。由于固定资产折旧费用是非付现成本项目，在计算时应予剔除。

做中学 9-8

A 公司销售及管理部门根据计划期间的具体情况，预计全年工时为 60 600 小时，编制销售及管理费用预算表如表 9-8 所示。

表 9-8　　　　　　　A 公司销售及管理费用预算表

20×9 年度　　　　　　　　　　　　　单位：元

费用明细项目		预算资金
变动费用	销售佣金（0.1×60 600）	6 060
	办公费用（0.2×60 600）	12 120
	运输费用（0.2×60 600）	12 120
	……	…
	合计	42 420

（续表）

费用明细项目		预算资金
固定费用	广告费用	80 000
	管理人员工资	125 000
	保险费用	8 000
	折旧费用	50 000
	财产税	4 000
	……	…
	合计	287 000
预计现金支出	销售及管理费用总额	329 420
	减：折旧费用	50 000
	销售及管理费用现金支出总额	279 420
	每季度销售及管理费用现金支出	69 855

（八）专门决策预算

专门决策预算主要是长期投资预算，又称资本预算，通常是指与项目投资决策相关的一种专门预算，它往往涉及长期建设项目的资金投放与筹集，并经常跨越多个年度。编制专门决策预算的依据是项目财务可行性分析资料，以及企业筹资决策资料。

做中学 9-9

假设 A 公司决定于 20×9 年新建一项目，年内完工，并于年末投入使用，有关投资与融资预算如表 9-9 所示。

表 9-9 　　　　　　　　　　公司投资与融资预算表

20×9 年度 　　　　　　　　　　单位：元

项目	第1季度	第2季度	第3季度	第4季度	全年
投资支出预算	50 000	40 000	70 000	80 000	240 000
借入长期资金	40 000			80 000	120 000

（九）现金预算

现金预算是指以业务预算和专门决策预算为依据编制的，专门反映预算期内预计现金收入与现金支出，以及为满足理想现金余额而进行现金投融资的预算。

现金预算由期初现金余额、现金收入、现金支出、现金余缺和现金投放与筹措五部分构成。其中：

$$期初现金余额＋现金收入－现金支出＝现金余缺$$

财务管理部门应根据现金余缺与期末现金余额的比较，来确定预算期内现金投放或筹措。当现金余缺大于期末现金余额时，应将超过期末余额以上的多余现金进行投资；当现金余缺小于期末现金余额时，应筹措现金，直到现金总额达到要求的期末现金余额。

$$现金余缺＋现金筹措（现金不足时）＝期末现金余额$$
$$现金余缺－现金投放（现金多余时）＝期末现金余额$$

做中学 9-10

承[做中学 9-2]至[做中学 9-9]，根据编制的各业务预算和决策预算表的资料，编制现金预算。假设 A 公司年初现金余额为 80 000 元，每季度支付各种流转税 35 000 元，前 3 季度每季度预交所得税 50 000 元，年末汇缴 89 440 元，年末支付股利 250 000 元。最低现金持有量为 50 000 元。A 公司的现金预算如表 9-10 所示。

表 9-10

A 公司现金预算表

20×9 年度

单位：元

项目	第 1 季度	第 2 季度	第 3 季度	第 4 季度	全年
期初现金余额	80 000	80 000	80 000	80 000	80 000
经营现金流入	475 000	575 000	700 000	675 000	2 425 000
现金收入合计	555 000	655 000	780 000	755 000	2 505 000
直接材料付现	208 800	236 480	271 352	271 256	987 888
直接人工付现	66 000	76 500	88 500	72 000	303 000
制造费用付现	25 000	25 000	24 000	19 450	93 450
销售及管理费用付现	69 855	69 855	69 855	69 855	279 420
支付流转税	35 000	35 000	35 000	35 000	140 000
预交所得税	50 000	50 000	50 000	89 440	239 440
分配股利				250 000	250 000
投资付现	50 000	40 000	70 000	80 000	240 000
现金支出合计	504 655	532 835	608 707	887 001	2 533 198
现金余缺	50 345	122 165	171 293	−132 001	−28 198
资金筹措与投资					
长期借款	40 000			80 000	120 000
支付利息	−15 345	−15 165	−13 293	−11 999	−55 802
取得短期借款	5 000			20 000	25 000
偿还短期借款		−5000			−5 000
进行短期投资		−22000	−78000		−100 000
出售短期投资				100 000	100 000
期末现金余额	80 000	80 000	80 000	56 000	56 000

（十）预计利润表

预计利润表是指综合反映企业预算期内企业经营成果的一种财务预算。该预算需要在销售预算、产品成本预算、制造费用预算、销售及管理费用预算等日常业务预算的基础上编制。

做中学 9-11

承[做中学 9-2]至[作中学 9-10]，以所编制的各种预算资料为依据，假设 A 公司每季预提的财务费用为 20 000 元。编制 A 公司预计利润表（简表）如表 9-11 所示。

表 9-11　　　　　　　　　　A 公司预计利润表(简表)

20×9 年度　　　　　　　　　　　　　　单位:元

项目	第 1 季度	第 2 季度	第 3 季度	第 4 季度	全年
销售收入	500 000	625 000	750 000	625 000	2 500 000
减:销售成本	293 000	366 250	439 500	366 250	1 465 000
销售毛利	207 000	258 750	310 500	258 750	1 035 000
减:销售及管理费用	82 355	82 355	82 355	82 355	329 420
财务费用	20 000	20 000	20 000	20 000	80 000
营业利润	104 645	156 395	208 145	156 395	625 580
减:所得税	50 000	50 000	50 000	89 440	239 440
净利润	54 645	106 395	158 145	66 955	386 140

(十一) 预计资产负债表

预计资产负债表是指反映企业在预算期末财务状况的一种财务预算。预计资产负债表的编制需要以预算期开始日的资产负债表为基础,结合预算期间各项业务预算、专门决策预算、现金预算和预计利润表进行分析编制。它是编制全面预算的终点。

做中学 9-12

承[做中学 9-2]至[做中学 9-11],根据 A 公司期初资产负债表及预算期各项预算中的有关资料进行调整,编制出 20×9 年年末的预计资产负债表(简表)如表 9-12 所示。

表 9-12　　　　　　　　　　A 公司预计资产负债表(简表)

20×9 年 12 月 31 日　　　　　　　　　　　　单位:元

资产	金额	负债和所有者权益	金额
流动资产:		流动负债:	
库存现金	56 000	短期借款	20 000
应收账款	250 000	应付账款	144 912
存货	75 800	应交税费	10 000
流动资产合计	381 800	预收款项	24 198
非流动资产:		流动负债合计	199 110
固定资产	800 000	非流动负债	120 000
减:累计折旧	200 000	所有者权益:	
固定资产净值	600 000	股本	500 000
在建工程	240 000	资本公积	100 000
无形资产	184 200	留存收益	486 890
长期资产合计	1 024 200	所有者权益合计	1 086 890
资产总计	1 406 000	负债和所有者权益总计	1 406 000

任务四　财务控制管理

一、财务控制概述

财务控制是内部控制的一个重要组成部分,是内部控制的核心,是内部控制在资金和价值方面的体现。内部控制是指对一个组织活动进行约束和指导,使之按既定目标运行的过程。要达到对企业经营活动实施控制的目的,需要设立一系列控制制度、组织、方法和程序。其中,侧重于对企业财务状况和资金运动过程而进行的监督与跟踪调查,就属于财务控制。

(一)财务控制的含义和特征

财务控制是指按照一定的程序和方法,确保企业及其内部机构和人员全面落实、实现对企业资金的取得、投放、使用和分配过程的控制。作为现代企业管理水平的重要标志,它是运用特定的方法、措施和程序,通过规范化的控制手段,对企业的财务活动进行控制和监督。

1. 财务控制是一种价值控制

财务控制是以实现财务预算为目标的,而财务预算所包含的现金预算、预计利润表和预计资产负债表都是以价值形式反映的,这就决定了财务控制必须实行价值控制。

2. 财务控制是一种全面控制

财务控制用价值手段来实施其控制过程,因此,它不仅可以将各种不同性质的业务综合起来控制,而且可以将不同层次、不同部门的业务综合起来控制,体现财务控制的全面性。

3. 财务控制以现金流量为控制重点

企业日常的财务活动表现为组织现金流量的过程,因此,财务控制的重点应放在现金流量的控制上,通过现金预算、现金流量表等保证企业资金活动的顺利进行。

(二)财务控制的基础

1. 组织基础

财务控制的首要基础是围绕控制目标所建立的组织机构。比如,为确定财务预算建立的决策和预算编制机构,为组织和实施日常财务控制建立的监督、协调、仲裁机构,为便于内部结算建立的内部结算组织,为考评预算的执行结果建立的考评机构等。在实践中,可以根据需要将这些机构的职能合并到企业的常设机构中。

2. 制度基础

内部控制制度是企业为了顺利实施控制过程所进行的组织机构的设计、控制手段的采取及各种措施的制定。这些方法和措施的主要作用在于检查财务预算目标的制定、会计信息的准确性和可靠性,确保财务预算的有效执行,以提高财务控制效率。

(三)财务控制应遵循的基本原则

(1)相互制约。它要求处理每一项经济业务的全过程,必须由两人或两人以上共同分工负责,彼此的工作可以相互监督,以起到相互牵制的作用。

(2)会计独立。它要求资金实物形态的保管、处理必须与反映资金变化的记录完全独立开来。即会计工作与其他业务工作分开,会计部门不与其他部门合并。经营财产实物的部门必须由管理当局授权。

(3)记录完备。在会计制度设计中,从设计起就应规定,利用完备的会计记录对企业的经济业务进行分类、整理、总结、监督,以保证企业所发生的所有重要经济业务都有详细的记录并反映在财务报表上。这些记录包括计划、预算、定额标准、会计凭证、账簿及各类报表。

(4)稽核对证。会计部门要充分利用内部稽核办法,保证账账相符。控制实物和货币支出不超过预算定额,并要经常进行实物盘点,及时与账簿记录相互复核对证。

(5) 内部审计。在企业中要建立独立于会计部门之外的内部审计部门,对企业的会计记录和会计报告、会计制度执行情况进行经常性检查和监督。

(四) 财务控制的分类

(1) 按控制时间分类,分为事前财务控制、事中财务控制和事后财务控制。事前财务控制是指在财务收支活动尚未发生之前所进行的一种控制,如申报审批制度。事中财务控制是指在财务收支活动发生过程中所进行的一种控制,如按财务预算监督财务预算的执行情况,对各项收支的去向进行监督等。事后财务控制是指对财务收支活动的结果进行考核及相应的惩罚的一种控制。

(2) 按控制的依据分类,分为预算控制和制度控制。预算控制是指以财务预算为依据,对预算执行主体的财务收支活动进行监督、调整的一种控制。预算表明了执行主体的责任和奋斗目标,规定了预算执行主体的行为。制度控制是指通过制定企业内部规章制度,并以此为依据约束企业和各责任中心财务收支活动的一种控制。制度控制带有防护性的特征,预算控制带有激励性的特征。

(3) 按控制的对象分类,分为收支控制和现金控制。收支控制是指对企业和各责任中心的财务收入和支出活动所进行的一种控制。企业可以通过收支控制来促使企业收入达到既定目标,并使成本达到最小,以实现企业利润最大化。现金控制是指对企业和各责任中心的现金流入和现金流出活动所进行的一种控制。现金控制的目的在于实现企业现金流入、流出的基本平衡,既要防止因现金短缺而可能出现的支付危机,也要防止因现金沉淀而可能带来机会成本的增加。

(4) 按控制的手段分类,分为绝对控制和相对控制。绝对控制是指对企业和各责任中心的财务指标采用绝对数的一种控制。一般而言,对激励性指标,是通过绝对数控制其最低限度;对约束性指标,是通过绝对数控制其最高限度。相对控制是指对企业和各责任中心的财务指标采用相对比率的一种控制。一般而言,相对指标具有反映投入与产出对比、开源与节流并重的特征。

二、财务控制的主要内容

20世纪早期,最初促使对组织内的财务控制加以利用的就是分权。分权的重要目标是给予决策者作出营运决策的责任。而这一责任要求运用财务控制来控制运营,当经营不好需要改善的时候,财务控制就会揭示相关的信息。我们认为财务控制系统包括制度控制、预算控制、评价控制和激励机制。

(一) 制度控制

企业要搞好财务控制,就必须建立严密的财务控制制度。财务控制制度的目的在于能够细化并明确企业财务机构和会计人员的职责、工作要求、工作流程,能够规范约束财务机构、人员的行为,保证企业能够正确核算经营成果,对财务管理工作有条不紊地进行具有重要推动作用,能够使财务管理的监管作用更好地发挥。制度控制主要体现在三个方面:第一,不相容职务分离制度;第二,授权批准控制制度;第三,会计系统控制制度。

制度控制的优点在于操作简单,便于全员执行,但也限制了管理者及职工的主观能动性。

(二) 预算控制

预算控制是指通过预算的形式规范企业的目标和经济行为的控制。过程预算控制可以调整与修正管理行为与目标偏差,保证各级目标、策略、政策和规划的实现。财务控制包括将与目标有关的财务数字与标准数字,进行比较,以找出差异。不利的差异就是警告的信号,可能会引发一系列的作业活动,以便找出不利业绩的原因并加以改正。

预算控制的优点在于企业行为量化标准明确,企业总体目标与个体目标紧密衔接,可以及时发现问题、纠正偏差。其缺点在于财务预算定制比较复杂,某种程度上限制了人员的主观能动性。

(三) 评价控制

评价控制是指企业通过评价的方式规范企业中的各级管理者及员工的经济目标和经济行为的控制过程。财务控制中的各个业绩指标是有所不同的,因此必须了解各个责任中心的性质和角色。责任中心包括成本中心、利润中心和投资中心。评价控制的目标从总体上与制度控制相一致,即追求经营效率和效果。评价控制的作用在于使各级管理者和员工明确自己的工作效果与自身利益及上级、同级目标的关系,从而调动其主观能动性、规范其行为,为实现个体目标而努力。

评价控制的优点在于既有明确的控制目标,又有相应的灵活性,有利于管理者及员工在实现目标过程中主观能动性的发挥。其缺点在于企业文化较难得到职工的认同。

(四) 激励控制

激励控制是指企业通过激励的方式控制管理者的行为,使管理者的行为与企业战略目标相协调的控制过程。激励控制的目标从总体上与企业战略控制目标一致,激励控制与评价控制密不可分,如果激励控制与评价控制能很好地衔接,实现以长期业绩为中心的激励目标,管理者与所有者的利益及目标就会协调一致,必然为企业创造更大的价值。

激励控制的优点在于将管理者的利益与所有者的利益相联系,通过利益约束机制来规范管理者的行为,管理者可根据环境的变化及时调整目标和战略,但缺点是对管理者要求较高。

三、财务控制的方法

财务控制作为现代企业管理水平的重要标志,通过规范化的控制手段和特定的方法、措施和程序,对企业的财务活动进行控制和监督。因此,财务控制必须以确保单位经营的效率性和效果性、资产的安全性、经济信息和财务报告的可靠性为目的。从这个目的出发,必须了解财务控制的方法。

(一) 组织规划控制

根据财务控制的要求,单位在确定和完善组织结构的过程中,应当遵循不相容职务相分离的原则,即一个人不能兼任同一部门财务活动中的不同职务。单位的经济活动通常划分为五个步骤:授权、签发、核准、执行和记录。如果上述每一步骤由相对独立的人员或部门实施,就能够保证不相容职务的分离,便于财务控制作用的发挥。

(二) 授权批准控制

授权批准控制是指对单位内部部门或职员处理经济业务的权限控制。单位内部某个部门或某个职员在处理经济业务时,必须经过授权批准才能进行,否则就无权审批。授权批准控制可以保证单位既定方针的执行和限制滥用职权。授权批准的基本要求是:首先,要明确一般授权与特定授权的界限和责任;其次,要明确每类经济业务的授权批准程序;最后,要建立必要的检查制度,以保证经授权后所处理的经济业务的工作质量。

(三) 预算控制

预算控制是财务控制的一个重要方面,包括筹资、融资、采购、生产、销售、投资、管理等经营活动的全过程。其基本要求是:第一,所编制预算必须体现单位的经营管理目标,并明确责任;第二,预算在执行中,应当允许经过授权批准对预算进行调整,以便预算更加切合实际;第三,应当及时或定期反馈预算的执行情况。

(四) 成本控制

成本控制分粗放型成本控制和集约型成本控制。粗放型成本控制是从原材料采购到产品的最终售出进行控制的方法,具体包括原材料采购成本控制、材料使用成本控制和产品销售成本控制三个方面。集约型成本控制则通过改善生产技术和产品工艺来降低成本。

(五)风险控制

风险控制就是尽可能地防止和避免出现不利于企业经营目标实现的各种风险。在这些风险中经营风险和财务风险显得极为重要。经营风险是指因生产经营方面的原因给企业盈利带来的不确定,而财务风险是指由于举债而给企业财务带来的不确定性。由于经营风险和财务风险对企业的发展具有很大的影响,所以企业在进行各种决策时,必须尽力规避这两种风险。

(六)审计控制

审计控制主要是指内部审计,它是对会计的控制和再监督。内部审计是在一个组织内部对各种经营活动与控制系统的独立评价,以确定既定政策的程序是否得到贯彻,建立的标准是否有利于资源的合理利用,以及单位的目标是否达到。内部审计对会计资料的监督、审查,不仅是财务控制的有效手段,也是保证会计资料真实、完整的重要措施。

四、内部控制业绩评价

财务控制强调通过衡量和评估公司财务成果来评价公司取得业绩的过程,财务控制中经常使用的业绩指标包括收入、成本、利润等。而公司整体的业绩目标,需要落实到内部各部门和经营单位,因此运用财务控制的不同类型的部门实质上就是责任中心。企业根据内部各部门控制成本、收入、利润和投资回报的能力来对其责任进行分类。

(一)责任中心的含义和特征

责任中心是指承担一定经济责任,并享有一定权利的企业内部(责任)单位。凡是管理上可以分离、责任可以辨认、成绩可以单独考核的单位,都可以划分为责任中心,大到分公司、地区工厂或部门,小到车间、班组。如旅店连锁集团中的一家酒店、邮件订货业务中的传运部门。责任中心通常包括以下特征:

(1)责任中心是一个责权利相结合的实体。每一个责任中心都要对财务指标的完成情况负责任。同时,责任中心被赋予与其承担责任的范围大小相适应的权利。

(2)责任中心具有承担责任的条件。责任中心具有履行经济责任中心条款的行为能力,责任中心一旦不能履行经济责任,能对其后果承担责任。

(3)责任中心所承担的责任和行使的权力都应是可控的。责任中心对其职责范围内的成本、收入、利润和投资负责。因此,这些内容必定是该责任中心所能控制的内容。在对责任中心进行责任预算和业绩考核时,也只能包括该中心所能控制的项目。一般而言,责任中心层次越高,其可控范围越大。

(4)责任中心具有相对独立的经营业务和财务收支活动。这是确定经济责任的客观对象及责任中心得以存在的前提条件。

(5)责任中心便于进行责任核算、业绩考核与评价。责任中心不仅要划清责任而且要能够进行单独的责任核算。划清责任是前提,单独核算是保证。只有既划清责任又能进行单独核算的企业内部单位,才能作为一个责任中心。按照责任对象的特点和责任范围的大小,责任中心可以分为成本中心、利润中心和投资中心。

(二)成本中心

1. 成本中心的含义和特征

成本中心是指只发生成本而不取得收入的责任单位,是最基本的责任中心。成本中心只考核责任成本,不考核其他内容。任何发生成本的责任领域都可以成为成本中心。工厂的生产部门就是成本中心。成本中心相对于其他层次的责任中心有其自身的特点,主要表现在:

（1）成本中心只考评成本费用不考评收益。成本中心一般不具有经营权和销售权，其经济活动的结果不会形成可以用货币计量的收入；其工作成果也不会形成可以用货币计量的收入，或其工作成果仅计量和考核发生的成本。工作业绩的评价考核，主要是通过一定期间实际发生的成本，与其预定的尺度（通常为预算成本）进行对比，编制业绩报告，剖析差异形成的原因和责任。

（2）成本中心只对可控成本承担责任。可控成本是指可以预先知道的、有办法计量的、能为该责任中心所控制、为其工作好坏所影响的成本。成本的可控性是就特定的责任中心、特定的期间和特定权限而言的：①成本的可控与否，与责任中心的权力层次有关；②成本的可控与否，与责任中心的管辖范围有关；③可控成本和不可控成本可以在一定条件下发生相互转化。一般地，成本中心的变动成本大多是可控成本，固定成本大多是不可控成本；各成本中心发生的直接成本大多是可控成本，其他部门分配的间接成本大多是不可控成本。

（3）成本中心只对责任成本进行考核和控制。责任成本是各成本中心当期确定或发生的各项可控成本之和。对成本费用进行控制，应以各成本中心的预算责任成本为依据，确保实际责任成本不会超过预算责任成本。

责任成本与产品成本是既有联系又有区别的两个含义。两者区别有以下四点：①归集和分配的对象不同。责任成本是以责任中心为费用归集和分配对象；而产品成本则是以产品为费用归集和分配对象。②分配的原则不同。责任成本的分配原则是"谁负责，谁承担"，其中的"谁"是指责任中心及其责任人；产品成本的分配原则是"谁受益，谁承担"，其中的"谁"是指产品本身。③核算的基础条件不同。责任成本核算要求以成本的可控性为分类标志；产品成本则是以成本的经济用途为分类标志。④核算的主要目的不同。责任成本核算的主要目的在于控制耗费、降低成本、考核和评价责任中心的工作业绩；产品成本核算的主要目的是为资产的计价、成本的补偿和计量经营成果提供信息。两者之间也有以下两点联系：①成本的本质是相同的，无论是责任成本还是产品成本都是由企业生产经营过程中一定量的资金耗费构成的。②在一定时期内，企业发生的全部责任成本之和应当等于全部产品成本之和。

2. 成本中心的业绩考核与评价

成本中心的考核指标包括责任成本的变动额和变动率两类指标，其计算公式如下：

$$责任成本的增减额 = 实际责任成本 - 预算责任成本$$

$$责任成本的升降率 = \frac{责任成本增减额}{预算责任成本} \times 100\%$$

做中学 9-13

假设 M 公司有甲、乙、丙三个成本中心。三个成本中心某日的责任成本预算值分别为 4 000 元、5 000 元、6 000 元，其可控成本实际发生额分别为 3 800 元、5 500 元、5 800 元。根据上述公式计算得到责任成本预算完成情况表，如表 9-13 所示。

表 9-13   **责任成本预算完成情况表**   单位：元

成本中心	预算	实际	增减额	升降率
甲	4 000	3 850	−150	−3.75%
乙	5 000	5 500	+500	10.00%
丙	6 000	5 800	−200	−3.33%

显然，在三个成本中心中，甲、丙成本中心的实际成本都比预算节约超过 3%，其中甲成本中心的成本预算完成情况最好，而乙成本中心的成本完成情况最差。

在对成本中心的预算完成情况考核时应该注意,如果实际产量与预算产量不一致,应先区分固定成本和变动成本,再按照弹性预算的方法调整预算指标,然后继续上述计算、分析和比较。

责任成本考核与评价通过责任成本差异指标考核各责任中心的责任成本预算执行情况。考核时既要考核责任成本预算差异,以揭示各项成本的支出水平,评价各责任中心通过增加产量形成的成本相对节约额,促使责任中心寻求降低成本的途径。

特别要注意的是,仅根据成本中心控制和降低成本的能力来评估成本中心的业绩是我们经常犯的一个错误,其他一些诸如质量、时间等关键衡量方式就会被忽视,因此业绩评价应该体现成本中心对组织所作的贡献。

(三) 利润中心

1. 利润中心的含义

利润中心是组织中对实行销售以及控制成本负责的责任中心。利润中心管理人员一般有权进行产品定价、决定产品组合等。利润中心就像一个独立的公司,只有一点不同,即在公司中是高层管理人员而不是责任中心经理来控制责任中心的管理水平。例如,连锁店中的一家经销店经理有责任进行产品定价、选择买入产品以及对产品进行打折,因而经销店满足作为一个利润中心的条件。

2. 利润中心的业绩考核与评价

利润中心的考核指标为可控利润,即责任利润。如果利润中心获得的利润受该利润中心不可控因素的影响,则必须进行调整。由于不同类型、不同层次的利润中心的可控范围不同,因而用于评价的责任利润指标也不同,主要有边际贡献、可控边际贡献和部门营业利润三种收益形式。

做中学 9-14

M公司的分公司有两个利润中心,根据其中一个利润中心的有关数据,编制利润中心的责任预算表如表9-14所示。

表9-14　　　　　　　　　　　利润中心的责任预算表　　　　　　　单位:元

项　　目	成本费用	收　　益
销售净额		20 000
减:销售成本	12 000	
变动费用	2 000	
①边际贡献		6 000
可控固定成本	1 000	
②部门可控边际贡献		5 000
不可控固定成本	800	
③部门营业利润		4 200

显然,以边际贡献6 000元作为利润中心的业绩评价依据不够全面。部门经理至少可以控制某些固定成本,并且在固定成本和变动成本的划分上有一定选择余地。这样有可能导致部门经理尽可能多地支出固定成本以减少变动成本。

以可控边际贡献5 000元作为利润中心的业绩评价依据可能是最好的。部门经理可控制收入以及变动成本和部分固定成本,因而可以对可控边际贡献承担责任。但是要注意部门经理使用资源的权力有多大。例如,雇员的工资水平通常由公司集中决定,但部门经理有权决定本部门雇佣多少职工,这样一来,工资水平就是他的可控成本了。

以部门营业利润 4 200 元作为业绩评价依据，可能更适合评价该部门对公司利润和管理费用的贡献，而不适合用于对部门经理的评价。如果要决定该部门的取舍，部门营业利润是有重要意义的信息。如果要评价部门经理的业绩，因为有一部分固定成本是过去最高管理层决策的结果，部门营业利润已经超出了部门经理的控制范围。

3. 内部转移价格

分散经营的组织单位之间相互提供产品或劳务时，需要制定一个内部转移价格。内部转移价格对提供产品或劳务的生产部门来说表示收入，对使用这些产品或劳务的购买部门来说则表示成本。因此，内部转移价格会影响这两个部门的获利水平，使部门经理非常关心内部转移价格的制定。制定内部转移价格的目的有两个：一是防止成本转移带来的部门间责任转嫁，使每个利润都能作为单独的组织单位进行业绩评价；二是可以引导下级部门采取明智的决策，生产部门据此确定提供产品的数量，购买部门据此确定所需要的产品数量。但是，这两个目的往往有矛盾。我们要根据公司的具体情况，来尽量寻求能够兼顾业绩评价和制定决策的内部转移价格。通常采用的内部转移价格有以下几种：

（1）以市场为基准的内部转移价格。如果存在着中间产品或服务的外部市场，那么市场价格对责任中心之间传递的货物或劳务是最好的借鉴。值得注意的是，外部供应商为了促使交易可能先报一个较低的价格，同时期望日后抬高价格。因此，确认外部价格时要采用可以长期保持的价格。

（2）以成本为基础的内部转移价格。当转移的货物或劳务并没有一个很好的市场价格时，另一种选择就是基于成本来考虑价格。通常的内部转移价格都是可变成本，可变成本加上其涨价的成分，或完全成本加上其涨价的成分。这种方法假定可以通过一种合理、精确的方式计算产品成本。由于成本核算已经被会计系统所运用，所以该价格方法容易执行。

（3）通过谈判确定的内部转移价格。在没有市场价格时，有些企业允许都是责任中心的供需双方通过谈判来确定内部转移价格。通过谈判确定的内部转移价格必须有两个前提：首先，要有一个某种形式的外部市场，部门可以自由选择接受或拒绝某一价格，以防止垄断价格；其次，共享所有的信息资源，只有信息公开畅通，谈判才会有价值。通过谈判确定内部转移价格反映了责任中心控制下的可信度及可控性，因为每个部门最终要对通过谈判确定的内部转移价格负责。

通过谈判确定内部转移价格可能带来的问题：双边谈判导致供方希望价格高于最优价，需方希望价格低于最优价。当实际的内部转移价格与最优价不一致时，组织利益作为一个整体将受到损害。同时，谈判往往浪费时间和精力，可能导致部门之间的矛盾，部门获利能力大小反映的可能是双方的谈判技巧，而不是经济原因。一旦谈判破裂，最高管理层要适时进行必要的干预。

（4）通过行政确定的转移价格。当一种特定的交易经常发生时，企业通常会应用行政手段确定转移价格，例如，比市场价低 5％或完全成本基础上加 5％。这是一种实际易操作的方法，但又是非常武断的方法，行政转移价格不可避免地在一些部门中提供补贴，对激励造成不利影响，这也涉嫌违背责任方法的精神。

（四）投资中心

1. 投资中心的含义

投资中心是指除了能够控制成本中心、收入中心和利润中心外，还能对投入的资金进行控制的中心。投资中心是最高层次的责任中心，它拥有最大的决策权，也承担最大的责任。投资中心必然是利润中心，但利润中心并不都是投资中心。如石化企业的油气勘探、化工生产都是投资中心。

2. 投资中心的考核指标

投资中心的考核指标有三种：

（1）投资报酬率。投资报酬率是指税前经营利润和其所拥有的平均净经营资产之比。这是最常见的考核投资中心业绩的指标。该指标既能揭示投资中心的销售利润水平，又能反映资产的使用效果。其计算公式如下：

$$投资报酬率 = \frac{税前经营利润}{平均净经营资产}$$

做中学 9-15

假设 M 公司有 A 和 B 两个部门，相关数据如表 9-15 所示。

表 9-15   **A、B 部门相关数据表**   单位：元

项 目	A 部门	B 部门
税前经营利润	108 000	90 000
所得税（税率 25%）	27 000	22 500
税后经营净利润	81 000	67 500
平均经营资产	900 000	600 000
平均经营负债	50 000	40 000
平均净经营资产（平均净投资资本）	850 000	560 000

下面我们计算投资报酬率，并进一步将各投资中心的业绩进行分解。

$$A 部门的投资报酬率 = \frac{108\ 000}{850\ 000} \times 100\% = 12.71\%$$

$$B 部门的投资报酬率 = \frac{90\ 000}{560\ 000} \times 100\% = 16.07\%$$

投资报酬率综合反映了投资中心的经营业绩，考虑了投资规模，是一个相对指标，可以用于不同的投资中心的横向比较，也可以用于不同规模的企业和同一企业不同时期的比较。但是投资报酬率存在一定的缺陷。该指标可能会使部门经理拒绝接受超出企业平均水平的投资报酬率而低于该投资中心现有投资报酬率的投资项目，有损企业的整体利益。另外，投资报酬率有可能导致决策的短视行为而损坏公司的长远利益。由于管理层常常想方设法减少经营成本和管理费用，减少诸如研发费用投入等企业未来增长所必要的投资。

做中学 9-16

承［做中学 9-15］，假设 M 公司要求的投资税前报酬率为 11%。目前 B 部门面临一个税前投资报酬率为 13% 的投资机会，投资额为 100 000 元，每年部门税前营业利润为 13 000 元。这个项目远远高于公司要求的投资报酬率，值得投资。但是 B 部门追加投资后投资报酬率由原来的 16.07% 下降到 15.61%，即使高于公司要求的投资报酬率，但 B 部门可能因为业绩评价而放弃这项投资机会。

$$B 部门追加投资后的投资报酬率 = \frac{90\ 000 + 13\ 000}{560\ 000 + 100\ 000} \times 100\% = 15.61\%$$

若 B 部门现有一项资产价值为 50 000 元，每年税前获利为 6 500 元，税前投资报酬率也达到了 13%。同样为了业绩评价，B 部门拟放弃这项资产，以提高部门的投资报酬。

$$B 部门放弃资产后的投资报酬率 = \frac{90\ 000 - 6\ 500}{560\ 000 - 50\ 000} \times 100\% = 16.37\%$$

> 由此可见，使用投资报酬率作为业绩评价标准时，部门经理会容易考虑所在部门的利益而忽视整体利益，从引导部门经理顾全大局方面的决策来看，投资报酬率不是理想的选择。

（2）剩余收益。剩余收益是指投资中心获得的利润扣减其投资额（或净资产占用额）按规定的最低收益率计算的投资收益后的余额，其计算公式如下：

剩余收益 ＝ 税前经营利润 － 平均净资产应计报酬 ＝ 税前经营利润 － 平均净经营资产×资本成本率

做中学 9-17

承[做中学 9-15]和[做中学 9-16]，假设 A 部门资本成本率为 10％，B 部门的资本成本率为 12％，计算剩余收益如下：

$$A 部门的剩余收益 ＝ 108\ 000 － 850\ 000 × 10\% ＝ 23\ 000(元)$$
$$B 部门的剩余收益 ＝ 900\ 000 － 560\ 000 × 12\% ＝ 22\ 800(元)$$

若 B 部门接受追加投资额为 100 000 元（投资报酬率为 13％）的投资机会，则：

追加投资后的剩余收益 ＝ (90 000＋13 000) － (560 000＋100 000)×12％ ＝ 238 00(元)

若 B 部门放弃一项价值为 50 000 元的资产（投资报酬率为 13％）的投资机会，则：

放弃资产后的剩余收益 ＝ (90 000－6 500) － (560 000－50 000)×12％ ＝ 22 300(元)

根据剩余收益的计算结果可知，B 部门追加投资后剩余收益增加了 1 000 元，放弃资产后的剩余收益减少了 500 元。B 部门会选择追加投资的决策，与公司总目标一致。只要投资项目收益高于资本成本率或要求的最低收益率，就会给企业带来利润，也会给投资中心增加剩余收益，从而保证投资中心的决策行为与公司总体目标一致。

因此，剩余收益正是为克服投资报酬率的缺点而设计的，它可以使业绩评价与公司的目标协调一致，引导部门经理采取与总公司总体利益一致的决策。另外，剩余收益允许使用不同的风险调整资本成本，比较符合实际。但是剩余收益是一个绝对数指标，不便于不同规模的公司和部门的比较。

（3）经济附加值。经济附加值实质上是对剩余收益加以调整后的变形。其计算公式如下：

经济附加值 ＝ 税后利润＋调整项目－（总资产－流动负债）×加权平均资本成本

做中学 9-18

承[做中学 9-15]至[做中学 9-17]，假设加权平均资本成本为 9％，所得税税率为 25％，无调整项目。

A 部门的经济附加值 ＝ 108 000×(1－25％) － (900 000－50 000)×9％ ＝ 4 500(元)
B 部门的经济附加值 ＝ 90 000×(1－25％) － (600 000－40 000)×9％ ＝ 17 100(元)

若 B 部门追加接受投资额为 100 000 元（投资报酬率为 13％）的投资机会，则：

追加投资后经济附加值 ＝ (90 000＋13 000)×(1－25％) － (600 000－40 000＋100 000)×9％
＝ 17 850(元)

若 B 部门放弃一项价值为 50 000 元的资产（投资报酬率为 13％）的投资机会，则：

放弃资产后的经济附加值 ＝ (90 000－6 500)×(1－25％) － (600 000－40 000－50 000)×9％
＝ 16 725(元)

　　根据计算结果可知,B部门追加投资后经济附加值增加了750元,放弃资产后的剩余收益减少了375元。B部门会选择追加投资的决策,与公司总目标一致。只要投资项目收益高于资本成本率或要求的最低收益率,就会给公司带来利润,也会给投资中心增加剩余收益,从而保证投资中心的决策行为与公司总体目标一致。

　　投资中心的考核指标都属于财务指标业绩评价指标,事实上责任中心还有重要的非财务指标业绩考评指标,如商品或服务的质量、顾客满意度、员工满意度、市场占有量等。这些非财务指标的重要性因责任中心的不同而各不相同。

◼ 关 键 术 语 ◼

　　财务预算　增量预算方法　零基预算方法　定期预算方法　滚动预算方法　固定预算方法　弹性预算方法　财务控制　预算控制　成本中心　利润中心　投资中心

◼ 应 知 考 核 ◼

一、单项选择题

1. (　　)是其他预算的起点。

　　A. 销售预算　　　　　B. 现金预算　　　　　C. 生产预算　　　　　D. 产品成本预算

2. 下列各项中,能够克服固定预算方法缺点的是(　　)。

　　A. 固定预算　　　　　B. 弹性预算　　　　　C. 滚动预算　　　　　D. 零基预算

3. 下列各项中,能够揭示滚动预算基本特点的表述是(　　)。

　　A. 预算期是相对固定的　　　　　　　　B. 预算期是连续不断的

　　C. 预算期与会计年度一致　　　　　　　D. 预算期不可随意变动

4. 不仅考核成本,还要能根据收入与成本配比计算利润的责任单位的是(　　)。

　　A. 成本中心　　　　　B. 收入中心　　　　　C. 利润中心　　　　　D. 投资中心

5. 下列考核指标中,适合作为利润中心的业绩评价依据的是(　　)。

　　A. 边际贡献　　　　　　　　　　　　　B. 可控边际贡献

　　C. 销售毛利　　　　　　　　　　　　　D. 部门营业利润

二、多项选择题

1. 编制弹性预算所用业务量可以有(　　)。

　　A. 产量　　　　　　　　　　　　　　　B. 销售量

　　C. 直接人工工时　　　　　　　　　　　D. 机器工时

2. 下列各项中,能揭示弹性预算优点的有(　　)。

　　A. 可比性强　　　　　　　　　　　　　B. 预算范围宽

　　C. 各预算期预算相互衔接　　　　　　　D. 不受现有费用项目的限制

3. 零基预算与传统的增量预算相比较,其不同之处在于(　　)。

　　A. 一切从可能出发　　　　　　　　　　B. 以零为基础

　　C. 以现有的费用水平为基础　　　　　　D. 一切从实际需要出发

4. 销售预算的主要内容有(　　)。

　　A. 销售收入　　　　　B. 销售费用　　　　　C. 销售数量　　　　　D. 销售单价

5. 利润中心是组织中对实行销售以及控制成本负责的责任中心,一般的权限有(　　)。

　　A. 产品定价　　　　　　　　　　　　　B. 决定产品组合

　　C. 对产品进行打折　　　　　　　　　　D. 决定投资效果

三、判断题

1. 现金预算也称现金收支预算,是以日常业务预算和特种决策预算为基础所编制的反映现金收支情况的

预算。 （　　）

2. 预计资产负债表是指用于总括反映企业预算期末财务状况的一种财务预算。预计资产负债表中的项目均应在前述各项日常业务预算和专门决策预算的基础上分析填列。（　　）

3. 零基预算是指在编制预算时，对所有的预算支出均以零字为基础，不考虑其以往情况如何，从根本上研究、分析每项费用是否有支出的必要性和支出数额的大小。（　　）

4. 在编制零基预算时，应以企业现有的费用水平为基础。（　　）

5. 增量预算与零基预算相比更能调动各部门降低费用的积极性。（　　）

四、简述题

1. 简述财务预算的作用。
2. 简述财务预算的步骤。
3. 简述财务控制的特征及应遵循的基本原则。
4. 简述财务控制的主要内容和方法。
5. 简述责任中心和成本中心的特征。

五、计算题

1. 某企业期初存货 250 件，本期预计销售 500 件。

要求：

（1）如果预计期末存货 300 件，本期应生产多少件？

（2）如果预计期末存货 260 件，本期应生产多少件？

2. 假设 M 公司只生产一种产品，销售单价为 200 元，预算年度内四个季度的销售量经测算分别为 200 件、250 件、300 件和 350 件。根据以往经验，销货款在当季可收到 60%，下一季度可收到其余的 40%。预计预算年度第 1 季度可收回上一年第 4 季度的应收账款 20 000 元。

要求：计算本年各季度的现金收入。

3. 某企业预算期生产量为 50 件，每件产品耗费人工 25 小时，小时工资为 8 元。

要求：计算直接人工预算额。

应会考核

■ 观念应用

【背景资料】

财务控制原理的应用

已知某集团公司下设三个投资中心，有关资料如表 9-16 所示。

表 9-16　　投资中心有关资料

指标	集团公司	A 投资中心	B 投资中心	C 投资中心
净利润（万元）	34 560	10 400	15 800	8 450
净资产平均占用额（万元）	315 000	94 500	145 000	75 500
规定的最低投资报酬率	10%			

【考核要求】

1. 计算该集团公司和各投资中心的投资利润率，并据此评价各投资中心的业绩。
2. 计算各投资中心的剩余收益，并据此评价各投资中心的业绩。
3. 综合评价各投资中心的业绩。

■ 技能应用

弹性预算的应用

某公司制造费用的成本性态如表 9-17 所示。

表 9-17　　　　　　　　　　　　　　**制造费用的成本性态**

成本项目	间接人工	间接材料	维修费用	折旧费用	其他费用
固定部分(元)	6 000	1 000	220	100	880
单位变动率(元/小时)	1.00	0.60	0.15		0.05

【技能要求】

1. 若该公司的正常生产能力为 10 000 小时,试用列表法编制该公司生产能力在 70%～110% 范围内的弹性制造费用预算(间隔为 10%)。

2. 若该公司 5 月份实际生产能力只达到正常生产能力的 80%,实际发生的制造费用为 23 000 元,试计算其制造费用的控制业绩。

■ 案例分析

【分析情境】

财务预算分析

20×9 年度,同大股份将持续扩大生产规模和新产品研发投入,按计划分步完成"生态超纤高仿真面料扩大生产规模"募投项目和超募资金使用项目的建设,同时通过精益生产体系的构建、7S 的实施等不断加强公司管理水平和研发实力,提高经济效益。

根据该公司 20×9 年生产经营发展计划确定的经营目标,编制 20×9 年度财务预算方案如下:

一、主要财务预算指标

1. 营业总收入:52 905.00 万元。

2. 营业总成本:40 642.00 万元。

3. 利润总额:7 769.00 万元。

4. 净利润:6 629.00 万元。

其他:20×9 年度,公司计划实现年产各类超纤产品 1 287 万平方米。

二、20×9 年度财务预算与 20×8 年度经营成果比较表(见表 9-18)

表 9-18　　　　**20×9 年度财务预算与 20×8 年度经营成果比较表**　　　金额单位:万元

项目	20×9 年预算	20×8 年度实际	增减变动率
营业总收入	52 905.00	43 015.00	22.99%
营业总成本	40 642.00	33 085.00	22.84%
利润总额	7 769.00	6 106.00	27.24%
净利润	6 629.00	5 286.00	25.41%

三、拟定上述计划所依据的假设条件及原因

本公司拟定上述计划所依据的假设条件及原因为:(略)

……

四、20×9 年度预算编制说明

主营业务收入按照本公司生产能力、销售目标、市场预测编制,产品销售价格和主要原材料采购价格按照市场价格测定编制,各主要材料消耗指标以本公司 20×8 年实际并结合考核指标要求测定编制。销售费用、管理费用结合本公司 20×8 年实际水平考虑到人工费用、差旅费用、折旧摊销等预计将增加的费用测定编制,财务费用结合本公司经营和投资计划测定编制。

【分析要求】

1. 同大股份编制 20×9 年度预算有什么意义?

2. 同大股份编制财务预算的依据是什么?

3. 如何正确编制财务预算？

▣ 项目实训 ▣

【实训项目1】

财务预算管理。

【实训情境】

编制财务预算

天元公司生产经营甲产品，20×9年年初应收账款和各季度预测的销售价格和销售数量等资料如表9-19所示。

表9-19 相关资料

	季度	1	2	3	4	应收账款年初值(元)	收现率	
							当季度	下季度
甲产品	单价(元)	65	65	65	65	19 000	60%	40%
	销售量(件)	800	1 000	1 200	1 000			

天元公司年初产成品存货量80件，年末产成品存货量120件，预计季末产成品存货量占下季度销量的10%。另外，年初产成品单位成本为40元/件。

天元公司生产甲产品使用A材料，第1、第2、第3季度生产甲产品对A材料的消耗定量均为3千克/件，第4季度的消耗定量为4千克/件。年初A材料存货量为1 500千克，年末存货量为1 800千克，预计期末材料存货量占下季度需用量的20%，材料价款当期支付60%，下期支付40%。应付账款年初余额4 400元，材料销售单价为4元/件。

天元公司单位产品工时定额为3小时/件，单位工时工资率前3季度均为3元/小时，第4季度单位工时工资率为4元/小时。全部费用当季支付。

天元公司变动制造费用的工时分配率为1.2，预计年度固定制造费用合计6 000元，其中折旧费用为1 200元。需用现金支付的费用当季支付。

天元公司变动管理费用和销售费用的单位产品标准费用额为4元，全年的固定管理费用和销售费用为10 000元，其中折旧费用为2 000元。需用现金支付的费用当季支付。

天元公司季度末现金最低限额为2 000元。银行借款利息为5%。预计缴纳全年所得税费用为10 000元，各季度平均分配。期初现金余额为2 400元。产成品存货采用先进先出法计价。

【实训任务1】

请仔细阅读天元公司的有关资料，并编制业务预算、现金预算和预计利润表。

【实训项目2】

财务控制管理。

【实训情境】

中国航空油料带来的财务控制思考

中国航空油料是一个高度垄断的市场，中国航油集团(以下简称中航集团)唯一的一家海外公司——中国航油(新加坡)股份有限公司(以下简称中航油)在这个市场中占有重要的地位，采购量每年大约占中航集团总采购量的 $\frac{1}{3}$ 左右，几乎占据了中国内地航油供应的全部市场，同时享有独家进口权。该公司自1997年以来，凭借对国内进口航油市场的实质性垄断，净资产由16.8万美元增加至2003年的1.48亿美元，6年增长了762倍，成为股市上的明星，其总裁陈久霖也被世界经济论坛评为"亚洲经济新领袖"。但2004年12月1日，中航油"炒油"却上演了让人心惊肉跳的"滑铁卢"，因投机性石油衍生品交易导致的损失达5.54亿美元(折合45亿元人民币)，几乎相当于其全部市值。

事实上，中航油有一个完善的风险控制体系，公司开始进入石油期货市场时就聘请当时五大会计师事务所之一的永安会计师事务所制定了《风险管理手册》，公司内部专门设有由7人组成的风险管理委员会及软件监控系统。根据公司内部规定,损失 20 万美元以上的交易,都要提交给公司的风险管理委员会评估;而累计损失超过 35 万美元的交易,必须得到总裁的同意才能继续;而任何将导致 50 万美元以上损失的交易,将自动平仓。据统计,按照中航油的风险控制体系的内部规定,最终的亏损额够报告 250 次,够斩仓 110 次,最终所有这些斩仓都没完成。相关人士认为,一直没有执行斩仓有如下三个原因:一是,投机衍生品是公司熟悉的业务,虽然陈久霖并不是很精通,但它像海潮一样有涨也有落的道理陈久霖是知道的;二是,公司的国际咨询机构高盛和日本三井一致认为斩仓并不可取,挪盘是唯一的也是最佳的措施;三是,交易员和风险管理委员会自始至终隐瞒着亏损的数额。巨大的亏损导致 2004 年 12 月中航油向新加坡法院申请破产保护。

2008 年 6 月 28 日,财政部、证监会、审计署、银监会、保监会联合发布了我国第一部《企业内部控制基本规范》,并于 2009 年 7 月 1 日起开始在上市公司范围内施行。

【实训任务 2】

1. 财务控制的要素包括哪些内容?
2. 中航油财务控制失败的原因是什么?中航油事件有什么启示?

财务控制管理实训报告				
项目实训班级:		项目小组:		项目组成员:
实训时间:　　年　　月　　日		实训地点:		实训成绩:
实训目的:				
实训步骤:				
实训结果:				
实训感言:				

项目十 财务分析指标

项目课件

知识 目标

理解：财务分析的含义及意义；财务综合指标分析的含义和特点。

熟知：财务分析的目的及内容；财务分析的局限性；财务评价。

掌握：偿债能力、营运能力、盈利能力、发展能力的内容和分析方法；财务综合指标分析的内容和方法。

技能 目标

能够对企业的偿债能力、营运能力、盈利能力、发展能力作出分析与评价；能够运用财务综合指标分析方法对企业的财务状况和经营业绩作出分析和评价。

素质 目标

能够结合企业具体规模和行业特点，对企业的财务状况和财务能力进行客观的分析和评价，并根据分析的结果提出合理化建议。

项目 引例

如何分析财务报表

20×9年4月，张华在证券公司开户并在资金账户存入了10 000元准备炒股，他购买股票主要从以下几个方面来分析：

（1）判断当前经济形势。此时经济正处于低谷期，国家各个相关部门正在考虑出台相应刺激经济的政策，他认为这个时期是一个购入股票的绝佳时期，于是决定在一个星期之内购买具有投资价值的股票。

（2）判断当前的行业情况。他认为国家出台相关刺激政策，蓝筹股会率先领涨，并判断医药股涨幅会比较大。

（3）他在医药行业中选择具体的上市公司时比较困惑，但希望选择财务状况和经营成果最好的上市公司。此时需要他了解上市公司财务报告，能够对具体财务报表进行分析。

思考与讨论：针对企业财务报表应当如何分析，从哪些财务指标进行分析，需要运用哪些财务分析方法？

知识 精讲

任务一 财务分析概述

一、财务分析的含义

财务分析是指根据企业财务报表等信息资料，采用专门方法，系统分析和评价企业财务状况、经营成果以及未来发展趋势的过程。

财务分析以企业财务报表及其他相关资料为主要依据，对企业财务状况和经营成果进行评价和剖析，反映企业在营运过程中的利弊得失和发展趋势，从而为改进企业财务管理工作和优化经济决策提供重要的财务信息。

二、财务分析的目的

财务分析的主体不同，其利益考虑也会有所不同，对企业进行财务分析时侧重点也会有所不同。

(1) 企业所有者。企业所有者是企业的出资者。他们最关心企业资产保值、增值的状况,也就是对投资报酬率的关注。当然,他们还十分关注企业风险程度,不但要求企业有短期获利能力,还关注企业长期发展能力。

(2) 企业债权人。企业债权人不能参与企业剩余收益分享,这决定了债权人必须对其资金安全性给予关注。因此,债权人在进行财务分析时,最关心的是企业是否有足够的偿债能力。

(3) 企业经营决策者。企业经营决策者是企业实际经营者。为了满足不同利益主体经营者的需要与各方面的协调利益关系,企业经营者必须对企业经营理财各方面信息全部予以详尽地了解和掌握,以便及时发现问题、采取对策,为企业持续稳定发展理顺关系。

(4) 政府。政府是宏观经济管理者,既为企业提供一个良好的经营环境,同时又通过工商、税务、财政、审计等部门对企业实施监督管理职能,不同监管部门监管的侧重点有所不同。政府部门通过分析企业财务信息,来了解企业是否依法纳税,检查企业是否存在违法违纪行为,了解企业发展能力。

尽管不同利益主体进行财务分析有各自的侧重点,但总体上说,财务分析可以概括为以下四个方面:偿债能力分析、营运能力分析、盈利能力分析和发展能力分析。其中,偿债能力是实现企业财务目标的稳健保证,营运能力是实现企业财务目标的物质基础,盈利能力是前两者共同作用的结果,同时也对前两者的增强起着推动作用。它们相辅相成,共同构成企业财务分析的基本内容。

三、财务分析的意义

财务分析对不同信息使用者具有不同的意义。具体来说,财务分析的意义主要体现在以下四个方面:

(1) 可以判断企业财务实力。通过对企业资产负债表、利润表等有关资料进行分析,计算相关指标,可以了解企业资产结构和负债水平是否合理,从而判断企业偿债能力、营运能力及盈利能力等财务实力,揭示企业在财务状况方面可能存在的问题。

(2) 可以评价和考核企业经营业绩以揭示财务活动存在的问题。通过指标计算、分析和比较,能够评价和考核企业盈利能力和资产周转状况,揭示其经营管理各个方面和各个环节存在的问题,找出差距,得出分析结论。

(3) 可以挖掘企业潜力以寻求提高企业经营管理水平和经济效益的途径。企业进行财务分析的目的不仅仅是发现问题,更重要的是分析问题和解决问题。通过财务分析,应保持和进一步发挥生产经营管理中的成功经验,对存在的问题应提出解决策略和措施,以达到扬长避短、提高经营管理水平和经济效益的目的。

(4) 可以评价企业发展趋势。通过各种财务分析,可以判断企业发展趋势,预测其生产经营前景及偿债能力,从而为企业领导层进行生产经营决策、投资者进行投资决策和债权人进行信贷决策提供重要依据,避免因决策错误给其带来重大的损失。

四、财务分析内容

(1) 偿债能力分析。偿债能力是指企业偿还到期债务的能力。通过对企业财务报表等会计资料进行分析,可以了解企业的资产流动性、负债水平以及偿还债务的能力,从而评价企业财务风险,为管理者、投资者和债权人提供企业偿债能力的财务信息。

(2) 营运能力分析。营运能力反映了企业对资产利用和管理的能力。企业的生产经营过程就是利用资产取得收益的过程。资产是企业生产经营活动的经济资源,对资产利用和管理的能力直接影响到企业收益,它体现了企业经营能力。对营运能力进行分析,可以了解到企业资产保值、增值的情况,分析企业资产利用效率、管理水平、资金周转状况、现金流量状况等,为评价企业经营管理水平提供依据。

(3)盈利能力分析。获取利润是企业的主要经营目标之一,它反映了企业的综合素质。企业要生存和发展,必须争取获得较高利润,这样才能在竞争中立于不败之地。投资者和债权人都非常关注企业的盈利能力,盈利能力可以提高企业偿还债务的能力,提升企业信誉。对企业盈利能力的分析不能仅看其获取利润的绝对数,还应分析其相对指标,这些都可以通过财务分析来实现。

(4)发展能力分析。无论是企业管理者还是投资者、债权人,都非常关心企业的发展能力,因为这关系到他们的切身利益。通过对企业发展能力进行分析,可以判断企业的发展潜力,预测企业的经营前景,从而为企业管理者和投资者进行经营决策和投资决策提供重要依据,避免决策失误给其带来重大经济损失。

任务二 财务分析方法

企业进行财务分析时,需要运用一系列如趋势分析法、比率分析法、因素分析法等财务分析方法。

一、趋势分析法

趋势分析法又称水平分析法,是通过对两期或若干期连续的财务报表中的相同指标,确定其增减变动的方向、数额或幅度,来说明企业财务状况或经营成果变化趋势的一种方法。采用这种方法,可以分析引起变化的主要原因、变动性质,并预测企业未来的发展前景。

趋势分析法的具体运用主要有三种方式:①重要财务指标比较;②财务报表比较;③财务报表项目构成比较。

(一)重要财务指标比较

重要财务指标比较是将不同时期财务指标中的相同指标或比率进行比较,直接观察其增减变化情况或变动幅度,考察其发展趋势,预测其发展前景。

对不同时期财务指标的比较,有以下两种方法:

(1)定基动态比率。它是指以某一时期数额为固定基期数额而计算出来的动态比率。其计算公式如下:

$$定基动态比率 = \frac{分析期数额}{固定基期数额}$$

(2)环比动态比率。它是指以每一分析期前期数额为基期数额而计算出来的动态比率。其计算公式如下:

$$环比动态比率 = \frac{分析期数额}{前期数额}$$

(二)财务报表比较

财务报表比较是将连续数期财务报表金额并列起来,比较其相同指标的增减变动金额和幅度,据以判断企业财务状况和经营成果变化的一种方法。财务报表的比较具体包括资产负债表、利润表、现金流量表等的比较。比较时,既要计算出表中有关项目增减变动的绝对额,又要计算出增减变动的相对数。

（三）财务报表项目构成比较

财务报表项目构成比较是在财务报表比较的基础上发展而来的。它以财务报表中某个总体指标作为100％，再计算出其各组成项目部分占该总体指标的百分比，从而来比较各个项目百分比的增减变动，以此来判断有关财务活动的变化趋势，这种方法比上述两种方法更能准确地分析企业财务活动的变化趋势。它既可用于同一企业不同时期财务状况的纵向比较，又可以用于不同企业之间的横向比较。同时，这种方法能消除不同时期或不同企业之间业务规模差异的影响，有利于分析企业消耗水平和盈利水平。

在采用趋势分析法时，必须注意以下三个关键问题：①用于进行对比的各个时期同一指标在计算口径上必须保持一致；②剔除偶发性项目的影响，使作为分析的数据能反映企业的正常经营状况；③应用例外原则，对某项有显著变动的指标作重点分析，研究其产生原因，以便采取对策。

二、比率分析法

比率分析法是指利用财务报表中两项相关数值比率来揭示企业财务状况和经营成果的一种分析方法。在财务分析中，比率分析法应用得比较广泛，因为采用相对数指标能够把某些条件下不可比指标变成可比指标。比率分析法主要有：①相关比率；②构成比率；③效率比率。

（一）相关比率

相关比率是指将同一时期财务报表中某个项目和与其不同但又相关的项目加以对比所得比率，用于反映有关经济活动的相互关系，如资产负债率、应收账款周转率、销售利润率等。通过相关比率分析，可以考察与企业有联系的相关业务安排是否合理，以保障企业经营活动能够正常进行。运用相关比率要注意以下三点：

（1）对比项目相关性。在计算比率时，分子和分母必须具有相关性，把不相关项目进行对比是没有意义的。

（2）对比口径一致性。比率分子和分母必须在计算时间、范围等方面保持口径一致。

（3）衡量标准科学性。运用比率分析，要选用科学合理的标准与本企业指标进行比较，以便对企业财务状况作出评价。通常而言，科学合理的对比标准有计划标准、历史标准、行业标准和公认标准。

（二）构成比率

构成比率也称结构比率，是指某项财务指标各组成部分数值占总体数值的百分比，反映部分与总体的相互关系。其计算公式如下：

$$构成比率 = \frac{某个组成部分数值}{总体数值} \times 100\%$$

比如，在企业资产中，流动资产、固定资产和无形资产等不同特性的资产占资产总额的比例；在企业负债中，流动负债和长期负债占负债总额的比例等。利用构成比率，可以考察总体中某个部分形成和比率安排是否合理，以便协调各项财务活动。

（三）效率比率

效率比率是指某项经济活动中所得与所费的比例，反映投入与产出的相互关系。利用该比率指标，可以进行得失比较，考察经营成果，进行经济效益评价。比如，将利润项目与销售成本、销售收入、资产总额等项目加以对比，可以计算出成本利润率、销售利润率以及资产利润率等指标，可以从不同角度观察比较企业获利能力大小及其增减变化情况。

三、因素分析法

因素分析法是指依据指标与影响因素的关系，从数量上确定各因素对分析指标影响方向和影响程度的一种方法。采用这种方法的思路是当有若干因素对要分析的指标发生影响时，假定其他各个因素都没有变化，依序确定每一因素单独变化所产生的影响。因素分析法可以分为：①连环替代法；②差额分析法。

（一）应用这一方法必须注意的关键问题

（1）分析因素关联性。运用这种方法分析时，要注意各因素之间确实存在因果关系，要能够反映形成该项指标差异的内在构成因素，否则就失去了其存在价值，其分析也就失去了意义。

（2）因素替代顺序性。替代因素时，必须按照各个因素的依存关系，排列成一定顺序并依次替代，不可随意加以颠倒，否则就会得出不同结果。一般而言，确定正确排列因素替代程序的原则是，按分析对象性质，从诸因素相互依存的关系出发，并使分析结果有助于分清责任。

（3）顺序替代连环性。因素分析法在计算每一个因素变动影响时，都是在前一次计算的基础上进行的，并采用连环比较方法确定因素变化影响的结果。只有保持计算程序上的连环性，才能使各个因素影响之和等于分析指标变动差异，以全面说明分析指标的变动原因。

（4）计算结果假定性。由于计算各个因素变动的影响数，会因为因素替代计算顺序不同而有差别，因而计算结果不免带有假定性，即它不可能使每一个因素计算结果都达到绝对准确。它只是在某种假定前提下影响结果。为此，分析时应力求使这种假定合乎逻辑，这样计算结果的假定性才不至于妨碍分析的有效性。

（二）连环替代法

连环替代法是指将分析指标分解为各个可以计量的因素，并根据各个因素之间的依存关系，顺次用各因素比较值（通常为实际值）替代基准值（通常为标准值或计划值），据以测定各因素对分析指标的影响的一种方法。

做中学 10-1

某企业 2019 年 12 月份某种原材料费用实际数为 220 000 元，而计划数为 240 000 元，实际比计划减少了 20 000 元，由于原材料费用是由产品产量、单位产品材料耗用量和材料单价三个因素乘积构成，因此，就可以把材料费用这一总指标分解为三个因素，然后逐个来分析它们对材料费用总额的影响程度。假定这三个因素的数值如表 10-1 所示。

表 10-1 　　　　　　　　　　**产品原材料构成情况**

项目	单位	计划数	实际数
产品产量	千克	200	220
单位产品材料消耗量	件/千克	30	20
材料单价	元/件	40	50
材料费用总额	元	240 000	220 000

根据表 10-1 中数据，材料费用总额实际数较计划数减少 20 000 元，这是分析的对象。运用连环替代法，可以计算各因素变动对材料费用总额的影响程度如下：

计划指标：$200 \times 30 \times 40 = 240\ 000$（元）　　　　　　　　　　①

第一次替代：$220 \times 30 \times 40 = 264\ 000$（元）　　　　　　　　②

第二次替代：$220 \times 20 \times 40 = 176\ 000$（元）　　　　　　　　③

第三次替代：$220 \times 20 \times 50 = 220\ 000$（元）　　　　　　　　④

②－①＝24 000（元），这是产量增加的影响。

③－②＝－88 000(元)，这是材料消耗节约的影响。

④－③＝44 000(元)，这是价格提高的影响。

所以，(②－①)＋(③－②)＋(④－③)＝－20 000(元)，这是全部因素的影响。

(三) 差额分析法

差额分析法是连环替代法的一种简化形式，它是指利用各个因素比较值与基准值之间的差额来计算各个因素对分析指标的影响的一种方法。

做中学 10-2

承[做中学 10-1]，该企业采用差额分析法计算确定各个因素变动对材料费用的影响。

(1) 由于产量增加对材料费用的影响为：

$$(220－200)\times 30\times 40 = 24\ 000(元)$$

(2) 由于材料消耗节约对材料费用的影响为：

$$(20－30)\times 220\times 40 = －88\ 000(元)$$

(3) 由于原材料单价提高对材料费用的影响为：

$$(50－40)\times 220\times 20 = 44\ 000(元)$$

因素分析法既可以全面分析各个因素对某一经济指标的影响，又可以单独分析某个因素对某一经济指标的影响，在财务分析中应用较为广泛。

四、财务分析的局限性

财务分析能够了解企业财务状况和经营成果、评价企业偿债能力和运营能力，有利于企业制定财务决策。但由于种种因素的影响，财务分析也存在着一定的局限性。在分析中，应注意这些影响的局限性，以保证分析结果的正确性。财务分析的局限性主要表现在以下三个方面。

(一) 资料来源的局限性

(1) 报表数据的时效性问题。财务报表中的数据均是企业过去经济活动的结果和总结，用于预测未来发展趋势，只有参考价值，并非绝对合理。

(2) 报表数据的真实性问题。在企业形成其财务报表之前，信息提供者往往对信息使用者所关注的财务状况以及对信息的偏好进行仔细分析与研究，并尽力满足信息使用者对企业财务状况和经营成果信息的期望；其结果极有可能使信息使用者所看到的报表信息与企业实际状况相距甚远，从而误导信息使用者决策。

(3) 报表数据的可靠性问题。财务报表虽然是按照企业会计准则编制的，但不一定能准确地反映企业的客观实际。例如，报表数据未按通货膨胀进行调整；某些资产以成本计价，并不代表其现在的真实价值；许多支出在记账时存在灵活性，既可以作为当期费用，也可以作为资本项目在以后年度摊销；很多资产以估计值入账，但未必正确；偶然事件可能歪曲本期的损益，不能反映正常的盈利水平。

(4) 报表数据的可比性问题。根据企业会计准则规定，不同企业或同一企业不同时期都可以根据情况采用不同的会计政策和会计处理方法，这使得很多时候报表上的数据在企业不同时期和不同企业之间对比失去意义。

(5) 报表数据的完整性问题。由于报表本身的原因，其提供的数据是有限的。对信息使用者来说，可能不少需要的信息在报表或附注中根本找不到。

（二）财务分析方法的局限性

在实际操作时，对趋势分析法来说，比较双方必须具备可比性才有意义。对比率分析法来说，比率分析是针对单个指标进行分析，综合程度较低，在某些情况下无法得出令人满意的结论；比率指标的计算一般都是建立在历史数据基础上，这使比率指标提供的信息与决策之间的相关性大打折扣。对因素分析法来说，在计算各因素对综合经济指标的影响额时，主观假定各因素变化顺序而且规定每次只有一个因素发生变化，这些假定往往与事实不符，并且无论何种分析法均是对过去经济事项的反映；随着环境变化，这些比较标准也会发生变化。而在分析时，分析者往往只注重数据比较，而忽略经营环境变化，这样得出的分析结论也是不全面的。

（三）财务指标的局限性

（1）财务指标体系不严密。每一个财务指标只能反映企业财务状况或经营成果的某一方面，每一类指标都过分强调本身所反映方面的内容，导致整个指标体系不严密。

（2）财务指标所反映的情况具有相对性。在判断某个具体的财务指标是好是坏，或根据一系列指标对企业进行综合判断时，必须注意财务指标本身所反映情况的相对性。因此，在利用财务指标进行分析时，必须掌握好对财务指标的"信任度"。

（3）财务指标的评价标准不统一。例如，对流动比率，人们一般认为标准值为2比较合理，速动比率则认为标准值为1比较合适，但许多成功企业流动比率都低于2，不同行业的速动比率也有很大差别。如采用大量现金销售的企业，几乎没有应收账款，速动比率大大低于1是很正常的；相反，一些应收账款较多的企业，速动比率可能要大于1。因此，在不同企业之间用财务指标进行评价时没有一个统一标准，不便于不同行业间的对比。

（4）财务指标的计算口径不一致。比如，反映企业营运能力的指标，分母计算可用年末数，也可用平均数，而平均数计算又有不同的方法，这些都会导致计算结果不一样，不利于评价比较。

任务三　财务能力指标

总结和评价企业财务状况与经营成果的分析指标包括偿债能力、营运能力、盈利能力、发展能力等。现将星海公司资产负债表（简表）、利润表（简表）和现金流量表（简表）列举如表 10-2、表 10-3 和表 10-4 所示。

表 10-2 　　　　　　　　　　　　资产负债表（简表）

编制单位：星海公司　　　　　　　　20×9 年 12 月 31 日　　　　　　　　　　单位：万元

资产	年末余额	期初余额	负债和所有者权益 （或股东权益）	年末余额	期初余额
流动资产：			流动负债：		
货币资金	1 800	1 600	短期借款	4 000	3 800
交易性金融资产	1 200	1 600	应付票据及应付账款	2 800	2 200
应收票据及应收账款	2 740	2 800	其中：① 应付票据	600	200
其中：① 应收票据	100	400	② 应付账款	2 200	2 000
② 应收账款	2 640	2 400	预收款项	940	960
预付款项	100	80	流动负债合计	7 740	6 960
存货	10 000	8 280	非流动负债：		

(续表)

资产	年末余额	期初余额	负债和所有者权益（或股东权益）	年末余额	期初余额
流动资产合计	15 840	14 360	长期借款	5 000	4 000
非流动资产：			非流动负债合计	5 000	4 000
债权投资	900	900	负债合计	12 740	10 960
固定资产	30 000	26 000	实收资本（或股本）	26 000	26 000
无形资产	1 000	900	资本公积	1 200	1 200
非流动资产合计	31 900	27 800	盈余公积	2 000	2 000
			未分配利润	5 800	2 000
			所有者权益（或股东权益）合计	35 000	31 200
资产总计	47 740	42 160	负债和所有者权益（或股东权益）总计	47 740	42 160

表 10-3   利 润 表（简表）

编制单位：星海公司   20×9 年度   单位：万元

项目	上年数	本年数
一、营业收入	44 000	38 000
减：营业成本	24 400	21 700
税金及附加	2 600	2 160
销售费用	3 800	3 040
管理费用	2 000	1 700
财务费用	800	600
加：投资收益	800	400
二、营业利润	11 200	9 200
加：营业外收入	6	10
减：营业外支出	10	14
三、利润总额	11 196	9 196
减：所得税费用	2 760	2 500
四、净利润	8 436	6 696

表 10-4   现金流量表（简表）

编制单位：星海公司   20×9 年度   单位：万元

项目	行次	金额
一、经营活动产生的现金流量		
销售商品、提供劳务收到的现金	1	29 500

（续表）

项目	行次	金额
收到的税费返还	3	50
收到的其他与经营活动有关的现金	8	200
经营活动现金流入小计	9	29 750
购买商品、接受劳务支付的现金	10	27 700
支付给职工以及为职工支付的现金	12	200
支付的各项税费	13	300
支付的其他与经营活动有关的现金	18	50
经营活动现金流出小计	20	28 250
经营活动产生的现金流量净额	21	1 500
二、投资活动产生的现金流量		
收回投资收到的现金	22	
取得投资收益收到的现金	23	100
处置固定资产、无形资产和其他长期资产收回的现金净额	25	
收到其他与投资活动有关的现金	28	50
投资活动现金流入小计	29	150
购建固定资产、无形资产和其他长期资产支付的现金	30	
投资支付的现金	31	
支付其他与投资活动有关的现金	35	120
投资活动现金流出小计	36	120
投资活动产生的现金流量净额	37	30
三、筹资活动产生的现金流量		
吸收投资收到的现金	38	
取得借款收到的现金	40	200
收到其他与筹资活动有关的现金	43	90
筹资活动现金流入小计	44	290
偿还债务支付的现金	45	
分配股利、利润或偿付利息支付的现金	46	
支付其他与筹资活动有关的现金	52	20
筹资活动现金流出小计	53	20
筹资活动产生的现金流量净额	54	270
四、汇率变动对现金及现金等价物的影响	55	
五、现金及现金等价物净增加额	56	1 800

一、偿债能力分析

企业偿债能力的强弱不仅反映企业日常经营的资金状况,还反映企业总资金周转状况。而企业负债包括流动负债和长期负债。所以,企业偿债能力分析包括短期偿债能力分析和长期偿债能力分析。

(一) 短期偿债能力分析

短期偿债能力是指企业流动资产对流动负债及时足额的保障程度,是衡量企业当前的财务能力,特别是流动资产变现能力的重要指标。短期偿债能力的强弱,直接关系到一个企业的日常经营活动。

衡量一个企业短期偿债能力的指标包括:流动比率、速动比率和现金流动负债比率三项。

1. 流动比率

流动比率是指流动资产与流动负债的比率,是反映企业流动负债有多少流动资产作为偿还保证,反映企业短期内可转变为现金的流动资产偿还到期流动负债的能力。其计算公式如下:

$$流动比率 = \frac{流动资产}{流动负债}$$

一般情况下,流动比率越高,反映企业短期偿债能力越强,债权人的权益越有保证。国际上通常认为,流动比率下限为1;而流动比率等于2时较为适当,它表明企业财务状况稳定可靠,除了满足日常生产经营流动资金需要外,还有足够财力偿付到期债务。如果该比例太低,则表明企业可能难以如期偿还债务。但是,流动比率太高则表明企业流动资产占用较多,会影响资金使用效率和企业筹资成本,进而影响到企业的获利能力。究竟应保持多高水平的流动比率,主要视企业对风险和收益的态度予以确定。

> **做中学 10-3**
>
> 根据星海公司资料,计算该公司20×9年的流动比率(保留小数点后两位,下同)。
>
> **分析:**
>
> $$年初流动比率 = 14\ 360 \div 6\ 960 = 2.06$$
> $$年末流动比率 = 15\ 840 \div 7\ 740 = 2.05$$
>
> 该公司20×9年年初和年末的流动比率与公认的标准一致,从这个指标来看,该公司具有较强的短期偿债能力。

具体运用流动比率时,应注意以下四个问题:

(1) 虽然流动比率越高,企业偿还短期债务的流动资产的保证程度越强,但这并不等于说企业已有足够现金或存款可用来偿还流动负债。流动比率高也可能是由于存货积压、应收账款增多且收账期延长所致,而真正可用来偿还负债的现金和存款却严重短缺。所以,企业应在分析流动比率的基础上,进一步对现金流量加以考察。

(2) 从短期债权人角度来看,流动比率越高越好。但从企业经营角度来看,过高的流动比率通常意味着企业持有较多的闲置现金,必然造成企业机会成本增加以及获利能力降低。因此,企业应尽可能将流动比率维持在不使货币资金闲置的水平。

(3) 流动比率的合理性,在不同行业、不同企业以及同一企业不同时期评价标准中也不同;因此,不应该用统一的标准来评价企业流动比率是否合理。

(4) 在分析流动比率时应当剔除一些虚假因素的影响。

2. 速动比率

速动比率是指企业速动资产与流动负债的比率。速动资产是指流动资产减去变现能力较差且不稳定的存货、预付账款之后的余额。由于剔除了存货等变现能力较差且不稳定的资产，因此，速动比率比流动比率能够更加准确、可靠地评价企业资产的流动性及其偿还短期负债的能力。其计算公式如下：

$$速动比率 = \frac{速动资产}{流动负债}$$

$$速动资产 = 货币资金 + 交易性金融资产 + 应收账款 + 应收票据$$
$$= 流动资产 - 存货 - 预付账款$$

一般情况下，速动比率越高，表明企业偿还流动负债的能力越强。国际上通常认为，速动比率等于1时较为适当。如果速动比率小于1，必然使企业面临很大的偿债风险；如果速动比率大于1，尽管债务偿还的安全性很高，却会因企业现金及应收账款资金占用过多而大大增加企业的机会成本。

做中学 10-4

根据星海公司资料，计算该公司20×9年的速动比率。

分析：

$$年初速动比率 = \frac{速动资产}{流动负债} = (14\,360 - 8\,280 - 80) \div 6\,960 = 0.86$$

$$年末速动比率 = \frac{速动资产}{流动负债} = (15\,840 - 10\,000 - 100) \div 7\,740 = 0.74$$

从这个指标可以看出，该公司速动比率在年初和年末均低于合理水平，并且年末相对于年初有所下降，说明该企业短期偿债能力较弱，而且还有进一步下滑的趋势。

在分析时要注意的是：尽管速动比率比流动比率更能反映出对流动负债偿还的安全性和稳定性，但并不能认为速动比率较低的企业流动负债到期绝对不能得到偿还。实际上，如果企业存货流转顺畅，变现能力较强，即使速动比率较低，只要流动比率高，企业仍然有可能偿还到期的债务。

3. 现金流动负债比率

现金流动负债比率是指企业一定时期经营现金净流量同流动负债的比率，它可以从现金流量角度来反映企业当期偿付短期负债的能力。其计算公式如下：

$$现金流动负债比率 = 年经营现金净流量 \div 流动负债 \times 100\%$$

公式中：年经营现金净流量是指一定时期内，企业经营活动所产生的现金及现金等价物流入量与流出量的差额。

现金流动负债比率从现金流入和现金流出的动态角度对企业实际偿债能力进行考察。由于有利润的年份不一定有足够现金（含现金等价物）来偿还负债，所以利用以收付实现制为基础计量的现金流动负债比率指标，能充分体现企业经营活动所产生的现金净流量可以在多大程度上保证当期流动负债偿还，直观地反映出企业偿还流动负债的实际能力。为此，应用该指标评价企业偿债能力需要更加谨慎。该指标越大，表明企业经营活动产生现金净流量越多，越能够保障企业按期偿还到期债务，但也不是越大越好，该指标过大则表明企业流动资金利用不充分，盈利能力不强。

做中学 10-5

根据星海公司资料，假定该公司20×1年度经营活动产生的现金流量净额为1 350万元（经营现金净流量的数据可以从公司现金流量表中获得），计算该公司20×8年度和20×9年度的现金流动负债比率。

分析：

$$20\times8\,年度的现金流动负债比率 = 1\,350 \div 6\,960 \times 100\% = 19.40\%$$
$$20\times9\,年度的现金流动负债比率 = 1\,500 \div 7\,740 \times 100\% = 19.38\%$$

从现金流动负债比率可以看出，星海公司20×9年度现金流动负债比率相对标准值50%相差较大，而且20×8年和20×9年2年现金流动负债比率都很低，表明该公司短期偿债能力亟待提高。

（二）长期偿债能力分析

长期偿债能力是指企业偿还长期负债的能力。企业长期偿债能力衡量指标主要有资产负债率、产权比率和利息保障倍数三项。

1. 资产负债率

资产负债率又称负债比率，是指企业负债总额对资产总额的比率。它表明在企业的资产总额中，债权人提供资金所占比重，以及企业资产对债权人权益的保障程度。其计算公式如下：

$$资产负债率 = \frac{负债总额}{资产总额} \times 100\%$$

一般情况下，资产负债率越小，表明企业长期偿债能力越强，但也不是说该指标对任何企业都是越小越好。从债权人角度来说，该指标越小越好，这样企业偿债越有保障。从企业所有者角度来说，如果该指标较大，说明利用较少的自有资本投资形成了较多的生产经营资产，不仅扩大了生产经营规模，而且在经营状况良好的情况下，还可以利用财务杠杆原理，得到较多利润；如果该指标过小则表明企业对财务杠杆利用程度不够。如果资产负债率过大，则表明企业债务负担较重，企业资金实力不强，不仅对债权人不利，而且企业有濒临倒闭的危险。此外，企业长期偿债能力与盈利能力密切相关，因此企业的经营决策者应当将偿债能力指标（风险）与盈利能力指标（收益）结合起来分析，予以平衡考虑。保守观点认为资产负债率不应高于50%，而国际上通常认为资产负债率在60%上下较为适当。

做中学 10-6

根据星海分公司的资产负债表资料，计算该公司20×9年的资产负债率。

分析：

$$年初资产负债率 = 10\,960 \div 42\,160 \times 100\% = 26.00\%$$
$$年末资产负债率 = 12\,740 \div 47\,740 \times 100\% = 26.69\%$$

从这个指标来看，星海公司20×9年年初和年末资产负债率均不高，说明公司长期偿债能力较强。

2. 产权比率

产权比率又称资本负债率，是指负债总额与所有者权益总额的比率，是企业财务结构稳健与否的重要标志。它反映企业所有者权益对债权人权益的保障程度。其计算公式如下：

$$产权比率 = \frac{负债总额}{所有者权益总额} \times 100\%$$

产权比率反映债权人提供的资本与股东提供的资本的相对关系，反映企业基本财务结构是否稳定。一般说来，股东资本大于借入资本较好，但也不能一概而论。从股东角度来看，在通货膨胀加剧时期，企业多借债可以把损失和风险转嫁给债权人；在经济繁荣时期，多借债可以获得额外利润；在经济萎缩时期，少借债可以减少利息负担和财务风险。产权比率高，是高风险、高报酬的财务结构；产权比率低，是低风险、低报酬的财务结构。产权比率同时也表明债权人投入资本受到股东权益保障的程度。

根据星海公司资料,计算该公司 20×9 年的产权比率。

$$年初产权比率 = 10\ 960 \div 31\ 200 \times 100\% = 35.13\%$$
$$年末产权比率 = 12\ 740 \div 35\ 000 \times 100\% = 36.40\%$$

该公司 20×9 年年末和年初的产权比率均不高,与资产负债率计算结果可以相互验证,表明具有较强的长期偿债能力,对债权人保障程度较高。

产权比率与资产负债率对评价偿债能力的作用基本相同,两者的主要区别是:资产负债率侧重于分析债务偿付安全性的物质保障程度,产权比率则侧重于揭示财务结构稳健程度以及自有资金对偿债风险的承受能力。

3. 利息保障倍数

利息保障倍数是指企业一定时期息税前利润总额与利息支出的比率,反映了获利能力对债务偿付的保障程度。其中息税前利润总额是指利润总额与利息支出的合计数,利息支出是指实际支出的借款利息、债券利息等。其计算公式如下:

$$利息保障倍数 = \frac{息税前利润总额}{利息支出}$$

$$息税前利润总额 = 利润总额 + 利息支出 = 净利润 + 所得税 + 利息支出$$

利息保障倍数不仅反映了企业获利能力的大小,而且反映了获利能力对偿还到期债务的保障程度,它既是企业举债经营的前提依据,也是衡量企业长期偿债能力大小的重要指标。一般情况下,利息保障倍数越高表明企业长期偿债能力越强,国际上通常认为该指标为 3 时较为适当。从长期来看,若要维持正常偿债能力,利息保障倍数至少应当大于 1,如果利息保障倍数太小,企业就面临亏损以及偿债安全性与稳定性下降的风险。究竟企业的利息保障倍数应是多少,才算偿付能力强,这要根据往年经验结合行业特点来判断。

根据星海公司的资料,财务费用全部为利息支出,计算该公司 20×8 年度和 20×9 年度的利息保障倍数。

$$20×8 年度利息保障倍数 = \frac{息税前利润总额}{利息支出} = (11\ 196 + 800) \div 800 = 15$$

$$20×9 年度利息保障倍数 = \frac{息税前利润总额}{利息支出} = (9\ 196 + 600) \div 600 = 16.33$$

从以上计算结果来看,应当说该公司 20×8 年度和 20×9 年度利息保障倍数都较高,说明公司有较强的偿付负债的能力,但还需进一步结合公司往年情况和行业的特点进行判断。

（三）影响偿债能力的其他因素

上述反映企业偿债能力的指标都是根据财务报表中的资料计算的。需要指出的是,偿债能力还受一些表外因素的影响,甚至影响相当大。

（1）可动用的银行贷款指标。它是指银行已经同意而企业尚未办理贷款手续的银行贷款限额。这种指标可以随时使用,增加企业的现金,提高支付能力。但这一数据不反映在财务报表中,而在董事会决议中可能会有所记录,分析者在分析企业偿债能力时应予以关注。

（2）可以随时变现的非流动资产。企业可能有一些长期资产可以随时出售变现,而不出现在"一年内到期的非流动资产"项目中。例如,储备的土地、未开采的采矿权等,在企业发生周转困难时,将其出售,可在不影响企业的持续经营的情况下增加企业的偿债能力。

(3)经营租赁。它是指企业的一种筹资方式,包括融资租赁和经营租赁。融资租赁形成的负债都已反映于资产负债表中,而经营租赁形成的负债则没有反映于资产负债表中。当企业的经营租赁量比较大、期限比较长或具有经常性时,就形成了一种长期性筹资,这种长期性筹资,需要支付租金,对企业的偿债能力会产生影响。因此,如果企业经常发生经营租赁业务,应考虑租金对偿债能力的影响。

(4)或有负债。它是指企业在经营活动中有可能发生的债务,如未决诉讼、未决仲裁、担保责任、已贴现商业承兑汇票等。根据我国《企业会计准则》的规定,或有负债不在资产负债表中反映。这些或有负债在资产负债表日还不能确定未来的结果如何,将来一旦成为企业的现实负债,就会对企业的财务状况产生重大影响。尤其是金额较大的或有负债,在评价偿债能力时必须予以关注。

(5)偿债能力声誉。具有良好偿债能力声誉的企业,在偿债出现困难时,通常有能力筹集到资金,提高偿债能力。

二、营运能力分析

营运能力是指企业基于外部市场环境的约束,通过内部人力资源和生产资料的配置组合对财务目标的实现产生作用的能力。营运能力分析包括人力资源营运能力分析和生产资料营运能力分析。

企业拥有或控制生产资料表现为各种形态的资产占用,因此,生产资料营运能力实际上就是企业总资产及其各个组成要素的营运能力。资产营运能力强弱的关键取决于资产周转速度。一般来说,周转速度越快,资产使用效率越高,则资产营运能力越强;反之,营运能力就越差。资产周转速度通常用周转率和周转期表示。所谓周转率,就是企业在一定时期内资产周转额与平均余额的比率,它反映企业资产在一定时期的周转次数。周转次数越多,表明周转速度越快,资产营运能力越强。这一指标的反指标是周转期(周转天数),它是周转次数倒数与计算期的乘积,反映资产周转一次所需天数。周转天数越少,表明周转速度越快,资产营运能力越强。两者的计算公式分别如下:

$$周转率 = 周转额 \div 资产平均余额$$
$$周转期 = 计算期天数 \div 周转次数$$

具体来说,生产资料营运能力分析可以从以下三个方面进行:流动资产周转、固定资产周转以及总资产周转情况分析。

(一)流动资产周转情况分析

反映流动资产周转情况的指标主要有应收账款周转率、存货周转率和流动资产周转率。

1. 应收账款周转率

它是企业在一定时期内主营业务收入净额与平均应收账款余额的比率,是反映应收账款周转速度的指标。其计算公式如下:

$$应收账款周转率(周转次数) = \frac{主营业务收入净额}{平均应收账款余额}$$

其中:

$$主营业务收入净额 = 主营业务收入 - 销售折扣与折让$$
$$平均应收账款余额 = (应收账款余额年初数 + 应收账款余额年末数) \div 2$$
$$应收账款周转期(周转天数) = \frac{平均应收账款余额 \times 360}{主营业务收入净额}$$

应收账款周转率反映企业应收账款变现速度快慢及管理效率的高低,周转率高表明:①收账迅速,账龄较短;②资产流动性强,短期偿债能力强;③可以减少收账费用和坏账损失,从而相对增加企业流动资产投资收益。同时借助应收账款周转期与企业信用期限比较,还可以评价客户信用程度,以及企业原定信用条款适当与否。

利用上述公式计算应收账款周转率时,需要注意以下几个问题:①企业应收账款包括会计核算中的应收账款和应收票据等全部赊销账款在内;②如果平均应收账款余额波动较大,应尽可能使用更详尽的计算资料,如按每月平均应收账款余额来计算其平均占用额;③分子、分母数据应注意时间对应性。

做中学 10-9

根据星海公司 20×9 年资产负债表和利润表有关资料,同时假定该公司未发生销售折扣与折让,而且 20×8 年年末应收账款余额为 2 000 万元,计算该公司 20×8 年和 20×9 年应收账款周转率和周转天数。

分析:

$$20×8 \text{ 年应收账款周转率} = 44\,000 ÷ [(2\,000 + 2\,400) ÷ 2] = 20(\text{次})$$
$$20×8 \text{ 年应收账款周转天数} = 360 ÷ 20 = 18(\text{天})$$
$$20×9 \text{ 年应收账款周转率} = 38\,000 ÷ [(2\,640 + 2\,400) ÷ 2] = 15.08(\text{次})$$
$$20×9 \text{ 年应收账款周转天数} = 360 ÷ 15.08 = 23.87(\text{天})$$

以上计算结果表明,该公司 20×9 年应收账款周转率比 20×8 年有所下降,周转次数由 20 次下降为 15.08 次,周转天数由 18 天延长到 23.87 天。这不仅说明公司营运能力下降了,而且对流动资产变现能力和周转速度也应该引起注意,应积极提高应收账款运作效率。

---

2. 存货周转率

存货周转率是企业一定时期主营业务成本与平均存货余额的比率,是反映企业存货流动性的一个指标,也是衡量企业生产经营各环节中存货运营效率的一个综合指标。其计算公式如下:

$$存货周转率(周转次数) = \frac{主营业务成本}{平均存货余额}$$

其中:

$$平均存货余额 = (存货余额年初数 + 存货余额年末数) ÷ 2$$
$$存货周转期(周转天数) = 360 ÷ 存货周转率$$

存货周转速度的快慢,不仅反映出企业采购、存储、生产、销售各环节管理工作状况的好坏,而且对企业偿债能力及获利能力都产生决定性的影响。一般来说,存货周转率越高越好。存货周转率越高,表明其变现速度越快,周转额越大,资金占用水平越低。因此,通过存货周转率分析,有利于找出存货管理中存在的问题,尽可能降低资金占用水平。存货不能存储太少,否则可能造成生产中断或销售紧张;也不能存储太多,容易形成存货积压。存货是流动资产的重要组成部分,其质量和流动性对企业流动比率具有举足轻重的影响,并进而影响企业短期偿债能力。所以,一定要通过加强存货管理来提高其投资变现能力和盈利能力。

做中学 10-10

根据星海公司的资料,同时假定该公司 20×8 年年末存货余额为 7 800 万元,计算该公司 20×8 年和 20×9 年的存货周转率。

分析:

20×8 年存货周转率和周转天数分别为:

$$存货周转率 = 24\ 400 \div [(7\ 800 + 8\ 280) \div 2] = 3.03(次)$$
$$存货周转天数 = 360 \div 3.03 = 118.81(天)$$

20×9 年存货周转率和周转天数分别为:

$$存货周转率 = 21\ 700 \div [(8\ 280 + 10\ 000) \div 2] = 2.37(次)$$
$$存货周转天数 = 360 \div 2.37 = 151.90(天)$$

以上计算结果表明,该公司 20×9 年存货周转率比 20×8 年度有所延缓,存货周转率由 3.03 次降为 2.37 次,周转天数由 118.81 天增加为 151.90 天,反映出公司 20×9 年存货管理效率低于 20×8 年,应该引起重视。

3. 流动资产周转率

流动资产周转率是指企业一定时期主营业务收入净额与平均流动资产总额的比率,是反映企业流动资产周转速度的指标。其计算公式如下:

$$流动资产周转率(周转次数) = \frac{主营业务收入净额}{平均流动资产总额}$$

其中:

$$主营业务收入净额 = 主营业务收入 - 销售折扣与折让$$
$$平均流动资产总额 = (流动资产总额年初数 + 流动资产总额年末数) \div 2$$
$$流动资产周转期(周转天数) = 360 \div 流动资产周转率$$

在一定时期内,流动资产周转次数越多,表明以相同流动资产完成周转额越多,流动资产利用效果越好。从流动资产周转天数来看,周转一次所需天数越少,表明流动资产在经历生产和销售各阶段时所占用时间越短。生产经营的任何一个环节的工作改善,都会反映到流动资产周转天数的缩短。

(二)固定资产周转情况分析

反映固定资产周转情况的主要指标是固定资产周转率,它是指企业一定时期主营业务收入净额与平均固定资产净值的比率,是衡量固定资产利用效率的一项指标。其计算公式如下:

$$固定资产周转率(周转次数) = \frac{主营业务收入净额}{平均固定资产净值}$$
$$平均固定资产净值 = (固定资产净值年初数 + 固定资产净值年末数) \div 2$$
$$固定资产周转期(周转天数) = 360 \div 固定资产周转率$$

一般情况下,固定资产周转率越高,表明企业固定资产利用越充分,同时也表明企业固定资产投资得当,提供生产成果合理,能够充分发挥其效率;反之,如果固定资产周转率不高,则表明固定资产使用效率不高,提供生产成果不多,企业营运能力不强。

做中学 10-11

根据星海公司资料,同时假定该公司未发生销售折扣与折让,20×8 年年末固定资产净值为 25 600 万元,计算该公司 20×8 年和 20×9 年的固定资产周转率。

分析:

$$20×8 年固定资产周转率 = 44\ 000 \div [(25\ 600 + 26\ 000) \div 2] = 1.71(次)$$
$$20×8 年固定资产周转天数 = 360 \div 1.71 = 210.53(天)$$
$$20×9 年固定资产周转率 = 38\ 000 \div [(26\ 000 + 30\ 000) \div 2] = 1.36(次)$$
$$20×9 年固定资产周转天数 = 360 \div 1.36 = 264.71(天)$$

从计算结果来看,公司 20×9 年相对 20×8 年固定资产周转速度放缓了,固定资产周转率从 1.71 次减缓到 1.36 次,固定资产周转天数从 210.53 天延长到 264.71 天。

（三）总资产周转情况分析

反映总资产周转情况的主要指标是总资产周转率，它是指企业一定时期主营业务收入净额与平均资产总额的比值，可以用来反映企业全部资产利用效率。其计算公式如下：

$$总资产周转率（周转次数）＝\frac{主营业务收入净额}{平均资产总额}$$

$$平均资产总额＝（资产总额年初数＋资产总额年末数）÷2$$

$$总资产周转期（周转天数）＝360÷总资产周转率$$

总资产周转率越高，表明企业全部资产使用效率越高；反之，则说明企业全部资产利用效率越差，最终会影响企业盈利能力。企业应采取各项措施来提高总资产的利用程度，比如提高销售收入或处置闲置多余资产。

需要说明的是，在上述指标的计算中均以年度作为计算期，在实务中，计算期应视分析需要而定，但应保持分子与分母在时间口径上的一致。如果资金占用波动性较大，企业应采取更详细的资料进行计算。如果各期占用额比较稳定，波动不大，季度、年度平均资金占用额也可以直接用期末和期初平均数来计算。

三、盈利能力分析

盈利能力就是企业资金的增值能力，它通常表现为企业收益数额大小与水平高低。下面主要介绍几个评价企业盈利能力的指标。

（一）主营业务利润率

主营业务利润率是指企业在一定时期主营业务利润与主营业务收入净额的比率。其计算公式如下：

$$主营业务利润率＝\frac{主营业务利润}{主营业务收入净额}×100\%$$

主营业务利润率越高，表明企业主营业务的市场竞争力越强，发展潜力越大，从而盈利能力越强。

销售净利率被用于衡量企业在一定时期内获取销售收入的能力。通过分析销售净利率的升降变动，可以促使企业在扩大销售的同时，注意改进经营管理以及提高盈利水平。其计算公式如下：

$$销售净利率＝\frac{净利润}{销售收入}×100\%$$

销售毛利率是企业销售净利率的基础，没有足够大的毛利率便不能盈利。如果销售毛利率很低，表明企业没有足够的毛利额，补偿期间费用后的盈利水平就不会高；也可能无法弥补期间费用，出现亏损局面。其计算公式如下：

$$销售毛利率＝\frac{销售收入－销售成本}{销售收入}×100\%$$

主营业务净利率是从企业主营业务的盈利能力和获利水平方面对资本收益率指标作进一步补充，体现了企业主营业务利润对利润总额的贡献以及对企业全部收益的影响程度。同时，该指标体现了企业经营活动最基本的获利能力，没有足够大的主营业务净利率就无法形成企业的最终利润。该指标越高，说明企业获利水平越高。其计算公式如下：

$$主营业务净利率＝\frac{净利润}{主营业务收入净额}×100\%$$

营业利润率是衡量企业经营效率的指标，反映了在不考虑非营业成本的情况下，企业管理者通过经营获取利润的能力。其计算公式如下：

$$营业利润率 = \frac{营业利润}{主营业务收入净额} \times 100\%$$

（二）成本费用利润率

成本费用利润率是指企业一定时期利润总额与成本费用总额的比率。其计算公式如下：

$$成本费用利润率 = \frac{利润总额}{成本费用总额} \times 100\%$$

其中：

$$成本费用总额 = 主营业务成本 + 销售费用 + 管理费用 + 财务费用 + 税金及附加$$

该指标越高，表明企业为取得利润而付出的代价越小，成本费用控制得越好，盈利能力越强。同利润一样，成本费用的计算口径也可以分为不同层次，如主营业务成本、营业成本等。在评价成本费用控制效果时，应当注意成本费用与利润之间在计算层次和口径上的对应关系。

（三）盈余现金保障倍数

盈余现金保障倍数是企业一定时期经营现金净流量与净利润的比值，反映了企业当期净利润中现金收益保障程度，真实地反映了企业的盈余质量，是评价企业盈利状况的辅助指标。其计算公式如下：

$$盈余现金保障倍数 = \frac{经营现金净流量}{净利润}$$

盈余现金保障倍数是从现金流入和现金流出的动态角度，对企业收益质量进行评价，在收付实现制的基础上，反映出当期净利润中有多少是有现金保障的。一般来说，当企业当期净利润大于0时，盈余现金保障倍数应当大于1。该指标越大，表明企业经营活动产生净利润对现金的贡献越大。

（四）总资产报酬率

总资产报酬率是企业一定时期内获得报酬与平均资产总额的比率。它是反映企业资产综合利用效果的指标，也是衡量企业利用债权人和所有者权益总额所取得盈利的重要指标。其计算公式如下：

$$总资产报酬率 = \frac{息税前利润总额}{平均资产总额} \times 100\%$$

总资产报酬率全面反映了企业全部资产的获利水平，企业所有者和债权人对该指标都非常关注。一般情况下，该指标越高，表明企业资产利用效果越好，整个企业盈利能力越强，经营管理水平越高。企业还可以将该指标与市场指标利率进行比较，如果前者比后者大，则说明企业可以充分利用财务杠杆，适当举债经营，以获得更多收益。

（五）净资产收益率

净资产收益率是企业一定时期净利润与平均净资产的比率。它是反映自有资金投资收益水平的指标，是企业盈利能力的核心。其计算公式如下：

$$净资产收益率 = \frac{净利润}{平均净资产} \times 100\%$$

其中：

$$平均净资产 = (所有者权益年初数 + 所有者权益年末数) \div 2$$

净资产收益率是评价企业自有资金及其积累获取报酬水平最具综合性与代表性的指标，反映企业资本的营运综合效益。该指标通用性强，适用范围广，不受行业局限，在国际上是企业综合评价中使用率非常高的评价指标。通过对该指标综合对比分析可以看出，企业获利能力在同行业中所处地位以及与同类企业的差异水平。一般认为，净资产收益率越高，企业自有资本获取收益的能力越强，企业营运效果越好，对企业投资人、债权人的保障程度越高。

(六) 资本保值增值率

资本保值增值率是指企业扣除客观因素后的年末所有者权益总额与年初所有者权益总额的比率，反映了企业当年资本在企业自身努力下的实际增减变动情况，是评价企业财务效应状况的辅助指标。其计算公式如下：

$$指标保值增值率 = \frac{扣除客观因素后的年末所有者权益总额}{年初所有者权益总额} \times 100\%$$

资本保值增值率是根据"资本保全"原则设计的指标，更加谨慎、稳健地反映了企业资本保全和增值状况。它充分反映了对所有者权益的保护，能够及时、有效地发现侵蚀所有者权益的现象，反映了投资者投入企业资本的保全性和增长性。一般认为，资本保值增值率越高，表明企业资本保全状况越好，所有者权益增长越快，债权人债务越有保障，企业发展潜力越大。该指标通常应大于100%，若小于100%，则表明企业资本受到侵蚀，没有实现资本保全，损害了所有者权益，也妨碍了企业进一步发展，应予以充分重视。

(七) 每股收益

每股收益也称每股利润或每股盈余，是指上市企业本年净利润与年末普通股总数的比值，反映普通股获利水平，是衡量上市公司盈利能力最常用的财务分析指标。其计算公式如下：

$$每股收益 = \frac{净利润}{年末普通股总数}$$

公式中分母也可以用普通股平均股数表示。按平均数计算每股收益指标可按下列公式进行分析：

$$\begin{aligned}
每股收益 &= \frac{净利润}{年末普通股总数} = \frac{净利润}{平均股东权益} \times \frac{平均股东权益}{年末普通股总数} \\
&= 股东权益收益率 \times 平均每股净资产 \\
&= \frac{净利润}{资产平均总额} \times \frac{资产平均总额}{平均股东权益} \times \frac{平均股东权益}{年末普通股总数} \\
&= 总资产收益率 \times 权益乘数 \times 平均每股净资产 \\
&= \frac{净利润}{主营业务收入净额} \times \frac{主营业务收入净额}{资产平均总额} \times \frac{资产平均总额}{平均股东权益} \times \frac{平均股东权益}{年末普通股总数} \\
&= 主营业务净利率 \times 总资产周转率 \times 权益乘数 \times 平均每股净资产
\end{aligned}$$

为了更好地反映普通股所取得的利润，每股收益也可以用净利润扣除优先股股利后的余额，除以发行在外普通股平均股数来计算。其计算公式如下：

$$每股收益 = \frac{净利润 - 优先股股利}{发行在外的普通股平均股数}$$

每股收益是上市企业发行在外普通股所取得的利润，它可以反映企业获利能力的大小。每股收益越高，说明企业获利能力越强。

(八) 每股股利

每股股利是指上市企业本年发放普通股现金股利总额与年末普通股总数的比值。其计算公式如下：

$$每股股利 = \frac{普通股现金股利总额}{年末普通股总数}$$

每股股利是上市企业普通股股东从企业实际分得的每股利润，它反映上市企业当期利润积累和分配情况。

(九) 市盈率

市盈率是上市企业普通股每股市价相当于每股收益的倍数。反映投资者对上市企业每股净利润愿意支付的价格，可以用来估计股票投资报酬和风险。其计算公式如下：

$$市盈率 = \frac{每股市价}{每股盈利}$$

市盈率是反映上市企业获利能力的一个重要财务比率。这一比率是投资者作出投资决策的重要参考因素之一。一般来说，市盈率越高，说明投资者对该企业发展前景看好、愿意出较高价格购买该企业股票。所以一些成长性较好的高科技企业的市盈率通常要高些。但是，也应注意，如果某一种股票市盈率太高，也意味着该股票具有较大投资风险。

(十) 每股净资产

每股净资产是指上市企业年末股东权益(即净资产)与年末普通股总数的比值。其计算公式如下：

$$每股净资产 = \frac{年末股东权益}{年末普通股总数}$$

四、发展能力分析

发展能力是指企业在生存的基础上，扩大规模、壮大实力与潜在的能力。对企业分析其发展能力主要考察以下五项指标：销售(营业)增长率、资本积累率、总资产增长率、3年销售平均增长率和3年资本平均增长率。

(一) 销售(营业)增长率

销售(营业)增长率是指企业本年主营业务收入增长额与上年主营业务收入总额的比率。它反映企业主营业务收入的增减变动情况，是评价企业成长状况和发展能力的重要指标。其计算公式如下：

$$销售(营业)增长率 = \frac{本年主营业务收入增长额}{上年主营业务收入总额} \times 100\%$$

其中：

$$本年主营业务收入增长额 = 本年主营业务收入总额 - 上年主营业务收入总额$$

该指标是衡量企业经营状况和市场占有能力、预测企业经营业务拓展趋势的重要指标。不断增加主营业务收入，是企业生存的基础和发展条件。该指标若大于0，表明企业本年主营业务收入有所增长，该指标值越高，表明主营业务收入增长速度越快，企业前景越好；若该指标小于0，则说明产品或服务不能适销对路、质次价高，或是在售后服务等方面存在问题，市场份额下降。该指标在实际操作时，应结合企业历年主营业务收入水平、企业市场占有情况、衡量未来发展及其他影响企业发展的潜在因素进行前瞻性预测，或者结合企业前3年销售(营业)增长率作出趋势性分析判断。

(二) 资本积累率

资本积累率是指企业本年所有者权益增长额与年初所有者权益的比率。它是评价企业发展潜力的重要指标。其计算公式如下：

$$资本积累率 = \frac{本年所有者权益增长额}{年初所有者权益} \times 100\%$$

资本积累率是企业当年所有者权益的总增长率，反映了企业所有者权益在当年的变动水平，体现了企业资本的积累情况，展示了企业的发展潜力。资本积累率还反映了投资者投入企业资本的保全性和增长性。该指标若大于 0，则指标值越高，表明企业资本积累越多，应对风险、持续发展能力越强；该指标若小于 0，表明企业资本受到侵蚀，所有者权益受到损害，应予充分重视。

（三）总资产增长率

总资产增长率是企业本年总资产增长额与年初资产总额的比率，它反映企业本期资产规模的增长情况。其计算公式如下：

$$总资产增长率 = \frac{本年总资产增长额}{年初资产总额} \times 100\%$$

其中：

$$本年总资产增长额 = 资产总额年末数 - 资产总额年初数$$

总资产增长率是企业从资产总量扩张方面衡量企业的发展能力，表明企业规模增长水平对企业发展后劲的影响。该指标越高，表明企业一定时期内资产经营规模扩张速度越快。但在实际分析时，应注意资产规模扩张质和量的关系，以及企业后续发展能力，避免盲目扩张。

（四）3 年销售平均增长率

3 年销售平均增长率表明企业主营业务连续 3 年增长情况，体现企业持续发展态势和市场扩张能力。其计算公式如下：

$$3 年销售平均增长率 = \left(\sqrt[3]{\frac{当年主营业务收入总额}{3 年前主营业务收入总额}} - 1 \right) \times 100\%$$

公式中：3 年前主营业务收入总额是指企业 3 年前主营业务收入总额数，比如在评价企业 20×9 年绩效状况时，则 3 年前主营业务收入总额是指 2013—2018 年的主营业务收入总额。

主营业务收入是企业积累和发展的基础，该指标越高，表明企业积累基础越牢，可持续发展能力越强。利用 3 年销售平均增长率指标，能够反映企业主营业务增长趋势和稳定程度，体现企业连续发展状况和能力，避免因少数年份业务波动而对企业发展潜力的错误判断，一般认为，该指标越高，表明企业主营业务持续增长势头越好，市场扩张能力越强。

（五）3 年资本平均增长率

3 年资本平均增长率表示企业资本连续 3 年积累情况，在一定程度上体现了企业持续发展水平和趋势。其计算公式如下：

$$3 年资本平均增长率 = \left(\sqrt[3]{\frac{年末所有者权益总额}{3 年前所有者权益总额}} - 1 \right) \times 100\%$$

由于一般增长率指标在分析时具有"滞后"性，仅反映当期情况，而利用该指标，能够反映企业资本积累或指标扩张的历史发展状况，以及企业稳步发展趋势。一般认为，该指标越高，表明企业所有者权益得到保障的程度越大，企业可以长期使用的资金越充足，抗风险和持续发展能力越强。

任务四　财务综合指标

一、财务综合指标分析的含义和特点

(一) 财务综合指标分析的含义

财务综合指标分析就是将反映企业的偿债能力、运营能力、盈利能力等诸方面的财务指标纳入一个有机的整体中,系统、全面、综合地对企业财务状况、经营成果和财务状况的变动进行剖析、解释和评价,从而对企业经营绩效的优劣作出准确的评判。

(二) 财务综合指标分析的特点

与基本财务比率分析或单项财务指标分析相比,财务综合指标分析具有以下特点:

(1) 分析方法不同。基本财务比率分析采用由一般到个别的方法,把企业财务活动总体分解为每个具体部分,然后逐一考查分析;而综合分析则是通过归纳综合,先从个别财务现象分析入手,再从财务活动的总体上作出总结评价。

(2) 财务分析性质不同。基本财务比率分析具有实务性和实证性;而综合分析则具有高度的抽象性和概括性,着重从整体上概括财务状况的本质特征。

(3) 财务分析的重点和比较基准不同。单项财务指标分析的重点和比较基准是财务计划、财务理论标准,而综合分析的重点和基准是企业整体发展趋势。

(4) 财务指标在分析中的地位不同。单项财务分析把每个分析的指标视为有同等重要地位来处理,忽视了各种指标之间的相互关系;而财务综合分析则强调各种指标有主辅之分,并且特别注意主辅指标之间的本质联系和层次关系。

一个健全有效的财务综合指标分析体系,应该具备以下要素:①指标要素齐全适当;②主辅指标功能匹配;③满足多方面信息需要。

二、财务综合指标分析的方法

财务综合指标分析的方法中目前应用比较广泛的主要有杜邦分析法和沃尔比重评分法。

(一) 杜邦分析法

杜邦分析法又称杜邦财务分析体系,是指利用各主要财务比率指标间的内在联系,对企业财务状况及经济效益进行综合系统分析评价的方法。该体系是以净资产收益率为起点,以总资产净利率和权益乘数为核心,重点揭示企业获利能力及权益乘数对净资产收益率的影响,以及各相关指标间相互影响的作用关系。该体系因其最初由美国杜邦企业成功应用而得名。

杜邦财务分析体系将净资产收益率(权益净利率)分解如图 10-1 所示。其分析关系式如下:

$$净资产收益率 = 总资产净利率 \times 权益乘数$$
$$= 销售净利率 \times 总资产周转率 \times 权益乘数$$

在图 10-1 中,需要注意的是:销售净利率即营业净利率,销售收入即营业收入;有关资产、负债与权益指标通常用平均值计算。

运用杜邦财务分析体系需要抓住以下四点:

(1) 净资产收益率是一个综合性最强的财务分析指标,是杜邦财务分析体系的起点。财务管理的目标之一是使股东财富最大化,净资产收益率反映了企业所有者投入资本的获利能力,说

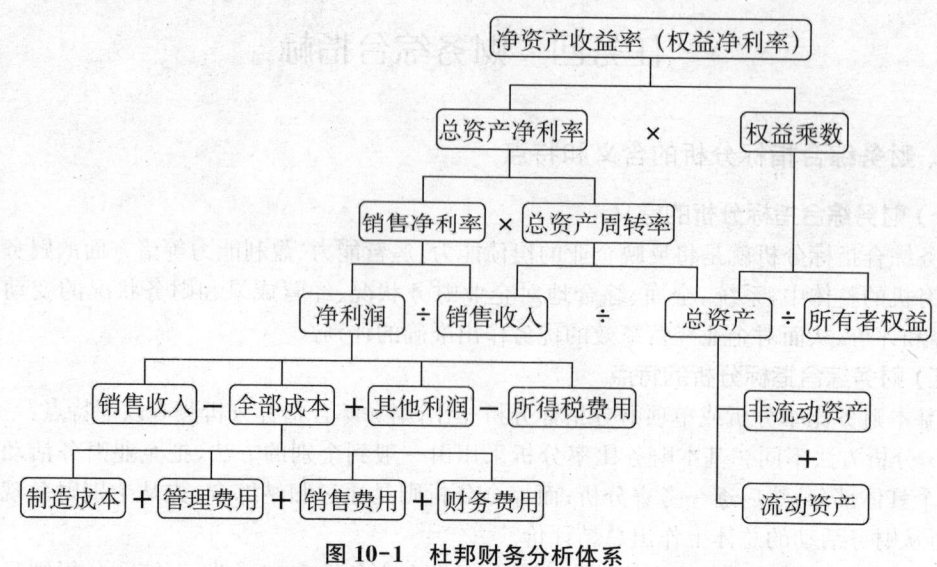

图 10-1 杜邦财务分析体系

明了企业筹资、投资、资金营运等各项财务活动及其管理活动的效率,而不断提高净资产收益率是使所有者权益最大化的基本保证。所以,这一财务分析指标是企业所有者、经营者都十分关心的。而净资产收益率高低的决定因素主要有销售净利率、总资产周转率和权益乘数。这样,净资产收益率在进行分解之后,就可以将这一综合性指标升降变化的原因具体化,从而比只用一项综合性指标更能说明问题。

（2）销售净利率反映了企业净利润与销售收入的关系,其高低取决于销售收入与成本总额的高低。因此,提高销售净利率的途径有:一是要扩大销售收入;二是要降低成本费用;三是提高其他利润。扩大销售收入既有利于提高销售净利率,又有利于提高总资产周转率。降低成本费用是提高销售净利率的一个重要因素,从杜邦财务分析体系可以看出成本费用的基本结构是否合理,从而找出降低成本费用的途径和加强成本费用控制的办法。如果企业财务费用支出过高,就要进一步分析其负债比率是否过高;如果管理费用过高,就要进一步分析资产周转情况。为了详细地了解企业成本费用的发生情况,在具体列示成本总额时,还可根据重要性原则,将那些影响较大的费用单独列示,以便寻求降低成本的途径。

（3）影响总资产周转率的一个重要因素是资产总额。资产总额由流动资产与非流动资产组成,它们结构合理与否将直接影响资产周转速度。一般来说,流动资产直接体现企业偿债能力和变现能力,而非流动资产则体现了企业经营规模、发展潜力;两者之间应该有一个合理的比例关系。如果发现某项资产比重过大,影响资产周转,就应深入分析其原因,例如企业持有货币资金超过业务需要,就会影响企业盈利的能力;如果企业占有过多的存货和应收账款,则既会影响获利能力,又会影响偿债能力。因此,还应进一步分析各项资产占用数额和周转速度。

（4）权益乘数主要受资产负债率指标影响。资产负债率越高,权益乘数就越高,说明企业负债程度比较高,给企业带来了较多的杠杆利益,同时,也带来了较大的风险。

做中学 10-12

某企业基本财务数据如表 10-5 所示。分析该企业净资产收益率变化的原因。

表 10-5	基本财务数据	单位:万元
项目　　　　　　年份	20×8	20×9
净利润	10 284.04	12 653.92
销售收入	411 224.01	757 613.81
平均资产总额	306 222.94	330 580.21
平均负债总额	205 677.07	215 659.54
全部成本	403 967.43	736 747.24
制造成本	373 534.53	684 261.91
销售费用	10 203.05	21 740.96
管理费用	18 667.77	25 718.20
财务费用	1 562.08	5 026.17

根据表 10-5 的资料计算该企业的财务比率如表 10-6 所示。

表 10-6	财　务　比　率	
项目　　　　　　年份	20×8	20×9
净资产收益率	10.22%	11.00%
权益乘数	3.05	2.88
资产负债率	67.17%	65.24%
总资产净利率	3.35%	3.82%
销售净利率	2.5%	1.67%
总资产周转率(次)	1.34	2.29

(1) 对净资产收益率的分析。该企业的净资产收益率在 20×8—20×9 年出现了一定程度的好转,从 20×8 年的 10.22% 增加至 20×9 年的 11.00%。企业投资者在很大程度上依据这个指标来判断是否投资或是否转让股份,考察经营者业绩和决定股利分配政策。这些指标对企业管理者也至关重要。

净资产收益率 = 权益乘数 × 总资产净利率

20×8 年净资产收益率 = 3.05 × 3.35% = 10.22%

20×9 年净资产收益率 = 2.88 × 3.82% = 11.00%

通过分解可以明显地看出,该企业净资产收益率变动是资本结构(权益乘数)变动和资产利用效果(总资产净利率)变动两方面共同作用的结果,而该企业总资产净利率太低,显示出资产利用效果较差。

(2) 对总资产净利率的分析:

总资产净利率 = 销售净利率 × 总资产周转率

20×8 年总资产净利率 = 2.5% × 1.34 = 3.35%

20×9 年总资产净利率 = 1.67% × 2.29 = 3.82%

通过分解可以看出 20×9 年该企业总资产周转率有所提高，说明资产利用效率得到了比较好的控制，显示出比前 1 年有较好的效果，表明该企业利用其总资产产生销售收入的效率在增加。总资产周转率提高的同时，销售净利率的减少阻碍了总资产净利率的增加。

（3）对销售净利率的分析：

$$销售净利率 = 净利润 \div 销售收入$$
$$20×8 年销售净利率 = 10\ 284.04 \div 411\ 224.01 = 2.5\%$$
$$20×9 年销售净利率 = 12\ 653.92 \div 757\ 613.81 = 1.67\%$$

该企业 20×9 年大幅度提高了销售收入，但是净利润提高幅度很小，分析其原因是成本费用增多。根据表 10-5 可知：全部成本从 20×8 年的 403 967.43 万元增加到 20×9 年的 736 747.24 万元，与销售收入增加幅度大致相当。

（4）对全部成本的分析：

$$全部成本 = 制造成本 + 销售费用 + 管理费用 + 财务费用$$
$$20×8 年全部成本 = 373\ 534.53 + 10\ 203.05 + 18\ 667.77 + 1\ 562.08 = 403\ 967.43(万元)$$
$$20×9 年全部成本 = 684\ 261.91 + 21\ 740.96 + 25\ 718.20 + 5\ 026.17 = 736\ 747.24(万元)$$

本例中，导致该企业净资产收益率较小的主要原因是全部成本过大。也正是因为全部成本大幅度提高导致了净利润提高幅度不大，而销售收入大幅度增加，引起了销售净利率降低，显示出该企业销售盈利能力降低。总资产净利率的提高当归功于总资产周转率的提高，销售净利率的减少则起到了阻碍作用。

（5）对权益乘数的分析：

$$权益乘数 = 资产总额 \div 所有者权益总额$$
$$20×8 年权益乘数 = 306\ 222.94 \div (306\ 222.94 - 205\ 677.07) = 3.05$$
$$20×9 年权益乘数 = 330\ 590.21 \div (330\ 590.21 - 215\ 659.54) = 2.88$$

该企业的权益乘数下降，说明企业的资本结构在 20×8—20×9 年发生了变动，20×9 年的权益乘数较 20×8 年有所减少。权益乘数越小，企业负债程度越低，偿还债务的能力越强，财务风险就越低。这个指标同时也反映了财务杠杆对利润水平的影响。该企业权益乘数一直处于 2~5，即负债率在 50%~80%，则该企业属于激进战略型企业。管理者应该准确把握企业所处的环境，准确预测利润，合理控制负债带来的风险。

（6）结论。对该企业来说，最为重要的就是要努力降低各项成本，在控制成本方面下功夫，同时要保持较高的总资产周转率。这样，可以使销售净利率得到提高，进而使总资产净利率有所提高，从而提高净资产收益率。

（二）沃尔比重评分法

1. 沃尔比重评分法的原理

沃尔比重评分法也称沃尔评分法，它是在 20 世纪初由企业财务综合分析的先驱者之一亚历山大·沃尔提出的。他将流动比率、产权比率、固定资产比率、存货周转率、应收账款周转率、固定资产周转率和自有资金周转率用线性关系结合起来，并分别给定各自的分数比重，然后通过与标准比率进行比较，确定各项指标的得分及总体指标的累计分数，从而对企业的信用水平作出评价。

这种方法的具体做法是：①选择七种财务比率，分别给定其在总评价中所占的比重，总和为 100 分；②确定标准比率，并与实际比率相比较，评出每项指标的得分，求出总评分；③以分数的高低来决定企业的信用能力。

如果评价得出一个企业的综合指数大于100，说明综合评分达到标准的要求，总体财务状况是不错的。尽管沃尔评分法在理论上还有待证明，在技术上也不够完善，但它还是在实践中被广泛地应用。

一般认为，企业财务评价的内容首先是盈利能力，其次是偿债能力，最后是发展能力，它们之间大致可按5：3：2的比例来分配。盈利能力的主要指标是总资产报酬率、销售净利率和净资产收益率，这三个指标可按2：2：1的比例来安排。偿债能力有四个常用指标，成长能力有三个常用指标。标准比率以本行业平均数为基础，在给每个指标评分时，应规定其上限和下限，以减少因个别指标异常对总分造成不合理的影响。

2. 沃尔评分法的运用

现代社会与沃尔所在的时代相比，已发生了很大的变化。在财务比率的选择、权重的确定、标准比率的确定、实际比率的计算等方面的研究也有了很大的发展。当前运用沃尔评分法对企业财务状况进行综合分析评价，通常可按以下程序展开：

（1）选定评价企业财务状况的比率指标。在每一类指标中，通常应选择有代表性、能说明问题的重要指标，如盈利能力、偿债能力和运营能力三类比率指标。选择指标时，应尽量选择正指标，不要选择逆指标。

（2）根据各项比率的重要程度，确立其重要性系数，各项比率指标的重要性系数之和应等于1或100%。对其重要性程度的判断，可根据企业的经营状况、管理要求、发展趋势及分析的目的等具体情况来确定。

（3）确定各项财务比率的标准值和实际值。财务比率标准值是指特定国家、特定行业、特定时期的财务比率指标体系及其标准值，可以用来作为标准财务比率的通常是行业平均水平的比率。它是根据同一行业中部分有代表性的企业的财务与经营资料，经过综合成为整体后，再据以求得的各项比率，如流动比率标准值，它可以作为评价企业财务比率优劣的参照物。

（4）计算相对比率。相对比率即各项指标实际值与标准值的比率，有时也称为关系比率或单项指数。

$$相对比率 = 实际值 \div 标准值$$

需要注意的是，评价指标体系中一般为正指标（如总资产利润率、存货周转率），但是，如果评价指标为资产负债率、流动比率等，既不是正指标，也不是逆指标，而是适度指标，即具有标准值，则对这类指标，其相对比率计算公式如下：

$$相对比率 = 1 - \frac{|实际值 - 标准值|}{标准值} \times 100\%$$

（5）根据企业财务报表，分别计算所选定指标的实际值，再计算所选定指标的加权平均分数。其计算公式如下：

$$综合实际分 = \sum (重要性系数 \times 相对比率)$$

一般来说，综合实际分如为1（100%）或接近1（100%），则表明该企业财务状况基本符合要求；若过低，则表明企业财务活动与结果不佳。

3. 沃尔评分法的优缺点

（1）沃尔评分法的优点。它将互不关联的财务指标按照权重予以综合联动，使综合评价成为可能。沃尔评分法是一种数据、综合统计性的理论评分制分析法，相比一般理论评价法，它更全面、更权威、更能实实在在地对信用数据作出相对准确的理论性评价。沃尔评分法的综合性强，依据现实数据，不是凭空的理想评价，更能反映事实。

（2）沃尔评分法的缺点。一是所选定的七种财务比率缺乏证明力；二是从技术上讲，由于评分是相对比率与比重相乘计算出来的，所以当某一个指标严重异常（过高或过低，甚至是负数）时，会对总评分产生不合逻辑的重大影响。

因而，在采用此方法进行财务状况综合分析和评价时，应注意以下方面的问题：①同行业的标准值必须准确无误；②标准分值的规定应根据指标的重要程度合理确定；③分析指标应尽可能全面，采用指标越多，分析的结果越接近现实。尽管沃尔评分法在理论上还有待于证明，但在实践中仍被广泛应用。

做中学 10-13

沃尔评分法的基本步骤：

（1）选择评价指标并分配指标权重，如表 10-7 所示。

表 10-7　　　　　　　　　　选择评价指标并分配指标权重

选择的指标	分配的权重
一、偿债能力指标	20
1. 资产负债率	12
2. 已获利息倍数	8
二、盈利能力指标	38
1. 净资产收益率	25
2. 总资产报酬率	13
三、运营能力指标	18
1. 总资产周转率	9
2. 流动资产周转率	9
四、发展能力指标	24
1. 营业增长率	12
2. 资本积累率	12
合　计	100

（2）确定各项评价指标的标准值。财务指标的标准值一般可以行业平均数、企业历史先进数、国家有关标准或者国际公认数为基准来加以确定。表 10-8 中的标准值仅是为举例目的而假设的。

表 10-8　　　　　　　　　　标 准 值 举 例

选择的指标	指标的标准值
一、偿债能力指标	
1. 资产负债率	60％
2. 已获利息倍数	3
二、盈利能力指标	
1. 净资产收益率	25％
2. 总资产报酬率	16％

（续表）

选择的指标	指标的标准值
三、运营能力指标	
1. 总资产周转率	2
2. 流动资产周转率	5
四、发展能力指标	
1. 营业增长率	10%
2. 资本积累率	15%

（3）对各项评价指标记分并计算综合分数，如表10-9所示。

$$各项评价指标的得分 = 各项指标的权重 \times \left(\frac{指标的实际值}{标准值} \right)$$

$$综合得分 = \sum 各项评价指标的值$$

表 10-9　　　　　　　　　　　　　计算综合分数

选择的指标	分配的权重 ①	指标的标准值 ②	指标的实际值 ③	实际得分 ④=①×③÷②
一、偿债能力指标	20			
1. 资产负债率	12	60%	28.26%	5.65
2. 已获利息倍数	8	3	15	40
二、盈利能力指标	38			
1. 净资产收益率	25	25%	20.26%	20.26
2. 总资产报酬率	13	16%	20.93%	17.01
三、运营能力指标	18			
1. 总资产周转率	9	2	0.99	4.46
2. 流动资产周转率	9	5	2.80	5.04
四、发展能力指标	24			
1. 营业增长率	12	10%	12.77%	15.32
2. 资本积累率	12	15%	13.01%	10.41
合　计	100			118.15

（4）形成评价结果。在最终评价时，如果综合得分大于100，则说明企业的财务状况比较好；反之，则说明企业的财务状况比同行业平均水平或者本企业历史先进水平差。由于该公司综合得分为118.15，大于100，说明其财务状况为良好。

沃尔评分法是评价企业总体财务状况的一种比较可取的方法，这一方法的关键在于指标的选定、权重的分配及标准值的确定等。

关键术语

财务分析　财务评价　因素分析法　趋势分析法　差额分析法　连环替代法　流动比率　速动比率　每股收益　每股股利　杜邦分析法　沃尔评分法

■ 应知考核 ■

一、单项选择题

1. 财务分析的主要内容不包括（　　）分析。
   A. 偿债能力 　　　　　　　　　　　　B. 运营能力
   C. 盈利能力 　　　　　　　　　　　　D. 融资能力

2. 所有者在进行企业的财务分析时，最关注的是（　　）。
   A. 企业的支付能力 　　　　　　　　　B. 企业的发展能力
   C. 投资的回报率 　　　　　　　　　　D. 企业对社会贡献的多少

3. 财务分析的对象是（　　）。
   A. 财务报表 　　　　　　　　　　　　B. 财务人员
   C. 财务活动 　　　　　　　　　　　　D. 财务效率

4. 从企业债权者角度看，财务分析的最直接目的是了解企业的（　　）。
   A. 盈利能力 　　　　　　　　　　　　B. 运营能力
   C. 偿债能力 　　　　　　　　　　　　D. 发展能力

5. 沃尔评分法最初是用于评价企业的（　　）。
   A. 盈利能力 　　　　　　　　　　　　B. 发展能力
   C. 运营能力 　　　　　　　　　　　　D. 信用能力

二、多项选择题

1. 财务分析的内容包括（　　）分析。
   A. 偿债能力 　　　　　　　　　　　　B. 运营能力
   C. 盈利能力 　　　　　　　　　　　　D. 现金流量

2. 由于财务报表存在下列问题，（　　）导致财务分析具有局限性。
   A. 会计核算要求以历史成本报告资产
   B. 会计规范要求按年度分期报告，只报告短期信息
   C. 财务报告没有披露公司的全部信息
   D. 管理层的各项会计政策选择，使财务报表会扭曲公司的实际情况

3. 财务分析应该具有的作用有（　　）。
   A. 评价企业财务状况
   B. 评价企业盈利能力
   C. 评价企业资产管理水平
   D. 评价企业成本费用水平

4. 财务报表分析的方法主要有（　　）。
   A. 比率分析法 　　　　　　　　　　　B. 量本利分析法
   C. 因素分析法 　　　　　　　　　　　D. 趋势分析法

5. 趋势分析法的具体运用主要的方式有（　　）的比较。
   A. 重要财务指标 　　　　　　　　　　B. 会计报表
   C. 会计报表项目构成 　　　　　　　　D. 与历史水平

三、判断题

1. 财务活动及其结果都可以直接或间接地通过财务报表来反映体现。（　　）

2. 无论是企业的投资人、债权人还是企业经营管理层等，都十分关心企业的未来发展能力。（　　）

3. 财务报表有可能会扭曲公司的实际情况。（　　）

4. 如果财务报表严重歪曲了被审计单位的财务状况、经营成果和现金流动情况，会计师事务所可以出具无法（拒绝）表示意见的审计报告。（　　）

5. 在比较分析时必然要选择比较的参照标准，横向比较时应该使用同业标准。（　　）

四、简述题

1. 简述财务分析的作用。

2. 简述财务分析的目的及内容。

3. 简述财务分析的局限性。

4. 简述在运用趋势分析法时必须注意的问题。

5. 简述连环替代法的计算程序。

五、计算题

1. 某企业 20×9 年 3 月某种原材料费用的实际数是 4 620 元,而其计划数是 4 000 元。实际比计划增加 620 元,如表 10-10 所示。

表 10-10　　　　　　　　　　原材料费用表

项　目	单位	计划数	实际数
产品产量	件	100	110
单位产品材料消耗量	千克	8	7
材料单价	元	5	6
材料费用总额	元	4 000	4 620

要求:请用因素分析法分解各因素变动对材料费用总额的影响。

3. 某企业年末货币资金为 900 万元,短期有价证券为 500 万元,应收账款为 1 300 万元,预付账款为 70 万元,存货为 5 200 万元,待摊费用为 80 万元,流动负债合计数为 4 000 万元。

要求:分别计算该企业的流动比率、速动比率和现金比率。

4. 某企业年产品销售成本为 8 500 万元,年初存货余额为 2 850 万元,年末存货余额为 2 720 万元。

要求:计算该企业存货的周转天数和周转次数。

5. 某公司流动资产由速动资产和存货构成,年初存货为 145 万元,年初应收账款为 125 万元,年末流动比率为 300%,年末速动比率为 150%,存货周转天数为 90 天,年末流动资产余额为 270 万元。1 年按 360 天计算。

要求:(1) 计算该公司流动负债年末余额。

(2) 计算该公司存货年末余额和年平均余额。

(3) 计算该公司本年主营业务成本。

6. 某公司年初应收账款为 30 万元,年末应收账款为 40 万元,本年净利润为 30 万元,销售净利率为 20%,销售收入中赊销收入占 70%。

要求:计算该企业本年度应收账款周转次数和周转天数。

7. 某公司 20×9 年年初存货为 15 000 元,年初应收账款为 12 700 元,20×9 年年末计算出流动比率为 3,速动比率为 1.5,存货周转率为 4 次(按销售额计算),流动资产合计为 27 000 元。

要求:(1) 计算该公司的本年销售额。

(2) 如果除应收账款以外的速动资产是微不足道的,计算其平均收账期。

■ 应会考核 ■

■ 观念应用

【背景资料】

杜邦分析法的应用

某公司 20×9 年的销售额为 62 500 万元,比上年提高 28%,有关的财务比率如表 10-11 所示。

表 10-11   相关财务比率

财务比率	20×8 年同业平均数据	20×8 年本公司	20×9 年本公司
应收账款回收期(天)	35	36	36
存货周转率	2.5	2.59	2.11
销售毛利率	38%	40%	40%
销售营业利润率(息税前)	10%	9.6%	10.63%
销售利息率	3.73%	2.4%	3.82%
销售净利率	6.27%	7.2%	6.81%
总资产周转率	1.14	1.11	1.07
固定资产周转率	1.4	2.02	1.82
资产负债率	58%	50%	61.3%
已获利息倍数	2.68	4	2.78

备注：该公司正处于免税期。

【考核要求】

(1) 运用杜邦分析法，比较 20×8 年该公司与同业平均的净资产收益率，定性分析其差异的原因。

(2) 运用杜邦分析法，比较该公司 20×9 年与 20×8 年的净资产收益率，定性分析其变化的原因。

■ 技能应用

财务比率指标的应用

已知某公司 20×9 年财务报表的有关资料如表 10-12 所示。

表 10-12   20×9 年会计报表的有关资料

资产负债表项目	年初数	年末数
资产	13 000	15 000
负债	8 000	8 800
所有者权益	5 000	6 200
利润表项目	上年数	本年数
主营业务收入净额	(略)	35 000
净利润	(略)	700

已知该公司 20×8 年按照平均数计算的资产负债率是 75%，总资产周转率是 2 次，主营业务净利率是 1.8%。

【技能要求】

计算杜邦分析法中的下列指标(时点指标按平均数计算)：①净资产收益率；②主营业务净利率；③总资产周转率(保留两位小数)；④权益乘数。

■ 案例分析

【分析情境】

财务报表分析的应用

ABC 公司简要资产负债表、利润表及同行业财务比率的平均标准分别如表 10-13、表 10-14 和表 10-15 所示。

表 10-13 资产负债表

编制单位：ABC 公司　　　　　　　　　20×9 年 12 月 31 日　　　　　　　　　单位：万元

资　产	年初数	年末数	负债和所有者权益	年初数	年末数
流动资产：			流动负债：		
货币资金	66 835	91 211	短期借款	3 400	3 400
交易性金融资产	179 911	204 283	应付票据	0	46 200
应收账款	56 495	89 487	应付账款	22 008	23 974
存货	31 712	55 028	预计负债	31 006	56 717
其他流动资产	15 519	25 271	流动负债合计	56 414	130 291
流动资产合计	350 472	465 280	长期负债：		
固定资产：			长期借款	7 650	4 250
固定资产净值	67 863	92 778	股东权益：		
无形资产及其他资产：			股本	140 191	182 932
无形资产	17 373	88 428	盈余公积和未分配利润	231 453	329 013
			股东权益合计	371 644	511 945
资产总计	435 708	646 486	负债和所有者权益总计	435 708	646 486

表 10-14 利　润　表

编制单位：ABC 公司　　　　　　　　　20×9 年度　　　　　　　　　单位：万元

项　目	本月数	本年累计数
营业收入		659 347
减：营业成本		275 939
减：销售费用		117 781
管理费用		115 784
财务费用		11 854
利润总额		137 989
减：所得税		34 614
净利润		103 375

表 10-15 同行业标准财务比率

流动比率	2.01
资产负债率	56%
存货周转天数	55

（续表）

应收账款周转天数	39
销售净利率	13.12%

要求：

（1）根据资产负债表和利润表计算下列比率：流动比率、资产负债率、存货周转天数、应收账款周转天数和销售净利率。

（2）根据上述计算结果和同行业标准财务比率，评价该公司的偿债能力、运营能力和营利能力。

▰ 项目实训 ▰

【实训项目】

财务分析。

【实训情境】

公司财务分析评价

东方股份有限公司是一家汽车零配件生产商。该公司十分重视新产品和新工艺的开发，引进国外先进技术，拥有国内一流的生产线，其生产的产品在国内具有较高的市场占有率。但由于该公司近2年扩张得太快，经营效率有所下降。为了把握未来，该公司对未来几年可能面临的市场情况和风险进行了预测。预测结果表明，在未来几年里，随着国民经济的快速发展，以及汽车工业的迅速崛起，市场对汽车零配件的需求激增，这种发展势头给公司带来了良好的发展机会。同时，公司未来面临的风险也在逐步加大，如国内介入该产品的企业逐步增多，国外生产同类产品的公司也欲打入中国市场，以及能源的涨价等，这些都会给公司未来的生产经营活动带来严峻的挑战。

东方股份有限公司发行在外的普通股20×8年为1 000万股，20×9年为1 200万股，其平均市价分别为2.2元/股和2.5元/股，20×9年分配普通股股东现金股利为400万元。东方股份有限公司20×9年度资产负债表、利润表资料如表10-16和表10-17所示。

表10-16

资 产 负 债 表

20×9年12月31日 单位：万元

资　产	年初数	年末数	负债和所有者权益	年初数	年末数
流动资产：			流动负债：		
货币资金	880	1 550	短期借款	200	150
交易性金融资产	132	60	应付票据及应付账款	600	400
应收票据及应收账款	1 080	1 200	应付职工薪酬	180	300
其他应收款			应付股利	500	800
预付款项	200	250	一年内到期的长期负债	120	150
存货	808	880	流动负债合计	1 600	1 800
流动资产合计	3 100	3 940	非流动负债：		
非流动资产：			长期借款	200	300
其他权益工具投资			应付债券	100	200
长期应收款			非流动负债合计	300	500
长期股权投资	300	500	负债合计	1 900	2 300

（续表）

资 产	年初数	年末数	负债和所有者权益	年初数	年末数
投资性房地产			股东权益：		
固定资产	1 750	1 920	股本	1 500	1 800
在建工程			资本公积	500	700
无形资产	50	40	盈余公积	800	1 000
开发支出			未分配利润	500	600
其他非流动资产			股东权益合计	3 300	4 100
资产总计	5 200	6 400	负债和所有者权益总计	5 200	6 400

表 10-17   利 润 表

20×9 年度   单位：万元

项 目	本年累计数	上年累计数
一、营业收入	17 000	13 000
减：营业成本	8 500	6 900
税金及附加	750	575
销售费用	500	450
管理费用	840	750
财务费用	60	50
加：投资收益（亏损以"－"号填列）	70	50
二、营业利润（亏损以"－"号填列）	6 420	4 325
加：营业外收入	50	60
减：营业外支出	30	50
三、利润总额（亏损以"－"号填列）	6 440	4 335
减：所得税	2 576	1 732
四、净利润（亏损以"－"号填列）	3 864	2 603

证券投资分析师王杰认为，东方股份有限公司的资产总额、净利润总额都在增加，股票价格也呈上涨态势，因此，该公司的财务管理及其成效是无可挑剔的。

【实训任务】

（1）你是如何看待王杰的观点的？

（2）根据报表资料，分别计算该公司 20×9 年的偿债能力、营运能力、盈利能力、发展能力等各项财务指标。

（3）运用杜邦分析法对净资产收益率的差异进行分析，并确定各因素变动对差异影响的金额。

（4）运用上述分析结果，归纳影响该公司经营变动的有利因素和不利因素，找出产生不利因素的主要问题和原因，并针对不同的问题提出相应的改进意见，进而使这些改进建议付诸实施，以完善该公司的生产经营管理，提高竞争力。请完成一篇不少于 1 000 字的财务分析报告。

财务分析实训报告		
项目实训班级：	项目小组：	项目组成员：
实训时间：　　年　　月　　日	实训地点：	实训成绩：
实训目的：		
实训步骤：		
实训结果：		
实训感言：		

附录

期数	1%	2%	3%	4%	5%	6%	7%	8%	9%	10%
1	1.010 0	1.020 0	1.030 0	1.040 0	1.050 0	1.060 0	1.070 0	1.080 0	1.090 0	1.100 0
2	1.020 1	1.040 4	1.060 9	1.081 6	1.102 5	1.123 6	1.144 9	1.166 4	1.188 1	1.210 0
3	1.030 3	1.061 2	1.092 7	1.124 9	1.157 6	1.191 0	1.225 0	1.259 7	1.295 0	1.331 0
4	1.040 6	1.082 4	1.125 5	1.169 9	1.215 5	1.262 5	1.310 8	1.360 5	1.411 6	1.464 1
5	1.051 0	1.104 1	1.159 3	1.216 7	1.276 3	1.338 2	1.402 6	1.469 3	1.538 6	1.610 5
6	1.061 5	1.126 2	1.194 1	1.265 3	1.340 1	1.418 5	1.500 7	1.586 9	1.677 1	1.771 6
7	1.072 1	1.148 7	1.229 9	1.315 9	1.407 1	1.503 6	1.605 8	1.713 8	1.828 0	1.948 7
8	1.082 9	1.171 7	1.266 8	1.368 6	1.477 5	1.593 8	1.718 2	1.850 9	1.992 6	2.143 6
9	1.093 7	1.195 1	1.304 8	1.423 3	1.551 3	1.689 5	1.838 5	1.999 0	2.171 9	2.357 9
10	1.104 6	1.219 0	1.343 9	1.480 2	1.628 9	1.790 8	1.967 2	2.158 9	2.367 4	2.593 7
11	1.115 7	1.243 4	1.384 2	1.539 5	1.710 3	1.898 3	2.104 9	2.331 6	2.580 4	2.853 1
12	1.126 8	1.268 2	1.425 8	1.601 0	1.795 9	2.012 2	2.252 2	2.518 2	2.812 7	3.138 4
13	1.138 1	1.293 6	1.468 5	1.665 1	1.885 6	2.132 9	2.409 8	2.719 6	3.065 8	3.452 3
14	1.149 5	1.319 5	1.512 6	1.731 7	1.979 9	2.260 9	2.578 5	2.937 2	3.341 7	3.797 5
15	1.161 0	1.345 9	1.558 0	1.800 9	2.078 9	2.396 6	2.759 0	3.172 2	3.642 5	4.177 2
16	1.172 6	1.372 8	1.604 7	1.873 0	2.182 9	2.540 4	2.952 2	3.425 9	3.970 3	4.595 0
17	1.184 3	1.400 2	1.652 8	1.947 9	2.292 0	2.692 8	3.158 8	3.700 0	4.327 6	5.054 5
18	1.196 1	1.428 2	1.702 4	2.025 8	2.406 6	2.854 3	3.379 9	3.996 0	4.717 1	5.559 9
19	1.208 1	1.456 8	1.753 5	2.106 8	2.527 0	3.025 6	3.616 5	4.315 7	5.141 7	6.115 9
20	1.220 2	1.485 9	1.806 1	2.191 1	2.653 3	3.207 1	3.869 7	4.661 0	5.604 4	6.727 5
21	1.232 4	1.515 7	1.860 3	2.278 8	2.786 0	3.399 6	4.140 6	5.033 8	6.108 8	7.400 2
22	1.244 7	1.546 0	1.916 1	2.369 9	2.925 3	3.603 5	4.430 4	5.436 5	6.658 6	8.140 3
23	1.257 2	1.576 9	1.973 6	2.464 7	3.071 5	3.819 7	4.740 5	5.871 5	7.257 9	8.954 3
24	1.269 7	1.608 4	2.032 8	2.563 3	3.225 1	4.048 9	5.072 4	6.341 2	7.911 1	9.849 7
25	1.282 4	1.640 6	2.093 8	2.665 8	3.386 4	4.291 9	5.427 4	6.848 5	8.623 1	10.835
26	1.295 3	1.673 4	2.156 6	2.772 5	3.555 7	4.549 4	5.807 4	7.396 4	9.399 2	11.918
27	1.308 2	1.706 9	2.221 3	2.883 4	3.733 5	4.822 3	6.213 9	7.988 1	10.245	13.110
28	1.321 3	1.741 0	2.287 9	2.998 7	3.920 1	5.111 7	6.648 8	8.627 1	11.167	14.421
29	1.334 5	1.775 8	2.356 6	3.118 7	4.116 1	5.418 4	7.114 3	9.317 3	12.172	15.863
30	1.347 8	1.811 4	2.427 3	3.243 4	4.321 9	5.743 5	7.612 3	10.063	13.268	17.449

终值系数表

12%	14%	16%	18%	20%	22%	24%	26%	28%	30%
1.120 0	1.140 0	1.160 0	1.180 0	1.200 0	1.220 0	1.240 0	1.260 0	1.280 0	1.300 0
1.254 4	1.299 6	1.345 6	1.392 4	1.440 0	1.488 4	1.537 6	1.587 6	1.638 4	1.690 0
1.404 9	1.481 5	1.560 9	1.643 0	1.728 0	1.815 8	1.906 6	2.000 4	2.097 2	2.197 0
1.573 5	1.689 0	1.810 6	1.938 8	2.073 6	2.215 3	2.364 2	2.520 5	2.684 4	2.856 1
1.762 3	1.925 4	2.100 3	2.287 8	2.488 3	2.702 7	2.931 6	3.175 8	3.436 0	3.712 9
1.973 8	2.195 0	2.436 4	2.699 6	2.986 0	3.297 3	3.635 2	4.001 5	4.398 0	4.826 8
2.210 7	2.502 3	2.826 2	3.185 5	3.583 2	4.022 7	4.507 7	5.041 9	5.629 5	6.274 9
2.476 0	2.852 6	3.278 4	3.758 9	4.299 8	4.907 7	5.589 5	6.352 8	7.205 8	8.157 3
2.773 1	3.251 9	3.803 0	4.435 5	5.159 8	5.987 4	6.931 0	8.004 5	9.223 4	10.605
3.105 8	3.707 2	4.411 4	5.233 8	6.191 7	7.304 6	8.594 4	10.086	11.806	13.786
3.478 6	4.226 2	5.117 3	6.175 9	7.430 1	8.911 7	10.657	12.708	15.112	17.922
3.896 0	4.817 9	5.936 0	7.287 6	8.916 1	10.872	13.215	16.012	19.343	23.298
4.363 5	5.492 4	6.885 8	8.599 4	10.699	13.264	16.386	20.175	24.759	30.288
4.887 1	6.261 3	7.987 5	10.147	12.839	16.182	20.319	25.421	31.691	39.374
5.473 6	7.137 9	9.265 5	11.974	15.407	19.742	25.196	32.030	40.565	51.186
6.130 4	8.137 2	10.748	14.129	18.488	24.086	31.243	40.358	51.923	66.542
6.866 0	9.276 5	12.468	16.672	22.186	29.384	38.741	50.851	66.461	86.504
7.690 0	10.575	14.463	19.673	26.623	35.849	48.039	64.072	85.071	112.46
8.612 8	12.056	16.777	23.214	31.948	43.736	59.568	80.731	108.89	146.19
9.646 3	13.744	19.461	27.393	38.338	53.358	73.864	101.72	139.38	190.05
10.804	15.668	22.575	32.324	46.005	65.096	91.592	128.17	178.41	247.06
12.100	17.861	26.186	38.142	55.206	79.418	113.57	161.49	228.36	321.18
13.552	20.362	30.376	45.008	66.247	96.889	140.83	203.48	292.30	417.54
15.179	23.212	35.236	53.109	79.497	118.21	174.63	256.39	374.14	542.80
17.000	26.462	40.874	62.669	95.396	144.21	216.54	323.05	478.90	705.64
19.040	30.167	47.414	73.949	114.48	175.94	268.51	407.04	613.00	917.33
21.325	34.390	55.000	87.260	137.37	214.64	332.96	512.87	784.64	1 192.5
23.884	39.205	63.800	102.97	164.84	261.86	412.86	646.21	1 004.3	1 550.3
26.750	44.693	74.009	121.50	197.81	319.47	511.95	814.23	1 285.6	2 015.4
29.960	50.950	85.850	143.37	237.38	389.76	634.82	1 025.9	1 645.5	2 620.0

期数	1%	2%	3%	4%	5%	6%	7%	8%	9%	10%
1	0.990 1	0.980 4	0.970 9	0.961 5	0.952 4	0.943 4	0.934 6	0.925 9	0.917 4	0.909 1
2	0.980 3	0.961 2	0.942 6	0.924 6	0.907 0	0.890 0	0.873 4	0.857 3	0.841 7	0.826 4
3	0.970 6	0.942 3	0.915 1	0.889 0	0.863 8	0.839 6	0.816 3	0.793 8	0.772 2	0.751 3
4	0.961 0	0.923 8	0.888 5	0.854 8	0.822 7	0.792 1	0.762 9	0.735 0	0.708 4	0.683 0
5	0.951 5	0.905 7	0.862 6	0.821 9	0.783 5	0.747 3	0.713 0	0.680 6	0.649 9	0.620 9
6	0.942 0	0.888 0	0.837 5	0.790 3	0.746 2	0.705 0	0.666 3	0.630 2	0.596 3	0.564 5
7	0.932 7	0.870 6	0.813 1	0.759 9	0.710 7	0.665 1	0.622 7	0.583 5	0.547 0	0.513 2
8	0.923 5	0.853 5	0.789 4	0.730 7	0.676 8	0.627 4	0.582 0	0.540 3	0.501 9	0.466 5
9	0.914 3	0.836 8	0.766 4	0.702 6	0.644 6	0.591 9	0.543 9	0.500 2	0.460 4	0.424 1
10	0.905 3	0.820 3	0.744 1	0.675 6	0.613 9	0.558 4	0.508 3	0.463 2	0.422 4	0.385 5
11	0.896 3	0.804 3	0.722 4	0.649 6	0.584 7	0.526 8	0.475 1	0.428 9	0.387 5	0.350 5
12	0.887 4	0.788 5	0.701 4	0.624 6	0.556 8	0.497 0	0.444 0	0.397 1	0.355 5	0.318 6
13	0.878 7	0.773 0	0.681 0	0.600 6	0.530 3	0.468 8	0.415 0	0.367 7	0.326 2	0.289 7
14	0.870 0	0.757 9	0.661 1	0.577 5	0.505 1	0.442 3	0.387 8	0.340 5	0.299 2	0.263 3
15	0.861 3	0.743 0	0.641 9	0.555 3	0.481 0	0.417 3	0.362 4	0.315 2	0.274 5	0.239 4
16	0.852 8	0.728 4	0.623 2	0.533 9	0.458 1	0.393 6	0.338 7	0.291 9	0.251 9	0.217 6
17	0.844 4	0.714 2	0.605 0	0.513 4	0.436 3	0.371 4	0.316 6	0.270 3	0.231 1	0.197 8
18	0.836 0	0.700 2	0.587 4	0.493 6	0.415 5	0.350 3	0.295 9	0.250 2	0.212 0	0.179 9
19	0.827 7	0.686 4	0.570 3	0.474 6	0.395 7	0.330 5	0.276 5	0.231 7	0.194 5	0.163 5
20	0.819 5	0.673 0	0.553 7	0.456 4	0.376 9	0.311 8	0.258 4	0.214 5	0.178 4	0.148 6
21	0.811 4	0.659 8	0.537 5	0.438 8	0.358 9	0.294 2	0.241 5	0.198 7	0.163 7	0.135 1
22	0.803 4	0.646 8	0.521 9	0.422 0	0.341 8	0.277 5	0.225 7	0.183 9	0.150 2	0.122 8
23	0.795 4	0.634 2	0.506 7	0.405 7	0.325 6	0.261 8	0.210 9	0.170 3	0.137 8	0.111 7
24	0.787 6	0.621 7	0.491 9	0.390 1	0.310 1	0.247 0	0.197 1	0.157 7	0.126 4	0.101 5
25	0.779 8	0.609 5	0.477 6	0.375 1	0.295 3	0.233 0	0.184 2	0.146 0	0.116 0	0.092 3
26	0.772 0	0.597 6	0.463 7	0.360 7	0.281 2	0.219 8	0.172 2	0.135 2	0.106 4	0.083 9
27	0.764 4	0.585 9	0.450 2	0.346 8	0.267 8	0.207 4	0.160 9	0.125 2	0.097 6	0.076 3
28	0.756 8	0.574 4	0.437 1	0.333 5	0.255 1	0.195 6	0.150 4	0.115 9	0.089 5	0.069 3
29	0.749 3	0.563 1	0.424 3	0.320 7	0.242 9	0.184 6	0.140 6	0.107 3	0.082 2	0.063 0
30	0.741 9	0.552 1	0.412 0	0.308 3	0.231 4	0.174 1	0.131 4	0.099 4	0.075 4	0.057 3

现值系数表

12%	14%	16%	18%	20%	22%	24%	26%	28%	30%
0.892 9	0.877 2	0.862 1	0.847 5	0.833 3	0.819 7	0.806 5	0.793 7	0.781 3	0.769 2
0.797 2	0.769 5	0.743 2	0.718 2	0.694 4	0.671 9	0.650 4	0.629 9	0.610 4	0.591 7
0.711 8	0.675 0	0.640 7	0.608 6	0.578 7	0.550 7	0.524 5	0.499 9	0.476 8	0.455 2
0.635 5	0.592 1	0.552 3	0.515 8	0.482 3	0.451 4	0.423 0	0.396 8	0.372 5	0.350 1
0.567 4	0.519 4	0.476 1	0.437 1	0.401 9	0.370 0	0.341 1	0.314 9	0.291 0	0.269 3
0.506 6	0.455 6	0.410 4	0.370 4	0.334 9	0.303 3	0.275 1	0.249 9	0.227 4	0.207 2
0.452 3	0.399 6	0.353 8	0.313 9	0.279 1	0.248 6	0.221 8	0.198 3	0.177 6	0.159 4
0.403 9	0.350 6	0.305 0	0.266 0	0.232 6	0.203 8	0.178 9	0.157 4	0.138 8	0.122 6
0.360 6	0.307 5	0.263 0	0.225 5	0.193 8	0.167 0	0.144 3	0.124 9	0.108 4	0.094 3
0.322 0	0.269 7	0.226 7	0.191 1	0.161 5	0.136 9	0.116 4	0.099 2	0.084 7	0.072 5
0.287 5	0.236 6	0.195 4	0.161 9	0.134 6	0.112 2	0.093 8	0.078 7	0.066 2	0.055 8
0.256 7	0.207 6	0.168 5	0.137 2	0.112 2	0.092 0	0.075 7	0.062 5	0.051 7	0.042 9
0.229 2	0.182 1	0.145 2	0.116 3	0.093 5	0.075 4	0.061 0	0.049 6	0.040 4	0.033 0
0.204 6	0.159 7	0.125 2	0.098 5	0.077 9	0.061 8	0.049 2	0.039 3	0.031 6	0.025 4
0.182 7	0.140 1	0.107 9	0.083 5	0.064 9	0.050 7	0.039 7	0.031 2	0.024 7	0.019 5
0.163 1	0.122 9	0.093 0	0.070 8	0.054 1	0.041 5	0.032 0	0.024 8	0.019 3	0.015 0
0.145 6	0.107 8	0.080 2	0.060 0	0.045 1	0.034 0	0.025 8	0.019 7	0.015 0	0.011 6
0.130 0	0.094 6	0.069 1	0.050 8	0.037 6	0.027 9	0.020 8	0.015 6	0.011 8	0.008 9
0.116 1	0.082 9	0.059 6	0.043 1	0.031 3	0.022 9	0.016 8	0.012 4	0.009 2	0.006 8
0.103 7	0.072 8	0.051 4	0.036 5	0.026 1	0.018 7	0.013 5	0.009 8	0.007 2	0.005 3
0.092 6	0.063 8	0.044 3	0.030 9	0.021 7	0.015 4	0.010 9	0.007 8	0.005 6	0.004 0
0.082 6	0.056 0	0.038 2	0.026 2	0.018 1	0.012 6	0.008 8	0.006 2	0.004 4	0.003 1
0.073 8	0.049 1	0.032 9	0.022 2	0.015 1	0.010 3	0.007 1	0.004 9	0.003 4	0.002 4
0.065 9	0.043 1	0.028 4	0.018 8	0.012 6	0.008 5	0.005 7	0.003 9	0.002 7	0.001 8
0.058 8	0.037 8	0.024 5	0.016	0.010 5	0.006 9	0.004 6	0.003 1	0.002 1	0.001 4
0.052 5	0.033 1	0.021 1	0.013 5	0.008 7	0.005 7	0.003 7	0.002 5	0.001 6	0.001 1
0.046 9	0.029 1	0.018 2	0.011 5	0.007 3	0.004 7	0.003 0	0.001 9	0.001 3	0.000 8
0.041 9	0.025 5	0.015 7	0.009 7	0.006 1	0.003 8	0.002 4	0.001 5	0.001 0	0.000 6
0.037 4	0.022 4	0.013 5	0.008 2	0.005 1	0.003 1	0.002 0	0.001 2	0.000 8	0.000 5
0.033 4	0.019 6	0.011 6	0.007 0	0.004 2	0.002 6	0.001 6	0.001 0	0.000 6	0.000 4

期数	1%	2%	3%	4%	5%	6%	7%	8%	9%	10%
1	1.000 0	1.000 0	1.000 0	1.000 0	1.000 0	1.000 0	1.000 0	1.000 0	1.000 0	1.000 0
2	2.010 0	2.020 0	2.030 0	2.040 0	2.050 0	2.060 0	2.070 0	2.080 0	2.090 0	2.100 0
3	3.030 1	3.060 4	3.090 9	3.121 6	3.152 5	3.183 6	3.214 9	3.246 4	3.278 1	3.310 0
4	4.060 4	4.121 6	4.183 6	4.246 5	4.310 1	4.374 6	4.439 9	4.506 1	4.573 1	4.641 0
5	5.101 0	5.204 0	5.309 1	5.416 3	5.525 6	5.637 1	5.750 7	5.866 6	5.984 7	6.105 1
6	6.152 0	6.308 1	6.468 4	6.633 0	6.801 9	6.975 3	7.153 3	7.335 9	7.523 3	7.715 6
7	7.213 5	7.434 3	7.662 5	7.898 3	8.142 0	8.393 8	8.654 0	8.922 8	9.200 4	9.487 2
8	8.285 7	8.583 0	8.892 3	9.214 2	9.549 1	9.897 5	10.260	10.637	11.029	11.436
9	9.368 5	9.754 6	10.159	10.583	11.027	11.491	11.978	12.488	13.021	13.580
10	10.462	10.950	11.464	12.006	12.578	13.181	13.816	14.487	15.193	15.937
11	11.567	12.169	12.808	13.486	14.207	14.972	15.784	16.646	17.560	18.531
12	12.683	13.412	14.192	15.026	15.917	16.870	17.889	18.977	20.141	21.384
13	13.809	14.680	15.618	16.627	17.713	18.882	20.141	21.495	22.953	24.523
14	14.947	15.974	17.086	18.292	19.599	21.015	22.551	24.215	26.019	27.975
15	16.097	17.293	18.599	20.024	21.579	23.276	25.129	27.152	29.361	31.773
16	17.258	18.639	20.157	21.825	23.658	25.673	27.888	30.324	33.003	35.950
17	18.430	20.012	21.762	23.698	25.840	28.213	30.840	33.750	36.974	40.545
18	19.615	21.412	23.414	25.645	28.132	30.906	33.999	37.450	41.301	45.599
19	20.811	22.841	25.117	27.671	30.539	33.760	37.379	41.446	46.019	51.159
20	22.019	24.297	26.870	29.778	33.066	36.786	40.996	45.762	51.160	57.275
21	23.239	25.783	28.677	31.969	35.719	39.993	44.865	50.423	56.765	64.003
22	24.472	27.299	30.537	34.248	38.505	43.392	49.006	55.457	62.873	71.403
23	25.716	28.845	32.453	36.618	41.431	46.996	53.436	60.893	69.532	79.543
24	26.974	30.422	34.427	39.083	44.502	50.816	58.177	66.765	76.790	88.497
25	28.243	32.030	36.459	41.646	47.727	54.865	63.249	73.106	84.701	98.347
26	29.526	33.671	38.553	44.312	51.114	59.156	68.677	79.954	93.324	109.18
27	30.821	35.344	40.710	47.084	54.669	63.706	74.484	87.351	102.72	121.10
28	32.129	37.051	42.931	49.968	58.403	68.528	80.698	95.339	112.97	134.21
29	33.450	38.792	45.219	52.966	62.323	73.640	87.347	103.97	124.14	148.63
30	34.785	40.568	47.575	56.085	66.439	79.058	94.461	113.28	136.31	164.49

终值系数表

12%	14%	16%	18%	20%	22%	24%	26%	28%	30%
1.000 0	1.000 0	1.000 0	1.000 0	1.000 0	1.000 0	1.000 0	1.000 0	1.000 0	1.000 0
2.120 0	2.140 0	2.160 0	2.180 0	2.200 0	2.220 0	2.240 0	2.260 0	2.280 0	2.300 0
3.374 4	3.439 6	3.505 6	3.572 4	3.640 0	3.708 4	3.777 6	3.847 6	3.918 4	3.990 0
4.779 3	4.921 1	5.066 5	5.215 4	5.368 0	5.524 2	5.684 2	5.848 0	6.015 6	6.187 0
6.352 8	6.610 1	6.877 1	7.154 2	7.441 6	7.739 6	8.048 4	8.368 4	8.699 9	9.043 1
8.115 2	8.535 5	8.977 5	9.442 0	9.929 9	10.442	10.980	11.544	12.136	12.756
10.089	10.731	11.414	12.142	12.916	13.740	14.615	15.546	16.534	17.583
12.300	13.233	14.240	15.327	16.499	17.762	19.123	20.588	22.163	23.858
14.776	16.085	17.519	19.086	20.799	22.670	24.713	26.940	29.369	32.015
17.549	19.337	21.322	23.521	25.959	28.657	31.643	34.945	38.593	42.620
20.655	23.045	25.733	28.755	32.150	35.962	40.238	45.031	50.399	56.405
24.133	27.271	30.850	34.931	39.581	44.874	50.895	57.739	65.510	74.327
28.029	32.089	36.786	42.219	48.497	55.746	64.110	73.751	84.853	97.625
32.393	37.581	43.672	50.818	59.196	69.010	80.496	93.926	109.61	127.91
37.280	43.842	51.660	60.965	72.035	85.192	100.82	119.35	141.30	167.29
42.753	50.980	60.925	72.939	87.442	104.93	126.01	151.38	181.87	218.47
48.884	59.118	71.673	87.068	105.93	129.02	157.25	191.73	233.79	285.01
55.750	68.394	84.141	103.74	128.12	158.40	195.99	242.59	300.25	371.52
63.440	78.969	98.603	123.41	154.74	194.25	244.03	306.66	385.32	483.97
72.052	91.025	115.38	146.63	186.69	237.99	303.60	387.39	494.21	630.17
81.699	104.77	134.84	174.02	225.03	291.35	377.46	489.11	633.59	820.22
92.503	120.44	157.42	206.34	271.03	356.44	469.06	617.28	812.00	1 067.3
104.60	138.30	183.60	244.49	326.24	435.86	582.63	778.77	1 040.4	1 388.5
118.16	158.66	213.98	289.49	392.48	532.75	723.46	982.25	1 332.7	1 806.0
133.33	181.87	249.21	342.60	471.98	650.96	898.09	1 238.6	1 706.8	2 348.8
150.33	208.33	290.09	405.27	567.38	795.17	1 114.6	1 561.7	2 185.7	3 054.4
169.37	238.50	337.50	479.22	681.85	971.10	1 383.1	1 968.7	2 798.7	3 971.8
190.70	272.89	392.50	566.48	819.22	1 185.7	1 716.1	2 481.6	3 583.3	5 164.3
214.58	312.09	456.30	669.45	984.07	1 447.6	2 129.0	3 127.8	4 587.7	6 714.6
241.33	356.79	530.31	790.95	1 181.9	1 767.1	2 640.9	3 942.0	5 873.2	8 730.0

期数	1%	2%	3%	4%	5%	6%	7%	8%	9%	10%
1	0.990 1	0.980 4	0.970 9	0.961 5	0.952 4	0.943 4	0.934 6	0.925 9	0.917 4	0.909 1
2	1.970 4	1.941 6	1.913 5	1.886 1	1.859 4	1.833 4	1.808 0	1.783 3	1.759 1	1.735 5
3	2.941 0	2.883 9	2.828 6	2.775 1	2.723 2	2.673 0	2.624 3	2.577 1	2.531 3	2.486 9
4	3.902 0	3.807 7	3.717 1	3.629 9	3.546 0	3.465 1	3.387 2	3.312 1	3.239 7	3.169 9
5	4.853 4	4.713 5	4.579 7	4.451 8	4.329 5	4.212 4	4.100 2	3.992 7	3.889 7	3.790 8
6	5.795 5	5.601 4	5.417 2	5.242 1	5.075 7	4.917 3	4.766 5	4.622 9	4.485 9	4.355 3
7	6.728 2	6.472 0	6.230 3	6.002 1	5.786 4	5.582 4	5.389 3	5.206 4	5.033 0	4.868 4
8	7.651 7	7.325 5	7.019 7	6.732 7	6.463 2	6.209 8	5.971 3	5.746 6	5.534 8	5.334 9
9	8.566 0	8.162 2	7.786 1	7.435 3	7.107 8	6.801 7	6.515 2	6.246 9	5.995 2	5.759 0
10	9.471 3	8.982 6	8.530 2	8.110 9	7.721 7	7.360 1	7.023 6	6.710 1	6.417 7	6.144 6
11	10.368	9.786 8	9.252 6	8.760 5	8.306 4	7.886 9	7.498 7	7.139 0	6.805 2	6.495 1
12	11.255	10.575	9.954 0	9.385 1	8.863 3	8.383 8	7.942 7	7.536 1	7.160 7	6.813 7
13	12.134	11.348	10.635	9.985 6	9.393 6	8.852 7	8.357 7	7.903 8	7.486 9	7.103 4
14	13.004	12.106	11.296	10.563	9.898 6	9.295 0	8.745 5	8.244 2	7.786 2	7.366 7
15	13.865	12.849	11.938	11.118	10.380	9.712 2	9.107 9	8.559 5	8.060 7	7.606 1
16	14.718	13.578	12.561	11.652	10.838	10.106	9.446 6	8.851 4	8.312 6	7.823 7
17	15.562	14.292	13.166	12.166	11.274	10.477	9.763 2	9.121 6	8.543 6	8.021 6
18	16.398	14.992	13.754	12.659	11.690	10.828	10.059	9.371 9	8.755 6	8.201 4
19	17.226	15.679	14.324	13.134	12.085	11.158	10.336	9.603 6	8.950 1	8.364 9
20	18.046	16.351	14.878	13.590	12.462	11.470	10.594	9.818 1	9.128 5	8.513 6
21	18.857	17.011	15.415	14.029	12.821	11.764	10.836	10.017	9.292 2	8.648 7
22	19.660	17.658	15.937	14.451	13.163	12.042	11.061	10.201	9.442 4	8.771 5
23	20.456	18.292	16.444	14.857	13.489	12.303	11.272	10.371	9.580 2	8.883 2
24	21.243	18.914	16.936	15.247	13.799	12.550	11.469	10.529	9.706 6	8.984 7
25	22.023	19.524	17.413	15.622	14.094	12.783	11.654	10.675	9.822 6	9.077 0
26	22.795	20.121	17.877	15.983	14.375	13.003	11.826	10.810	9.929 0	9.160 9
27	23.560	20.707	18.327	16.330	14.643	13.211	11.987	10.935	10.027	9.237 2
28	24.316	21.281	18.764	16.663	14.898	13.406	12.137	11.051	10.116	9.306 6
29	25.066	21.844	19.189	16.984	15.141	13.591	12.278	11.158	10.198	9.369 6
30	25.808	22.397	19.600	17.292	15.373	13.765	12.409	11.258	10.274	9.426 9

现值系数表

12%	14%	16%	18%	20%	22%	24%	26%	28%	30%
0.892 9	0.877 2	0.862 1	0.847 5	0.833 3	0.819 7	0.806 5	0.793 7	0.781 3	0.769 2
1.690 1	1.646 7	1.605 2	1.565 6	1.527 8	1.491 5	1.456 8	1.423 5	1.391 6	1.360 9
2.401 8	2.321 6	2.245 9	2.174 3	2.106 5	2.042 2	1.981 3	1.923 4	1.868 4	1.816 1
3.037 3	2.913 7	2.798 2	2.690 1	2.588 7	2.493 6	2.404 3	2.320 2	2.241 0	2.166 2
3.604 8	3.433 1	3.274 3	3.127 2	2.990 6	2.863 6	2.745 4	2.635 1	2.532 0	2.435 6
4.111 4	3.888 7	3.684 7	3.497 6	3.325 5	3.166 9	3.020 5	2.885 0	2.759 4	2.642 7
4.563 8	4.288 3	4.038 6	3.811 5	3.604 6	3.415 5	3.242 3	3.083 3	2.937 0	2.802 1
4.967 6	4.638 9	4.343 6	4.077 6	3.837 2	3.619 3	3.421 2	3.240 7	3.075 8	2.924 7
5.328 2	4.946 4	4.606 5	4.303 0	4.031 0	3.786 3	3.565 5	3.365 7	3.184 2	3.019 0
5.650 2	5.216 1	4.833 2	4.494 1	4.192 5	3.923 2	3.681 9	3.464 8	3.268 9	3.091 5
5.937 7	5.452 7	5.028 6	4.656 0	4.327 1	4.035 4	3.775 7	3.543 5	3.335 1	3.147 3
6.194 4	5.660 3	5.197 1	4.793 2	4.439 2	4.127 4	3.851 4	3.605 9	3.386 8	3.190 3
6.423 5	5.842 4	5.342 3	4.909 5	4.532 7	4.202 8	3.912 4	3.655 5	3.427 2	3.223 3
6.628 2	6.002 1	5.467 5	5.008 1	4.610 6	4.264 6	3.961 6	3.694 9	3.458 7	3.248 7
6.810 9	6.142 2	5.575 5	5.091 6	4.675 5	4.315 2	4.001 3	3.726 1	3.483 4	3.268 2
6.974 0	6.265 1	5.668 5	5.162 4	4.729 6	4.356 7	4.033 3	3.750 9	3.502 6	3.283 2
7.119 6	6.372 9	5.748 7	5.222 3	4.774 6	4.390 8	4.059 1	3.770 5	3.517 7	3.294 8
7.249 7	6.467 4	5.817 8	5.273 2	4.812 2	4.418 7	4.079 9	3.786 1	3.529 4	3.303 7
7.365 8	6.550 4	5.877 5	5.316 2	4.843 5	4.441 5	4.096 7	3.798 5	3.538 6	3.310 5
7.469 4	6.623 1	5.928 8	5.352 7	4.869 6	4.460 3	4.110 3	3.808 3	3.545 8	3.315 8
7.562 0	6.687 0	5.973 1	5.383 7	4.891 3	4.475 6	4.121 2	3.816 1	3.551 4	3.319 8
7.644 6	6.742 9	6.011 3	5.409 9	4.909 4	4.488 2	4.130 0	3.822 3	3.555 8	3.323 0
7.718 4	6.792 1	6.044 2	5.432 1	4.924 5	4.498 5	4.137 1	3.827 3	3.559 2	3.325 4
7.784 3	6.835 1	6.072 6	5.450 9	4.937 1	4.507 0	4.142 8	3.831 2	3.561 9	3.327 2
7.843 1	6.872 9	6.097 1	5.466 9	4.947 6	4.513 9	4.147 4	3.834 2	3.564 0	3.328 6
7.895 7	6.906 1	6.118 2	5.480 4	4.956 3	4.519 6	4.151 1	3.836 7	3.565 6	3.329 7
7.942 6	6.935 2	6.136 4	5.491 9	4.963 6	4.524 3	4.154 2	3.838 7	3.566 9	3.330 5
7.984 4	6.960 7	6.152 0	5.501 6	4.969 7	4.528 1	4.156 6	3.840 2	3.567 9	3.331 2
8.021 8	6.983 0	6.165 6	5.509 8	4.974 7	4.531 2	4.158 5	3.841 4	3.568 7	3.331 7
8.055 2	7.002 7	6.177 2	5.516 8	4.978 9	4.533 8	4.160 1	3.842 4	3.569 3	3.332 1

参 考 文 献

［1］李贺.财务管理(应用·技能·案例·实训)［M］.2 版.上海:上海财经大学出版社,2019.

［2］李贺.管理会计(应用·技能·案例·实训)［M］.2 版.上海:上海财经大学出版社,2019.

［3］中国注册会计师协会.财务成本管理［M］.北京:中国财政经济出版社,2018.

［4］财政部会计资格评价中心.财务管理［M］.北京:中国财政经济出版社,2019.

［5］揭志锋.财务管理［M］.大连:东北财经大学出版社,2017.

［6］李园园.公司理财(理论·实务·案例·实训)［M］.上海:上海财经大学出版社,2017.

［7］郭泽光.财务管理学［M］.大连:东北财经大学出版社,2018.

［8］徐利飞.财务管理学习指导与练习［M］.大连:东北财经大学出版社,2018.

［9］刘斌,何任.财务管理［M］.大连:东北财经大学出版社,2018.

［10］李贺.财务报表分析(应用·技能·案例·实训)［M］.上海:上海财经大学出版社,2019.